本书系2022年国家社会科学基金项目
（项目编号：22BDJ031）成果之一

胡云生　著

XUNSHI GONGZUO
SANCHONG LUOJI YANJIU

巡视工作三重逻辑研究

河南人民出版社
·郑州·

图书在版编目(CIP)数据

巡视工作三重逻辑研究 / 胡云生著. -- 郑州 : 河南人民出版社, 2025. 4 -- ISBN 978-7-215-13731-8

I. D262.6

中国国家版本馆 CIP 数据核字第 2024PZ9796 号

河南人民出版社 出版发行

(地址:郑州市郑东新区祥盛街 27 号 邮政编码:450016 电话:0371-65788053)

新华书店经销　　　　河南瑞之光印刷股份有限公司印刷

开本　710 mm×1000 mm　　1/16　　　　印张　22.25

字数　327 千

2025 年 4 月第 1 版　　　　　　　2025 年 4 月第 1 次印刷

定价:98.00 元

作者简介

胡云生 1969年生，河南内乡人。教授。复旦大学历史学博士，研究方向为中共党史、历史地理、民族史。长期从事巡视、纪检工作，现任中共河南省委巡视组副厅级巡视专员。著有《传承与认同：河南回族历史变迁研究》、《黄河与河流文明的历史观察》（与葛剑雄合著）、《A Historical Survey of the Yellow River and the River Civilizations》（Springer）、《中国共产党巡视制度研究（1921—1949）》等。在《抗日战争研究》《民族研究》《史学月刊》等中文核心期刊发表论文50余篇。主持有国家出版基金项目和国家社会科学基金项目等课题。

序 一

我与云生同志结缘,可谓"先见其撰述,后识其丰采":2020年,中州古籍出版社为云生同志的研究成果《中国共产党巡视制度研究(1921—1949)》申报国家出版基金项目,请我做推荐专家。从出版社发来的云生同志的简历看,其本科、硕士、博士阶段皆研习史学,长期在巡视、纪检监察一线工作。再看书稿,即有架构得当、逻辑缜密、论证严谨等感觉,应是理论联系实际、"干中学,学中干"、用以致学的结晶,于是欣然撰写了专家推荐意见书。该著作成功入选国家出版基金项目,已于2023年正式出版。出版前,应出版社之邀,我又为其写了推荐语:"本书学术准备扎实,研究资源丰富;多种方法并用,分析鞭辟入里;结构逻辑严密,内容涵盖全面。可以推进党史研究,亦有助于各级党员干部学好党史国史,增强历史意识,学会历史思维,培养历史眼光。"

后来出差去郑州,跟云生同志有过面谈,得知其工作虽忙,但始终没有放下对学术的思考、准备和努力。能在工作忙碌之余,勤思细考党的基本制度的形成、发展与完善,常有研究成果发表、出版,值得称道,值得肯定。

2024年5月,云生同志在完成国家社会科学基金项目的基础上,撰成新著《巡视工作三重逻辑研究》,发来书稿嘱我作序。我考虑云生同志对学术的执着坚守以及取得的成绩可喜可贺,遂允之。

习近平指出:"我们要用历史映照现实、远观未来,从中国共产党的百年奋斗中看清楚过去我们为什么能够成功、弄明白未来我们怎样才能继续成功,从而在新的征程上更加坚定、更加自觉地牢记初心使命、开创美好未来。"中国共产党百年巡视工作,以马克思主义为逻辑起点,沿着革命、建设和改革的历史脉络展开,呈现出鲜明的时代特点和中国特色,取得了伟大成就,积累了宝贵经验,为世界提供了政党建设的中国共产党样本,展现了"四个自信"的制度诠释。回望既往路,眺望前行路,以巡视视角梳理、总结党的百年历程、基本特征、伟大成就和经验启示,揭示"中国共产党为什么能",并就"中国共产党怎样继续行"予以专题研究,对于进一步深化党建理论深度、拓展党建实践广度,以及全面深入推进新时代党的巡视工作、加强党的建设、提升国家治理现代化水平,具有重大理论价值和现实价值。从这个意义讲,云生同志的这部新著具有历史厚度和理论纵深感,不仅是《中国共产党巡视制度研究(1921—1949)》的姊妹篇,更是对其的深化和完善。两部著述相辅相成、相得益彰,展示了中国共产党巡视工作的历史图景、历史逻辑、主体视域、价值内蕴。

归纳论,云生同志的新著有以下三个鲜明特点:

第一,理性分析,科学严谨。全书坚持"四个原则",即坚持以巡视视角,尝试从民主集中制、群众路线、实事求是三重关系互动中解码"中国共产党为什么能";坚持从党史和国史角度,探求巡视工作在管党治党、治国理政中的地位和作用;坚持系统论方法,将巡视工作置于党和国家监督治理体系中,研究探索巡视监督与其他监督方式贯通联动路径,从而区别于现有巡视"制度史"研究,突出巡视实践的时代性和实效性;坚持问题导向,注重以史资政,提出深化和创新新时代巡视工作的方法路径。研究中,作者尝试构建"政党—国家—社会"理论模式,从加强党的集中统一领导、开展社会动员和社会资源整合、服务党和国家的中心任务等路径起点,以揭示巡视工作是中国共产党实现革命、建设和改革胜利的重要保障,诠释制度自信的历史自觉,以及自我净化、自我完善、自我革新、自我提高的历史进程和发展规律,彰显巡视制度作为"国之利器""党之利器"的重要作用,提出新时代加强和改进巡视工作的措施和建议。全书紧密围绕党的巡视工作这条主轴,各章节既自成体系,又相互贯通,逻辑严密,环环相扣。最后一章呼应绪论,分析了党的巡视工作取得伟大成就的根本原因,体现了该书的系统性、整体性,是作者理论思想的点睛之笔。作者有理有据,层层推进,深入论证,既崇尚学术创新性,又体现理论科学性,引领读者在清晰的理论框架中厘清党的巡视工作的应然性、正当性与合理性,认知巡视工作对党的领导和建设具有的重大历史意义。

第二,立意高远,见解独到。该书的展开、推进,并非简单将巡视工作置于党的纵向发展历史视域中加以阐释,而是将其置于国史党史背景下进行研究。该著体现了作者极具创新能力的理论魄力,围绕党的巡视工作大胆探索并阐发了一系列新观点。比如,作者提出了学界对党内巡视制度需要克服的认识误区,即性质功用监督说、概念定义同源说、路径分析党史说、发展阶段中止说等。提出巡视工作"三重逻辑"理论体系,即民主集中制是中轴主线,从政治维度统一党的观念和意志;群众路线是党的工作路线,主要解决社会动员和社会整合问题;实事求是是党的政治路线,核心要义是凝聚社会力量,立足实际以行动推进变革和进步。提出百年巡视工作取得的"五个伟大成就"是"非凡征程",即实现党的集中统一领导、加强党的建设和党内监督、动员并整合社会资源是其主题主线,把马克思主义同中国具体实际有机结合是其本质特征,厚植党的执政基础和推进国家有效治理是其庄严使命,呈现出鲜明的中国特色,展现了"四个自信"的制度诠释,为世界提供了政党建设的中国样本,旨在从巡视视角诠释"中国共产党为什么能"。提出党的巡视工作在马克思主义中国化时代化进程中形成"八个必须"基本经验,并揭示其中蕴含着党的巡视工作的价值指向、关键所在、重要保障、组织基石、基本要求和根本任务,是相辅相成、相互促进的有机整体,为新时期深化拓展巡视工作、全面从严治党和治国理政提供了宝贵经验和启示,从巡视角度提出并论证了"中国共产党怎样继续行"。该著见解独到,具有较强的学理性和创新性,在启发、引导读者的同时,也为其留下了多样的思考提示、广阔的思考空间。

第三,文风质朴,论证翔实。该著思路清晰,文风质朴,语言洗练,无刻意堆砌痕迹,多深入浅出意趣。作者力求用学术讲政治,注重运用历史唯物主义研究方法,在各省(区、市)"革命历史文件汇集"等文献资料中披沙拣金,探寻学术研究的生长点、支撑点,用悖信明义的逻辑、质朴平实的语言表述丰富的理论内涵。由表及里,从历史到现实,作者以扎实的理论功底,生动、深刻、准确地展示了党的巡视工作的演进图景。云生同志的研究和写作,注重引用革命历史文献,重视聚焦马克思主义中国化时代化理论成果的科学解读,致力追求史料翔实性、视角新颖性、问题时代性、观点原创性等学术境界。全书采用文献梳理、考察调查、分析比较等方法，从历史学、党史党建、马克思主义理论、政治学、管理学、制度学、社会学等多学科视角，结合长期巡视工作实践经验，多角度、多侧面探讨中国共产党百年巡视工作的历史进程、基本经验与现实启示。全书内容丰富，对所涉问题皆力求以史实史事、科学理论支撑佐证，而非浅尝辄止、泛泛之谈，以持之有据、言之有依赋予文字感染力和说服力。

我认为，不是每个人都要写学术著述，也不是每个人都适合从事学术研究。学术著述，最基本的属性是学术性，必须具备一定的学养基础、学理支撑和学术规范。我曾将学术研究总结为"五要"，即要有健康的学术良心，要注重打好学养基础，要有学理支撑，要拥有学术分析框架，当然，最重要的是要为党为人民述学立论、建言献策，以马克思主义为指导，有理论联系实际的马克思主义学风。了解云生同志的工作经历、学术背景和学术愿景后，我觉得他的学术研究比较符合我所提出的"五要"原则，主要体现为以下几方面。一是具有充足的研究材料，尤其是翔实的一手资料。从2007年至今，云生同志陆续收集了2000余册的党的历史文献资料，从中整理、辑录关于巡视工作的史料86万字，考订梳理出530名新民主主义革命时期的巡视员名录，为深入研究提供了翔实、扎实的资料保障。二是具有扎实的理论功底和丰富的实践经验。云生同志接受过专业、系统的历史学科训练，师从名校名门，在复旦大学攻读博士研究生期间得到葛剑雄先生的悉心指导，厚植了较高的理论素养、系统的学术规范。博士毕业后，曾在河南省委巡视机构从事巡视工作14年，多次参与河南省委等关于巡视工作的制度建设、工作规划。这些经历使其既有理论联系实际的意识自觉，又有以实践反哺理论的能力基础，其研究更具理论价值和实践意义。三是具有丰厚的学术积累和一定的前期成果。撰述该书前，云生同志除出版《中国共产党巡视制度研究（1921—1949）》、完成国家社会科学基金项目"中国共产党巡视工作历程与经验研究"外，还发表了15篇研究巡视工作的学术论文，为写作本书奠定了坚实基础。四是具有对学术研究的执着和情怀。该书30余万字，且系专业水准，可以想见云生同志付出了怎样的艰辛与努力。如果没有对学术研究的浓厚兴趣，少了坚守与情怀，很难想象一位党政官员能够用业余时间一字一句、集腋成裘、高质量完成这样的学术成果。

当然，瑜不掩瑕，该书尚存一些缺点和不足，需要作者在后续研究中完善、提升。比如，对1949—1978年的巡视工作，由于公开文献较少，该著对这一时期巡视工作的研究尚欠深度，需要作者进一步挖掘史料、细化论述。再比如，如何从中国革命、建设和改革的历史叙事框架下深入分析巡视工作，尚需进一步的理论升华。

就党的十八大以来中国所处的历史方位，我曾提出四个判断：我们正步入"发展起来以后"的时期，正处在实现中华民族伟大复兴的关键时期，正处在"四个治理"（政党治理、国家治理、社会治理、全球治理）并建构新的社会发展秩序时期，正处在进行具有许多新的历史特点的伟大斗争时期。从中国当下的历史方位中可以揭示出发展的现实逻辑——从生产力到生产关系、从经济基础到上层建筑正在全方位展开，由此现实逻辑出发，通过研究党的巡视工作这个切口，揭示马克思主义中国化时代化的基本规律，以进一步揭示中国议题、建构中国理论，更具有时代意义和现实价值。这也是云生同志及同好未来深化研究巡视工作需要面对的新课题。期待并相信云生同志在新时代新征程中接续努力，推出更多更优秀的研究成果。

是为序。

韩庆祥
2024年5月16日于北京

（韩庆祥，中央党校专家工作室领衔专家，国家哲学社会科学一级教授，21世纪马克思主义研究会会长，中央党校原副教育长兼哲学教研部主任）

序 二

云生完成新著《巡视工作三重逻辑研究》,发来书稿索序于我。这部新著是其结合长期巡视工作实践,在国家社会科学基金项目(22BDJ031)基础上修订完成的。通读全书,虽然是以史为基,但与其以前研究成果不同,不少内容已远超出我所关注的范围,还有相当一部分是中共党史理论,非我专长。我考虑再三,"龙舟整楫,王良不能执也;骥骡骑行,越人不敢御也",担心行外说话,万一出错贻笑大方,亦予其不利,遂建议找党史理论方面的专家写更适宜。但云生不允,坚持再三,恳请若不便对书稿进行具体优劣高下的评判,直接就学术本身谈一些随想即可。

我没有读过大学,得益于十一届三中全会以来的宽松政策,当时恢复的研究生招考,年龄放到40岁,我以上海市教育战线先进工作者、市人大代表的身份走进了考场,并以复旦大学历史系第一名的成绩被录取为历史地理专业的研究生,有幸师从著名的历史地理学家谭其骧先生,开始走上学术之路。后因谭先生中风,行动不便,学校便找到我,希望我在做其学术助手的同时也可以照顾其生活,于是我从1980年开始成为他的助手。除去我到美国的一年请人代为照顾之外,一直到其去世,我都在他身边,我们的师生关系会更加亲密一些。在这期间,我了解了谭先生的论作和学问,也学习到了他研究学问的方法与态度,这些东西也无疑深深地影响着我。

若要总结先师一生的学术信念,首先应该是"求真求是"的精神。早在1942年,谭先生纠正丁文江对徐霞客地理学成就评价时,将自己的治学经验总结为两条:一是实事求是,二是绝不迷信。1947年,谭先生发表《近代杭州的学风》又对此阐述道:"求是师求真,要求是求真,必先明辨是非真假,要明辨是非真假,关键首在能虚衷体察,弃绝成见,才能舍各宗各派之非之假,集各宗各派之是之真。"对于史学而言,我的理解是,这一论断还必须有一个前提,就是尊重史实、探索史实。虽然我们无法百分之百地复原历史,即便今后进入人工智能时代,获取历史信息的手段更为多元,也不应有复原历史全貌的奢望,但实事求是是我们对待历史的一个基本态度。史学研究的目的一方面是要努力探寻真相,另一方面需要在具体的历史语境中解释历史。例如谭先生在编《中国历史地图集》时所遇到的最大困惑就是历史上的中国有多大,哪些区域可以划入中国范畴,哪些可以不予计入。时至今日,这一问题仍然引发学界同仁的不少讨论。谭先生的观点是:"十八世纪五十年代清朝完成统一之后、十九世纪四十年代帝国主义入侵以前的中国版图,是几千年来历史发展所形成的中国的范围。历史时期所有在这个范围之内活动的民族,都是中国史上的民族,他们所建立的政权,都是历史上中国的一部分。有些政权的辖境可能在有些时期一部分在这个范围以内,一部分在这个范围以外,那就以它的政治中心为转移,中心在范围内则作中国政权处理,在范围外则作邻国处理。"先师的这一论断就是立足于中国几千年历史的基本实际而作出的判断,不虚不夸、不隐不曲。近年来编撰的"三交"史(中华民族交往交流交融史),也基本采用其主张。以黄河研究为代表的历史自然地理研究成果,则是谭先生既"求真"又"求是"的集中体现。他在《西汉以前的黄河下游河道》一文中,对黄河下游地形特征进行分析,并利用考古发现的新证据,推翻了"西汉以前黄河下游少有改道"之旧说。更重要的是,通过研究黄河变迁等问题,谭先生对于"求真""求是"二者之间的关系也有了更为深刻的理解:"研究黄河变迁,同研究其他学术问题一样,不能简单化、公式化,应该先弄清史实,具体情况具体分析,实事求是,才能真正认识客观规律。"先师自己也曾讲:"学术之趋向可变,求是之精神不可变。"求真务实是其做学问的基本主张,他也把这种精神贯彻到了《中国历史地图集》的编纂工作中——一个原本要求在3年内完成的项目,被他认真持续到20年乃至30年之后才大功告成。晚年的时候,我与谭先生商讨是否可以为他写一部传记,他强调必须要实事求是,而不能一味地写"好",于是后来我根据他的资料,以及我对他的了解写出了《悠悠长水:谭其骧传》。

先师谭先生学问之道还有"经世致用"的传统。20世纪30年代,他曾在《禹贡》发刊词中写道:"在这数十年中,我们受帝国主义者的压迫真够受了,因此,民族意识激发得非常高。在这种意识之下,大家希望有一部《中国通史》出来,好看看我们民族的成分究竟怎样,到底有哪些地方是应当归我们的。"事实上,对待这一点上先师能够一以贯之,新中国成立后他对边疆民族及边疆史地的关注,无疑受到这一学术背景的深刻影响。两年前,我和孟刚在编《谭其骧历史地理十讲》时,在文章的筛选上还是费了一些心思,其中的重要考虑就是既要有先师在历史地理不同领域的代表性成果,也要反映先生的学术理念和学术思想。其代表作《何以黄河在东汉以后会出现一个长期安流的局面》一文概是其"经世致用"传统的典型代表。谭先生在1962年提出,东汉以后,黄河出现长期安流的根本原因是中游土地利用形式的改变,大大减轻了水土流失的危害。他提出,黄河中游不能全部从事农业,应该因地制宜,宜农则农,宜牧则牧,宜林则林,需要综合开发,全面利用。改革开放后已经充分证明他的观点的超前准确性,现在黄河中游地区就是如此,有的退耕还林,有的退耕还草。事实证明,一些重大的问题都可以从历史地理角度加以诠释。

"锲而不舍,终身以之",也是谭先生学术人生的真实写照。早年在确定治学方向后,谭先生将"锲而不舍,终身以之"作为自己的座右铭,并以此来要求自己。为编绘《中国历史地图集》,谭先生花费了近30年的心血。编绘过程中几经变动,编绘工作极其艰辛,不仅绘图经费和人手短缺,就连工作地点都一再变动。谭先生却从未因此而降低对绘图工作的要求。1982年,《中国历史地图集》这部鸿篇巨制终于出版,被公认为新中国社会科学最重大的两项成果之一。但他并没有满足,之后又编纂了《中国历史大辞典》,整理《肇域志》——一个任务连着一个任务,始终如一,从不懈怠。谭先生自己总结经验说:一是"一旦认定了一个方向之后,就该锲而不舍,终身以之";二是"勇于独立思考";三是"师生合作,集体研究,培育英才"。他的名字已经与中国历史地理学这门学科紧紧地联系在一起,任何一个想学习或研究中国历史地理的人,都将离不开他的著作,都将是他的贡献的受益者。

我从1993年招收首届博士研究生以来，培养了50余名博士生，指导了10余名博士后。在多年的学生培养实践中，一方面，我尽可能地将先师的为学之道薪火相传给学生，使之受益解惑。另一方面，尽量尊重学生个性与实际情况，使之自由适宜发展。云生大致就是这样的情况。2005年，他在复旦大学随我念完博士，后回到故乡河南从事纪检监察和巡视工作，在繁忙的工作之余，虽未在历史地理方面深耕研习，但在其工作领域有所思考和钻研，完成了国家出版基金项目和国家社会科学基金项目，出版了60余万字的《中国共产党巡视制度研究（1921—1949）》，发表了一些不亚于专业学者水平的高质量的研究成果，现又将出版《巡视工作三重逻辑研究》。能够想见在这其中，云生尚未忘却的学术追求和背后的辛苦付出，也能够坚守"求真致用"的学术原则。作为其博士导师，自然倍感欣慰。相信读者诸君读完该书也定然会有结论。借此机会，回想先师谭先生学问之道，一方面与诸君共勉，同时祝愿云生能够在中国共产党巡视制度史研究方面取得更大成绩。

是为序。

葛剑雄

2024年5月16日于上海

（葛剑雄，复旦大学资深教授，教育部社会科学委员会历史学学部委员，中央文史研究馆馆员，第十二届全国政协常委）

目录
CONTENTS

绪论
逻辑起点与理论意蕴 1

一、问题提出:既往研究述评 / 1

(一)路径起源问题 / 2

(二)历史分期问题 / 3

(三)发展中止问题 / 4

(四)功能属性问题 / 5

(五)基本经验问题 / 6

(六)研究路径问题 / 6

二、逻辑起点:历史选择马克思主义 / 8

(一)马克思主义建党学说是其重要理论溯源 / 9

(二)共产国际和联共(布)指导是其重要影响元素 / 12

(三)中共革命实践是其重要生成动力 / 18

三、三重逻辑:内部运作与基本规律 / 22

(一)民主集中制原则 / 22

(二)群众路线思想 / 24

(三)实事求是范式 / 26

第一章
领导方式:新民主主义革命时期的基本路向 28

一、巡行特派:党内巡视工作发端 / 28

（一）工人运动巡行特派制度的实行 / 28
　　（二）农民运动巡行特派制度的实行 / 31
　　（三）中共党内巡行特派制度的实行 / 32

二、条例颁布：党内巡视工作全面实行 / 36
　　（一）秘密状态下开始形成制度 / 36
　　（二）中央第一个巡视条例出台 / 38
　　（三）中央第二个巡视条例出台 / 40

三、"活的领导"：巡视工作的党外延伸 / 43
　　（一）"活的领导"原则的提出 / 43
　　（二）巡视工作在苏区的运用 / 46
　　（三）巡视工作的党外延伸 / 50

四、转向调整：专项巡视兴起 / 52
　　（一）党内巡视工作的及时调适 / 52
　　（二）分类专项巡视的应运而生 / 55
　　（三）群团组织巡视的广泛推行 / 57

五、历史局限：实事求是的客观考量 / 58
　　（一）顶层设计的革命性 / 58
　　（二）实践操作的选择性 / 59
　　（三）具体效果的战时性 / 60

第二章
人与制度：早期巡视工作能动性研究　62

一、同质性：中央巡视员的制度认同 / 63
　　（一）规制性要素：制度认同的强制机制 / 63
　　（二）规范性要素：制度认同的行动准则 / 65
　　（三）认知性要素：制度认同的信念共识 / 66

二、有效性：中央巡视员的效能差异 / 68
　　（一）个人因素：中央巡视员职位与权力的分离 / 68

(二)地缘分殊:中央巡视员与地方党组织的冲突 / 69
　　(三)科层背离:制度执行效能差异的中枢作用 / 72
　　(四)革命环境:中央巡视员受客观因素的制约 / 73

三、能动性:中央巡视员的逆向形塑 / 74
　　(一)全维度提升了巡视工作内涵与外延 / 74
　　(二)深入推动了制度修订与完善 / 76
　　(三)生动诠释了群众路线与方法 / 77
　　(四)深刻积淀了优良传统与作风 / 77

四、结语 / 78

第三章
执行在场:早期巡视员的实践与探索　79

一、制度导向:以任弼时巡视实践为例 / 79
　　(一)共青团巡视工作的倡导者和实践者 / 79
　　(二)中共巡视工作的探索者和推动者 / 80
　　(三)任弼时关于巡视工作的政治主张 / 82

二、调查研究:以张闻天巡视实践为例 / 85
　　(一)张闻天巡视实践的历史图景 / 86
　　(二)张闻天关于巡视工作的政治主张 / 88
　　(三)张闻天巡视实践的历史贡献 / 93

三、方式方法:巡视工作的实践与探索 / 95
　　(一)划片分区巡视 / 95
　　(二)召集工作会议 / 97
　　(三)进行个别谈话 / 98
　　(四)深入基层考察 / 99
　　(五)报告巡视情况 / 100

第四章
党外延伸：早期共青团的巡视工作 103

一、逻辑起点与历史动因 / 103

　　（一）中共直接领导的逻辑起点 / 103

　　（二）团内部组织结构的直接影响 / 105

　　（三）中国青年运动的客观需要 / 107

二、团的巡视工作建设设计与运行 / 108

　　（一）巡视员的设置 / 109

　　（二）巡视员的基本条件 / 110

　　（三）巡视员的主要任务 / 111

　　（四）巡视员的工作方式方法 / 114

　　（五）巡视员的纪律与要求 / 115

三、团的巡视工作历史贡献与基本经验 / 116

　　（一）实现了团内高度集中统一领导 / 117

　　（二）发展壮大了团的力量 / 118

　　（三）纠正了团内错误思想 / 119

　　（四）促进了青年运动的发展 / 120

　　（五）为中共输送了力量 / 121

　　（六）丰富了巡视工作理论 / 122

第五章
运用拓展：军事工作巡视实践考略 124

一、军事工作巡视实践的历史脉络 / 124

　　（一）中共对军事工作的巡视 / 124

　　（二）中共对军队的巡视工作 / 128

　　（三）军队内部的巡视工作 / 129

二、军事工作巡视的设计与运行 / 132

　　（一）巡视任务 / 133

(二)巡视员设置 / 135

　　(三)巡视职权 / 136

　　(四)巡视方式方法 / 136

　　(五)巡视工作要求 / 137

三、军事工作巡视实践的历史贡献 / 137

　　(一)指导领导军队党的工作,发挥堡垒作用 / 138

　　(二)纠正消除旧军队影响,强化政治动员 / 140

　　(三)领导建立党的军事力量,推动武装革命 / 141

　　(四)提供军队正确行动指南,战胜艰难险阻 / 144

　　(五)解决矛盾分歧错误倾向,着力引正纠偏 / 144

第六章
走向平静:1949—1978年的巡视实践　147

一、巡视实践的发展历程 / 147

　　(一)土地改革运动中的巡视实践 / 147

　　(二)"三反""五反"运动中的巡视实践 / 149

　　(三)党内巡视员制度的实行 / 150

　　(四)社会主义教育运动中的巡视实践 / 152

　　(五)党对外交使馆巡视工作首开先河 / 154

二、巡视实践的阶段性特征 / 156

　　(一)职能定位的双重性 / 156

　　(二)涵盖领域的全面性 / 157

　　(三)内在动力的多元化 / 159

　　(四)活跃程度的平静化 / 160

三、巡视实践的成效分析 / 163

　　(一)维护集中统一领导,保证中央政令畅通 / 163

　　(二)探索自我净化路径,推动依规管党治党 / 164

　　(三)凝聚群众磅礴伟力,巩固政权建设国家 / 165

(四)加强驻外工作领导,首开外交巡视先河 / 167

(五)推进巡视理论创新,提供宝贵经验教训 / 168

第七章
路径依赖:1978—2012 年的巡视工作　170

一、巡视工作实践的历史分期 / 170

(一)延续重启:1978—1990 年 / 171

(二)探索发展:1990—2002 年 / 174

(三)规范完善:2002—2012 年 / 177

二、巡视工作实践的时代特征 / 182

(一)巡视工作发展成为基础制度 / 182

(二)党内专责监督的定位基本确定 / 184

(三)巡视工作体系的框架基本形成 / 185

(四)两级组织机构的设置基本建立 / 186

(五)巡视范围内容的外延基本覆盖 / 188

三、制度选择的路径分析 / 189

(一)加强党的自身建设的现实选择 / 189

(二)应对日益严峻的腐败形势的现实需要 / 190

(三)管党治党理念更新的有力推动 / 191

(四)有效解决工作实践困境的经验总结 / 192

(五)制度本身现实成效的价值考量 / 193

第八章
定位重塑:新时代政治巡视的理论创新　195

一、政治巡视的概念内涵 / 195

(一)政治巡视概念的提出 / 195

(二)政治巡视内涵的脉络深化 / 197

(三)政治巡视内涵的界定 / 200

二、政治巡视的理论框架 / 201

  (一)根本目的 / 201

  (二)根本任务 / 202

  (三)指导思想 / 203

  (四)工作方针 / 203

  (五)基本原则 / 203

  (六)监督标准 / 204

  (七)价值取向 / 204

  (八)监督重点 / 205

  (九)战略格局 / 205

  (十)监督路径 / 205

三、政治巡视的逻辑理路 / 206

  (一)马克思主义政党的政治属性是其逻辑起点 / 206

  (二)习近平新时代中国特色社会主义思想的理论指导是其科学支撑 / 208

  (三)党内巡视发展演变的历史积淀是其重要基础 / 208

  (四)中国共产党所处的历史方位是其实践依据 / 209

四、政治巡视的价值意蕴 / 210

  (一)根本价值:确保中国共产党的领导核心地位 / 210

  (二)核心价值:确保始终满足人民群众对美好生活的向往 / 211

  (三)理论价值:确保习近平新时代中国特色社会主义思想始终成为最重要指引 / 212

  (四)制度价值:确保中国方案永远走在世界前列 / 212

第九章
系统集成:新时代政治巡视的制度创新　214

 一、制度创新的科学部署 / 214

  (一)运用科学理论指导引领 / 214

（二）高位推动战略基本形成 / 217

（三）制度创新的框架体系 / 221

二、制度创新的逻辑理路 / 223

（一）注重长期性和全面性相结合 / 223

（二）注重权威性和时代性相结合 / 225

（三）注重继承性和创新性相结合 / 226

（四）注重问题性和目标性相结合 / 227

（五）注重独立性和贯通性相结合 / 229

三、制度创新的时代意蕴 / 232

（一）重构建基于深厚背景的历史选择 / 232

（二）推动全面从严治党向纵深发展的现实需要 / 234

（三）全面提高党的建设质量的内在要求 / 236

（四）促进国家治理体系和治理能力现代化的重要保障 / 238

第十章
进路重构：新时代政治巡视的实践创新   239

一、顶层设计的高位推动 / 239

（一）十八届中央巡视：迎来新的历史方位 / 239

（二）十九届中央巡视：迈向新的发展阶段 / 243

（三）二十届中央巡视：踏上新的起点征程 / 245

二、巡视实践的突破创新 / 247

（一）重构领导体制：由"指导"到"领导"转化 / 247

（二）重塑职能职责：由"多任务性"向"主业主责"转化 / 250

（三）重置巡视范围：由"部分覆盖"向"全面覆盖"转化 / 251

（四）创新方式方法：由"固化单纯"向"综合灵活"转化 / 252

（五）重塑战略格局：由"分散巡视"向"全国一盘棋"转化 / 254

三、实践创新的价值意蕴 / 256

（一）政治巡视实践创新的基本特征 / 256

（二）政治巡视实践创新的时代价值 / 257
　　（三）政治巡视实践创新的基本经验 / 259

第十一章
非凡征程：百年巡视工作的伟大成就　262

一、凝聚力量：推进党的集中统一领导 / 262
　　（一）坚定的政治信仰与党的初心使命一脉相承 / 262
　　（二）坚守政治定位的核心是维护党中央权威和集中统一领导 / 265
　　（三）坚持的政治原则是实现党的全面领导 / 268

二、淬炼思想：推动马克思主义中国化时代化 / 269
　　（一）以高度的组织性纪律性创建党 / 270
　　（二）以高度的人民性民主性锻造党 / 271
　　（三）以高度的开放性制度性凝聚党 / 273
　　（四）以高度的引领性革命性重塑党 / 275

三、社会动员：密织厚植党的群众基础 / 277
　　（一）丰富完善了党的群众理论 / 277
　　（二）动员凝聚了党的磅礴力量 / 279
　　（三）密织厚植了党的群众基础 / 281

四、自我革命：推动党的建设强肌健体 / 285
　　（一）坚持政治自觉，推动了党的自我革命 / 285
　　（二）坚持问题导向，壮大增强了党的自身力量 / 288
　　（三）坚持刀刃向内，丰富自我革命有效途径 / 291

五、中国之治：推动完善党和国家监督治理体系 / 294
　　（一）巡视工作首先是"政党之治" / 294
　　（二）巡视工作也是"社会之治" / 296
　　（三）巡视工作更是"国家之治" / 297

第十二章
鉴往知来：百年巡视工作的基本经验 299

一、必须具有科学的指导思想和理论基石 / 299

（一）必须坚持马克思主义和习近平新时代中国特色社会主义思想的理论基石 / 299

（二）必须牢牢把握中国特色社会主义国家治理的根本优势 / 301

（三）必须坚持强化党对巡视工作的领导 / 302

二、必须把握内在运作机制基本规律 / 303

（一）必须坚持问题导向 / 303

（二）必须清晰内在规律 / 303

（三）必须坚守政治巡视属性 / 304

三、必须清醒顺应时代和围绕中心的历史方位 / 305

（一）现实方位：功能变迁与伟大社会革命背景时代相契合 / 305

（二）路径方位：巡视内容与党的地位变化相一致 / 306

（三）目标方位：任务重心始终与党领导的伟大事业紧密结合 / 306

四、必须拓宽与时俱进和开拓创新的战略视野 / 307

（一）必须体现与时俱进的时代特征 / 307

（二）必须遵循可持续发展基本原则 / 309

（三）必须注重路径依赖效应 / 310

五、必须涵养自我发展和自我完善的历史自觉 / 311

（一）历史自觉首先在于深刻的历史观照 / 311

（二）历史自觉其次在于深邃的历史情怀 / 312

（三）历史自觉还在于强烈的历史担当 / 313

六、必须构建逻辑严密和内涵丰富的制度体系 / 314

（一）必须坚持逻辑严密和内涵丰富的制度建设 / 314

（二）必须加强巡视工作规范化、法治化和程序化建设 / 315

（三）必须形成运行发展的良好态势、稳定状态和有序过程 / 316

七、必须培育以人民为中心价值取向的动力之源 / 318

(一)必须坚持人民至上原则 / 318
　　(二)必须坚持人民群众主体地位 / 318
　　(三)必须坚持走群众路线 / 319
　八、必须锻造强有力推进的组织保障 / 320

主要参考资料　324

后记
我在路上仰望　328

绪　　论
逻辑起点与理论意蕴

中国共产党(以下简称"中共")巡视工作以马克思主义为逻辑起点,自建党以来沿着革命、建设和改革的历史脉络展开,呈现出鲜明的时代特征和中国特色,取得了伟大成就,积累了宝贵经验,为世界提供了政党建设的中国共产党样本,展现了"四个自信"的制度诠释。回顾总结中共巡视工作的发展历程、基本特征、伟大成就和经验启示,对全面深入推进新时代巡视工作、加强党的建设、提升国家治理现代化水平,具有重大的理论价值和现实意义。

一、问题提出:既往研究述评

历史发展变化及其内在运行规律,是中共巡视工作研究的基本问题。学术界对于该问题的研究,肇始于党的十六大。研究分三个阶段逐渐深入:一是围绕党的十六大提出的"建立和完善巡视工作"要求,一些学者开始以阐释政策、分析理论为主,关注中共巡视工作理论与实践问题。李三星、李小苏的《民主革命时期中国共产党的巡视制度》,率先对新民主主义革命时期党的巡视工作发展脉络进行系统梳理。① 部分学者则对巡视工作的理论渊源和存在的问题进行探索。二是结合党的十八大提出"更好发挥巡视工作监督作用",一些学者开始

---

① 参见李三星、李小苏:《民主革命时期中国共产党的巡视制度》,《上海党史与党建》2003年第11期,第17—22页。

从构建体系、完善机制角度研究巡视工作,提出加强和改进的措施与建议。三是新时代,巡视工作制度体系不断完善、工作力度不断加大,更多学者开始从巡视工作的特色与优势、定位与功能、作用与效能等层面解构阐释。

既往研究整体上沿着"工作→政策→制度→监督制度→巡视工作"的逻辑展开,呈现三种研究进路:一是历史研究,侧重于新民主主义革命时期的实践形态。二是关联研究,侧重于与从严治党、腐败治理、公共服务等方面的相互关系。三是实证研究,侧重于中共巡视工作现实梗阻和优化路径。总的来说,既往研究已取得丰硕成果,并形成一些比较成型和基本共识的主流意见。但与中共党史研究相比,还存在有独树一帜而仁智互见的不同观点,特别是关于中共巡视工作的路径起点、历史分期、变迁动因、阶段特征以及变迁路径等理论问题研究,需要做进一步的阐释和空间提升。

(一)路径起源问题

关于中共巡视工作的路径起点,目前学术界有三种观点。第一种观点认为,中共巡视工作的开展主要是受苏联共产党(布)和共产国际的直接影响并加以运行的。① 但有学者对此持不同意见,如有学者认为由中央巡视办起草编写的《中国共产党巡视工作条例(试行)》解读更具权威性,该书通篇未提及这方面的因素影响。② 第二种观点认为,在结构和功能的制度惯性方面,中共巡视工作"是对中国古代巡视工作的借鉴与发展的产物",是对中国传统王朝"遣史巡行"制度的继承,二者有密切的历史渊源。③ 中国传统社会巡视工作是维护皇权的工具,行使行政监察的功能,而中共巡视工作在创建初期则更多体现的是一种领导方式,二者之间存在本质区别。中共巡视工作与中国传统社会巡视工作之间"源"和"流"的问题,考量因素应当更多的是诸如单线垂直的根基定位、相对独立的权重地位、健全完备的制度体系和监察思想汲取等层面。第三种观点认为,中共巡视工作是对国外巡视监察等制度的借鉴。此类观点主张将中国传

---

① 参见陆建洪、刘峰:《中国共产党巡视制度的由来与发展》,《苏州大学学报》(哲学社会科学版) 2010 年第 5 期,第 21 页。
② 参见孙亮:《改革开放以来巡视制度研究述评》,《南昌航空大学学报》(社会科学版) 2015 年第 3 期,第 15 页。
③ 参见付佳:《中国共产党巡视制度对中国古代巡视制度的借鉴与发展》,硕士学位论文,湖南师范大学,2012 年。

统社会巡视制度和国外巡视工作追溯为中共巡视工作的源头。但梳理革命历史文献,没有发现与其相关联的确凿证据。从政治学上分析,中国传统社会巡视工作属于典型的行政监察,与党的巡视工作有本质区别。从党史视角分析,党内巡视工作的政治属性表现为领导方式和党内监督,与后者的边际界限清晰可鉴。

(二)历史分期问题

历史分期是中共巡视工作研究的一个重要问题。既往研究有"三分法""四分法"和"五分法"之说。"三分法"认为,中共巡视工作历经"萌芽—形成"(1921—1937)、"曲折发展—恢复完善"(1937—2012)、"系统性重塑—高质量发展"(2012年至今)三个螺旋式上升阶段。[①] "四分法"认为,中共巡视工作大致历经新民主主义革命时期、社会主义革命和建设时期、改革开放和社会主义现代化建设新时期和中国特色社会主义新时代四个阶段,其阶段特征关键词分别对应或为初创与探索、发展与停滞、恢复与改革、丰富与创新[②],或为创建探索期、调整动荡期、修复发展期和战略性安排期[③],或为初步建立、曲折发展、恢复与重构、深化与系统构建[④],或为确立与调整、传承与发展、恢复与探索和改革与强化。[⑤] "五分法"则在"四分法"的基础上,将中共巡视工作细分为1921—1949、1949—1978、1978—2002、2002—2012、2012年至今五个阶段,阶段特征对应关键词或为萌芽和初创阶段、徘徊和停滞阶段、重启与发展阶段、确立与深化阶段、成熟与完善阶段[⑥],或为酝酿探索、徘徊前进、恢复重启、确立完善、全面拓

---

① 参见金伟东、任琴、孙大伟:《中国共产党巡视制度的百年嬗变、主要特点与基本经验》,《观察与思考》2022年第11期,第105—112页。
② 参见蔡文成、刘江:《中国共产党巡视制度的百年演变及经验启示》,《攀登》2021年第3期,第1—8页。
③ 参见孙亮:《中国共产党巡视制度的百年演进及其动力机制》,《河海大学学报》(哲学社会科学版)2021年第3期,第16页。
④ 参见冯宏良、贾丹丹:《中国共产党党内巡视制度化建设的百年历程、经验与启示》,《社会主义研究》2021年第3期,第11—18页。
⑤ 参见田启战:《中国共产党巡视制度的百年历程及变迁逻辑》,《当代世界社会主义问题》2021年第2期,第45—54页。
⑥ 参见任祥、杨春华:《中国共产党巡视制度的理论逻辑、历史演变与框架体系》,《云南社会科学》2020年第4期,第44—46页。

展①,或为萌芽与初创、徘徊与曲折、重启与优化、深化与完善、革命与创新。②尽管不同阶段称谓迥异,但其实质内容大体相同。还有一种"五分法"则依据巡视工作任务划分为1928年至1931年、1932年至中华人民共和国成立前、中华人民共和国成立后至改革开放前、改革开放后至党的十八大前、党的十八大后五个阶段。③ 对于新民主主义革命时期的历史分期,目前学术界大致将其划分为酝酿和形成、确立和推行、完善和调整三个阶段,只是划分的时间节点不同,主要有三种观点。第一种观点主张将其划分1921—1927年、土地革命战争初期、党的六大以后等三个历史发展阶段④;第二种观点则主张将其划分为1921—1926年、1927—1928年和1929—1936年三个阶段⑤,其后中止发展;第三种观点将其划分为1921—1927年、1927—1937年、1937—1949年。⑥ 总的来说,既往研究无论哪种分期方法,其基本依据均是将中共巡视工作历程与党的建立与发展几乎视为同步、同频、同向。研究中共巡视工作的历史分期问题,应当遵循其路径依赖规律,并注意制度变迁中的关键事件。有鉴于此,诸如中共巡视工作重要会议的召开和重要决策的出台、阶段性重要任务和重大发展思路的变化、党对阶段性变化的决定等因素,均应当是对中共巡视工作发展历程作出适当阶段划分的重要依据和基本标准。

(三) 发展中止问题

对于发展中止的问题,既往研究主要有两种观点。其一是抗战开始后停滞或停止。如有学者认为"抗战开始后,巡视工作在无形中被废止"⑦;抗日根据地建立军政委员会后,"中央派出巡视组织的积极性有所降低,巡视工作的探索

---

① 参见文丰安、段光鹏:《中国共产党巡视制度的百年历程、经验与启示》,《东南学术》2021年第3期,第33页。
② 参见蒋晶:《中国共产党巡视制度的百年发展历程与现实启示》,《行政与法》2021年第7期,第89页。
③ 参见申天恩:《中国共产党巡视工作百年发展述评》,《中共云南省委党校学报》2021年第3期,第49页。
④ 参见李三星、李小苏:《民主革命时期中国共产党的巡视制度》,《上海党史与党建》2003年第5期,第17—22页。
⑤ 参见刘峰:《安徽地区中共巡视制度与工作研究》,硕士学位论文,苏州大学,2010年,第18页。
⑥ 参见陈燕:《中国共产党巡视工作历史考察》,博士学位论文,中共中央党校,2016年。
⑦ 参见何益忠:《民主革命时期党内巡视制度的回顾与反思》,《理论学刊》2010年第3期,第29页。

也逐步停滞"①;还有学者提到"六届六中全会没有提到中央巡视员的派遣"②。其二是1949年至1990年巡视工作建设停止。这种观点认为随着中华人民共和国的成立,各级党的机关和政府部门的职能逐渐完备,巡视工作随之淡出历史舞台,或者说是没有形成制度。笔者不认同这种观点,通过梳理党的不同历史时期的文献研究发现,这段时间巡视工作建设并没有停止。③比如在土地改革运动、整党整风运动和社会主义改造时期就实行巡视团、巡视组、巡视工作小组等制度,甚至在中央层面还设有巡视工作委员会。究其原因,一方面,是因为没有充分占有史料。从既有研究成果看,诸如各地革命历史文件和各个时期党的重要文献资料没有得到充分认识和挖掘,大量巡视工作文献资料被忽略和忽视。另一方面,制度本身呈现出虚拟的"断裂—再续"特征,让这类研究忽视了巡视制度的显隐间转化的特质,只是按照时序,以单质的、线性的编年叙述结构简单将巡视工作进行排列组合。

(四)功能属性问题

对于新时期中共巡视工作的功能属性,目前学术界已基本形成共识,即党内监督的一种战略安排。既往研究的分歧主要集中在新民主主义革命时期。有相当数量的学者认为,"巡视工作是始于建党初期的一项党内监督措施"④。究其原因,最重要的因素是研究者想当然地将当下的巡视工作功能视同与新民主主义革命时期,忽略了巡视工作在不同时期的差异性。事实上,新民主主义革命时期的巡视工作加强了中央与地方的联系,整顿改组了地方组织,纠正了错误和问题,维护了党的纪律和集中统一领导。这些功能共同保障了党在革命战争年代各项工作的顺利进行和最终胜利。从这个意义上讲,部分学者提出,巡视工作在新民主主义革命时期是党的领导体制的重要组成部分,作为新民主

---

① 颜杰峰、夏婉玉:《新民主主义革命时期党内巡视制度的历史考察及其思考》,《学校党建与思想教育》2019年第9期,第50页。
② 李三星、李小苏:《民主革命时期中国共产党的巡视制度》,《上海党史与党建》2003年第5期,第17页。
③ 参见胡云生:《1949—2019:中国共产党巡视制度述略》,《中州学刊》2019年第7期,第126—133页。
④ 王峰、余坤:《鄂豫皖苏区党的巡视工作的历史考察》,《上海党史与党建》2018年10期,第40页。

主义革命时期党的一种重要领导方式,对党的建设作出重要贡献。① 还有研究者从政党治理的视阈提出,巡视工作具有整治功能,即通过加强政治监督、推动整改落实、联系群众和发挥综合监督作用,全面提升党的建设质量和治理效能。

(五)基本经验问题

对于基本经验问题的研究,目前更多是通过对中共巡视工作的历史发展演变而梳理得出经验启示及对策思路这一层次的研究,且所提出的优化巡视工作的思路和对策大都雷同。如有学者梳理新民主主义革命时期中共巡视工作的发展历史,提出"五必须"基本经验,即巡视工作必须随着政治生态环境的变化而调整,必须服务、服从于党的中心工作大局,必须大力加强制度化、规范化建设,必须创新方式方法、走群众路线,必须加强自身建设。② 还有学者通过分析党的十八大以来加强党内巡视工作的背景及举措和成效,提出"六必须"基本经验,即必须牢牢把握党内监督主题,必须紧紧抓住着力发现问题主线,必须坚持推动问题解决主旨,必须坚持以改革作为动力,必须统筹协调推动中央、省(区、市)的巡视工作,必须把巡视工作同其他形式的监督结合起来。③ 还有学者通过苏维埃时期江西党内巡视工作的历史考察得出经验启示:"要力防陷入'钱穆制度陷阱',引进制衡机制,巡视员的选拔、任命、监管要与党内监督主客体的相互分离、彼此外在'异体'关系的培育。"④ 随着党中央对党内巡视工作力度的不断加强,未来中共巡视工作(包括巡察工作)面临的工作量更大、问题更复杂、挑战更严峻,需要进一步推动中共巡视工作研究的深化与拓展,为全面深化从严治党提供理论支撑和制度保障。

(六)研究路径问题

既往理论研究明显滞后于政策要求与实践创新,且存在研究视野不宽、研

---

① 参见张玮:《民主革命时期中国共产党的巡视制度建设》,《郑州大学学报》(哲学社会科学版) 2014 年第 5 期,第 162 页。
② 参见张玮:《民主革命时期中国共产党的巡视制度建设》,《郑州大学学报》(哲学社会科学版) 2014 年第 5 期,第 165—166 页。
③ 参见钟龙彪:《十八大以来党内巡视监督的改进及其启示》,《中共天津市委党校学报》2014 年第 6 期,第 8 页。
④ 参见张宏卿、肖文燕:《苏维埃时期江西党内巡视制度的历史考察与现实启示》,《江西财经大学学报》2014 年第 6 期,第 95 页。

究纵深不够、研究链条不长等问题。具体表现在"四化"方面。(1)运用史料碎片化。其实质是以碎片代替整体,具体表现形式包括以零碎史料为中心的研究和以表面现象为中心的研究等。对于巡视工作研究而言,大部分研究资料积累不够充分,缺乏文献资料和实证资料支撑,应当通过系统地梳理和整合历史资料,特别要充分利用各地革命历史文件汇集。此外,研究早期党史、党内法规制度史、巡视制度史,也为理解巡视工作的历史沿革提供充分的史料支撑。(2)路径范式空泛化。大多研究模式为"起源—历程—贡献"或"背景—发展—作用"等,忽视了巡视工作发展的复杂性和多样性。空泛化倾向问题主要是由于研究者在选题、研究方法和程序设计上缺乏具体性和实际操作性,导致研究内容空洞、泛泛而谈,缺乏实质性的研究成果。要解决这一问题,需要从完善制度、优化研究方法和深化理论创新等多方面入手。近年来,有学者另辟蹊径,主张从政治学和路径依赖理论等视角分析巡视工作,尽管带来清新之感,但有先入为主的痕迹,影响了理论的说服力。(3)路径分析党史化。现有研究主要集中在党的巡视工作历史和党内巡视制度的发展上,而对巡视工作在更广泛的社会和国家背景下的作用和影响探讨不足,存在"党史说"问题,即党史视角研究占主导地位,缺乏对国史视角的深入探讨和系统研究。尽管有些研究提到了巡视工作与国家的关系,但这些内容相对较少且不系统。如,笔者在《中国共产党巡视制度研究(1921—1949)》一书中主要关注的是党内巡视制度的历史和发展,而没有详细探讨巡视工作在更广泛的社会和国家背景下的作用和影响。(4)研究结果平面化。既往一些研究成果缺乏创新性,甚至只停留在静态史实描述和机械式还原层面,有些则局限于具体事件和区域,缺乏整体性视野的宏观意识,研究成果同质化、表面化问题突出。毋庸置疑,以中共巡视工作历程和基本经验为研究视角,探索新时代强化巡视监督贯通联动、推动在党和国家监督治理体系中发挥更大作用还存在巨大的学术空间。

在我国正处于以中国式现代化全面推进强国建设、民族复兴伟业的关键时期,就中国共产党巡视工作的历史历程和伟大成就等进行全面深入研究,以党的历史发展脉络为线索,以百年巡视工作长时段为切入点,以党在不同时期的巡视工作实践探索为重点,探讨党的巡视工作和巡视工作在党不断成长壮大中的历史作用和当代价值,揭示巡视工作的基本规律,突出以史资政,对于加强和创新新时代巡视工作,走好新时代长征路、夺取全面建设社会主义现代化国家新胜利具有重要的时代意蕴。一是为政党建设提供中国共产党样本。中共巡视工作作为政党建设的"中国样本",通过民主集中制、群众路线和实事求是三个维度的有机统一,深刻揭示了"中国共产党为什么能"的内在逻辑,为中国共产党的长期执政提供了有力保障,也为全球政党治理提供了有益借鉴。中共巡视工作不仅是党内监督的重要手段,也是党与国家、社会关系的重要体现。这种双向塑造的关系使政党与国家、社会之间形成良性互动,共同推动国家的现代化建设和社会主义事业的发展。二是为增强"四个自信"提供制度诠释。通过对巡视工作在不同历史时期不断调整的研究,探求中共巡视工作在管党治党、治国理政中的地位和作用,能够有效推进全面从严治党,维护党的纯洁性和先进性,增强党员走中国特色社会主义道路的自觉和信心,有助于增强"四个自信"。三是丰富党史研究新视域。通过全面研究巡视工作的发展历程,一方面跳出传统的研究框架,从制度建设的角度审视党的历史,揭示党的制度建设与党的建设、党的执政能力之间的内在联系;另一方面,可以更好地理解党的自我革命精神和全面从严治党的重要性,从而为党史研究呈现新面相——在这个意义上,巡视工作是党史研究的重要主题。四是为新时代拓展巡视工作提供历史借鉴。运用系统论研究方法,将中共巡视工作置于党和国家监督治理体系,探索巡视监督与其他监督方式贯通联动路径,从而区别于现有巡视"制度史"研究,突出巡视实践时代性和实效性;坚持问题导向,注重以史资政,全面回顾总结中共巡视工作的基本经验和历史贡献,提出深化和创新的方法路径。如巡视工作在不同历史阶段都有其特定的任务和重点,巡视工作的定位与党面临的任务要与时俱进,党内法规与制度是巡视工作开展的根本保证,这些经验为新时代巡视工作提供了参考和借鉴。

二、逻辑起点:历史选择马克思主义

中共巡视工作的早期构建,是以选择马克思主义为路径起点,以共产国际和联共(布)指导为其重要影响因素,以中国革命现实为内生动力,沿着革命、建设和改革的历史脉络而展开的。

(一)马克思主义建党学说是其重要理论溯源

中共巡视工作的理论基础和制度内涵深深打上了马克思主义建党学说的烙印,是马克思主义建党学说与中国实际相结合的产物。总的来说,主要表现在以下三个方面。

1. 民主集中制原则

在探讨马克思主义建党学说的深邃内涵时,民主集中制原则无疑是一座不可绕过的丰碑。从马克思、恩格斯到列宁,这一原则经历了从理论阐述到实践应用的跨越,成为无产阶级政党组织建设的基本原则。马克思和恩格斯在筹建共产主义者同盟和国际工人协会时,便前瞻性地提出了民主与集中相结合的思想。① 在《共产党宣言》中,马克思不仅确立了无产阶级先锋队党的领导地位,更强调了民主集中制的重要性。② 这种民主与集中的巧妙结合,既保证了党的活力,又维护了党的团结与统一。列宁在继承马克思、恩格斯思想的基础上,进一步发展了民主集中制的理论,并将其正式写入党章,使之成为无产阶级政党的根本组织原则。列宁强调,民主集中制是民主制与集中制的有机结合,既要坚持彻底的集中制,确保党的决策能够迅速、有效地传达并执行,又要坚决扩大党组织内的民主制,让每一位党员都能参与到党的建设中来,感受到自己的主人翁地位。1906年4月,俄国社会民主工党第四次代表大会将民主集中制作为无产阶级政党组织建设中的一个根本原则——民主集中制得以正式确立。③

民主集中制是中国共产党的基石与灵魂。中国共产党创建前夕,李大钊、陈独秀、蔡和森等早期先行者,已在思想深处埋下了民主集中制的种子——他们虽未直接提出这一概念,但在探索救国救民的道路上,不约而同地意识到了集中力量、统一行动的重要性,以及保障党内民主、激发创造活力的必要性。④ 随着俄国十月革命的胜利,民主集中制这一先进制度理念传入中国,并在中共

---

① 参见《马克思恩格斯全集》第4卷,人民出版社1972年版,第572—575页。
② 参见尉松明:《民主集中制的由来、实质及其完善》,《甘肃社会科学》2005年第1期,第149页。
③ 参见《列宁全集》第10卷,人民出版社1990年版,第418页。
④ 参见何益忠:《中共创建时期"民主集中制"考》,《党的文献》2012年第1期,第87—91页。

二大上首次被确认为建党原则。1927年中共五大后,中央政治局通过《中国共产党第三次修正章程决案》,其中明确提出,党的指导思想为民主集中制,民主集中制由此正式写入党章,并在中共六大会议上被确定为党的工作和组织原则。① 党的七大,对民主集中制进行了更为具体和深入的规定,既强调了集中的重要性,也突出了民主的基础地位,实现了两者之间的有机统一。在这一原则的指导下,中共在复杂的革命斗争中,既能够保持高度的组织性和纪律性,又能够充分激发全党的创造活力和智慧,有效应对各种挑战和困难。而这些恰恰是中共早期巡视工作得以确立和运行的重要条件。中共早期巡视工作之所以能在全国范围内推行,正是以民主基础上党内高度集中为制度前提和组织基础的。从其所规定的内容上分析,中共早期巡视工作反映了中共组织系统的内部关系,包括党组织与党员、党内上下级组织关系、全党与中央关系等,体现了党内组织系统运行机制与活动规律,其实质是正确解决中共党内上下关系和正常秩序问题,从政党建设方面促使党的领导、党内民主和党内监督的生成与养成。

2. 群众路线思想

群众路线是马克思主义政党的灵魂与基石,是马列主义政党建党学说的精髓所在,深刻体现出马克思主义关于人民群众是历史创造者的基本观点,是对马克思主义群众史观的具体实践和时代发展。马克思以深邃的洞察力指出"历史活动是群众的活动",随着历史的车轮滚滚向前,群众队伍不断壮大,其智慧和力量汇聚成推动社会进步的磅礴洪流。马克思强调,人民群众创造了物质与精神双重财富,人民群众是推动社会进步的决定性力量——人民群众在社会变革中占据主体地位和决定性作用。② 列宁则在领导苏俄社会主义革命和建设的过程中,强调无产阶级政党必须坚持群众路线,依靠群众的力量来实现革命和建设的目标。列宁指出,作为自觉的历史活动家的群众是"历史创造者"③,主张要始终相信人民群众,始终加强与人民群众的联系。

中共创建的政治逻辑和政治理念均建立在马列主义基础上,群众路线是中

---

① 参见中央档案馆:《中共中央文件选集》第3册,中共中央党校出版社1989年版,第125页。
② 参见《马克思恩格斯文集》第1卷,人民出版社2009年版,第287页。
③ 《列宁选集》第1卷,人民出版社1995年版,第128页。

共政治理念的灵魂指针,必然是蕴含在唯物史观中的马克思主义群众观的具体体现。"依靠群众"是中共早期就形成的宝贵共识。中共自诞生之日起,就深刻烙印着"依靠群众"的鲜明底色。1921年,中共一大在党的纲领中明确提出了"把工人、农民和士兵组织起来"的战略构想。中共二大则对这一理念予以进一步深化和实践。《关于共产党的组织章程决议案》明确提出,"党的一切运动都必须深入到广大的群众里面去"——这不仅仅是一句口号,更是中共深入基层、贴近群众、服务群众的庄严承诺。① 1928年7月,中共六大会议首次提出了"争取群众是党的现时的总路线"和"党的总路线是争取群众"②的论断,这可以理解为提出了群众路线的概念。"从群众中来,到群众中去"这一思想在党的七大党章中得到了系统阐发,标志着党的群众路线思想走向成熟。基于政治过程的理论视域,群众路线作为中国共产党最根本的政治路线和组织路线,当然即是新民主主义革命时期中共巡视工作创建和运行的重要指导思想。

3. 实事求是范式

实事求是是马克思主义建党学说的重要内容之一。马克思、恩格斯和列宁虽然没有直接使用"实事求是"这个词,但其思想强调的就是实事求是的原则。在马克思主义哲学体系中,实践的观点是首要的和基本的观点。1845年,马克思在《关于费尔巴哈的提纲》一文中阐述:"实践是认识论的基础,社会生活在本质上是实践的,实践是理解社会历史、社会生活和社会发展规律的门径,实践具有能动性和革命意义。"③恩格斯特别强调实事求是的重要性,认为社会主义自从成为科学以来,就要求人们把它当作科学来对待。他倡导以科学的态度对待马克思主义,坚持真理,从实际出发。④ 列宁坚持并发展了从事实出发、实事求是的思想方法,反对本本主义和教条主义,坚持理论联系实际、实事求是地提出和解决革命中的具体问题。列宁的哲学创新,在于对实事求是原则的坚持和成功地将这一原则与具体实践相结合,理论必须紧密联系实际,通过实践来检验和发展。一句话,马列主义核心精髓和根本要义是实践观点和从实际出发、实

---

① 参见中央档案馆:《中共中央文件选集》第1册,中共中央党校出版社1989年版,第90页。
② 中央档案馆:《中共中央文件选集》第4册,中共中央党校出版社1989年版,第180页。
③ 《马克思恩格斯选集》第1卷,人民出版社1995年版,第56页。
④ 参见《马克思恩格斯全集》第3卷,人民出版社1960年版,第40—43页。

事求是、理论和实践相结合的原则。

实事求是是中共革命思想和实践活动的指导原则,不仅是制定路线方针和政策的理论基础,更是准确理解和正确执行的基本保障。革命历史实践证明,偏离实事求是的思想路线,就会犯"左"倾或右倾主义错误,革命事业就会遭受挫折。实事求是原则在中共早期巡视工作中作为根本方法在理论和实践上一直贯彻始终,是新民主主义革命时期中共巡视工作的理论源泉、发展动力、目的价值和检验标准。综上所言,民主集中制是党的根本组织原则和领导制度,体现的是集体领导和个人分工负责相结合的原则,确保了党中央集中统一领导和各级党组织的分级负责。群众路线是党的根本工作路线和生命线,蕴藏着党一切工作成功的力量源泉。实事求是体现的是党的政治路线,为巡视工作提供了科学依据和方法论,是依规依纪依法履职尽责的根本保证。这三者共同构成了巡视工作的基本原则和核心要求,确保了巡视工作的顺利进行和高效落实。

(二) 共产国际和联共(布)指导是其重要影响元素

共产国际和联共(布)在早期为中共提供了政策指导和理论支持,其高度集中的组织形式和领导方式对中共早期的组织结构和领导方式产生了深远影响。探索中共巡视工作的逻辑起点,可以追溯到共产国际的指导和联共(布)领导模式的影响。

1. 联共(布)领导模式的直接影响

中共政党建设过程充盈着鲜明和浓郁的苏联元素,列宁主义是其最初理论来源,俄国—苏联化马克思主义在中国输出是其特定时代背景,俄(联)共(布)影响是其重要外部因素,对苏联政党模式的效仿与突破构成了中共建党过程的基本轨迹。这种特征大致从以下三方面展现。

一是参照移植其领导体制的核心理念。在俄(联)共(布)领导体系中,党的各级委员会实行巡视工作。在中央层面,1919年俄共(布)八大决定在党的中央委员会设立中央巡视员,与党的情报统计、组织指挥、档案分配、总务、农村、妇女等工作平行并列。中央巡视员直接对中央委员会负责,代表中央委员会并具体行使其赋予的特权,具有相对独立性和绝对权威性。在地方层面,县级党的委员会以上也相应设立了巡视员,对所辖党组织进行巡视。此外,巡视工作还拓展运用到党政军群团等方面。① 中共作为共产国际的一个支部,其建党原则又是参照遵循马克思主义建党理论,在领导体制和模式上自然地移植和参考了俄共(布)。1921年中共成立之初,便确立了以马克思主义为指导思想的建党原则。1922年,《中国共产党章程》第一次明确提出了中央执行委员会可派遣特派员到各地召集临时会议,并担任会议主席的规定。② 从1923年《中国共产党第一次修正章程》的再次强调③,到1925年中共四大通过的《对于组织问题之议决案》中明确提出增加中央特派巡行指导员④,中共巡视工作在制度层面不断向联共(布)靠拢,力求实现集中领导与团结统一的目标。1928年和1931年中共中央两次颁布的中央巡视条例均强调,党的县级及其以上党组织开展巡视工作⑤,巡视延伸至基层支部。党的六届二中全会以后,巡视工作又被赋予"活的领导"新的意涵。1938年中共六届六中全会的重申,进一步巩固了巡视工作在党建体系中的重要地位。⑥ 比较二者之间的异同,中共巡视工作参照和移植后者的核心理念主要是集中领导和团结统一,这也是中共巡视工作随后发展变迁的历史基点,并贯穿始终。特别需要说明的是,在巡视工作的组织体制方面,中共巡视工作强调集中程度更强;而在民主维度属性层面,中共巡视工作更多侧重于党的集体领导,后者则侧重于党内监督。前者不是简单地移植和照搬照抄后者,而是结合中国实际进行了创造性改造。

二是参照移植其运行路径的功能属性。新民主主义革命时期,中共巡视工作和联共(布)巡视工作所处的历史语境和特定背景不同。后者是在执政党的语境下运行实施的,其本质属性是党内监督的重要方式,主要是监督检查,涵盖范围包括党内各级组织和政府层面的组织网络。而前者则是在革命秘密状态背景下运行的,在前期各级党组织不健全的情况下,巡视工作体现的是党的一种重要领导方式的功能,参照移植的是后者集中领导的成分。如巡视员在巡视

---

① 参见中央组织部课题组:《中国共产党执政规律研究》,党建读物出版社2004年版,第35页。
② 参见中央档案馆:《中共中央文件选集》第1册,中共中央党校出版社1989年版,第96页。
③ 参见中央档案馆:《中共中央文件选集》第1册,中共中央党校出版社1989年版,第156页。
④ 参见中央档案馆:《中共中央文件选集》第1册,中共中央党校出版社1989年版,第473—474页。
⑤ 参见中共中央组织部、中共中央党史研究室、中央档案馆编:《中国共产党组织史资料》第8卷,中共党史出版社2000年版,第237页。
⑥ 参见中央档案馆:《中共中央文件选集》第11册,中共中央党校出版社1991年版,第769页。

期间,可视为地方党组织的最高负责人或党的委员会常委委员,有权整顿和改组下级党组织,并指导与领导当地革命。在由革命秘密状态向局部执政状态转变过程中,中共巡视工作的功能属性开始发生变化——后者集中领导的成分继续发挥作用,作为党内监督重要方式的功能作用开始显现。特别是在根据地局部执政的前提下,巡视工作已全面渗透到苏维埃政权层面,实现了制度功能上由集中领导向党内监督的转变。随着执政党地位的日渐扩大与提升,党组织和政权执政的健全,各种功能的充分发挥,中共巡视工作的领导方式作用逐渐弱化,党内监督属性逐渐增强。新民主主义革命后期,随着中共执政在全国范围内的扩大,中共巡视工作开始以巡视团等专门巡视形式出现,早期的领导指导功能逐渐被党内监督的属性替代。

三是参照移植是主动结合实际的渐进过程。巡视工作的发展是对党内上下、政党与群众、政党与社会等各种关系不断调整完善的过程。中共参照借鉴主要表现为两种方式,即移植式和创设式,二者交替推进,呈现出顶层制度设计与主动结合实际不断调适的渐进过程。即一方面根据联共(布)已经创设和运作的制度框架为模板发动的制度变迁,另一方面主动结合实际、自我设计,体现了正式制度安排和主动结合现实的基本特征。如从巡视工作的功能属性转变,到巡视员的选拔标准革新,再到巡视范围的全面覆盖,直至巡视职权的民主化进程,构成了中共制度创新独有的逻辑理路。

2. 共产国际的领导

中共创建初期,其内部领导体制与运行机制必然按照共产国际的要求制定。具体到巡视工作上,则是依据共产国际发布决议或者命令等进行落实。主要体现在以下方面:

一是强调必须建立巡视工作。共产国际作为当时国际共产主义运动的领导中心,敏锐地意识到巡视工作对解决中国革命问题的关键作用。从1926年共产国际第七次扩大执行委员会明确提出建立特派巡视员制度,到1929年、1930年的多次重申与细化要求,无不彰显了对巡视工作的高度重视。1926年,共产国际第七次扩大执行委员会会议认为,要推动中国革命深入发展,必须实行特派巡视员制度,工厂支部或街市支部通过特派巡视员实现集体指导,乡村工作建立巡行组织员制度,并对特派巡视员和巡行组织员的培养选拔与工作要求作了具体规定。① 1929 年,随着革命形势的复杂化,共产国际再次强调巡视工作的重要性,并要求中共各级党部"加紧巡视工作"。② 1930 年,共产国际东方部更是将巡视工作的重点聚焦于"省委对于工厂支部的巡视"③,显示了共产国际对中国革命具体问题的理解和把握,也体现了巡视工作在推动革命深入工厂、团结工人阶级方面的关键作用。

二是强调必须突出巡视重点。巡视工作的重点是全面了解被巡视地方各种情况、深入发现革命过程中存在的问题、积极指导领导并推动党的各项工作。共产国际深谙此理,多次指示中共中央要在此方面下功夫。如 1929 年共产国际远东局强调,通过巡视工作实现"直接实际的领导",打破以往"中央对各省的领导仅限于发表一个总的通告"的局限,使得中央政策能够更加精准地对接地方实际。为此,远东局还着重要求各级党部明显增加巡视员数量,明确要求中共中央常设 7 名中央巡视员。④ 1930 年 1 月 30 日,远东局向中共中央发出的指示,特别明确了巡视工作的重点——"了解地方组织的情况"与"健全党内生活"。⑤ 强调巡视工作的重点在于"了解地方组织的情况",是加强党对地方控制力、提升组织凝聚力的迫切需求。"健全党内生活"的提出,则是旨在通过规范党内生活,增强党员的组织纪律性和政治觉悟。同时,"工作要突出重点,务求实效",言简意赅地概括了巡视工作的核心要义。"改进中央的指导和监督",这一表述揭示了巡视工作的更高层次目标。⑥ 巡视工作这种自下而上的信息反馈机制,是党内民主集中制的重要体现。

三是强调必须坚持实事求是。在共产国际看来,长期以来,中共党内报告流于表面,缺乏深入基层的实地调查与真实反馈。1930 年 8 月,共产国际要求中共

---

① 参见中央档案馆:《中共中央文件选集》第 2 册,中共中央党校出版社 1989 年版,第 681 页。
② 参见《中共党史教学参考资料》(二),人民出版社 1957 年版,第 18 页。
③ 黄修荣等:《共产国际、联共(布)与中国革命文献资料选辑》第 12 卷,中央文献出版社 2002 年版,第 255 页。
④ 参见《中共党史教学参考资料》(二),人民出版社 1957 年版,第 18 页。
⑤ 黄修荣等:《共产国际、联共(布)与中国革命文献资料选辑》第 12 卷,中央文献出版社 2002 年版,第 35—46 页。
⑥ 参见黄修荣等:《共产国际、联共(布)与中国革命文献资料选辑》第 12 卷,中央文献出版社 2002 年版,第 35—46 页。

中央,党内上下之间联系要改变过去平庸的报告方式,巡视工作必须主动下沉,深入群众。① 与此同时,青年共产国际的指示也直指巡视工作的另一大弊端——内容空泛、缺乏针对性,强调巡视员必须摒弃那些脱离实际原理原则的高谈阔论,转而采用"严格的工作、监督与活泼的指导方法"②。此外,共产国际执行委员会远东局还专门就增加巡视经费和巡视员数量等问题,又多次作出要求指示。③ 共产国际一系列的部署指示,直接或间接地影响到中共巡视工作的建立和发展。

3. 共产国际的借鉴因素

中共作为共产国际的一个支部,不可避免地借鉴了共产国际一些组织运作模式。中共巡视工作的创建与运行,是共产国际指导中国革命的直接产物。主要体现在三个方面:

一是集中制领导原则。20 世纪 20 年代,共产国际作为世界无产阶级革命运动的领导中心,其内部治理原则对全球共产主义运动产生了深远影响。从第二次代表大会的明确规定④,到第三次代表大会的《共产党组织建设、工作方法和工作内容(提纲)》进一步强化,共产国际确立了严格的集中制原则,要求所有成员必须无条件执行其决策,并接受其领导。这一原则不仅体现在理论层面,更通过实际行动得以贯彻,如第五次代表大会赋予共产国际向各支部派遣全权代表参与核心会议的权力。⑤ 面对复杂多变的国内外环境,年轻的中共在创建初期便敏锐地捕捉到了共产国际集中制原则的价值——不仅符合当时中国革命的实际需要,也能够为中共的快速发展提供坚实的组织保障。中共巡视工作便是在这一背景下应运而生——不是对共产国际集中制原则的简单模仿,而是结合中国革命实际进行的一次制度创新——有效解决了革命时期信息不畅、执行不力的问题,加强了党的组织建设和纪律建设。中共巡视工作的发展历程,

---

① 参见黄修荣等:《共产国际、联共(布)与中国革命文献资料选辑》第 12 卷,中央文献出版社 2002 年版,第 255 页。
② 黄修荣等:《共产国际、联共(布)与中国革命文献资料选辑》第 12 卷,中央文献出版社 2002 年版,第 680 页。
③ 参见黄修荣等:《共产国际、联共(布)与中国革命文献资料选辑》第 12 卷,中央文献出版社 2002 年版,第 77—79 页。
④ 参见《列宁选集》第 4 卷,人民出版社 1995 年版,第 254 页。
⑤ 参见[英]珍妮·德格拉斯:《共产国际文件》第 2 卷,世界知识出版社 1964 年版,第 168 页。

是共产国际集中制原则在中国本土化的生动实践。

二是巡行特派领导方式。共产国际第六次代表大会及《共产国际章程》均明确规定：对于各国支部的领导，除委派特派员代表执行委员会之外，共产国际还委派指导员，其权限与职责由共产国际执行委员会确定，活动只向执行委员会负责。① 共产国际通过派遣特派员来直接领导和检查中共党务工作。从1920年开始，共产国际和俄共（布）及后来的联共（布）先后在中国设立多个对华机构，以指导和帮助中国革命的开展。这些机构主要包括：共产国际东亚书记处、共产国际远东局、共产国际执行委员会远东书记处等。这些机构在不同历史时期发挥了重要作用，特别在中国大革命时期，通过巡行特派等方式，积极参与对中共革命的指导和帮助，在贯彻落实共产国际关于中国革命的方针政策、全面了解中国当时的政治形势和社会状况等方面发挥了特殊的作用。中共早期领导人对这种巡行特派领导方式表示肯定与认同。陈独秀表示"我们需要共产国际的好的建议和指示"②，表达出对科学革命理论指导的深切需求。蔡和森提出"把更多的组织工作方面有经验的俄国人派到中国来"③，并期待在数量与质量上双重提升，这一主张背后是对俄国革命成功经验的深刻认同与借鉴。

三是派遣代表团工作形式。为完成专项任务，共产国际常以派遣代表团的工作形式到中国，主要目的是指导和支持中国的革命运动。20世纪初，共产国际及其派遣的代表团在中国革命中扮演了重要角色——作为中国革命运动的观察者、指导者，是中共早期发展的重要助力，其工作方式更是为后来中共巡视工作建立奠定了基础。1920年初，共产国际派遣俄共（布）远东局海参崴分局的全权代表维经斯基等人踏上中国土地，了解中国革命动态，直接参与中共筹备工作。1920年6月，苏俄政府派遣优林使团及随后的布勃诺夫使团来华，主要任务是就建交问题进行谈判。1922年，共产国际再次派遣以越飞为代表的代表团专程来华，旨在协调国共两党的合作事宜。1926年，共产国际派遣格列尔等专家来华，直接参与和指导工会运动。这些特派代表团的工作形式可以视为

---

① 参见〔英〕珍妮·德格拉斯：《共产国际文件》第2卷，世界知识出版社1964年版，第643—645页。
② 《联共（布）、共产国际与中国国民革命运动》，北京图书馆出版社1997年版，第76页。
③ 李永春：《蔡和森年谱》，湘潭大学出版社2008年版，第216页。

中共巡视工作的后期原型。通过派遣特派员以巡视方式指导党的工作,中共开始探索出一套行之有效的党内领导机制,标志着中共早期巡视工作的萌芽与初创。

（三）中共革命实践是其重要生成动力

中共巡视工作的生成是一个规律性与目的性相统一、根植于中国革命特定历史环境与实践主体选择创制相统一的过程。特定的实践环境、主体的价值导向和关键的路径依赖共同构成了中共巡视工作的坚实基础。

1. 建党价值导向的有力推动

中共早期巡视工作设计与运行是紧紧围绕建党价值导向和目标任务展开的,着重突出加强党的领导。具体体现在三个方面:(1)群众型政党的建党目标。中共在阐明党的性质时认为,要把党建设成一个革命的群众性的无产阶级政党,既不是学会组织,也"不是少数人空想的革命团体"①。这种群众型政党的建党目标强调,党的一切活动都必须深入广大的群众里面去,其核心体现了中共群众路线原则的精神实质,与马克思主义政党学说一脉相承。中共巡视工作正是在这种机理作用下开始生成与运行,以各级党的巡视员为原点,不断深入群众和基层传播革命、动员革命,涟漪般逐渐向四周扩散党的组织设置和影响力。无论后期中共巡视工作形制如何发生变化,群众型政党性质的决定作用始终没有被动摇。(2)扩大革命党的建设任务。建党初期,中共对组织发展比较谨慎。国共第一次合作后,中共又将主要精力放在国民党发展方面。面对日益高涨的革命形势,中共深刻认识到,要领导无产阶级进行这场艰巨的民族解放运动,首要之务便是壮大自身的组织基础。1925年10月,中共中央战略性提出决策:"第一便是要扩大自己的党——吸收无产阶级及先进的知识阶级中革命分子。"②面对各地革命运动普遍存在"人材缺乏的饥荒"③,中共中央提出明确要求:扩充增加党员数量,构建一支能够担当起日益艰巨革命工作的广大群众之党④——不积极谋求党员数量的增加,便是对党的不负责任,甚至是一种反

---

① 中央档案馆:《中共中央文件选集》第1册,中共中央党校出版社1989年版,第90页。
② 中央档案馆:《中共中央文件选集》第1册,中共中央党校出版社1989年版,第472页。
③ 中央档案馆:《中共中央文件选集》第2册,中共中央党校出版社1989年版,第36页。
④ 参见中央档案馆:《中共中央文件选集》第2册,中共中央党校出版社1989年版,第635页。

动行为。为实现和完成这一艰巨任务,中共创造性地建立巡视工作,通过密织组织网络,有效整合了社会资源,厚植了革命基础。(3)集中统一的建党理念。意识形态的规定性和革命环境的强制性决定了中共高度集权的组织结构特征。中共建党一个重要的理念是"个个党员不应只是在言论上表示是共产主义者,重在行动上表现出来是共产主义者"①,强调党内必须要有高度集中、网络严密、纪律严明的组织和训练。这实际是民主集中制原则的明确阐释,呈现出的是在党内以指导领导和政治动员为主、权力高度集中统一的一元化领导体制等特征。考察中共领导活动规律,可以清晰地梳理其脉络:群众路线是领导方法,实事求是是思想基础,民主集中制是组织保证,这些是巡视工作生成与发展的内在动力和力量源泉。

2. 组织结构内部建设的直接诱因

中共早期巡视工作的建立与发展,是加强组织建设的客观需要,与中共内部组织结构形态密不可分。主要体现在以下三方面。(1)内部结构相对集中的影响。中共初创时期,构建稳固且高效的党内组织结构,是生存与发展的命脉。在这一背景下,下级党组织的成立必须得到上级的严格许可,而下级对上级的绝对服从,则铸就了党内统一与命令畅通的铁律。党的二大和六大的党章均明确界定了党内上下级关系的规范框架。②但问题是,这种党内相对集中且秩序稳定的组织关系,是必须要有制度保障的。巡视工作的建立正好顺应并契合了这种需求,中共中央对巡视工作的深刻阐述,揭示了其核心价值所在:"确保上级策略、计划精准传达至基层,并得到有效执行。"③这一制度不仅明确了巡视工作使命,更在无形中重塑了党内组织生态,促进了上下级之间的紧密联动。应当肯定,中共早期巡视工作的建立是顺应革命形势、契合党内需求的必然产物——在无形中强化了党内的集中统一观念,提升了党组织的凝聚力和战斗力。(2)内部同体监督缺失的影响。中共建党以后,已经意识到党的组织、纪律和党内监督问题的重要意义,党的一大和二大对此均有明确规定。但是,鉴于

---

① 中央档案馆:《中共中央文件选集》第1册,中共中央党校出版社1989年版,第91页。
② 参见中央档案馆:《中共中央文件选集》第1册,中共中央党校出版社1989年版,第97页。
③ 中共中央组织部、中共中央党史研究室、中央档案馆编:《中国共产党组织史资料》第8卷,中共党史出版社2000年版,第226页。

早期阶段党员人数少、重点任务是发展党员的历史背景,党内监督问题并没有引起足够重视,即使已经明确的规定也还存在一定的历史局限性。第一次大革命失败后,中共面临严重的组织破坏和动荡局势,党的监察机关几乎形同虚设,中央监察委员会的功能更是"未能行使职权"①。这一时期党内监督机制的失效,很大程度上源于制度设计的缺陷与职责界定的模糊。中央监察委员会未能根据党情实际,明确自身的职责权限与任务,导致其在关键时刻未能发挥应有的作用。即便在党的六大上,中央审查委员会的应运而生,也因职责范围有限,未能全面填补监察委员会留下的空白,党内同体监督机制的缺失成为了一个不容忽视的问题。巡视工作作为党内监督的重要形式,通过引入外部力量,打破了同体监督的局限性,增强了监督的独立性和权威性,为解决党内监督资源稀缺的难题提供了新思路——巡视工作成为一种监督手段,更是推进党的自我革命、全面从严治党的战略性制度安排。(3)相对薄弱制度建设的影响。中共是在复杂历史社会环境中创建起来的,不可能专门发展和完善各种制度,即使出台的制度也是因事而设,造成这一历史时期中共制度不健全的局面。如党的领导制度、组织生活制度、选举制度等均是根据革命实际需要不断完善发展起来的。正是在此复杂局面下,中共党内制度独立性和系统性的缺失,迫切要求中共建立巡视工作,促进各级党组织明确职责,调整党内关系、规范工作秩序,确保党的机构运作和党员行为在制度约束下走向规范。

3. 中共革命实践生存的客观需要

中共新民主主义革命时期的秘密活动方式,是影响政党功能发挥与结构分化的重要因素,也是中共巡视工作创建特有的社会条件。(1)确保党的纪律和凝聚力的客观需要。大革命失败后,中共面临严峻的形势和挑战。"整个党已溃散不堪",党内思想混乱、组织软弱涣散,"党的发展由城市转向农村,由大企业转向小企业"。②整顿改造和恢复重建各级党组织,指导领导各地革命运动,是中共必须面对的重点工作。为了应对这种情况,加强党的组织工作,确保党

---

① 中共中央组织部、中共中央党史研究室、中央档案馆编:《中国共产党组织史资料》第8卷,中共党史出版社2000年版,第158页。
② 中央档案馆:《中共中央文件选集》第4册,中共中央党校出版社1989年版,第640页。

的纪律和凝聚力,1927年11月,中央决定建立巡视工作。这表明此时党内已经认识到需要通过建立巡视制度来解决组织涣散的问题,并重新凝聚队伍。随后,在1928年10月,中央专门制定了《巡视条例》,以中共中央第5号通告名义下发,明确要求建立巡视工作。这些措施旨在加强对地方党部的指导和领导,有助于度过大革命失败后的艰难时期,确保党的纪律和统一性,解决组织涣散、重新凝聚队伍,从而在恶劣的环境中继续推进革命事业。(2)确保党内上下联系畅通的现实选择。大革命失败后,部分党的机关遭到极大破坏,大批领导机关同志被捕,中共被迫转入地下秘密革命状态,进入一个极为艰难的时期。为了应对白色恐怖和敌人的封锁、分割,中共必须迅速建立有效的秘密通信系统以保持内外联系,加强革命指导。为此,中共尝试探索了很多办法,如通过发行报纸、书面报告等形式,但收效甚微。下级党组织对书面报告制度的执行缺乏热情,对报刊联系方式也不积极主动,即使以纪律处罚和停止经费等方式明令要求,也无法缓解这种尴尬状况,导致下级无法及时获悉上级指示,中央接到"各地的报告和统计材料亦非常稀少"[1]。在这种背景下,巡视工作的建立显得尤为重要。这既是对一种领导方式的现实选择,更是一种制度化的路径探索。(3)确保组织安全问题的困境所系。大革命失败后,中国共产党面临严峻的白色恐怖,各级党组织被迫转入地下状态,开展秘密斗争。在这种背景下,许多党员和组织遭受严重破坏,甚至有的同志被出卖而牺牲,中共党组织陷入内外夹击困境。特别是罗亦农1928年4月15日被捕,4月21日在上海龙华英勇就义,成为第一位牺牲的中央政治局常委。由于白色恐怖的残酷性,以及反动势力对中共机关的大规模破坏,组织安全问题显得尤为突出。中共组织整体从公开转入地下,从中央到县委、区委均需要在最短时间内改造成适应秘密环境的工作方式。为了应对这一挑战,中共决定建立巡视工作,要求各级执行委员轮流参加巡视工作,其重要目的就是为了避免全部被破获的危险。[2] 可以说,巡视工作的建立与安全问题密不可分。

---

[1] 中共中央组织部、中共中央党史研究室、中央档案馆编:《中国共产党组织史资料》第8卷,中共党史出版社2000年版,第80页。
[2] 参见中共中央组织部、中共中央党史研究室、中央档案馆编:《中国共产党组织史资料》第8卷,中共党史出版社2000年版,第179页。

三、三重逻辑：内部运作与基本规律

建党以来，中共巡视工作始终沿着"政党—国家—社会"逻辑主线发展，其内在结构方面的"基质"特征一直没有变化。民主集中制作为党的根本组织制度和领导制度是中轴主线，从政治维度统一党的观念和意志。群众路线是中共生命线和根本工作路线，强调必须始终同人民群众保持密切联系，把人民的利益放在首位，并将党的正确主张转化为群众的自觉行动。实事求是是中共世界观、方法论的基石，强调从实际出发，理论联系实际。这三重逻辑相互关联、相辅相成，共同构成了中共巡视工作的内部运作与规律。

(一)民主集中制原则

中共巡视工作反映了中共组织系统的内部关系，包括党组织与党员、党内上下级组织关系、全党与中央关系等，体现了党组织系统运行机制与活动规律。其实质是从政党建设方面促使党的集中领导、党内民主和党内监督的生成与养成。具体来说，主要是从以下几个方面遵循的。

1. 党的集中领导

巡视工作在起初顶层设计上强调的是党的建设和集中集权精神，具有权力向上集中特征。主要表现在两个方面：(1)在巡视任务设计上，首要强调集中指导和统一领导。其历史发展脉络为：传达上级党组织意见、考察下面情形报告上级党组织；指导创建地方党组织，大力促进群众运动发展；改变党组织涣散状况，凝聚党的队伍；改组和改造党的各级机关，加强党的组织建设。这种设计初衷和中共建党组织原则一脉相承，体现的一个核心逻辑是强调实行集体领导。(2)在巡视员职权设计上，着重强调集权。1928年的《巡视条例》与1931年的《中央巡视条例》的出台，巡视员被赋予了"全权代表"和"当然出席者"的重要地位。[①] 这种集权的设计初衷同时也带来了一系列问题，主要包括导致权力滥

---

① 中共中央组织部、中共中央党史研究室、中央档案馆编：《中国共产党组织史资料》第8卷，中共党史出版社2000年版，第226页。

用和腐败现象的发生和限制下级党组织的主动性、创造性。正是考虑到这种缺陷带来的消极影响,1938年的中共六届六中全会及时对此予以修正:巡视员没有决定与强制下级党委执行的权力。① 这一修正,是对巡视权力边界的重新划定,更是对党内民主与集体领导原则的坚持与弘扬。

2. 党的团结统一

民主集中制核心要义之一是用科学思想理论和正确政治路线来武装全党,统一全党思想、增强政治自觉。这种思想意涵从中共巡视工作结构功能设计的视角解构,着重以三种途径来实现:(1)护航政令畅通。中共巡视工作首要且核心的任务,是及时准确地传达并贯彻党的路线方针政策。这一过程,不仅关乎党的意志能否直达基层末梢,更深刻影响着党的统一领导能否形成上下一心、同频共振的磅礴力量。通过巡视,党的政策意图能够及时、准确地传达至基层,避免了信息传递过程中的误解和偏差。同时,巡视工作还能对下级党组织的执行情况进行监督,确保其按照党的要求开展工作,在无形中筑起了一道坚固的防线,不断加强党的统一领导,促进各级党组织和广大党员干部在思想上政治上行动上的高度统一。(2)调解党内矛盾。党内矛盾和纠纷是任何政党都无法避免的问题。巡视工作在这方面发挥了重要作用——以其独特的视角和深入的方式,通过深入基层、接触实际,为及时发现并解决党内严重意见分歧和不团结提供了宝贵的线索和依据,并通过引正纠偏等行之有效的措施,巩固党的团结统一。顺直问题和江苏问题等问题解决的历史事实证明,正是由于巡视工作的建立,中共及时纠正了搞个人专断、家长制、极端民主化和分散主义的错误倾向,从而确保民主集中制的贯彻执行和党内团结统一得以实现。② (3)确保决策科学。中共巡视工作在内部运行机制设计上,着重强调党内上下级之间构建一种良性的传达指导—反应回馈机制。这种机制不仅密切了上下级之间的联系,推进党内民主作风建设,更为重要的是上级党组织通过巡视报告全面及时掌握了解情况、深入发现存在的问题,有利于中共中央实事求是、因地制宜、灵活地运用马列主义革命理论,科学决策、指导实践,从而使民主决策不断修正完

---

① 参见中央档案馆:《中共中央文件选集》第11册,中共中央党校出版社1991年版,第769页。
② 参见中央档案馆:《中共中央文件选集》第5册,中共中央党校出版社1990年版,第154—155页。

善,党的指导思想与中央权威得到高度统一和有效维护,党的团结统一得到稳定巩固。

3. 党的民主监督

执行民主集中制关键问题是准确理解和运用党的民主监督。然而,任何制度都有其潜在的风险和缺陷,民主集中制亦不例外。其等级领导的特质,有时可能导致权力的集中异化为集权,从而偏离了制度设计的初衷。在这样的背景下,党内民主监督机制的运行显得尤为重要。中共巡视工作在功能设计上,已敏锐地考虑到这一点。一方面,巡视基本实现全覆盖,巡视员代表上级党组织行使权力,其权威性高、影响力大,能够深入基层、直面问题,体现在对党的各个层级和领域的全面覆盖。另一方面,巡视员还承担监督职能。巡视员在巡视过程中,不仅要发现问题、揭露问题,更要推动问题的解决。这种监督职能的发挥,是巡视工作区别于其他工作的重要特点。与此同时,巡视工作与党的民主监督之间的关系是相辅相成的。前者通过其权威和全覆盖,为后者提供有力的支持和保障;后者机制的运行也为前者提供了更加明确的目标和更加严格的要求。这种相互促进、相互制约的关系,使得二者在推动党的建设和发展中发挥着越来越重要的作用。

(二) 群众路线思想

在中共的政治实践中,群众路线不仅是最根本的政治路线和组织路线,更是巡视工作创建和运行的灵魂与基石。这一思想,基于政治过程的理论视域,深刻揭示了中共如何在新时代寻求政治平衡,推动国家治理体系和治理能力现代化的内在逻辑。主要通过以下三方面体现出来。

1. 依赖路径:社会动员与整合的力量

群众路线的首要体现,在于其对社会动员和社会整合的依赖。毛泽东曾指出"把群众力量组织起来,这是一种方针"①。考量中共巡视工作功能顶层设计时,部分学者有意或无意中将其定位为党内监督和党的领导方式,显然忽视了巡视工作革命动员和社会整合的功能。事实上,巡视工作是中共用来连接政党与社会、政党与群众的重要手段。通过广泛的社会动员,中共能够汇聚起人民

---

① 《毛泽东选集》第3卷,人民出版社1991年版,第930页。

群众的智慧和力量,形成强大的社会合力。同时,社会整合的过程也是中共与人民群众建立深厚联系的过程,这种联系为巡视工作提供了坚实的群众基础。考察中共巡视工作发展脉络,以及其中蕴含的群众路线,可以看出中共比以往任何政权和政党都更深入地渗透到基层,培养民众对政党自身的政治认同,从而实现由小到大、由弱到强、由松散到集中的转变,同时也更为鲜活地展现了巡视工作社会动员和社会整合的功能演化。

2. 工作方法:相信群众与依靠群众

中共最大的优势是密切联系群众,最大的危险是脱离群众。中共巡视工作关于相信群众和依靠群众的原则设计,是马克思主义科学方法论的一种体现,也是对群众路线和群众史观的另一层次阐释。综观中共巡视工作不同历史阶段的各种规定,均明确强调巡视员应当深入群众、深入基层、深入支部,进行实地调查研究,不能走马观花、浮光掠影,这对党内历史文件稍微梳理即可见到。[①] 1930年8月,中央要求,"巡视制应当按照扩展下层创造性"[②]。1931年的《中央巡视条例》规定,巡视员"生活必须下层化","要避免走马看花、只审阅文件的工作方式","要绝对消灭过去立三路线下官僚式的巡视工作,要站在检查和帮助地方党部的工作观点上,发展下层群众的积极性"[③]。在具体实践中,巡视员将调查研究作为深入群众最为重要的方法和手段,这是群众路线思想在巡视实践中的具体运用。制度硬性条款规定与具体实践运作,其实质是中共对相信群众和依靠群众精神的真实写照。

3. 价值取向:为了群众与服务群众

群众路线的最终目的是为了群众和服务群众。在巡视工作中,这一价值取向得到充分贯彻。中共始终坚持以人民为中心的工作导向,将人民群众的利益放在首位,切实解决他们在生产、生活中遇到的实际问题。通过巡视工作,中共能够及时发现和纠正一些损害群众利益的行为和现象,保障人民群众的合法权益。同时,巡视工作也是中共向人民群众传递党的声音、宣传党的政策的重要

[①] 参见中央档案馆:《中共中央文件选集》第4册,中共中央党校出版社1989年版,第629页。
[②] 中央档案馆:《中共中央文件选集》第6册,中共中央党校出版社1989年版,第597—598页。
[③] 中央档案馆:《中共中央文件选集》第7册,中共中央党校出版社1991年版,第221—227页。

途径。如陈云在《这个巡视员的领导方式好不好?》一文中举例说,1933年6月,他在苏区农业工人工会(即中国农业工人工会,是当时中华全国总工会苏区中央执行局领导下的一个工会组织,1933年4月在江西瑞金成立)召开的一次支部联席会议上发现,农业工人工会的一个巡视员开会布置工作不分先后、轻重缓急,提出了许多问题,结果使下面的干部不知从何做起。陈云认为,这是很不好的领导方式,错误在于会前毫无准备,不了解群众的要求;没有从群众最高兴的工作做起。陈云强调:"提出群众迫切要求解决的问题是关键,只有这样才能把他们推动起来。"①毋庸置疑,中共巡视工作注重为了群众和服务群众的价值设计,与党的性质和宗旨是一脉相承、相得益彰的。

(三) 实事求是范式

在中国的政治生态中,巡视工作之所以能够取得显著成效,关键还在于坚持实事求是的工作原则。主要是从三个方面体现出来的。

1. 注重中国实际

政治路线是中国革命、建设和改革的首要问题,基本要素主要包括:革命、建设和改革的性质及社会性质的判断问题、革命的敌友辨识和动力问题、任务问题、阶段以及策略问题。② 中共巡视工作在设计上强调巡视工作要从实际出发,对巡视地方的现实状况和历史作认真的调查和研究,反对主观主义作风。③巡视员在各地巡视中,撰写了许多宝贵的巡视报告,内容涉及政治制度、经济关系、阶级状况、商业交通、文化教育、宗祠族权、家庭伦理、风土民情等当时社会生活各个方面,客观真实地反映了被巡视地方的基本情况和斗争形势。毋庸置疑,这对于上级党组织科学决策和社会动员提供了有益参考。

2. 注重理论指导

注重理论指导是马克思主义实事求是范式的基本要求。没有革命理论的指导,民族革命和新民主主义革命就不可能取得成功。理论指导是巡视工作不可或缺的一部分。作为马克思主义实事求是范式的基本要求,理论指导为巡视

---

① 中共中央文献研究室:《陈云年谱》(上),中央文献出版社2000年版,第152页。
② 参见应星:《"把革命带回来":社会学新视野的拓展》,《社会》2016年第4期,第16页。
③ 参见中央档案馆:《中共中央文件选集》第7册,中共中央党校出版社1991年版,第227页。

工作提供了强大的思想武器。正如1928年10月中共中央第5号通告要求的那样:"使各种决议能够彻底的传到下级党部以至每个同志的脑中,并且正确的运用到实际工作上去"①,确保上级党组织指示精神能够武装思想、指导实践、推进革命。以鄂豫皖革命根据地的巡视为例,在1927年8月至1929年8月两年时间内,中共中央先后5次分别派遣中央巡视员尹宽、曹壮父、何玉琳、方英、郭述申巡视鄂豫边区、豫南、六安县;中共安徽省临委派遣巡视员周范文巡视寿县,中共河南省委派遣巡视员王克新巡视豫南,传达贯彻中共六大决议和秋收起义指示,指导帮助被巡视地方组织武装暴动、建立乡村苏维埃。正是由于这些巡视员巡视指导,将中共中央路线方针政策及时传达,才得以及时有效地从革命理论层面指导民族革命和民主革命实践。

3. 注重有机结合

将理论和中国特定的历史社会环境有机结合,实事求是确立工作任务、工作重点,是巡视工作遵循马克思主义的又一特征。中共巡视工作适时根据党的工作重点和政治生态环境的变化,注重理论与实际结合,不断实事求是地调整巡视工作内容。这种有机结合使得巡视工作更加具有针对性和实效性。巡视工作开展时,必须根据党的工作重点和政治生态环境的变化,不断调整工作策略和方法,确保巡视工作始终与时俱进、创新发展。历史实践证明,巡视工作只有注重理论与实践的有机结合,才有强大生命力和活力。

总之,中共巡视工作之所以能够在实践中取得显著成效,关键在于它始终坚持了实事求是的工作原则。通过注重中国实际、注重理论指导、注重有机结合,巡视工作得以更加深入地了解问题、分析问题、解决问题,为推动党的建设作出重要贡献。

---

① 中共中央组织部、中共中央党史研究室、中央档案馆编:《中国共产党组织史资料》第8卷,中共党史出版社2000年版,第226页。

第一章
领导方式：新民主主义革命时期的基本路向

关于新民主主义革命时期中共巡视工作的历史分期，学者多以"党史事件""制度成果""现代化"为研究视角。事实上，中共巡视工作有其自身的社会属性、发展特点和基本规律。要科学地划分其历史分期，应当从历史主义出发，搞清其历史发展阶段的划分标准、不同阶段的主要节点、历史主线及其发展逻辑、阶段性特征，厘清其基本路向和发展脉络，以及不同阶段间切点的明显"起止"性特征，清晰展现其来龙去脉。

一、巡行特派：党内巡视工作发端

中共巡视工作，是与中国革命面临的历史社会环境以及自身队伍不断发展壮大密不可分的。1921年至1927年，是中共发展重要的历史时期，党员数量不仅发展到五六万人，而且自身也实现了"从研究的小团体到群众的政党"的重要转型。① 由于革命需要和革命条件的限制，中共创立了巡行特派的工作方式。这一阶段是中共早期巡视工作的酝酿和发轫阶段。

（一）工人运动巡行特派制度的实行

中共一大的召开，为中国的工人运动指明了方向。其中，成立产业工会并

---

① 参见中央档案馆、上海市档案馆：《上海革命历史文件汇集》甲2，内部资料，1986年，第77页。

向其灌输阶级斗争精神,被确立为党在当前对工人运动的基本任务。① 如何指导和领导工人运动?中共的答案是实行巡行特派制度,旨在通过派遣特派员到各地指导工人运动,加强党对工人运动的领导。1921年8月,中共中央在上海成立中国劳动组合书记部,作为"工会的秘书处,用以指导全国工人运动"②。这一机构的成立,标志着中共在工人运动中的领导地位得以确立,也为后来的工人运动实践提供了有力的组织保障。通过派遣特派员到各地,中共能够更直接地了解地方情况,指导工人运动,推动革命事业的发展。特派员们肩负着传播革命思想、建立工厂小组和工人俱乐部、指导领导工人罢工、建立当地党的组织等重要任务。据共产国际档案记载,1923年全国特派员的人数为17人,其中,汉口3人、长沙3人、北京4人、上海3人、香港1人、广州1人、山东2人。③ 特派员制度的实行,体现了中共在革命初期对民主与集中、党与工会、党与群众关系处理的探索,但也暴露出了一些值得深思的问题。一方面,特派员们作为党的代表,在地方上享有较高的权威和地位,能够直接指导工人运动;但另一方面,由于特派员制度的实行,党组织与群众组织间的界限和职责变得模糊不清。

1924年,工人阶级作为一支新兴力量,在各地逐渐觉醒并投身于争取自身权益的斗争中。然而,中国地域辽阔,铁路工、矿工等工人阶级分布广泛,给中共的工人运动领导工作带来了极大挑战。为了更好地指导和领导这些分散的工人运动,中共又先后成立了中华全国总工会、中央职工运动委员会,并建立党团制度,作为联系党组织与工会间的重要中介和纽带,适时实行巡行特派员制度,组织指导工人运动。1924年5月,中共中央明确要求,实行特派巡行制度。④ 特派巡行制度的核心是中央工农部派遣特派员到各地巡行,执行中央工农部的命令,指导下级地方委员会工农部的工作。⑤ 这些特派员不再直接深入工厂小组和工会开展工作,而是通过党团制度和民主集中制的方式,代表派出

---

① 参见中央档案馆:《中共中央文件选集》第1册,中共中央党校出版社1989年版,第8页。
② 中共中央文献研究室、中华全国总工会:《刘少奇论工人运动》,中央文献出版社1988年版,第282页。
③ 参见中共中央党史研究室第一研究部译:《联共(布)、共产国际与中国国民革命运动(1920—1925)》,北京图书馆出版社1997年版,第185页。
④ 参见中央档案馆:《中共中央文件选集》第1册,中共中央党校出版社1989年版,第239页。
⑤ 参见中央档案馆:《中共中央文件选集》第1册,中共中央党校出版社1989年版,第239页。

党组织对下级党组织的工人运动进行指导。特派巡行制度的实施,标志着中共在工人运动领导方式上的重大变化——改变了过去那种党组织直接参与具体工作的模式,转而通过党团制度和民主集中制的方式,将党的领导作用贯穿于工人运动的各个方面。这种方式不仅明确了党组织与非党组织间的职责分工和组织界限,也是中共指导和领导职工运动工作方式的重大变化。

巡行特派这种领导方式的变化在其后的职工运动中得到进一步强化。1925年,京汉铁路工人大罢工的失败让铁路工会运动陷入短暂的消沉。面对这种局面,中共四大深刻认识到,缺乏群众基础的工会运动难以持久。为了激发职工的斗争热情,中共决定采取一种更为直接、更为灵活的领导方式——巡行指导,即"不时派人巡行各路并随时指导其工作"①,巡行员同时兼作指导员。②在实践中,巡行员们通过召开职工大会、组织座谈会、进行个别访谈等方式,广泛收集职工的意见和建议,及时反馈给党组织。同时,还积极参与职工斗争的策划和组织工作,推动职工运动向纵深发展。

1926年7月,在《职工运动议决案》中,正式提出建立巡行员制度,并将原本由中华全国铁路总工会特派员承担的工作责任,逐步移交到本党各路的党团各站的支部手中。这一转变,不仅仅是权力结构的调整,更是组织理念与战略思维的深刻变革③——意味着中共对职工运动的领导方式从间接控制转向直接参与,从遥控指挥转向实地指导。同年8月,中共再次要求,铁路工运归所在地方党部指挥,完全取消从前由中华全国铁路总工会派往各路的特派员制度。④加强党对特派员的领导,这种调整变化同样在群团组织中得以体现。如针对中国济难会(后改称中国革命互济会,是大革命时期和土地革命时期中国共产党领导的群众性救济组织。五卅运动后,为了营救被捕的革命者,并筹款救济其家属而决定成立的。)特派员,中共强调必须完全受党的指挥⑤,这些调整是对特派员职责的一种重新要求与认定。

---

① 中央档案馆:《中共中央文件选集》第1册,中共中央党校出版社1989年版,第353页。
② 参见中央档案馆:《中共中央文件选集》第1册,中共中央党校出版社1989年版,第356页。
③ 参见中共中央组织部、中共中央党史研究室、中央档案馆编:《中国共产党组织史资料》第8卷,中共党史出版社2000年版,第95页。
④ 参见中央档案馆:《中共中央文件选集》第2册,中共中央党校出版社1989年版,第290页。
⑤ 参见中央档案馆:《中共中央文件选集》第2册,中共中央党校出版社1989年版,第235页。

需要说明的是,特派员、巡行员、巡视员三者的工作职责、工作内容、工作性质、发挥作用等方面有所区分。特派员是指因开展特定工作需要或强化中央集权需要,上级临时派遣某人或某几人去某地承担相应职责的代表。特派员的任务是完成上级指派的任务,不具有检查、监督下级组织的职能。巡行员是大革命失败后,中央从优秀工作者中挑选出来,代表上级到地方开展工作的人员。巡视员是大革命失败后,中央为了组织重建和思想整顿,各级党部派人到下级党部,考察指导该党部工作的人员。从建党初期的特派制度到大革命时期的特派巡行制度再到土地革命战争时期的巡视制度,虽然三者产生于不同的历史背景、具有不同的工作职责、拥有不同的权利,但其对党的建设和革命的推动作用是一样的,在党内巡视工作史上具有重要意义。

(二) 农民运动巡行特派制度的实行

自中共一大提出,将工人、农民和士兵组织起来实行社会革命以来,农民运动便成为了中共革命战略中的重要组成部分。① 特别是在中共二大明确提出农民是革命运动中的最大因素,农村工作具有头等意义②,"必须有步骤有计划地在农村中进行鼓动工作"。③ 中共三大通过的《农民问题决议案》重申强调"引导工人农民参加国民革命更是我们的中心工作"。④ 随着中共对农民问题认识的深化,农民运动特派员制度应运而生。这一制度的核心是通过设立农民运动讲习所,专门培训学员作为农运特派员,派遣其深入农村基层,领导和指导农民运动。中共通过设立农民运动讲习所培养了大批具备专业知识和革命热情的农运特派员,这些农运特派员成为推动农民运动发展的重要力量。在国共合作的大背景下,尽管国民党同样采取派遣特派员的方式领导指导各地农民运动,但其中绝大部分是中共党员。农民运动特派员在数量上不为少数,如北伐军进入江西前夕,中共毅然决然地派遣2批46名农民运动特派员深入20多个县,指导和领导农民运动和参战工作。然而,由于特派员制度尚处于初创和探索阶段,一些不完善的地方和问题逐渐浮出水面。首先,特派员往往包揽工作,从组

---

① 参见中央档案馆:《中共中央文件选集》第1册,中共中央党校出版社1989年版,第5页。
② 参见中央档案馆:《中共中央文件选集》第1册,中共中央党校出版社1989年版,第3页。
③ 中央档案馆:《中共中央文件选集》第1册,中共中央党校出版社1989年版,第69页。
④ 中央档案馆:《中共中央文件选集》第1册,中共中央党校出版社1989年版,第166页。

织动员到具体实施,事无巨细均亲力亲为。这种做法使得其工作负担过重,难以兼顾全局。其次,上级党组织过分倚重特派员,将其视为解决一切问题的关键。这种过度依赖,不仅削弱了基层党组织的自主性和创造力,也容易导致特派员权力的滥用和腐败。最后,特派员自身定位不清楚,有的过于强调集中而忽视民主,导致党群组织不分和群众组织政党化问题的出现。以广东为例,1926年的《对于广东农民运动议决案》明确指出了这些问题①,并引起了中共广东省委的高度重视。随后,中共广东省委于1927年10月制定了《关于农民运动工作大纲》,对特派员制度进行了纠正和完善。② 对于这些问题,共产国际也敏锐地体察到,遂于1926年11月在指示中共乡村革命中提出要求:"巡行组织员也须特别造就。"③

在此大背景下,各地党组织积极开展了对农民运动的巡视工作。如1927年2月的《湘区一月份农民运动报告》就湘区农委情形报告:"因农委书记明翰同志两次出巡……共收各地报告信件共计三二四封,覆(复)各地信件共计一八四件,派人出去巡查四次,发通告四次。"④针对下月工作计划时主张"以建设乡村民主政治,组织挨户团为中心工作,调查民食问题,巡视六县"。⑤ 巡行特派制度作为一种独特的存在,是中共为了加强上下联系,指导党群组织工作的一种过渡性制度,特点在于其"临时性"和"选择性"。临时性意味着它并非一种长期固定的制度,而是根据实际需要随时调整和完善;选择性则体现在其根据具体情况,有针对性地对特定问题或形势进行指导和帮助。

(三)中共党内巡行特派制度的实行

中共党内巡行特派制度始于特派员制度。在中共早期发展历程中,党内制度的建立和完善对于巩固党的领导和加强党的纪律具有举足轻重的意义。特

---

① 参见中央档案馆:《中共中央文件选集》第2册,中共中央党校出版社1989年版,第245页。
② 参见中央档案馆、广东省档案馆:《广东革命历史文件汇集(中共广东省委文件)》(1927年),内部资料,1982年,第114页。
③ 中央档案馆:《中共中央文件选集》第2册,中共中央党校出版社1989年版,第681页。
④ 中央档案馆、湖南省档案馆:《湖南革命历史文件汇集(省委文件)》(1927年),内部资料,1984年,第59页。
⑤ 中央档案馆、湖南省档案馆:《湖南革命历史文件汇集(省委文件)》(1927年),内部资料,1984年,第65页。

别是在中共二大上,提出建立特派员制度,并正式写入党章,标志着中共在权力集中和纪律建设方面迈出坚实的一步。如何保持党的凝聚力和战斗力,成为中共必须直面的重大课题。为此,中共二大在党章第十五条中明确规定:"中央执行委员会得随时派员到各处召集各种形式的临时会议,此项会议应以中央特派员为主席。"①这是见于历史文献关于建立党内特派员制度的最早记载。其核心在于"中央执行委员会得随时派员到各处召集各种形式的临时会议,并以中央特派员为主席"。这一制度的设计,巧妙地解决了信息传递不畅、地方执行不力等问题——不仅赋予了中央执行委员会在特定情况下直接干预地方工作的权力,而且明确了特派员在临时会议中的领导地位。通过特派员制度,中央更加直接、迅速地掌握地方的工作情况,及时作出决策和指导。同时,特派员作为中央的代表,其权威性和严肃性在地方上产生强大的震慑力。中共三大上通过的第一次修正章程第十六条重申上述规定。② 同时,《中国共产党中央执行委员会组织法》又做进一步要求,即中央执行委员会9人中4人应当分派地方、指导帮助工作,实行周报告制度,这其中的4人即为中央特派员。③ 这种特派员制度,是中共一种体现上下级关系的制度。1926年的《组织问题议决案》就此作出具体解释。④ 各地党组织根据中央要求开始推行特派员制度,如中共陕西省委决定:"分划各路(共分五路)为特派员指导工作。"⑤一些地方还专门制定出台了党内特派员规定、条例,对特派员的工作任务、方式方法、注意事项等方面提出了明确要求。如中共福建省委颁布的《省委特派员暂行条例》就明确予以规定。⑥ 这些规定既体现了中央与地方之间、上下级之间、局部与整体之间的分工与合作,也明确了其间关系是领导与服从的关系。

党内巡行特派制度承袭了党内特派员制度的精髓,在革命实践中展现出强

---

① 中央档案馆:《中共中央文件选集》第1册,中共中央党校出版社1989年版,第96页。
② 参见中央档案馆:《中共中央文件选集》第1册,中共中央党校出版社1989年版,第161页。
③ 参见中央档案馆:《中共中央文件选集》第1册,中共中央党校出版社1989年版,第156页。
④ 参见中央档案馆:《中共中央文件选集》第2册,中共中央党校出版社1989年版,第180—181页。
⑤ 中央档案馆、陕西省档案馆:《陕西革命历史文件汇集》(1925年至1936年,乙1),内部资料,1994年,第34页。
⑥ 参见中央档案馆、福建省档案馆:《福建革命历史文件汇集》(1928年下),内部资料,1984年,第25—26页。

大的生命力与适应性。中共四大明确提出"随时特派巡行员"的要求①,标志着党内巡行特派制度的雏形初现。1925年,正值大革命高潮之际,中共中央敏锐地洞察到革命形势的迅猛发展以及党组织自身建设的紧迫性,强调"我们党的发展更为重要"。针对"许多地方,尤其是北方,中央的指导太少"的情况,中共提议增加中央特派巡行员数量,切实加强对地方指导的力度。② 随后,中共在制定的《职工运动议决案》中进一步予以强调重申。③ 1926年9月22日,中共发布第18号通告提出,本年度各地应当完成16项工作,次年1月中央将派人巡行,检验成绩。④ 巡行特派制度成为上级指导下级工作的重要手段。

巡行特派制度顶层设计具有三个明显特征。一是强集中弱民主。在中共创立初期,由于力量相对薄弱、内部组织结构尚不成熟,通过建立巡行特派工作,实施中央对地方党组织强有力的控制,可以迅速有效集中人才资源,并确保党的意志能够迅速、准确地传达到基层,从而避免了因地方党组织各自为政而导致的资源浪费和效率低下。此时,"强集中"的策略便显得尤为重要。然而,这种高度集中的权力结构也带来了一个不容忽视的问题:巡行特派员的权力过大,在一定程度上削弱了地方党组织的自主性和创造力。1925年10月中共制定的《组织问题议决案》已经清楚意识到此问题。⑤ 现在看来,巡行特派制度实际上是处理专项工作的一种非常手段,但却几乎成了中共早期处理上下级关系的一种常规手段。这种权力过大的问题,在基层演化得较为突出。1927年10月28日,中共广东省委的《关于农民运动工作大纲》总结得很深刻:"过去农运之领导,多系农民特派员个人之指导,而这些特派员中又多系知识分子,以后我们要使农运的领导归党部。"⑥针对这种弊端,地方党组织曾试图予以修正。如1928年1月21日,中共福建省委召开扩大会议要求:"要纠正过去巡视员脱离

---

① 参见中央档案馆:《中共中央文件选集》第1册,中共中央党校出版社1989年版,第356页。
② 参见中央档案馆:《中共中央文件选集》第1册,中共中央党校出版社1989年版,第473页。
③ 参见中央档案馆:《中共中央文件选集》第2册,中共中央党校出版社1989年版,第199页。
④ 参见中央档案馆:《中共中央文件选集》第2册,中共中央党校出版社1989年版,第323页。
⑤ 参见中央档案馆:《中共中央文件选集》第1册,中共中央党校出版社1989年版,第501页。
⑥ 中央档案馆、广东省档案馆:《广东革命历史文件汇集(中共广东省委文件)》(1927年),内部资料,1982年,第114页。

了党的指挥,而成个人行动的现象。"①二是重指导轻监督。巡行特派制度的核心在于通过上级党组织派遣得力干部,深入下级组织进行实地指导。这种指导不仅限于书面的指示和建议,更包括面对面的交流、手把手的指导,以及针对具体问题的深入剖析和解决方案的提出。正如在福建省福州地委、莆田支部及厦门党组织中,中共中央深刻认识到,仅靠书信往来难以从根本上解决组织存在的问题,唯有派遣得力干部深入一线,方能实现组织的根本改造。② 虽然巡行特派员也具备对下级党组织工作的监督检查职责,但在特定的革命形势和党的中心任务下,这种监督职能相对弱化——这并非意味着监督不重要,而是因为在党组织薄弱的自然状态下,更需要通过指导来帮助下级组织提升自我管理能力,实现自我监督。重指导轻监督的做法,实际上是一种务实的党建策略,强调通过上级党组织的帮助和扶持,激发下级组织的内生动力,使其能够逐渐独立承担起党的建设任务。三是实重点虚全面。即在资源有限的情况下,选择性地集中力量,优先巡视整顿和发展重点地区,以期达到以点带面的效果。③ 以河南为例,作为革命运动的薄弱区域,整顿组织工作成为巡行特派员的首要任务。面对经费困难、人手不足的实际情况,中共中央决定仅派遣少数特派员,如派遣王克新,沿着郑州以南的铁路沿线,对党部进行巡视和整顿。④ 然而,实重点并不意味着完全忽视全面。在巡行特派制度中,"虚全面"的策略同样重要。这里的"虚"并非指真正的忽视,而是指在资源有限的情况下,对全面性的追求进行策略性的调整和取舍——充分考虑到各地革命运动的发展形势和党的组织状况,对不同地区进行针对性部署。巡行特派制度的"实重点虚全面"策略,是在特定革命历史社会环境下形成的,反映出中共在资源有限情况下的智慧选择,同样体现出革命斗争的复杂性和艰巨性。

---

① 中央档案馆、福建省档案馆:《福建革命历史文件汇集》(1927—1928年上),内部资料,1983年,第61页。
② 参见中共中央组织部、中共中央党史研究室、中央档案馆编:《中国共产党组织史资料》第8卷,中共党史出版社2000年版,第113页。
③ 参见中央档案馆、河南省档案馆:《河南革命历史文件汇集(省委文件)》(1925—1927年),内部资料,1984年,第125页。
④ 参见中央档案馆、河南省档案馆:《河南革命历史文件汇集(省委文件)》(1925—1927年),内部资料,1984年,第125页。

二、条例颁布：党内巡视工作全面实行

1927年，四一二反革命政变后，中共党组织被迫转入地下，进入漫长的革命低潮期。但中共并未放弃对革命的探索和追求，反而因时制宜，提出了一种新的革命策略——在巡行特派制度的基础上建立健全巡视工作。

（一）秘密状态下开始形成制度

大革命失败后，解决党组织一度涣散的情形和重新凝聚党的队伍，成为中共面临的首要任务，巡视工作随之应运而生。

为了迅速适应革命形势的变化，中共中央果断地迈出了恢复和重建各地党组织的第一步，先后建立北方局、长江局、南方局等中央派出机构。这些派出机构的负责人，肩负着巡行所辖地区、指导地方党组织转入地下秘密状态的重任。中共中央深知，要想真正巩固和发展党组织，必须建立一种长效机制。于是，巡视指导员制度应运而生。1927年11月14日，中共颁布的《最近组织问题的重要任务议决案》明确规定设立巡视指导员，要求从中央到地方均要设立巡视指导员，且要经常性地开展巡视工作，对地方党组织进行具体的指导和帮助。① 随后，在不到一个月的时间内，中共中央密集发布了3个关于巡视工作的通告，强调巡视工作的重要性，明确各级党组织在巡视工作中的职责和要求。例如，11月18日发布第16号通告要求"巡视工作自中央至地方的实行"②，12月1日的第17号通告强调市级以上党组织必须有1人经常开展巡视③，12月10日的第20号通告再次重申了这一决定。④ 这些通告的发布，标志着巡视指导员制度正式成为党内的重要制度，并被全面予以建立和实行，巡视工作很快转化为党内工作计划并逐渐有序开展。

1928年，随着白色恐怖的加剧，尤其是中央政治局常委罗亦农沪上被捕并

---

① 参见中央档案馆：《中共中央文件选集》第3册，中共中央党校出版社1989年版，第471页。
② 中央档案馆：《中共中央文件选集》第3册，中共中央党校出版社1989年版，第532页。
③ 参见中央档案馆：《中共中央文件选集》第3册，中共中央党校出版社1989年版，第538页。
④ 参见中央档案馆：《中共中央文件选集》第3册，中共中央党校出版社1989年版，第560页。

惨遭杀害,中共中央意识到巡视工作对于秘密状态下开展党的工作意义重大。5月6日,中共中央致信湘东特委要求,"特委应派人到各县乡村实地巡视,特委所在(地)经常至(少)留两人或三人"①,以应付白色恐怖下党机关被破坏的危险。5月18日,中共中央又专门下发第47号通告要求,县级以上执委委员必须轮流下去开展巡视,以防被全部破获。②关于该中央通告出台的背景及目的,李维汉后来的回忆解释得非常清楚。③巡视工作的强化,不仅仅是一种应对策略,更是一种战略抉择,标志着中共中央在白色恐怖下对党的工作方式的深刻转变。7月10日,中共中央就组织问题决议再次要求,应当加大巡视频次。④随后,中共中央又密集地以发布通告或指示等方式要求地方党组织开展巡视。如7月26日,关于城市农村工作指示"须时常派人巡视下级组织的工作,做实际考查与指导"⑤。8月1日,发布第61号通告要求江浙皖三省"省委应当多派巡视员到下层巡视,并坚决的(地)改造党"⑥。10月4日,又给湖南省委指示要求,省委特委要继续开展经常性的巡视工作。⑦

按照中共中央的要求,各地纷纷推行巡视工作。如1928年1月19日,中共江西省委给中央报告指出:"特委指挥下的各县委、区委组织,应特别设法加紧指导,并应经常的有一人巡视各地工作。"⑧4月,中共广东省委制定关于琼崖工作的计划大纲要求:"区委应经常地派委员巡视各乡支部,一切政治任务、组织工作、宣传教育方法,多应用口头的指示解释和讨论。县委委员亦应如区委一样经常到各区巡视。"⑨5月,中共江苏省委关于最近江苏农村工作计划强调,

---

① 中央档案馆:《中共中央文件选集》第4册,中共中央党校出版社1989年版,第185页。
② 参见中央档案馆:《中共中央文件选集》第4册,中共中央党校出版社1989年版,第204页。
③ 参见中共中央党史资料征集委员会:《中共党史资料》第10辑,中共党史资料出版社1984年版,第27页。
④ 参见中央档案馆:《中共中央文件选集》第4册,中共中央党校出版社1989年版,第456页。
⑤ 中央档案馆:《中共中央文件选集》第4册,中共中央党校出版社1989年版,第532页。
⑥ 中央档案馆:《中共中央文件选集》第4册,中共中央党校出版社1989年版,第550—551页。
⑦ 参见中央档案馆:《中共中央文件选集》第4册,中共中央党校出版社1989年版,第629页。
⑧ 中央档案馆、江西省档案馆:《江西革命历史文件汇集》(1927—1928年),内部资料,1986年,第166页。
⑨ 中央档案馆、广东省档案馆:《广东革命历史文件汇集(广东省委文件)》(1928年)[二],内部资料,1982年,第414页。

"区速派巡视员到各地解释党的新策略及指正各地工作错误。"①7月,中共江苏省委关于江苏农民秋收斗争决议案亦要求:"各特委委员须轮派到各县去巡视工作,省委亦派人到各区会巡视和检阅工作。"②1928年1月,中共广东省委出台了《关于巡视员目前工作大纲》,对巡视任务等作出了明确规定。③ 这标志着党在巡视员制度建设方面迈出了重要一步,是党内巡视工作发展史上的重要里程碑。

实行巡视工作,实质上是中共应对严峻困局而作出的现实选择。客观地说,大革命失败后,党内巡视代替巡行特派开始形成制度,登上政治舞台。这是中共在秘密革命状态下加强党的领导和整顿重建基层党组织的现实需要,并基本保证党的工作决策部署不断得以贯彻落实下去。但受历史环境条件局限的影响,该阶段的中共巡视工作仍局限于处理党内上下关系的层面。

(二)中央第一个巡视条例出台

随着巡视制度的形成,各级党组织认识到实行巡视工作的重要意义,并有意识地在本地区开始推广。一方面,初期巡视工作存在的任务不够具体、程序不够规范等问题随着普遍推行而开始显现,中共根据实际情况不断地予以修订。如1928年10月1日,中共发布第4号中央通告指出"上级党部的巡视员特别注意于政策理论的指导等",强调"实行真正的民主集中制,发展政策和理论的讨论"。④ 10月4日,中共《关于湖南工作决议案》开始注意吸收当地重要区域的同志参加,特别注意引进当地工人同志参加巡视工作。⑤ 中共早期巡视工作正式确立以来,相关要求和规定只是零星地散见于党的通告、通知、决议案等文件中,还没有出台专门文件。但通过各地具体实践积累经验,制度化、规范化水平不断提高。中共中央顺势而为,制定《巡视条例》,并于1928年10月8日

---

① 中央档案馆、江苏省档案馆:《江苏革命历史文件汇集》(1928年1月—1928年8月),内部资料,1985年,第434页。
② 中央档案馆、江苏省档案馆:《江苏革命历史文件汇集》(1928年1月—1928年8月),内部资料,1985年,第614页。
③ 参见中央档案馆、广东省档案馆:《广东革命历史文件汇集(广东省委文件)》(1928年)[一],内部资料,1982年,第271页。
④ 中央档案馆:《中共中央文件选集》第4册,中共中央党校出版社1989年版,第617页。
⑤ 参见中央档案馆:《中共中央文件选集》第4册,中共中央党校出版社1989年版,第629页。

以中央通告形式下发执行,标志着巡视工作正式以党内法规的形式固化下来。《巡视条例》共1253字、15条,从巡视目的、机构设置和巡视员任职条件、职责权限、方式方法、工作要求等方面作了详细规定,并对共青团的巡视亦提出要求。① 作为一个全国性的指导性制度文件,该条例首次将巡视工作以党内法规形式固化下来。

《巡视条例》颁布实施后,中央层面率先垂范,不断派遣中央巡视员分赴各地开展巡视工作。如派周恩来等作为中央巡视员到顺直、江苏巡视,处理解决了久拖不决、十分棘手的顺直问题和江苏问题。关于中央巡视开展情况,1928年11月28日,中共中央在向共产国际报告时总结得很详细,即首先开展对顺直和广东的巡视,正在对上海巡视,中央对重要省份的指导尽可能地通过巡视来实现。② 为推动《巡视条例》贯彻落实,中共不断地通过各种通告、通知、决议案、指示信等党内文件对巡视工作予以重申和强调,并在党的重要会议上非常注重研究部署党内巡视工作。1928年10月17日,中共发布第7号通告,要求全面贯彻执行《巡视条例》③,强调开展巡视工作的重要意义,即巡视工作是指导和领导下级党组织开展工作的主要方法,同时还对《巡视条例》进行了有益补充,如"省市县候补委员,最好担任巡视工作",引进积极的工农分子担任巡视员必须参加实际工作,"绝对打破挂名的恶习"等。④

为使《巡视条例》真正得到贯彻执行,中共多次强调地方党委要严格执行巡视工作,要求下级党组织必须报告对《巡视条例》的执行情形⑤,并不时对巡视工作贯彻落实过程中出现的偏差予以纠正。如1929年5月15日,针对目前全国组织状况弱点极多,特别是"巡视工作一般缺乏"的问题,中共发布第37号通告,强调各级党组织要加紧加快开展巡视工作⑥;7月9日,发布第40号通告再

---

① 参见中共中央组织部、中共中央党史研究室、中央档案馆编:《中国共产党组织史资料》第8卷,中共党史出版社2000年版,第226页。
② 参见中央档案馆:《中共中央文件选集》第4册,中共中央党校出版社1989年版,第721—722页。
③ 中共中央组织部、中共中央党史研究室、中央档案馆编:《中国共产党组织史资料》第8卷,中共党史出版社2000年版,第235页。
④ 参见中央档案馆:《中共中央文件选集》第4册,中共中央党校出版社1989年版,第651页。
⑤ 参见中共中央组织部、中共中央党史研究室、中央档案馆编:《中国共产党组织史资料》第8卷,中共党史出版社2000年版,第237页。
⑥ 参见中央档案馆:《中共中央文件选集》第5册,中共中央党校出版社1990年版,第142页。

次予以重申,要求通过巡视实际帮助当地的工作。①

随着巡视工作的开展,中共不断对巡视工作进行总结和修订完善。1929年6月,在六届二中全会通过的《组织问题决议案》中,特别设置"密切各级党部的关系与加紧巡视工作"章节,标志着巡视工作被正式提升为党的组织建设中的"中心问题"和"各省委在组织路线上的主要任务"。② 决议中明确规定,各级党组织要严格贯彻执行经常性巡视工作,同时还具体规定了巡视任务和巡视员的选拔要求。这是《巡视条例》颁布后,中共重视强调和修订完善巡视工作力度最大的一次。此后,中共又多次强调巡视工作的重要性。如1930年9月28日通过的《组织问题决议案》,就工作检查与巩固纪律指出,"遣派巡视员到地方支部中去"是依共产国际指示、自上而下的工作检查方法。③ 根据中共中央的指示精神,各级地方党组织身体力行地在本地区本系统不断探索,形成多点开花、互相交映的局面。以广东为例,1928年11月,中共广东省委通过的《中共广东省委第二次扩大会议关于目前政治任务与工作方针决议案》《致东江特委信(第1号)——东江的中心工作和前途》和《关于党的组织问题决议案》,均明确了建立巡视工作的重要意义④,且提出了具体要求。⑤

(三)中央第二个巡视条例出台

在中共发展历程中,每一次政策的调整与改革都承载着深刻的时代背景和战略考量。1931年六届四中全会后,针对以往对全国工作的指导偏重形式上的文件,如通告、指导信等,中共更加侧重强调巡视工作的领导作用。同年2月22日,中共中央在给共产国际的报告中就认为,当前侧重于派人去直接巡视,开展"活的领导"⑥。这里的"活的领导",不仅强调了巡视工作的直接性和实时性,更意味着党的工作要更加贴近实际、贴近群众。同年3月10日,中央致信湘鄂

---

① 参见中央档案馆:《中共中央文件选集》第5册,中共中央党校出版社1990年版,第353页。
② 中央档案馆:《中共中央文件选集》第5册,中共中央党校出版社1990年版,第231—232页。
③ 参见中央档案馆:《中共中央文件选集》第6册,中共中央党校出版社1989年版,第199页。
④ 参见中央档案馆、广东省档案馆:《广东革命历史文件汇集(广东省委文件)》(1928年)[六],内部资料,1982年,第67页。
⑤ 参见中央档案馆、广东省档案馆:《广东革命历史文件汇集(中共广东省委文件)》(1928年)[六],内部资料,1982年,第202页。
⑥ 中央档案馆:《中共中央文件选集》第6册,中共中央党校出版社1989年版,第133页。

西特委指示,要从上而下地检阅各级指导机关工作,"各级组织要有经常的巡视员巡视各地工作,领导路线上的转变和支部生活的建立"①。5月1日,《全国组织报告的决议案》要求把彻底转变领导方式作为基本组织任务,强调要改用"活的领导"。②

1931年5月1日,中共颁布了一项具有里程碑意义的党内法规——《中央巡视条例》。这一条例的出台,不仅是对1928年《巡视条例》的继承与发展,更是中共党内巡视工作制度化和规范化建设的重要里程碑。1928年的《巡视条例》为中共党内巡视工作奠定了初步的基础,但在实践过程中,一些问题和不足逐渐显现。因此,中共在总结经验教训的基础上,于1931年对《巡视条例》进行了修订和完善。新的《中央巡视条例》在巡视任务、指导思想、资格条件、职责职权、方式方法、工作纪律等方面均作了更为具体、明晰和规范的规定。③ 新的《中央巡视条例》以党内法规的形式,将巡视工作定位为党内领导方式。这一定位,不仅明确了巡视工作的性质和作用,为巡视工作的制度化和规范化建设提供了有力保障,同时也进一步加强了党内上级组织对下级的领导和指导,标志着中共党内巡视工作日趋成熟完善。

《中央巡视条例》颁布以后,中共又多次发出通知,要求彻底转变工作方式,实行灵活有效的指导和领导方式。如1931年6月6日,中共下发第228号通知要求:各级党组织要采用"活的领导",设立固定巡视员、开展经常性巡视检查,"要根本转变过去公文形式的指导而成为实际有效的活的指导","这样去根本肃清官僚主义的工作方式"。④ 11月1日,中央苏区的《党的建设问题决议案》再次重申,健全指导机关、改变指导方法,彻底消灭手工业家长式、秘书长制度式、超组织的只信仰个人式等不良方式,是"目前党的组织任务中最中心任务之一",要求必须建立巡视工作,实行"活的指导"⑤。即使对群团组织的巡视工作,中共也要求经常性地开展。

---

① 中央档案馆:《中共中央文件选集》第7册,中共中央党校出版社1991年版,第183页。
② 中央档案馆:《中共中央文件选集》第7册,中共中央党校出版社1991年版,第230—231页。
③ 参见中央档案馆:《中共中央文件选集》第7册,中共中央党校出版社1991年版,第221—227页。
④ 中共中央组织部、中共中央党史研究室、中央档案馆编:《中国共产党组织史资料》第8卷,中共党史出版社2000年版,第408页。
⑤ 参见中央档案馆:《中共中央文件选集》第7册,中共中央党校出版社1991年版,第473页。

在革命斗争的峥嵘岁月中,"活的领导"这一理念的提出与实践,无疑为党组织注入新的活力,而巡视工作作为"活的领导"的重要体现,更是得到各级党组织的普遍重视。所谓"活的领导",即强调领导方式的灵活性和适应性,不拘泥于固定模式,而是根据实际情况灵活调整策略。这种领导方式在巡视工作中得到充分体现,从共青团、工会到军队、县市等各级组织,都结合自身特点制定了巡视工作的规范制度。共青团作为青年群众的先锋队,早在1929年,团上海市委就制定《上海巡视工作大纲》,细化了巡视工作的具体操作流程。1930年3月24日,团中央制定《巡视员工作条例》,为共青团巡视工作的规范化、制度化奠定了坚实基础。军队作为党的武装力量,中央军委制定下发《军事工作巡视员条例》,为军队巡视工作的制度化、规范化指明了方向。在县市层面,铅山县委出台有《支部巡视工作临时条例》,虽然只是临时性的规范制度,但也充分体现了地方党组织对巡视工作的高度重视和积极探索。这些规范化制度的制定和实施,不仅为巡视工作的顺利开展提供了有力保障,更体现了党组织在领导方式上的创新与实践。

综观该时段的阶段性特征,领导方式的核心地位确保了党的统一和政策的执行,群众路线的初步探索为后来的工作提供了宝贵的经验,实事求是的原则为正确处理各种关系提供了基本遵循。具体来说,在功能设计上主要是从三个方面展开的。一是领导方式的核心地位。革命党在秘密状态下,领导方式的稳固和有效至关重要。巡视工作在此时期的首要功能主要是传达党内精神、统一意志、加强联系。作为民主集中制的集中体现,这种形式既确保了中央政策的贯彻执行,又体现了权力向上集中的特点。然而,这种集权模式也带来了对巡视员权力的过分依赖和中央对地方、上级对下级的过分集权。二是群众路线的初步探索。随着革命形势的不断发展,群众路线的思想开始初步显现。革命动员和社会整合功能的提升,使巡视工作不再仅仅局限于领导层内部,而是更加注重与群众的紧密联系。这种变化不仅体现在工作方式上,更体现在对党的性质和任务的重新认识上。1930年,中共在关于最近组织任务决议案中,就主张巡视工作应当按照新的方法开展,注重社会政治动员,实行群众路线,不断激发下层党组织和党员参与巡视工作的热情和创造性。① 三是实事求是的基本原则。在革命时期,实事求是成为一项基本工作原则,它不仅体现在对具体问题的处理上,更体现在对整个革命事业的宏观把握上。它要求巡视工作不仅要关注党内的统一,更要关注党与群众的关系。这种实事求是的精神,为正确处理政党与社会关系提供了基本遵循。

三、"活的领导":巡视工作的党外延伸

历史的脚步迈进六届四中全会,中共巡视工作开启一个充满挑战与机遇的时代。在这一关键时刻,巡视工作主要围绕三个新问题新情况而展开。(1)在白色恐怖的笼罩下,中共巡视工作如何在秘密状态下有效运行,成为了一个亟待解决的问题。(2)随着中国工农红军和苏维埃政权的建立,以及抗日根据地政权形式的出现,巡视工作面临着许多全新的挑战。(3)新型群团组织的兴起,为巡视工作带来了新的课题。如何与这些群团组织建立良好的关系,发挥党的领导作用,成为了巡视工作必须面对的问题。回答和解决这些问题,中共巡视工作不仅要应对地下斗争的严酷环境,还需适应新政权形式,同时考虑与新兴群团组织的关系,其过程堪称是一次深度的崭新的探索和建设。

(一)"活的领导"原则的提出

在中共革命历程中,巡视工作始终扮演着举足轻重的角色。随着时间的推移,部分巡视员在贯彻执行《中央巡视条例》的过程中,出现了包办代替和官僚主义等不正之风。② 这种现象不仅削弱了党内的民主氛围,也影响了党的凝聚力和战斗力。面对这一挑战,中共并没有坐视不理,而是及时提出了"活的领导"方式的原则,要求巡视工作必须转变方式方法。这一原则的提出,标志着中共在巡视工作领域的一次重要创新和转变。何为"活的领导"?简而言之,它强

---

① 参见中央档案馆:《中共中央文件选集》第6册,中共中央党校出版社1989年版,第601页。
② 参见中央档案馆、四川省档案馆:《四川革命历史文件汇集(省委文件)》(1934年),内部资料,1986年,第112页。

调的是一种灵活、务实、贴近基层的领导方式。在巡视工作中,巡视员不再是简单的"走马看花"式的检查者,也不再是上下级之间的"交通"和"中间组织",其工作任务是"活的领导"。①1932年7月22日《中央关于贯彻北方各省代表会议精神给河北省委信》中再次强调:"尤其重要的要加强巡视工作,至少要有三个健强的巡视员,以真正的灵活的领导。"②1933年11月23日,中央在检查江苏中共工作时指出未实行"活的领导"的原因是,省委没有重视和注意开展切实的巡视工作。③党的地方组织也认识到此问题,如1931年9月13日,陕西省委致信中央,要解决问题:"还是实际的建立活的领导,不要只是口头的、决议的、计划的、不兑现的。"④9月15日,陕西省委再次给中央建议,"中央的活的领导是有严重的政治意义"的。⑤1933年2月16日,中央巡视员王秋霞在致中央的报告中建议:"建立巡视工作,运用活的领导。"⑥3月15日,陕北特委在给河北省委报告中也请求"加紧并切实巡视工作,建立活的领导"。⑦8月10日,陕西省委完全同意中央指示:"加紧各地的巡视工作,转变过去的指导方式,代以活的领导,实际帮助各地在工作上的转变。"⑧"活的领导"原则的提出,是对领导方式的一次深刻变革,更是党内权力配置的一次重要调整,标志着从制度设计上"活的领导"开始在巡视工作设计与运行中得以贯彻落实。

"活的领导"原则,在巡视工作运行中是从三个方面展开的。一是转领导为指导。早期的巡视员权力过大,这是一种包括指导和帮助工作的纯粹领导方式,呈权力集中向上的特征,其结果导致上级党部"委员甚至常委又多是变成了

---

① 中央档案馆:《中共中央文件选集》第8册,中共中央党校出版社1991年版,第81页。
② 中央档案馆:《中共中央文件选集》第8册,中共中央党校出版社1991年版,第332页。
③ 参见中央档案馆:《中共中央文件选集》第9册,中共中央党校出版社1991年版,第430页。
④ 中央档案馆、陕西省档案馆:《陕西革命历史文件汇集》(1930年至1931年,甲3),内部资料,1994年,第518页。
⑤ 中央档案馆、陕西省档案馆:《陕西革命历史文件汇集》(1930年至1931年,甲3),内部资料,1994年,第533页。
⑥ 中央档案馆、四川省档案馆:《四川革命历史文件汇集(省委文件)》(1932—1933年),内部资料,1985年,第280页。
⑦ 中央档案馆、陕西省档案馆:《陕西革命历史文件汇集》(1925年至1936年,乙1),内部资料,1994年,第273页。
⑧ 中央档案馆、陕西省档案馆:《陕西革命历史文件汇集》(1932年[一],甲4),内部资料,1994年,第423页。

巡视员",没有实行科学分工与个别负责制,反而妨害了集体领导与经常工作。如中共中央1932年1月22日致信湘鄂西省委:巡视员事实上成为上级与下级的"中间组织"①,导致党内上下关系更加隔离。在20世纪30年代,中共中央就认识到了巡视员包办被巡视党组织工作的弊端。在六届三中全会上,中央明确指出了这一问题的严重性,并提出了建立巡视工作"活的领导"的解决方案。②这种"活的领导"方式,强调的是对实际情况的深入了解和对基层党组织的直接指导,而非简单的命令和包办。1934年,中共中央进一步提出改革措施:具体取消县委巡视员和巡视团,由支部检查委员会帮助中心支部的工作。③通过减少中间环节,上级党组织能够更直接、更有效地指导下级党组织的工作,提高了党内工作效率,也增强了党内的凝聚力和战斗力。二是强调灵活方法。既往巡视员往往是"官僚式的走马看花"④,其结果是仅完成交通任务,对下级党组织没有实际意义上的帮助。"这种官僚主义、事务主义和命令主义的方式,如不加以严重的打击和转变"⑤,是不能保证彻底转变党的工作的。"活的领导"原则的提出,是对巡视方法的转变,其具体操作程序是:巡视员通过听取汇报、查阅文件、深入支部、发动群众、及时报告、提出意见,派出党组织及时讨论巡视情况报告并给下级党组织作出指示。"活的领导"原则的提出和实施,是中共坚持群众路线、克服官僚主义的重要举措。巡视员从官僚式的走马观花转变为真正的群众工作者,使党的政策方针能够更好地贴近群众、服务群众。在"活的领导"原则的指导下,巡视员的工作方法发生了显著的变化——他们不再是简单的传达者,而是成为真正的参与者和推动者。三是注重监督检查。在中共成长的早期岁月,年轻的党组织在力量尚显薄弱的情况下,巡视工作无疑承载了巨大的责任和期望。这一时期,巡视工作的功能设计,更多地被赋予领导方式的角色,而监督的职能则相对较为隐晦,但同样不可或缺。当然,这种监督作用主要表现

---

① 中央档案馆:《中共中央文件选集》第8册,中共中央党校出版社1991年版,第72页。
② 中央档案馆:《中共中央文件选集》第6册,中共中央党校出版社1989年版,第314页。
③ 中央档案馆、四川省档案馆:《四川革命历史文件汇集(省委文件)》(1934年),内部资料,1986年,第54页。
④ 中央档案馆:《中共中央文件选集》第8册,中共中央党校出版社1991年版,第72页。
⑤ 中央档案馆、四川省档案馆:《四川革命历史文件汇集(省委文件)》(1934年),内部资料,1986年,第132页。

为对下级党组织工作的监督检查。如1930年8月,中共中央明确提出派遣巡视员和代表到地方去,作为检查工作的两种重要方法。①1934年4月,中共中央在给四川省委的信中再次强调:"必须以具体的活的领导经常的工作检查,工作中的积极性与创造性来转变四川党的工作。"②同年11月26日,中共中央局致信各级党部,强调凡是参加巡视指导的党的代表、特派员和巡视员,最重要的工作应当是"领导检查工厂、工会、罢工、失业工作"③。巡视工作在功能设计上另一个变化是监督功能开始发挥作用,地方巡视工作亦随之转变。如1931年3月1日的《中共福建省委第五次扩大会议关于组织问题决议草案》要求:"各地方应实行巡视支部工作,帮助支部解决各种问题,并检阅支部工作的成绩与缺点。"④1932年11月21日,为粉碎敌人大举进攻,中共苏区中央局紧急动员强调:"上级党应派人去支部中巡视检查,经常指导督促所属党部的工作。"⑤这种变化是与中共力量强大以及党的中心任务改变密不可分的。

(二)巡视工作在苏区的运用

自六届四中全会以来,苏区党组织面临前所未有的挑战。长期在反动势力的重重包围之下,苏区不仅要应对频繁的战争,还要在艰苦的环境下进行党的建设。然而,现实情况却令人担忧:指导机关的功能并不健全,上下级之间的沟通与联系显得尤为薄弱。为此,苏维埃政府决定将巡视工作扩大到政府系统的各个部门中去。这意味着,不仅党组织内部要进行巡视,政府系统的各个环节也要接受巡视的监督和检查,巡视工作被赋予了新的使命和更高的要求,其重要性更是被提升到了一个新的高度。

中共充分认识到苏区实行巡视工作的重要意义。1930年8月,闽西特委就认识到,巡视工作是密切党内上下级关系、指导和推动下级开展工作的最有力

---

① 参见中央档案馆:《中共中央文件选集》第6册,中共中央党校出版社1989年版,第602页。
② 中央档案馆:《中共中央文件选集》第10册,中共中央党校出版社1991年版,第232页。
③ 中央档案馆:《中共中央文件选集》第10册,中共中央党校出版社1991年版,第416页。
④ 中央档案馆、福建省档案馆:《福建革命历史文件汇集(省委文件)》(1931—1934年),内部资料,1984年,第113页。
⑤ 中央档案馆:《中共中央文件选集》第8册,中共中央党校出版社1991年版,第539页。

方法,各级党组织必须"切实建立巡视工作制度,经常派人巡视下级党部"。①中央苏区 1931 年 8 月着重强调,苏区要"选拔得力干部去加强党的巡视工作"。② 11 月,中央苏区党第一次代表大会再次强调,要建立巡视工作,经常性地开展巡视指导检查。③ 中华苏维埃共和国临时中央政府制定下发的《苏维埃地方政府的暂行条例》(以下简称《暂行条例》)明确要求,城市苏维埃应当巡视所辖机关工作。④ 根据《暂行条例》要求,省、县、区、市苏维埃政府均设立指导员,这些指导员不仅是政策的执行者,更是下级苏维埃工作的巡视者和指导者。⑤ 这种制度的实施,不仅提高了苏维埃政府的工作效率,也增强了政策的针对性和实效性。然而,随着时间的推移和革命形势的发展,原有的指导员制度逐渐显露出其局限性。为了更好地适应革命需要,提高巡视工作的专业化水平,指导员制度逐渐演变成了巡视员制度。巡视员主要设在省和县两级,根据执行委员会的指示,经常性地巡视检查下级机关工作,确保政策法令的贯彻执行。巡视员制度的建立,标志着苏区巡视工作向专业化、规范化的方向发展。如 1931 年 12 月 28 日,《福建省苏区党第一次代表大会苏维埃工作决议草案》指示,各级苏维埃政府要"建立巡视工作"⑥,密切苏维埃上下级的关系和指导。1932 年以后,苏区地方各级苏维埃政府普遍开展巡视工作。江西苏区 1932 年 1—4 月工作总结记载:县、区委和巡视员经常开展巡视,同时又采用巡视团方式予以补充。⑦ 瑞金"建立经常巡视工作——共有三个巡视员规定了经常到各区巡视和帮助各区工作,每次七天回县委工作报告,同时每次县委常委至少有

---

① 中央档案馆、福建省档案馆:《福建革命历史文件汇集(闽西特委文件)》(1928—1936 年),内部资料,1984 年,第 13 页。
② 中央档案馆:《中共中央文件选集》第 7 册,中共中央党校出版社 1991 年版,第 371 页。
③ 参见中央档案馆:《中共中央文件选集》第 7 册,中共中央党校出版社 1991 年版,第 472 页。
④ 参见韩延龙、常兆儒主编:《革命根据地法制文献选编》(上),中国社会科学出版社 2013 年版,第 277 页。
⑤ 参见韩延龙、常兆儒主编:《革命根据地法制文献选编》(上),中国社会科学出版社 2013 年版,第 278 页。
⑥ 中央档案馆、福建省档案馆:《福建革命历史文件汇集(省委文件)》(1931—1934 年),内部资料,1984 年,第 186 页。
⑦ 参见中央档案馆、江西省档案馆:《江西革命历史文件汇集》(1932 年[一]),内部资料,1992 年,第 194 页。

二个到各区委去"。①

苏区政府系统巡视工作在理论设计与实际运行中呈现出三个明显特点。一是强调党的绝对领导。在波澜壮阔的苏区革命历程中,巡视工作不仅仅是一项普通的政治活动,其实质上是党的实质性领导的生动体现,是民主集中制原则在革命实践中的具体运用。从理论设计层面来看,巡视员作为上级党组织的代表,肩负着对下级党组织和苏维埃政府工作的检阅与指导重任,其核心要义在于强调集体领导和党对苏维埃政权的绝对领导。这种理念早在1927年苏维埃运动伊始即已确立,1928年7月10日通过的《苏维埃政权组织问题决议案》再次予以明确,并在后续的革命实践中不断得到巩固和完善。② 值得注意的是,这种绝对领导并不是简单地以党代替苏维埃③,而是强调党政分开,巡视员在履行其职责时,必须尊重苏维埃政府的职能和权力,不干涉其正常运作——这种领导方式既体现了党的核心作用,又保证了苏维埃政府的独立性和自主性。在苏区巡视工作中,巡视员的角色定位是工作帮助和指导,而不是简单的命令和指挥。这种工作方式不仅提高了苏维埃政府的工作效率,也增强了党与苏维埃政府之间的互信和合作。同时,这种指导方式也蕴含了浓郁的民主因素。巡视员在巡视过程中,会广泛听取群众的意见和建议,了解基层的实际情况和需求,不仅有助于党更好地了解民情民意,也为党的决策提供了更加科学、合理的依据。二是强调党风政风监督。在苏区这片红色的土地上,巡视工作不仅是对党风政风的监督检查,更是推动苏区各项工作向正确方向发展的"定海神针"。换而言之,苏区巡视工作的功能主要是党内上下级的内部监督和苏维埃政府上级对下级的行政监督,即为党风和政风的监督检查——这是在早期巡视工作监督功能基础上发生新的变化。苏区时期,各种不正之风、官僚主义、享乐主义等问题时有发生,严重损害了党和政府的形象。巡视工作如同一面"照妖镜",将这些问题无所遁形地反映出来。通过深入基层、深入群众,巡视员能够第一时间发现问题,并及时向上级报告,为上级决策提供重要依据。以川陕省苏区为例,

---

① 中央档案馆、江西省档案馆:《江西革命历史文件汇集》(1932年[一]),内部资料,1992年,第240页。
② 参见中央档案馆:《中共中央文件选集》第4册,中共中央党校出版社1989年版,第408页。
③ 参见中央档案馆:《中共中央文件选集》第4册,中共中央党校出版社1989年版,第408页。

1934年2月,川陕省经济委员会巡视员在巡视过程中发现部分经济公社不执行合作社任务,部分"负责同志工作懒惰,不主动开展工作"。① 这些问题的发现,不仅为上级提供了整改的依据,也有效地预防了机关内的官僚主义,促进了苏区党风政风的好转。苏区巡视工作的设计理念,同时也深层次蕴含着群众路线的工作方法。巡视员深入基层、深入群众,及时了解群众诉求,解决问题,成为党和群众之间的"连心桥"。通过巡视工作,党能够更好地了解群众的需求和愿望,从而制定出更加符合群众利益的政策和措施。同时,巡视工作也促进了党群关系的融洽。巡视员在巡视过程中,不仅发现问题,还积极帮助群众解决问题,赢得了群众的信任和支持。三是强调战时体制现实需要。在苏区,巡视工作并非一项孤立的活动,而是与党的整体战略紧密相连的有机组成部分。其基本职能,是服从并服务于具体历史时期的中心工作,即服从于党的基本路线和基本纲领,服务于党的总任务和战略目标。这不仅体现了党性原则,也彰显了时代精神。苏区巡视工作的核心任务直接关系到革命的成败和党的前途命运,也决定了苏区巡视工作具有明显的战时特性——不仅要服从于党的整体战略部署,还要根据战时的具体情况和需要灵活调整工作重点和方法。如1932年5月,为开展好"红五月运动周",中共河西道委"派巡视员会同县委组织巡视团到各区和支部巡视"。② 10月8日,对于肃反工作和革命竞赛工作,胜利县委报告"县委每次通知及每次巡视员口头的指导"③,于都县委指示"县巡视员下区乡时,要直接帮助和指示工作"④。为克服敌人进攻的严重性、粉碎敌人大举进攻及布置战争紧急动员工作,11月20日,安远县委召集党团活动分子会议指出:"继续分派巡视员到各区召集活动分子(会)议,深刻的传达,一般党团内外对战争动员精神较有转变。"⑤需要明确的是,苏区巡视工作并非简单的日常检查,而

---

① 彭俊礼:《川陕苏区时期的监察廉政工作》,中央文献出版社2013年版,第236页。
② 中央档案馆、江西省档案馆:《江西革命历史文件汇集》(1932年[二]),内部资料,1992年,第106页。
③ 中央档案馆、江西省档案馆:《江西革命历史文件汇集》(1932年[二]),内部资料,1992年,第199页。
④ 中央档案馆、江西省档案馆:《江西革命历史文件汇集》(1932年[二]),内部资料,1992年,第255页。
⑤ 中央档案馆、江西省档案馆:《江西革命历史文件汇集》(1932年[二]),内部资料,1992年,第488页。

是在革命需要和条件限制下,形成的一种严格的自上而下、由党统一领导的监督制度。一方面,巡视开展也是围绕保证党的集中展开的,"集中制表现得多一些"①,主要监督的是党的决策贯彻和上级工作部署的执行。但另一方面,在战时状态下,巡视工作不能以巡代办,战争的残酷性和复杂性要求地方政权必须具备高度的自主权和灵活性,以应对瞬息万变的战场形势。因此,苏区巡视工作在严格监督的同时,也赋予了地方政权尽可能大的行政权力。

(三)巡视工作的党外延伸

党内与政府巡视在治理大戏中领衔,而群团组织巡视亦成亮丽篇章,共同织就监督网络的辉煌图景。

苏区工会主要作用是"团结工人群众,代表工人阶级利益"②,属于带有政治性的群众组织。从1929年中共六届二中全会对工会巡视工作的首次明确提出,到后续一系列政策文件的细化落实,体现出中共对工会巡视的高度重视。1929年6月,中共六届二中全会决定派遣巡视员深入铁路、海运等重要工业区域,进行实地考察并给予实际帮助。③ 1930年8月,《中国共产党的最近组织任务》再次强调了巡视工作的重要性,进一步明确了相应的要求。④ 1933年2月,《中央关于产业支部的现状与目前党的任务的决议》更是对产业支部巡视员的工作要求进行了详尽而具体的规定,从组织架构、职责分工到工作方法,都进行了全面的梳理和明确。⑤ 同年8月19日,中共中央指示苏区各级党部,要求"省委对于所在地的工人支部同样要实地去帮助",强调要经常有"所属国有企业支部的专门的巡视员"。⑥ 后来,1933年11月中共中央通过的《关于检查江苏党工作的决议》再次提出"必须建立工厂的巡视制度",并就产业巡视工作做了补充规定。⑦ 1934年11月通过的《为加强党对工会的组织领导给各级党部的信》

---

① 《毛泽东选集》第1卷,人民出版社1991年版,第278页。
② 江西省总工会、江西省档案馆选编:《江西工人运动史料选编》,江西人民出版社1986年版,第134页。
③ 参见中央档案馆:《中共中央文件选集》第5册,中共中央党校出版社1990年版,第312页。
④ 参见中央档案馆:《中共中央文件选集》第6册,中共中央党校出版社1991年版,第597—598页。
⑤ 参见中央档案馆:《中共中央文件选集》第9册,中共中央党校出版社1991年版,第79—92页。
⑥ 中央档案馆:《中共中央文件选集》第9册,中共中央党校出版社1991年版,第298页。
⑦ 参见中央档案馆:《中共中央文件选集》第9册,中共中央党校出版社1991年版,第426—432页。

重申,"应派富有经验的巡视员组织员建立强大的积极的党团"。① 工会巡视工作的实行和产业巡视工作的开展,极大地整合凝聚起强大的群体性力量,为整体革命推进提供了坚强的组织保证。

青年团、妇女会、少先队、贫民团组织,只要建立从中央到乡村的垂直组织系统、人数众多并拥有极大群体规模的,均开展了巡视工作。巡视工作还在文化教育、军队、税务、邮政等领域运行。在教育方面,各级教育部下设包括党、团、工会、儿童团等部门,均配备有文化教育巡视员,适时开展巡视工作。② 如1932年秋,闽浙赣苏区提到巡视员在文化教育中的重要性,规定"县文化部应任用两个比较有文化工作经验的做巡视员"③。1934年4月,江西苏区教育人民委员部修订《教育行政纲要》明确要求,教育部设指导员1—3人,同时设巡视委员会,具体负责"所属各地巡视,直接指导下级的工作"。④ 此外,苏区时期的《消灭文盲协会章程》规定,该协会在中央和省均设有巡视科,具体负责管理检阅巡视工作、综合巡视情况报告、分配巡视任务,巡视员无专职,由机关巡视员兼任。⑤ 其他如邮政系统,1933年冬,《中央苏区各省县邮政局长联席会议决议案》规定,巡视工作"详细检阅和指示一切工作"。⑥ 川陕苏区省税务总局推行税务工作巡视工作,规定县税收分局巡视员"每十天巡税一次,算账提钱"。⑦ 川陕苏区还实行审计巡视工作,"建立省苏对各县以及县对各区的巡视工作"。⑧ 这在维护财经纪律、执行财经政策和廉政建设等方面起到重要保障作用。

---

① 中央档案馆:《中共中央文件选集》第10册,中共中央党校出版社1991年版,第418页。
② 顾时远主编:《世界教育大事典》,江苏教育出版社2000年版,第53页。
③ 江西省文化厅革命文化史料征集工作委员会、福建省文化厅革命文化史料征集工作委员会、浙江省文化厅革命文化史料征集工作委员会:《闽浙赣苏区革命文化史料汇编》,江西人民出版社1997年版,第53页。
④ 赣南师范学院、江西省教育科学研究所:《江西苏区教育资料汇编》(二),内部资料,1985年,第3—4页。
⑤ 福建省教育科学研究所、中共龙岩地委党史资料征集研究委员会:《闽西苏区教育资料选编》,内部资料,1986年,第276页。
⑥ 中共江西省委党史研究室、中共赣州市委党史工作办公室、中共龙岩市委党史研究室:《中央革命根据地历史资料文库:政权系统》,中央文献出版社、江西人民出版社2013年版,第1253页。
⑦ 中共通江县委党史研究室:《通江苏维埃志》,四川人民出版社1980年版,第331页。
⑧ 西华师范大学历史文化学院、川陕革命根据地博物馆编:《川陕革命根据地历史文献资料集成》,四川大学出版社2012年版,第135页。

巡视工作的党外延伸是基于制度本身的适应性调整,主要围绕制度的结构适应和功能适应两个层面展开。具体来说是通过三条途径进行调整的:一是通过反应性适应,在巡视工作建设目标上将"发展党"与"巩固党"的任务融合起来,从加强党的绝对领导和健全党的建设的党内巡视延伸到群团组织的巡视,强化了政党与群众组织之间的密切联系,巩固和厚植了中共执政基础。二是通过效能性适应,旨在延伸巡视强化党的领导作用,有力保证党的路线方针政策在基层和群众团组织得到正确贯彻实施,加强群团组织具体工作指导,建立并发展党对政府和群众团体的正确关系。三是通过功能性适应,纵向上利用巡视工作使党的基层组织深入群众和群团组织,横向上以政党为中心实现对各种社会组织整合,既强化中共绝对领导,又保证各群团组织各司其职、相互作用,形成一个严密整体。毋庸置疑,这种适应性调整离不开中共处于全国范围革命、局部范围执政的特定社会历史环境。一方面,苏区政权"科层式"的发展,促使党政组织结构由相对封闭向更为开放的组织形式转变;另一方面,苏区政权的建立,促使在理念和方式上不断调适自身与政府以及与社会的关系问题。

四、转向调整:专项巡视兴起

1937 年,抗日战争烽火连天,中华命运巨变,中共内部机制亦面临深刻变革。巡视工作,作为党内监督之利剑,此时经受重大调整。旧有模式部分承袭深化,部分则淡出视野,而更令人瞩目的是,创新元素蓬勃涌现,为党内监督注入新活力,助力中共在动荡岁月中稳步前行。

(一)党内巡视工作的及时调适

1937 年全民族抗战以后,巡视作为中共党内一项重要制度和工作方式继续开展,如 1938 年的中共六届六中全会就明确决定持续实行巡视工作。[①] 但巡视工作功能定位与运行模式因社会环境变化而发生了实质性调整,其变化具体体现在以下三个方面:

[①] 参见中央档案馆:《中共中央文件选集》第 11 册,中共中央党校出版社 1991 年版,第 769 页。

1. 限制和减弱党内巡视职权

土地革命时期,中共巡视位高权重,巡视员拥有绝对权力,存在推行"左"倾错误路线的情况,给革命带来深刻危害。为克服"左"倾错误指导下党的领导体制过于集中化缺点,同时调动和发挥各级党组织和广大党员积极性、创造性以适应新形势,"分权式"领导体制开始在中共党内实行,各级党组织被赋予更多的自主权。① 随着各级党组织的建立健全和部分职能部门的功能增设,巡视所行使的领导权逐渐被削弱和减化。过去,巡视员作为"对各地党部考查和指导工作的全权代表"②,拥有较大的权力。现在的巡视工作,更多的是在所巡党组织的集体领导下开展③,巡视员的角色也转变为协助和监督的角色。如1939年8月31日的《陕西省委组织部关于党的组织工作报告》就对一名教育员在巡视中行使职权提出批评:"超出自己职权任务以外,干涉地方领导机关工作,如省委一个教育员,到一个地方随便找一个割断关系的分子公开谈党内问题,并未得当地党的同意就给他恢复了关系。"④1938年10月15日,中共六届六中全会发表《关于抗日民族统一战线与党的组织问题》,其中对巡视工作中巡视员的权力作出重大调整——"巡视员的任务,一般的传达中央[上级]意见,考察地方党工作情况,提交中央[上级]。他们对地方党提出自己的意见时,只能作为建议,没有决定权。只有在上级党部特别委托时,才有此权力"⑤。巡视员的权力被明确削弱,从此只拥有建议权,而不再具备决定权。11月6日的《关于各级党部的工作规则和纪律的决定》再次予以重申规定。⑥ 这些新规定将巡视员权力限制在合理范围之内,其意义不仅在于限制巡视员的过大权力和派出党组织的过分集权,还蕴含着加强党委集体领导、扩大党内民主的深刻意涵。当然,中共对此前实施巡视工作利弊得失分别予以扬弃,充分彰显了巡视工作这种特定政治生

---

① 中央档案馆:《中共中央文件选集》第11册,中共中央党校出版社1991年版,第312页。
② 中共中央文献研究室、中央档案馆编:《建党以来重要文献选编》第8册,中央文献出版社2011年版,第378页。
③ 参见《彭真文选》(1941—1990年),人民出版社1991年版,第31页。
④ 中央档案馆、陕西省档案馆:《陕西革命历史文件汇集》(1939年[二],甲13),内部资料,1994年,第437页。
⑤ 中央档案馆:《中共中央文件选集》第11册,中共中央党校出版社1991年版,第714页。
⑥ 参见中央档案馆:《中共中央文件选集》第11册,中共中央党校出版社1991年版,第769页。

态环境所赋予历史命运的定性,呈现出中共自身自我调适、自我发展和自我革新的特征。

2. 缩小或取消党内巡视方式

随着党内组织系统逐步健全,各种职能作用充分发挥,各司其职、分工负责,巡视工作部分功能被逐渐取代。同时,党内报告制度等制度体系得以完善。如中共中央组织部1939年发出的《关于执行中央巩固党的决定的指示》中规定,地方党委必须执行向中央月报告制度。① 伴随着中央了解地方情况渠道的畅通,巡视工作适用范围逐渐缩小。尽管中共没有出台相关规定予以明确,但大规模大范围地密集开展党内巡视已经不像土地革命时期那么常见。1941年6月,晋察冀边区的一份重要文件《晋察冀边区各项具体政策及党的建设经验》揭示了当时巡视工作的适用范围,将其定位为领导方式的一种辅助形式。② 刘少奇在党的七大所作的《关于修改党章的报告》中,对巡视制度提出了新的要求。报告强调,必须慎重实行巡视,并对过去党内命令主义的工作方法提出了严厉的批评,要求彻底改变这种工作方式。③ 在巡视工作适用范围相对缩小的大背景下,一些地方党组织开始探索新的工作方式——选择调下级党组织负责人上来约谈的方式取代巡视。如1940年6月26日的《文林关于自贡市党的工作报告》介绍,四川自贡市委领导方式过去是按期出巡,"俟后是于必要时调某地负责同志来开专门对该地的工作会议,取销巡视"④。其他地方亦有类似做法。1940年7月20日,自贡中心市委要求,"调整区级干部,培养区级独立工作的能力,取消巡视制,必要时调人上去"⑤。1939年11月25日,川康特委工作报告取消巡视工作,领导工作改变方式。⑥ 1940年8月20日,川康特委再次报

---

① 参见中共中央组织部、中共中央党史研究室、中央档案馆编:《中国共产党组织史资料》第8卷,中共党史出版社2000年版,第521页。
② 参见《彭真文选》(1941—1990年),人民出版社1991年版,第31页。
③ 参见中国革命博物馆:《中国共产党党章汇编》,人民出版社1979年版,第132页。
④ 中央档案馆、四川省档案馆:《四川革命历史文件汇集(市委等文件)》(1938年11月—1940年),内部资料,1987年,第177页。
⑤ 中央档案馆、四川省档案馆:《四川革命历史文件汇集(市委等文件)》(1938年11月—1940年),内部资料,1987年,第224页。
⑥ 参见中央档案馆、四川省档案馆:《四川革命历史文件汇集(省工委等文件)》(1937年6月—1939年),内部资料,1986年,第243页。

告,"特委不出去巡视,经常调各地区级以上干部来省"①。再如陕西,1941年4月16日中共陕西省委组织部在对1940年工作总结中就改变领导方式提出:"取消对支部的巡视工作与轮流领导。"②巡视工作被随之而来的其他领导方式所替代,在党内完成了重要时期的重要历史使命。

3. 转换和调整党内巡视功能

1937年以后,随着抗日战争的全面爆发和党内工作重心的转移,巡视工作的性质也发生了根本性变化。它逐渐从一种领导方式转变为党内工作中的帮助和辅助方式——这和土地革命时期有很大区别。1939年4月的《陕西省委关于各县委、工委组织部长联系会议记录》强调,"对于不同支部应用不同的领导方式,特别注意每个支部的特点,使领导更加具体"③。1941年12月12日,针对当时敌后根据地间交通困难、来往费时间的情况,毛泽东等致电彭德怀、罗瑞卿,要求敌后各根据地可以采取巡视团的领导方法。④ 这里巡视员职责只是检查工作、搜集资料等一般职务。中共认识到,巡视工作仅是领导方式的一种辅助形式,并不是每个单位都适应实行巡视工作,否则会造成双重领导,妨碍工作开展的独立性。⑤ 综合各地革命历史文件汇集,可以概况出巡视重大变化:巡视员不再拥有对下级党组织的领导权,而是转变为对下级党组织工作进行监督检查的重要力量。

(二)分类专项巡视的应运而生

1937年以后,巡视工作适时调适的另一个重要变化是分类专项巡视的兴起。作为一种创新的监督检查手段,专项巡视是对常规巡视的有益补充,具有针对特定问题和特定领域的目的性强、方式方法活的特征。(1)目标清晰。主要针对特定巡视对象,重点突出、目标明确、任务具体,不求面面俱到。(2)灵活

---

① 中央档案馆、四川省档案馆:《四川革命历史文件汇集(特委、省委文件)》(1940—1947年),内部资料,1989年,第190页。
② 中央档案馆、陕西省档案馆:《陕西革命历史文件汇集》(1941年[一],甲16),内部资料,1994年,第131页。
③ 中央档案馆、陕西省档案馆:《陕西革命历史文件汇集》(1939年[二],甲13),内部资料,1994年,第20页。
④ 参见中央档案馆:《中共中央文件选集》第13册,中共中央党校出版社1991年版,第524页。
⑤ 参见《彭真文选》(1941—1990年),人民出版社1991年版,第31页。

机动。主要是打破常规巡视程序和时间限制,根据巡视对象性质特点、任务要求等灵活确定巡视监督方式方法,有效提升监督检查工作精准度。(3)见微知著。主要是通过细微检视存在的个性问题,挖掘剖析出深层次、规律性问题,并提出切实可行的意见建议,建章立制,从体制机制上堵塞漏洞、解决问题。从常规巡视到专项巡视,既是巡视方式方法的转变,更是由领导方式向监督检查职能定位的创新转型。专项巡视主要是围绕党内和政权系统分领域、分行业以组建巡视团进行监督检查而展开的。

党的建设领域。(1)执政区域检查工作。1934年,巡视团的形式就已经在执政区域检查工作中出现。如四川中江县委规定:"组织巡视团,县委巡视团决以工人组织,常委一人参加。区委以三人组织之。"①1941年,晋察冀边区地委明确要求,检查巡视分为个体巡视和巡视团检查两种方式。1944年2月10日,琼崖特委常委会议规定巡视团任务是:组织党员后备军、对民运工作的改进、对顽敌矛盾的对策研究。②(2)党的宣传工作。全民族抗日战争时期,中央宣传部组建了巡视团,深入各抗日根据地,进行实地考察和指导。1940年,中央宣传部推行的党支部巡回教育制度,更是将宣传工作的触角延伸到了最基层。③1942年,中共山东分局宣传部也提出了建立巡视工作的指示,要求在区党委和地委以下设立巡视员,定期分区巡视宣教工作。④(3)党的整风工作。1942年,为了加强党的整风工作,中央总学习委员会建立有总学委巡视团,有效推动了整风运动的深入开展,提高了全党的思想认识和政治觉悟。1943年4月下旬,陕甘宁边区总学委会由西北局各部门的7人组成巡视团,分别到党政军民各部门去谈话和参加讨论等,加强对于学习的领导。

政权系统。(1)巡视工作团。在土地改革过程中,中共创造性地运用了巡视工作团这一形式。从1942年中共要求抗日根据地派员下乡巡视土改情况,

---

① 中央档案馆、四川省档案馆:《四川革命历史文件汇集(特委等文件)》(1927年12月—1934年),内部资料,1986年,第258页。
② 参见中央档案馆、广东省档案馆:《广东革命历史文件汇集(中共琼崖特委文件)》(1937—1945年),内部资料,1987年,第378页。
③ 参见中央档案馆:《中共中央文件选集》第12册,中共中央党校出版社1991年版,第515页。
④ 参见山东省档案馆、山东省社会科学院历史研究所编:《山东革命历史档案资料选编》第8辑,山东人民出版社1983年版,第298页。

到 1947 年全国土地会议后实行派驻外来巡视工作团制度,这一做法不仅加强了中央对地方土改工作的指导,也有效防止了地方在执行土改政策时的偏差和走样。① 巡视工作团的下村工作,成为推动土改深入、确保政策落地的有力武器。(2)行政专员督察制度。除了巡视工作团这一外部监督机制外,中共还注重在政权内部构建有效的监督体系。以西北办事处为例,1937 年就设立行政专员公署,规定专员需亲自巡视各县工作,专员之下设立处员 3 人,奉专员之命,负责各县日常巡视督察。(3)政府垂直部门监督。除对地方政权的监督外,中共还注重加强政府垂直部门上下级之间的监督。通过设立专门巡视团,对政府部门进行定期或不定期的巡视检查,确保各部门在主管业务范围内对隶属关系的行政部门进行有效监督。这种垂直监督体系,不仅有助于防止权力滥用和腐败现象的发生,也促进了政府部门之间的协调与合作。针对政府系统其他领域,如 1948 年建立的人民监察院巡视制度,是行政监察工作创建的一种新举措。

(三)群团组织巡视的广泛推行

在中国革命的历史长河中,群团组织巡视的广泛推行为党的各项事业提供了坚实的组织保障。从 1937 年中共陕西蒲城县委提出的群众工作巡视工作规定,到全民族抗日战争期间各级工会、战时邮局、城市工作、教育领域以及妇女工作等多个领域巡视制度的建立,无不体现了巡视工作的历史作用。(1)群众工作的巡视。1937 年,中共陕西蒲城县委提出实行巡视工作②,这一举措标志着党在群众工作中开始更加注重实地调查和指导。(2)职工运动中的巡视。1940 年,山东各级工会领导机关工作制度的建立③,为职工运动的健康发展提供了有力保障。(3)战时邮局的巡视。1942 年,《山东省战时邮局暂行组织条例》公布施行,提出设立各级巡视员,确保战时邮局工作的顺利开展。④ (4)城市工作的特派员制度。1945 年以后,党对新接管城市逐步接管后,设城市特派

---

① 参见《战线》第 108 期(1943 年 4 月 20 日),河北省档案馆藏,69-1-36-4,第 87 页。
② 参见中央档案馆、陕西省档案馆:《陕西革命历史文件汇集》甲 8,内部资料,1994 年,第 343 页。
③ 参见山东省档案馆、山东省社会科学院历史研究所编:《山东革命历史档案资料选编》第 5 辑,山东人民出版社 1982 年版,第 140 页。
④ 参见山东省档案馆、山东省社会科学院历史研究所编:《山东革命历史档案资料选编》第 8 辑,山东人民出版社 1983 年版,第 186 页。

员,负责指导城市工作。① (5)教育领域的督学巡视工作。1940年,中共中央指示在抗日民主地区实行督学巡视工作,采用巡回教育团形式开展督学巡视。② (6)妇女工作的妇委巡视员制度。1942年,《关于根据地各级妇委组织工作条例》通过,设立了妇委巡视员③,加强对妇女工作的领导和指导,推动了妇女运动的发展。毋庸置疑,作为工作检查方式,巡视在群团组织广泛得以推行。

五、历史局限:实事求是的客观考量

从历史发展过程来看,新民主主义革命时期中共巡视工作发挥较好作用,为党的建设奠定了坚实基础。但从总体上讲,在革命战争形态和思想认识局限的历史环境下,巡视工作建设还不够成熟理想,制度内容还不够具体细致,一些规定较为粗糙空泛,缺乏明确的制度规范,对此必须实事求是地评价看待。

(一)顶层设计的革命性

在波澜壮阔的革命历程中,顶层设计往往扮演着至关重要的角色。巡视工作顶层设计高度集权、执行简便、决策统一和反应快速的特点,无疑为革命提供了强大的动力。然而,正如一枚硬币的两面,这种权力向上集中的顶层设计在发挥其巨大效能的同时,也暴露出了一些不容忽视的问题。土地革命时期,巡视工作的性质首先体现在领导方式的功能定位上。这种巡视制度在土地革命年代中发挥了极其重要的作用,但当巡视员拥有过大的权力时,一旦其决策出现偏差,将会对革命事业造成严重损害。如1928年,湖南省委巡视员尹树清在巡视湘南地区时,提出了一系列激进的观点,主张"焚毁整个的城市""彻底斩断农民与豪绅资产阶级的妥协余地",甚至提出"用赤色恐怖来刺激文化落后的农民"。在其指导下,湘南地区发生了多起暴动,但这些暴动最终错误引导了革命群众运动,造成不小损失。这一历史事件正是顶层设计中权力过度集中和巡视

---

① 参见中央档案馆、广东省档案馆:《广东革命历史文件汇集(中共广东省委文件)》(1941—1945年),内部资料,1986年,第509页。
② 参见中央档案馆:《中共中央文件选集》第12册,中共中央党校出版社1991年版,第330页。
③ 参见中央档案馆:《中共中央文件选集》第13册,中共中央党校出版社1991年版,第311页。

员权力过大的典型例证。这种状况在新民主主义革命时期各个阶段均不同程度存在。如1932年9月21日,两广省委就巡视员唐洵的严重错误指出,"唐同志自三月底至四月初从东江抵此后,一直到团中央停止了他巡视员职止,完全没有依照中央巡视员工作条例工作"①,就是因为巡视员权力过大,导致指导和领导地方革命出现偏差,影响了革命实践进程。

(二) 实践操作的选择性

在战争的硝烟中,中共巡视工作肩负着重要使命,不仅要确保党的政策得到贯彻执行,还要在严酷的环境下维护党的团结和统一。然而,在这样的客观条件下,巡视工作在实践中暴露出一系列问题,引发人们对实践操作选择性的深思。如1928年2月12日,满洲省临委政治党务报告《满洲的政治经济形势及党的工作情况》中指出,"省临委少巡视的工作"②。导致问题产生的因素有很多,比如安全问题。1928年5月3日,南路特委给广东省委的报告《政治状况、茂名沙田失败后情况、康江情况、梅箓工运情况》记载:特委派卢同志巡视员参加工作,他们也不敢留宿与集会,结果只有折回。③ 经费短缺也是一个主要原因。如1928年7月3日,《徐活莹向团中央的报告——从省委成立到四月份四川校务状况》指出经费困窘的情况:"省委派人出外巡视异常困难,甚至有时连油墨纸张都无钱购买。"1929年8月5日,《任子良关于陕北组织状况及存在问题给中央的报告》中记载:"要派同志到各地去巡视,路费都不能找出,经济困难可想而知。"④干部人才数量不足,无法派遣巡视员,也是其中一个重要原因。如1929年3月,《李圣悦、胡毓秀关于江西组织状况的报告》中指出巡视员"省有二人,赣西特有二人,求派技术工作及巡视"⑤。1929年3月24日,《与福建代

---

① 中央档案馆、广东省档案馆:《广东革命历史文件汇集(中共两广省委文件)》(1932年1月—9月),内部资料,1982年,第348页。
② 中央档案馆、辽宁省档案馆、吉林省档案馆等:《东北地区革命历史文件汇集》(1923—1928年3月),内部资料,1988年,第326—328页。
③ 中央档案馆、广东省档案馆:《广东革命历史文件汇集(琼崖、南路特委文件)》(1927—1935年),内部资料,1982年,第264页。
④ 中央档案馆、陕西省档案馆:《陕西革命历史文件汇集》(1927—1929年,甲2),内部资料,1994年,第409页。
⑤ 中央档案馆、江西省档案馆:《江西革命历史文件汇集》(1929年)[一],内部资料,1987年,第77页。

表陈□□的谈话》中就巡视工作而言:"各县都有巡视,最近因人力不敷分配,故较减少。"①1929年10月16日,潮安县委《关于政治情形及工农斗争趋势、职工、农会、妇女和党务工作》报告中记载:"巡视员因人才关系故没有经常巡视工作之建立,只有岳同志往各区巡视。"②1932年5月17日,河西道委也就困境表示:"目前道委无人可派去巡视遂川工作。"③此外,在战时的紧张氛围下,巡视员往往被赋予巨大的权力和责任,其决策和行动直接影响党的战略部署和基层组织的运作,但这种过度依赖也导致了集体领导的弱化,决策可能会过于主观和片面。如1929年9月10日,东江特委称:"常委多到各区巡视,多不能集体指导。"④

(三) 具体效果的战时性

在战火纷飞的年代,中共巡视工作面临前所未有的挑战。战争环境使得巡视工作难以按照既定的计划和步骤进行,经常需要应对突发情况和紧急任务,这种不可预测性对巡视工作的制度设计提出了极高的要求。然而,由于党在思想和行动上的不成熟,巡视工作的制度设计、规范以及保障措施跟进不足,难以适应战时环境的复杂多变。即便有了相对完善的制度设计,但在战时环境下,制度的执行和落实也面临巨大的困难。一方面,由于通信不畅、交通不便等因素,巡视员难以与上级党组织保持紧密联系,及时获取指导和支持。另一方面,地方党组织在战争压力下,往往需要将主要精力投入战斗和生存中,难以充分配合巡视工作。这种困境导致巡视工作在一些地方没有得到很好的执行和落实,其实际效果大打折扣。如1928年3月16日,《潘自力关于陕西党组织情况给中央的报告》中指出,省委巡视员工作方法简单、巡视效果欠佳,"对各县区工作指导多有不周到的地方"⑤。11月,广东省委自我剖析巡视工作存在的问题:

---

① 中央档案馆、福建省档案馆:《福建革命历史文件汇集》(省委文件,1929年上),内部资料,1984年,第158页。
② 中央档案馆、广东省档案馆:《广东革命历史文件汇集(潮梅各县委文件)》(1928—1932年),内部资料,1983年,第274页。
③ 中央档案馆、江西省档案馆:《江西革命历史文件汇集》(1932年[一]),内部资料,1992年,第113页。
④ 中央档案馆、广东省档案馆:《广东革命历史文件汇集(中共东江特委文件)》(1929年)[一],内部资料,1983年,第234页。
⑤ 中央档案馆、陕西省档案馆:《陕西革命历史文件汇集》(1927—1929年,甲2),内部资料,1994年,第291页。

"巡视工作没有决心建立起来。"①1929年3月3日红刃在其撰写的《三个时代的江西省委》中总结巡视时指出:"虽干了四次,都是打马看花的走一趟。"②4月28日,四川临时省委致中央报告就巡视问题指出:"巡视工作尚未经常的建立起来,在工作上有文字上的指导,缺乏实际中的指导。"③为此,5月15日,中央发布第37号通告总结道:"巡视工作一般的缺乏,党与群众组织的关系不正确,这都是不能令人满意的现象。"④应当说,在战争环境下,巡视工作更多的是作为一种应急手段来应对各种突发情况,而非作为一种常规性的监督机制来发挥作用。这种应急性质使得巡视工作难以形成长期、稳定的效果,也难以对地方党组织进行持续、深入的监督。

总之,新民主主义革命时期,中共巡视工作的历史分期概括为:1921—1927年是基本制度发轫阶段,1927—1931年是对中共党内巡视工作完成正式确立和"规制立法",1931—1937年是对党内巡视工作的强化与深度规范阶段,1937年以后是党内巡视工作全面调适并在党外广泛领域推广阶段。一方面,巡视工作的发展变化是对马克思主义中国化的丰富与发展,马克思主义基本理论、中国实际、中共党人构成中共巡视工作嬗变的三个基本发展因素。从这种意义上讲,对巡视工作进行科学的历史分期,应该统筹考虑与之关联的"社会主要矛盾""党的实践活动""党的任务和中心工作""重大历史事件""党的重要会议"等问题。另一方面,巡视工作是党内上级与下级、政党与群众和政党与社会的统一体,通过巡视工作在政党与群众、社会之间,以及政党内部之间不断地调整变化,既穿针引线,对中共内部松散联系进行整合和维系,又具有社会动员作用,使中共力量在群众与社会中不断得以渗透和扩展,从而厚植革命基础。

---

① 中央档案馆、广东省档案馆:《广东革命历史文件汇集(广东省委文件)》(1928年[六]),内部资料,1982年,第194页。
② 中央档案馆、江西省档案馆:《江西革命历史文件汇集》(1929年[一]),内部资料,1987年,第65页。
③ 中央档案馆、四川省档案馆:《四川革命历史文件汇集(省委文件)》(1929年4月—12月),内部资料,1985年,第13页。
④ 中央档案馆:《中共中央文件选集》第5册,中共中央党校出版社1990年版,第142页。

第二章
人与制度：早期巡视工作能动性研究

对于新民主主义革命时期中共巡视工作的研究，近年来，有学者基于制度主义视阈予以解构。如从巡视工作的主体、理念、功能和环境四个要素，阐述其变迁中的依赖性和替代性特征[1]；以"制度本身—制度相关人—制度环境"为分析框架，解构推动制度优势向治理效能转化的路径[2]；以历史制度主义为分析范式，考察制度发展程度、利益因素和观念意识形态构成其变迁的关键变量。[3] 这些研究或多或少均论及人的因素，但遗憾的是并未引起学术界应有的注意。事实上，新民主主义革命时期中共巡视工作与关联人之间表现为一种互构互嵌关系：作为一种相对稳定和固化的行为规范与规则系统，制度本身为关联人提供了行动模板、范畴和模式；关联人的制度认同程度和能动性，又导致制度执行的差异。同时，关联人在实践过程中的意图和理念对制度运行产生重要影响。

---

[1] 参见贾晓强：《党内巡视制度变迁的阶段特征及其影响因素——基于历史制度主义的解释框架》，《中共宁波市委党校学报》2023年第4期，第42页。

[2] 参见陈琦：《理性选择制度主义视角下巡视制度有效性分析》，《湖南社会科学》2021年第2期，第99页。

[3] 参见李滔、卢雨秋：《党内巡视制度百年变迁研究——基于历史制度主义视角》，《理论导刊》2021年第6期，第10页。

一、同质性:中央巡视员的制度认同

在社会学制度主义看来,中央巡视员的制度认同是中共巡视工作最重要的内生变量和研究维度。顶层设计为中央巡视员提供了行动模板、范畴和模式,是其制度认同的规制性要素;中共内部政治规矩和优良传统为中央巡视员提供了同质化行动准则,是其制度认同的规范性要素;中央巡视员群体特征形成的信念共识与制度认同契合,是其制度认同的认知性要素。

(一)规制性要素:制度认同的强制机制

从制度内涵来看,新民主主义革命时期中共巡视工作顶层设计通过党内法规,对中央巡视员任职条件、基本任务和工作方法予以规制性明确,聚合和强化了中央巡视员的制度认同。

1. 对选任条件的顶层设计

1928年的《巡视条例》和1931年的《中央巡视条例》对巡视员选任条件均有规定,着重强调以下三方面因素。(1)政治忠实。1927年12月,在八七会议后,中共中央明确提出要派出真正了解会议精神的分子到重要省份及工农区域进行巡视和指导。① 政治忠实,成为选任巡视员的首要标准。1928年,中共中央再次强调,中央巡视员必须是"政治观念比较健全"的同志。② 1929年,中共六届二中全会更是明确指出,巡视员应由"政治认识较清楚的分子充当"③。1931年颁布的《中央巡视条例》明确规定,巡视员必须满足三个条件:一是"党籍须在3年以上";二是"忠实刻苦,能正确了解与传达党的路线,为党的总路线的执行而斗争";三是"过去曾在地方党部作过负责工作"。④ (2)工农成分。对于巡视员选任的顶层设计,始终贯彻着一条清晰而坚定的原则——注重工农成

---

① 参见中共中央组织部、中共中央党史研究室、中央档案馆编:《中国共产党组织史资料》第8卷,中共党史出版社2000年版,第157页。
② 参见中共中央组织部、中共中央党史研究室、中央档案馆编:《中国共产党组织史资料》第8卷,中共党史出版社2000年版,第226页。
③ 中央档案馆:《中共中央文件选集》第5册,中共中央党校出版社1990年版,第231页。
④ 中央档案馆:《中共中央文件选集》第7册,中共中央党校出版社1991年版,第221页。

分。1927年11月,中共明确规定,巡视员的选任"必须大多数是工人同志或贫农同志"①。1928年,中共再次强调巡视员选任的工农底色。10月8日和17日,中央先后发布第五号和第七号通告,重申巡视员在选拔中要注意"引进积极的工人"②。(3)能力水平。从1928年的《巡视条例》到1931年的《中央巡视条例》,对于巡视员选任的顶层设计始终强调一个核心原则:能力水平。如1928年的《巡视条例》明确指出,巡视员必须是"一切工作和组织路线比较正确而有相当实际工作经验"的同志。③ 这一规定,将实际工作经验和正确的组织路线作为选任的基本条件,凸显了实践能力在巡视员工作中的重要性。随后,这一标准被进一步细化,要求巡视员必须是"各级党部中有能力而积极"的干部。④ 这里的"能力"不仅指业务能力,更包括政治能力、领导能力和组织协调能力。随着时代的发展,党的事业不断向前推进,对于巡视员的能力要求也更加严格。

2. 对基本任务的顶层设计

1928年的《巡视条例》有7项规定,1931年的《中央巡视条例》进一步归纳为6项内容。不论规定内容如何变化,中央巡视员的基本任务并没有变化,主要有为传达指导、调查研究、整顿改造、社会动员、监督检查等。中央巡视员基本任务的顶层设计,为巡视工作提供了可借鉴和遵循的制度模板和行为规范,促使中央巡视员虽然面对不同巡视对象、巡视区域和革命形势,而巡视行为却逐渐趋向相同,即同质化的行为方式特征,促进了制度落实的整体性效果。

3. 对方式方法的顶层设计

土地革命时期主要是围绕领导和帮助指导而设计,局部执政时期则是围绕监督检查来设计。1928年的《巡视条例》和1931年的《中央巡视条例》均对巡视方式方法进行了详细规定。在实际运作过程中,中央巡视员也是依此实践的。具体来说,中央巡视员工作方式方法主要体现在召集工作会议、进行个别谈话、深入基层考察、报告巡视情况等方面。工作方式方法的顶层设计,为中央

---

① 中央档案馆:《中共中央文件选集》第3册,中共中央党校出版社1989年版,第471页。
② 中共中央组织部、中共中央党史研究室、中央档案馆编:《中国共产党组织史资料》第8卷,中共党史出版社2000年版,第226页。
③ 参见中共中央组织部、中共中央党史研究室、中央档案馆编:《中国共产党组织史资料》第8卷,中共党史出版社2000年版,第226页。
④ 参见中央档案馆:《中共中央文件选集》第5册,中共中央党校出版社1990年版,第231页。

巡视员实践活动提供了规范,固化和强化其执行制度的有效性和整体性。

(二)规范性要素:制度认同的行动准则

规范性要素主要指引导中央巡视员价值理念和规范行为恰当合理的程序规范、义务和责任等,强调中央巡视员具有约束性,促使其行为符合其角色期待,尤以党在长期实践中形成的优良传统和工作惯例为重。主要包括以下几个方面。(1)政治规矩。政治规矩要求中央巡视员在政治原则、政治立场、政治观点上同中央保持高度一致,不折不扣贯彻执行党的基本路线,坚定不移地维护中央权威,坚定不移地与党内错误思想作斗争,对党忠诚、对党负责。1931年的《中央巡视条例》明确规定,中央巡视员在巡视地方工作时,必须特别细心,若巡视员在巡视过程中发现前后工作不符,或因处理不当导致损失,须向中央负政治责任。① 这一规定,无疑是对巡视员权力的有效制约,也是对政治规矩的重要强调。(2)民主集中制原则。民主集中制原则是中共最基本的组织原则,也是中央巡视员必须遵守和维护的行为准则。从其所规定的内容上分析,中共巡视工作反映了中共组织系统的内部关系,不仅体现了中共党组织系统运行机制与活动规律,同时亦体现民主集中制原则要义,其实质是正确解决中共党内上下关系和秩序问题,促使党的建设、党内民主和党内监督的生成与养成。(3)实事求是。实事求是不仅是中共革命思想和实践活动的指导原则,也是准确理解和正确执行党的政策的基本保障,更是中央巡视员必须遵循的行为规则。中央巡视员在具体实践中,实事求是作为根本方法一直贯彻始终,是中央巡视员工作的理论源泉、发展动力、目标价值和检验标准。(4)群众路线。综观各个时期的巡视工作规定,其中一条核心要求便是中央巡视员必须深入基层,从群众最关心的工作做起。1931年的《中央巡视条例》明确规定,中央巡视员"首先须深入下层,深入支部"②。真正地深入,必须注重实地调查,掌握第一手资料,中央巡视员必须摒弃"钦差大臣"的派头。1945年刘少奇在党的七大所作的《关于修改党章的报告》中再次强调,中央巡视员"必须力戒'钦差大臣'的派头"③。诸

---

① 参见中央档案馆:《中共中央文件选集》第7册,中共中央党校出版社1991年版,第227页。
② 中央档案馆:《中共中央文件选集》第7册,中共中央党校出版社1991年版,第222页。
③ 中国革命博物馆:《中国共产党党章汇编》,人民出版社1979年版,第132页。

多中央巡视员都能坚持群众路线,在掌握真实情况的基础上解决棘手问题。

(三)认知性要素:制度认同的信念共识

认知性要素主要是一种被中央巡视员认可的价值观念、符号系统和意义框架,影响其评价判断和行动,进而指导实践,实现对其约束和管理。笔者从各地"革命历史文件汇集"中梳理考证出的 80 名中央巡视员,其在成员身份、理想追求、理论水平上表现出明显的群体特征,有效地促进制度认同信念共识的生成。具体表现如下:(1)政治理想信念相对坚定,党性比较坚强。从入党时间来看,多数是早期党员。其中 1921 年入党的 9 人,1925 年五卅运动后有 25 人,占比较大。由于较早走上革命道路,这些中央巡视员逐渐成长为忠实的马克思主义者。鲜明的政治立场、坚强的党性原则,是中央巡视员重要的革命群体特征。从年龄结构上来看,他们大多数比较年轻,其年龄大多在 20—35 岁,如立志"当个报晓黎明的打更匠"的陆更夫,22 岁即巡视东江地区,25 岁任中央军委巡视员①;22 岁的贺昌巡视广东②,方英巡视安徽③。在理想信仰的激发下,他们敢想敢干、充满活力、富有激情,而且能够将中央指示精神不折不扣地贯彻执行。大多数中央巡视员理想信念坚定,为中共革命事业和巡视事业作出了巨大奉献和牺牲。其中,有 43 人在 1928—1933 年殁亡,且年龄集中在 26—33 岁,占比六成左右,其主要是由于国共分裂后国民党反动派的大屠杀、革命时期在战斗中牺牲等。(2)文化水平较高,革命实践经验丰富。超过八成具有较高文化水平,接受过系统学校教育。其中,26 人有大学教育背景;20 人有留学经历,主要留学苏联、法国、德国和日本,以苏联居多,占 12 名;4 人参加过黄埔军校学习,尤其学习过军事知识;5 人受过新式学校教育,7 人在各类讲习所学习过。正是基于这种高文化水平底蕴,中央巡视员在巡视实践中能够站在更高的政治视角上审视中国革命的实际问题,从而提出更具前瞻性和针对性的解决方案。从早期革命经历上看,他们多数经受过文化运动和国民革命的锻炼,一部分人在从事巡视工作之前参加过文化运动和学生运动。如王步文等 8 人参加过新文化运动

---

① 参见何锦洲、陆能、陆逊:《报晓黎明的打更匠——陆更夫》,《红广角》2016 年第 1 期,第 16—21 页。
② 参见刘旭红、徐继承:《贺昌革命思想与实践》,《史志学刊》2015 年第 2 期,第 11—14 页。
③ 参见陈日朋:《中华英烈辞典》,北方妇女儿童出版社 1991 年版,第 81 页。

和五四运动,参与组织各种学会,且是本地早期学生运动领导人。还有一部分人参加过早期职工运动和北伐战争。如林瑞笙等9人参加过北伐战争,亲历了打倒军阀的斗争;袁德生领导了株萍铁路沿线农民运动;施简、罗登贤、高文华等8人参加过上海工人三次武装起义、安源路矿工人大罢工和省港大罢工等。这些在参加巡视工作之前的革命经历和经验,为日后他们从事巡视工作提供了实践经验。从与党的历史关联上看,他们多数革命经历丰富。部分中央巡视员接受革命思想较早,是地方党团组织的创建者,如张国庶是萍乡建团建党时最早党团员之一;王步文是土地革命时期安徽党的主要领导人之一;方英组织成立了安徽第一个党组织;徐英历任武义县委书记、浙江省委常委、书记、宁波特支书记等重要职务,是浙江早期党组织卓越的领导人。其中还有一部分人参加过广州起义、南昌起义和秋收起义等,如周逸群、恽代英、陆更夫、林瑞笙、刘安恭、潘心元、蔡协民等。这些有着光荣历史、特殊经历的革命者,经历了革命战争的考验,其坚定的党性、顽强的革命意志和卓越的领导才干,为日后从事巡视工作奠定了坚实基础。(3)与被巡视地方多无地缘关系,在革命实践中逐渐成长为领导骨干。中央巡视员在执行巡视任务时,最大的优势在于与被巡视地方没有任何社会关系的关联。这种"无牵无挂"的状态,使其能够彻底地以党性名义和原则作为工作标准,不必顾及地方利益和地缘、亲缘关系。这种纯粹的党性立场,使得中央巡视员能够客观、公正地评估地方工作,提出建设性意见,从而推动当地革命事业的健康发展。同时,在区域革命领导体系中,中央巡视员多数居于核心地位——不仅拥有很大的话语权,能够影响地方领导层的决策方向,还拥有相应的决策权,能够根据党的指示和地方的实际情况,制定出符合革命需要的具体政策措施。这种双重权力的结合,使得中央巡视员在地方革命中发挥着不可替代的作用。不少中央巡视员在完成巡视任务后,选择留在被巡视地方担任当地领导。他们在革命实践中不断成长,逐渐成为当地革命的领导骨干。这些中央巡视员,既是革命的发起者,也是革命的组织者和推进者。他们的努力,使中共中央的战略决策能够迅速深入基层,转变为现实革命运动。

二、有效性:中央巡视员的效能差异

作为"人"的因素,中央巡视员在对执行巡视工作领会认知的基础上,运用一定的执行机制、手段和工具,在执行资源的保障下开展巡视工作,但同时由于思想意志、能力水平以及顺应革命策略和革命形势的组织调适程度的不同,不同的人贯彻执行巡视工作的运行和效率存在差别,即中央巡视员在执行制度上存在效能差异。

(一)个人因素:中央巡视员职位与权力的分离

影响中央巡视员执行制度效能差异最重要的因素,是中央巡视员的个体特征。中央巡视员权力和影响力的高低,取决于其个人资源、资历、自身所拥有的威望,以及对革命形势的判断、个人思想观念和对中共中央理念的价值追求。这种执行制度的效能差异性在中央巡视员处理顺直问题上体现得最为明显。1927年10月后,为解决顺直问题,中共中央先后三次派遣中央巡视员巡视顺直予以处理。尽管均是针对同一个问题,但三次不同批次的中央巡视员处理问题的结果和成效迥然不同。(1)第一次,中共中央派遣蔡和森巡视顺直。中共中央之所以派遣蔡和森巡视顺直,是基于其个人因素的考量和权衡:蔡和森有北方党建工作的经历、在北方党建问题上有自己的主张和见解、能够旗帜鲜明地反对机会主义错误。正是因为有了这些个人因素,蔡和森巡视顺直初期工作得以顺利开展,推动了北方党组织的整顿改造和对党内机会主义的纠偏矫正。但由于蔡和森自身存在的一些问题,在顺直以往党内矛盾和纠纷得到部分解决的同时,又产生新的矛盾和问题,这些问题包括指导思想、方式方法、思想认识等方面①,即对革命策略的认知领会和地方革命实际形态的研判把握程度以及处理问题的掌控能力等因素。蔡和森于11月26日向中共中央提交的书面报告

---

① 参见《中共中央北方局》资料丛书编审委员会编:《中共中央北方局》(土地革命战争时期卷),中共党史出版社2000年版,第175页。

也承认,自己在解决问题的指导思想上存在极端民主化错误。① 1929年6月,党的六届二中全会在对顺直问题总结时指出,蔡和森作为中央巡视员,解决问题"带着个人意气与成见"②。(2)第二次,中共中央派遣陈潭秋、刘少奇、韩连惠巡视顺直。1928年2月,中共中央指派陈潭秋、刘少奇和韩连惠共同负责巡视处理顺直问题。但三位中央巡视员只是简单采取命令主义与取消主义,未能从思想根源上剖析问题,且方法粗暴生硬,党内的错误倾向不仅没有得到纠正,反而继续发展。"京东护党请愿团"事件发生后,三位中央巡视员意见高度一致,联合宣布停止顺直及京东四县党组织活动。但当中央提出解决顺直问题5条具体措施后,三位中央巡视员却又意见不一。刘少奇、韩连惠明确表示不能接受。陈潭秋先是完全同意中央指示,但后来又提出了反对意见。在如何组建新省委的具体问题上,三位巡视员也产生了分歧。就制度执行而言,针对同一问题,三位中央巡视员主张和意见相左,究其主要原因,是由于其自身工作经历和思想认识不同所致。(3)第三次,中共中央派遣周恩来巡视顺直。1928年12月,周恩来受中央委派,以中央巡视员身份处理顺直问题,促使顺直党组织统一认识、克服党内非无产阶级思想、增强党的团结。③ 顺直问题的解决,反映了中央巡视员之间的能力水平,特别是"理党"能力的差别。周恩来具有原则上的坚定性,在原则问题上毫不让步,坚持实事求是和具体问题具体分析,解决问题不就事论事,把党的正确理论和路线同顺直实际有机地结合起来,用传达贯彻六大精神的办法来解决顺直党内矛盾。同时,又具有策略上的灵活性。周恩来认为顺直问题虽然严重,但主要责任还在中央,因此坚持采取说服教育的方法,虽有批评,但绝不武断粗暴;虽有教育,但绝无"家长"口吻。辅以周恩来与人为善、待人亲切的态度,循循善诱的工作手法,使顺直各级党组织领导人如沐春风,无不心悦诚服地接受其意见建议,从而圆满完成巡视任务,这也印证了制度执行效能差异中的个人因素作用。

(二)地缘分殊:中央巡视员与地方党组织的冲突

中央巡视员作为外来干部,在成长环境和工作履历等方面,与地方干部相

---

① 参见《蔡和森的十二篇文章》,人民出版社1980年版,第165—166页。
② 中央档案馆:《中共中央文件选集》第5册,中共中央党校出版社1990年版,第60页。
③ 参见中央档案馆:《中共中央文件选集》第5册,中共中央党校出版社1990年版,第62页。

比较有差异。由于这些差异则有可能使双方产生矛盾和分歧。(1)在革命策略与斗争上的分歧。以中央巡视员蔡和森与顺直党组织负责人彭述之的分歧为例,两人分歧主要集中在三个方面:一是顺直省委改组问题。蔡和森巡视发现,顺直省委存在严重右倾机会主义错误,主张立即对其整顿改造。但彭述之却持不同意见,主张先在顺直省委中讨论八七会议精神,而后再妥善整顿改组。① 蔡和森改组顺直省委后,彭述之由省委书记改任宣传部部长。对于蔡和森的这种改造做法,彭述之极为不满,遂渲染蔡和森改组顺直省委实质是对自己的打击,改组本身即是搞宗派,并纵容且听之任之地方部分干部反对蔡和森的改组做法,最终导致"北京党案"发生。② 二是玉田暴动问题。为贯彻执行八七会议关于土地革命群众暴动精神,中共北方局于1927年10月初制定暴动计划,顺直省委据此发动了玉田等地农民暴动,但第一阶段暴动失败。对此,蔡和森认为暴动失败原因是犯了"军事冒险倾向及攻城主义"错误,主张深入乡村打击地主土劣和解决民团,不赞成反攻。但彭述之持相左意见,部分地方干部在彭述之直接或间接影响下,反对蔡和森的意见主张。③ 在主张反攻思想左右下,玉田暴动再次遭到失败,北方党的工作一蹶不振陷入低谷,蔡和森和彭述之之间的矛盾进一步激化。三是号召"旧的工人同志回到党内"问题。关于组织问题,蔡和森和彭述之发生过激烈争论。蔡和森主张旧的工人同志可以重新回到党内工作,但彭述之又持反对意见。④ 研究二人之间的分歧与矛盾,尽管二人都是有影响力的领导干部,但是由于二人在革命方针和路线选择问题上的分歧,一方是中共政策的坚定推行者,一方坚持自己主张独立思考,导致二人矛盾和冲突一直没能有所缓和,严重影响到巡视工作的效能。(2)在斗争策略与对革命形势判断上的分歧。以1929—1930年江西赣西地区为例,中央巡视员、省委巡视员与赣西党组织之间的矛盾和分歧主要表现在以下三个方面:一是攻打吉安问题。1929年9月中央巡视员彭清泉巡视湘赣边,其主要任务是贯彻中央第49

---

① 参见中央档案馆:《中共中央北方局文件汇集》(1927、1928、1930、1932),内部资料,1992年,第124—125页。
② 参见中央档案馆:《中共党史报告选编》,中共中央党校出版社1982年版,第147—148页。
③ 参见《中共中央北方局》资料丛书编审委员会编:《中共中央北方局》(土地革命战争时期卷),中共党史出版社2000年版,第76页。
④ 参见《蔡和森的十二篇文章》,人民出版社1980年版,第155页。

号通告,这一通告涉及对吉安的战略定位与战术指导。在彭清泉的推动下,赣西特委做出了攻打吉安的决策。然而,就在这一决策即将付诸实践之际,江西省委巡视员江汉波提出了不同的看法。他认为攻打吉安的条件尚不成熟,主张将"攻取吉安"改为"更积极的准备攻取"。江汉波主张取消为攻打吉安而成立的总行委及红军总司令部,这一建议实际上是在为红军保存实力。① 两位巡视员的观点碰撞,揭示了革命领导层在战略决策上的深刻思考。二是红军建设问题。彭清泉巡视员深入苏区,贯彻中央第 49 号通告的精神,主张在苏区扩大红军武装。他认为将地方游击队与现有的红军独立团合编,组建更为强大的红军第六军,是符合苏区实际和革命需要的。这一提议得到当地党委和红军将士的积极响应,红军第六军迅速成立,成为保卫苏区和革命斗争的重要力量。然而,江汉波巡视员却持有不同的看法。他强调红军改编的严谨性和程序性,认为任何改编都须经过省委和中央的批准。他主张红二团、红三团分开游击,以保持各自的独立性和灵活性,更好地适应苏区复杂多变的斗争环境。② 三是土地问题。彭清泉和赣西特委均主张没收地主土地,平均分田。但江汉波以党的六大决议为依据,主张按照劳动力标准予以分田。由于看问题的角度和方法不同,他们还在政权建设以及赣西特委和湘赣边特委合并等问题上存在较为严重的分歧和争执。导致这些分歧和争执产生的原因源于江汉波对于革命形势的判断,一是认为"攻打吉安"属于盲动主义错误;二是认为赣西革命正处于稳定发展时期,应该分兵游击,而不是新编红六军。③ 正是基于上述主张和观点,1930年 2 月 7 日,江汉波和彭清泉二人产生较大争执。④ 在彭清泉和赣西特委的坚持下,以犯"机会主义"错误为由开除江汉波党籍。实际上,在彭清泉与江汉波之间,还有持中间立场的中央巡视员刘作抚。从刘作抚给中共中央提交的巡视报告看,他有些意见倾向于彭清泉,有些意见则又倾向于江汉波。他既不满意

---

① 参见江西省档案馆、中共江西省委党史教研室选编:《中央革命根据地史料选编》上册,江西人民出版社 1982 年版,第 573 页。
② 参见中共江西省委党史资料征集委员会:《江西党史资料》第 7 辑,内部资料,1988 年,第 50 页。
③ 参见江西省档案馆、中共江西省委党史教研室选编:《中央革命根据地史料选编》上册,江西人民出版社 1982 年版,第 574 页。
④ 参见江西省档案馆、中共江西省委党史教研室选编:《中央革命根据地史料选编》中册,江西人民出版社 1982 年版,第 173 页。

江汉波的机会主义,又批评彭清泉在军事上的盲动,更不认可赣西特委书记刘士奇专断粗暴的工作作风。但遗憾的是,刘作抚较为温和执中的意见得不到地方红军主力部队支持,也就难以起到主导作用,从而无法缓和日益激化的各种矛盾和争端,致使当时许多工作搁浅,在地缘背景下使巡视效果打了折扣。(3)革命利益追求与地方主义上的分歧。本地干部一个重要的特点是,更多地从现实利益出发,过多强调地方利益和客观条件。而中央巡视员则不同,更多是从党的工作中心和大局出发来看待问题。正因为如此,地方党组织对本地利益维护与中央巡视员对革命利益追求之间的冲突,必然形成一种客观存在的事实。1929年9月初,中央巡视员何玉琳给中共中央的巡视报告中以鄂东北特委为例,指出其弱点和缺点有22项之多。① 何玉琳还总结归纳出地方干部存在三种地方主义倾向。② 其中贯穿该冲突全过程的主要有两个问题,即本地干部"不能坚决的深入和扩大土地革命"以及本地干部是"地方主义的极端发展"。中央巡视员革命利益追求与地方党组织严重地方主义之间存在着冲突和争端,势必会影响巡视工作效果。

(三)科层背离:制度执行效能差异的中枢作用

巡视的决策权、决定权主要集中在上层,中共中央决策有效性和指导思想科学性等高度集权构成影响制度执行效能差异的重要因素。中央巡视员在执行过程中接受上级资源供给不足或不及时,也会对制度执行效能差异产生影响。(1)上级决策多变的影响。由于在理论上和实践上准备不足,中共上层作出的决策和决定也不时有相左和偏差的地方,导致对中央巡视员制度执行时出现偏差。例如在顺直问题处理上,中共中央多次针对同样问题对中央巡视员作出不同指示要求。顺直问题发生时,中央采取系列措施纠正党的六大之前的"左"倾和右倾错误,但在具体实践中对中央巡视员指示要求时犯了两个错误:一是政治上单纯的命令主义与取消主义。顺直问题的产生与北方党组织负责人彭述之密切关联,在很大程度上与其工作方式方法和执行政治路线指导思想

---

① 参见《鄂豫皖革命根据地》编委会:《鄂豫皖革命根据地》第3册,河南人民出版社1990年版,第117—125页。
② 参见中央档案馆、湖北省档案馆、河南省档案馆等:《鄂豫皖苏区革命历史文件汇集(鄂东北等特委文件)》,内部资料,1985年,第123页。

有关。对此,中共中央处理办法简单生硬,只是机械地指示中央巡视员蔡和森对其撤换了事,而未从根源上查找、剖析原因。当中央巡视员蔡和森改组整顿顺直省委,导致新的矛盾分歧出现并最终引发"京东护党请愿团"事件发生时,中央依旧没有追根溯源,再次简单地以命令主义方式指示蔡和森,直接停止了顺直和京东各县党组织活动。二是组织上简单的惩办主义。对中央巡视员蔡和森在指导顺直问题上的偏差,中央又采取简单组织处理方法,开除其政治局委员及常委资格。这种做法,中央后来也承认"在手续上中央政治局确有缺点"①。(2)上级传达迟滞的影响。巡视作为应对危机、实现上情下达和政令统一的一个重要载体,中央必须赋予中央巡视员以相当的权限。但在具体实践中,中央巡视工作指导机关只是简单制定粗略计划,而未有详细具体的实施措施,导致中央巡视员巡视实践随着革命运动的高涨与低落而波动,显露出非右即左、得失参半的弱点和特点。② 战时交通不便和革命秘密状态,也使中央新的指导思想不能及时顺畅地传达给中央巡视员。一种经常出现的现象是,中央已经有新的路线政策出台,但中央巡视员却还在按图索骥依照原来的方针路线巡视,其效果就可想而知了。(3)上级过分授权的影响。中共中央多次强调中央巡视员的权威性和独立性,而巡视工作本身就具有权力向上集中的特征,在制度实施过程中又会加剧集中程度,容易出现中央巡视员由于权力运用不当甚至滥用权力而引发错误。在顺直问题和安徽省委问题处理过程中,都曾因为中央巡视员权力过大,不了解实际情况,发生过左和偏激的错误。同时,巡视工作设计初衷是确保上级决策部署原汁原味贯彻落实下去,如若上级出现失误,中央巡视员就会无限放大这种错误。土地革命时期,王明"左"倾错误背景下的巡视员"钦差大臣满天飞"危害即是明证。

(四)革命环境:中央巡视员受客观因素的制约

由于革命环境的影响,中央巡视员效能差异受诸多客观因素制约。首要的是安全问题。作为缺乏地缘关系的外来人,中央巡视员面临的工作环境艰险,很容易因缺乏熟悉社会条件的掩护而被识破和捕杀。43名中央巡视员被捕杀,

---

① 中央档案馆:《中共中央文件选集》第5册,中共中央党校出版社1990年版,第60页。
② 参见王卫斌:《苏区巡视实践》,《云南档案》2014年第10期,第14—17页。

占比之高与该情况不无关联。中央巡视员用化名较多,如陆更夫、方英、曹大骏等各有2个化名,何玉琳、贺昌、王步文、潘心元、徐英、陈刚等各有3个化名,翁泽生等有4个化名,王灼、林育英、涂振农等各有5个化名,李子芬等有6个化名,李实、刘子璋、刘子久等各有8个化名,傅朝璋有11个化名。革命秘密状态下的群众支持程度也是影响效能的重要因素。1928年5月3日,南路特委给广东省委报告称,地方群众不敢留宿巡视员,要求其:"赶快即刻走,勿连累我们,你不走我们即刻都走,你走了我们还可以做极秘密的发展组织工作,开会是不可能的,反动派捕生面人甚紧,你速走才是办法。"①结果巡视员只有折回。经费短缺、中央巡视员人才不足等也是重要因素。1932年9月12日,福州中心市委书记陶铸报告中央指出:"中央这样久不能派巡视员来,为加强全省工作的领导与配合全省工作,在今天这问题提出是需要得到解决的。"②中共中央也意识到该问题的严重性,早在1929年5月15日发布第37号通告就总结到此类现象称"巡视工作一般的缺乏",要求"上级党部应多努力于政治及中心工作的指导,加紧巡视工作"。③ 并要求将巡视工作作为中心工作加紧开展。应当说,巡视工作战时性特征决定了其实际效果的历史局限。

三、能动性:中央巡视员的逆向形塑

关于中央巡视工作的研究,应当拓展视野,不能拘泥于制度本身的传统思维,应将中央巡视员作为制度主体纳入研究范畴,关注中央巡视员对制度修正完善的影响和作用,即形塑制度的反向构建与嵌入作用。

(一)全维度提升了巡视工作内涵与外延

中央巡视员的实践过程,也是巡视工作内涵和外延不断提升的过程。具体

---

① 中央档案馆、广东省档案馆:《广东革命历史文件汇集(中共琼崖等特委文件)》(1927—1935年),内部资料,1982年,第264页。
② 中央档案馆、福建省档案馆:《福建革命历史文件汇集(福州市委文件)》(1927—1932年),内部资料,1984年,第167页。
③ 中央档案馆:《中共中央文件选集》第5册,中共中央党校出版社1990年版,第142页。

体现在以下几个方面:(1)制度要件得以不断调适。中共巡视工作始终与党的宗旨紧密相连,与党的任务息息相关。随着时代的变迁和革命实践的深入,巡视工作也在不断地进行调适和深化,其内涵和外延得以丰富和拓展。在巡视功能方面,在巡视工作的初创时期,其主要职责往往与领导方式紧密相关,由侧重于组建和整顿地方组织,开展社会动员,指导领导革命运动,逐渐转向了对职能部门履职尽责情况的专项检查。在巡视员选任方面,早期过分强调工农成分,逐渐转向注重政治素质和能力水平。在责权关系方面,早期往往存在权重过大、权威过高的情况,逐渐转向重视权力上下制衡,责权关系得到了更加合理和有效的配置。(2)巡视成果得以充分运用。通过中央巡视员的巡视反馈和报告、中共中央指示督促和地方党组织整改,实现上下联动,巡视工作成效得以明显提高。以江西省为例,1927年12月,中共中央根据中央巡视员报告指示江西省委应当实施经常性的分区巡视。[①] 据此,江西省委予以坚决执行,效果较好。[②] 1929年,中央根据中央巡视员报告,又先后两次指示江西省委应当持续实行巡视工作,并对巡视员选任和工作任务予以明确要求。[③] 江西省委被多次破坏后,在中央巡视员刘作抚直接督促下,巡视工作不断走向完善。(3)巡视工作得以绵延赓续。中央巡视员的巡视实践充分体现巡视工作的重要性。如早年参加过中央巡视工作的任弼时多次提及巡视工作,其中1927年8月9日建议北方派巡视员[④],1928年3月9日主张省委要经常派人巡视[⑤],6月18日强调省委派巡视员去外县[⑥],7月13日指出巡视员制度要建立起来。[⑦] 1932年2月22日张闻天提出要在省委下面设支部的巡视员[⑧],1933年2月4日主张建立巡视

[①] 参见中共江西省委党史研究室、中共赣州市委党史工作办公室、中共龙岩市委党史研究室:《中央革命根据地历史资料文库·党的系统》,中央文献出版社、江西人民出版社2011年版,第115页。
[②] 参见江西省档案馆、中共江西省委党校党史教研室编:《中央革命根据地史料选编》上册,江西人民出版社1982年版,第532页。
[③] 参见中共江西省委党史研究室、中共赣州市委党史工作办公室、中共龙岩市委党史研究室:《中央革命根据地历史资料文库·党的系统》,中央文献出版社、江西人民出版社2011年版,第503页。
[④] 参见中央文献研究室编:《任弼时年谱(1904—1950)》,中央文献出版社2004年版,第76页。
[⑤] 参见中央文献研究室编:《任弼时年谱(1904—1950)》,中央文献出版社2004年版,第92页。
[⑥] 参见中央文献研究室编:《任弼时年谱(1904—1950)》,中央文献出版社2004年版,第102页。
[⑦] 参见中央文献研究室编:《任弼时年谱(1904—1950)》,中央文献出版社2004年版,第106页。
[⑧] 参见中共中央党史研究室张闻天选集传记组编、张培森主编:《张闻天年谱》上册,中共党史出版社2000年版,第151页。

员制度。① 巡视工作作为一种重要工作方法,在新民主主义革命时期已经根深蒂固,在1949年以后绵延赓续,继续发挥着功能作用。

(二)深入推动了制度修订与完善

作为制度实践者和执行者,中央巡视员往往能够发现制度本身存在的问题和不足,不断促使制度拾遗补阙、完善发展。(1)关于巡视工作定位。有中央巡视员主张将巡视工作与党建工作同部署、同研究、同实施。如1929年10月17日陈云指示江苏省委"必须加紧对巡视员的教育,明确巡视员的工作"②,1929年12月11日再次倡议并详细讨论了省委巡视工作问题③,1930年2月2日又指示应当加强省委对巡视工作领导,经常性地与巡视员一起共同研究讨论工作、探索创新巡视工作④,并主张组织工作要将巡视工作吸纳进来。(2)关于巡视员选派工作。巡视员的选任必须体现出高标准、严要求的特征。任弼时曾指出,区委巡视员的选任应当指定模范中心支部中积极的有经验的同志担任,强调突出政治素质高、工作经验丰富和工作能力强的特点⑤;1933年3月任弼时再次提出,应当通过巡视来培养和教育干部。⑥ 张闻天提出,应当选拔一些斗争坚决的工农分子担任省委或县委巡视员,并在巡视工作中不断地锻炼和培养他们。⑦ 关于巡视员设置的具体人数,任弼时主张视巡视区域规模而定,原则上省委巡视员人数可增加至14—15人,县委巡视员人数增加至5人,大县可适当增加至7—8人。(3)关于巡视工作程序。任弼时提出,应当明确巡视员工作任务⑧,不能违反程序代替被巡视地方党组织开展工作。张闻天亦提出巡视工作必须讲程序,不能越俎代庖,主张巡前应当与巡视员详细讨论研究巡视计划,巡后充分听取情况汇报并提出对巡视工作的意见建议。⑨

---

① 参见中共中央党史研究室张闻天选集传记组编、张培森主编:《张闻天年谱》上册,中共党史出版社2000年版,第192页。
② 中共中央文献研究室:《陈云年谱》上册,中央文献出版社2000年版,第69页。
③ 参见中共中央文献研究室:《陈云年谱》上册,中央文献出版社2000年版,第77页。
④ 参见中共中央文献研究室:《陈云年谱》上册,中央文献出版社2000年版,第83页。
⑤ 参见中央文献研究室编:《任弼时年谱(1904—1950)》,中央文献出版社2004年版,第454页。
⑥ 参见中央文献研究室编:《任弼时年谱(1904—1950)》,中央文献出版社2004年版,第204页。
⑦ 参见中国井冈山干部学院编:《斗争》第2辑,中国发展出版社2017年版,第10页。
⑧ 参见中央文献研究室编:《任弼时年谱(1904—1950)》,中央文献出版社2004年版,第454页。
⑨ 参见中国井冈山干部学院主编:《斗争》第2辑,中国发展出版社2017年版,第10页。

(三) 生动诠释了群众路线与方法

大多数中央巡视员意识到,巡视工作必须坚持实事求是和群众路线,不能走马观花。中共中央在制度修订上多次强调巡视工作必须坚持群众路线和群众观点。如1927年8月1日,中共中央下发第61号通告提出:"省委应当多派巡视员到下层巡视,并坚决的改造党。"①10月4日,再次强调,巡视员必须要克服机关化和官僚化作风,真正深入群众。② 1930年5月,毛泽东发表《反对本本主义》,就巡视员的官僚主义作风提出批评。③ 1933年7月,陈云发表《这个巡视员的领导方式好不好》,举例一名巡视员巡视不接地气,没有抓住问题的关键环节和主要方面,导致巡视流于形式、效果欠佳。④ 1934年4月6日,张闻天作《区苏维埃怎样工作》亦提出同样要求。⑤ 实践证明,巡视工作是群众路线走向胜利的重要载体,是中共革命凝聚深厚伟力的重要路径和动员群众运动的重要方法,只能加强,不能衰弱。

(四) 深刻积淀了优良传统与作风

在波澜壮阔的新民主主义革命时期,中央巡视员穿梭在艰苦的革命环境中,他们不仅承载着党的使命,更在长期的巡视实践中,锻造铸就了独特的群体精神谱系。这种精神谱系,既是对党的忠诚与信仰的体现,也是对中国革命精神的继承与发扬。一心向党、忠于党,是中央巡视员精神谱系的核心。在革命的征程中,中央巡视员们始终坚守着革命理想高于天的信念;始终将人民的利益放在首位,将为人民谋福利作为自己的职责所在;始终坚持一切从实际出发的原则,深入调查研究,了解实际情况,实事求是反映问题;始终保持着自我纠错的勇气和艰苦奋斗的精神,敢于正视问题,勇于承担责任;始终坚守党的纪律和规矩,维护党的团结和统一。中央巡视员的精神谱系是马克思主义的传承和发展,为巡视工作提供了不竭的源泉,更为树立社会新风、铸就中国精神扬起了鲜艳的旗帜。

---

① 中央档案馆:《中共中央文件选集》第4册,中共中央党校出版社1989年版,第550—551页。
② 参见中央档案馆:《中共中央文件选集》第4册,中共中央党校出版社1989年版,第628—629页。
③ 参见《毛泽东选集》第1卷,人民出版社1991年版,第110页。
④ 参见中共中央文献研究室:《陈云年谱》上册,中央文献出版社2000年版,第152页。
⑤ 参见中共中央文献研究室:《陈云年谱》上册,中央文献出版社2000年版,第221页。

四、结语

综上所述,中央巡视员实践路径具有多元化特点,其中"人"的因素是重要变量:一方面,制度顶层设计的规制性要求、中共内部政治规矩与传统作风的规范性取向、中央巡视员群体特征的契合性强化和聚合了中央巡视员的制度认同,促使中央巡视员同质化行为生成和制度有效性的整体提升。另一方面,中央巡视员的个人资源、资历以及对革命形势判断、个人思想观念以及对中共中央理念的价值趋向,地方党组织参与实践路径构建,以及中共上层的决策影响和革命环境的优劣,最终使制度执行效能差异成为现实。与此同时,中央巡视员的实践进路又逆向形塑制度,同样对制度变化产生重要影响。这种三重互动的宏观分析方法,强调了中央巡视员的个体特征、地方党组织的回应以及制度设计上层的整合和强化作用,对这三类标准应当加以综合考察研究。

第三章
执行在场：早期巡视员的实践与探索

按照历史制度主义的观点，人的因素是制度执行最为重要的成分。新民主主义革命时期中共巡视工作之所以持续发展并发挥重要作用，在很大程度上取决于巡视员的制度执行。笔者考证梳理出该时期各类巡视员530名，大致分为三类：专职巡视员、兼职巡视员、巡视工作制定者兼巡视员。这些巡视员的高度制度认同，决定着对制度贯彻执行的坚定性和原则性。本章拟以巡视员巡视实践与探索为例，试图阐释制度执行过程中人的因素的作用。

一、制度导向：以任弼时巡视实践为例

任弼时不仅是新民主主义革命时期中共和共青团巡视工作的倡导者，更是践行者，特别是在党的六大前后留守国内参与党的全面领导工作和中央苏区工作期间，对如何建立巡视工作和充分发挥巡视工作重要作用，进行了深入思考和阐释，并通过巡视解决了诸多问题，积累了丰富经验。

（一）共青团巡视工作的倡导者和实践者

作为卓越的领导者，任弼时不仅引领着青年运动的方向，更是共青团巡视工作的倡导者和实践者。其间，任弼时多次以领导人或中央巡视员等名义，亲自参加团的巡视实践，听取巡视情况汇报、研究部署巡视工作、撰写文章或代拟

文件提出主张和要求,丰富和完善了新民主主义革命时期团的巡视工作和巡视实践。

共青团创建的早期,巡视工作就已经悄然展开。从1925年起,任弼时开始深入接触并了解巡视工作的重要性。1925年1月5日,任弼时认真听取了邓中夏关于巡视北方青年团工作情况的报告,深刻认识到巡视工作在促进地方团务发展中的独特价值与巨大潜力。① 同年2月2日,任弼时在团中央局会议上明确提出,要在团内实行巡视工作制度,旨在加强对地方团务工作的指导与支持。据此,团中央决定派遣夏曦等多名团巡视员,负责指导湘粤等七地的团务工作。② 在任弼时指导下,巡视工作还扩展到学生运动领域。如1925年,任弼时在中华全国学生联合会第七次全国代表大会上,提出知识青年应到基层援助并向工农群众学习建议。③ 团中央根据该建议派遣大量团巡视员分赴京津等9地开展对学生运动巡视,推动青年学生与工农群众的紧密结合。值得一提的是,任弼时还亲力亲为参加团的巡视。如1927年以团中央巡视员身份巡视团湖南省委工作④,开展团组织的整顿、改组与重建工作。其中,恢复24个县团委、设立4个地方团团委,健全完善了共青团的基层组织建设。⑤

(二)中共巡视工作的探索者和推动者

任弼时为党的建设工作贡献了卓越的智慧与力量。在30载革命生涯中,这位担任中共中央委员会领导职务长达23年的伟大战士,是中共巡视工作顶层设计者和具体实践者。

党的六大前后,任弼时参与留守中共中央的领导工作,多次在临时中央会议上提出关于巡视工作的主张和意见。1927年至1930年,任弼时多次建议中央进行巡视工作。如1927年,建议中央应巡视北方和广东党务工作⑥;1928年,

---

① 参见中央文献研究室编:《任弼时年谱(1904—1950)》,中央文献出版社2004年版,第33页。
② 参见中央文献研究室编:《任弼时年谱(1904—1950)》,中央文献出版社2004年版,第34页。
③ 参见中央文献研究室编:《任弼时年谱(1904—1950)》,中央文献出版社2004年版,第41页。
④ 参见中央文献研究室编:《任弼时年谱(1904—1950)》,中央文献出版社2004年版,第79页。
⑤ 参见章学新主编:《任弼时传》,中央文献出版社2000年版,第140页。
⑥ 参见中央文献研究室编:《任弼时年谱(1904—1950)》,中央文献出版社2004年版,第76页。

建议两湖省委建立巡视工作①,顺直省委应加强外县巡视工作。② 对于具体巡视实践,任弼时注重提高巡视员工作质量,巡视工作应有计划、有重点地开展,强调巡视员要深入基层、深入群众,了解实际情况,发现问题并及时解决。③ 与此同时,任弼时还通过审阅和听取巡视情况报告、代拟文稿和通告等形式,提出巡视工作的主张和建议。如针对中共浙江省委和淮盐区各县委巡视工作,任弼时主张必须有1名常委经常性地外出开展巡视,加强对县委的指导④;针对秘密状态下如何开展巡视指导工作,任弼时指出开展巡视应起到指导领导和保护指导机关两种作用。⑤

在江苏省委工作期间,任弼时关于巡视工作的重视程度进一步加大。1928年8月5日,在江苏省委常委会会议上,任弼时强调巡视工作的重要性,特别强调对农村秋收斗争巡视的重要意义。⑥ 1928年8月30日,针对金坛县委在秋收斗争中采用烧杀的错误办法,任弼时果断提出应由省委派巡视员去成立新的领导机构予以纠正。⑦ 1928年9月6日,针对中央巡视委员会巡视上海情况,任弼时要求各级党组织要积极配合做好上级巡视工作,确保巡视工作的顺利进行。⑧ 针对江苏省巡视工作的开展,任弼时强调巡视工作要参加被巡视各级党组织的会议,以深入了解基层情况。⑨

在中央苏区工作期间,任弼时是巡视工作的践行者。1931年11月,任弼时在中央苏区党的第一次代表大会上强调,各级党部要建立巡视工作⑩;1933年3月,任弼时在主持湘赣组织工作会议上再次强调,"真正建立巡视工作"的重要性。⑪ 任弼时还通过发表文章或起草文件表达对巡视工作的主张,如1933年,

---

① 参见中央文献研究室编:《任弼时年谱(1904—1950)》,中央文献出版社2004年版,第92页。
② 参见中央文献研究室编:《任弼时年谱(1904—1950)》,中央文献出版社2004年版,第102页。
③ 参见中央文献研究室编:《任弼时年谱(1904—1950)》,中央文献出版社2004年版,第112页。
④ 参见中央档案馆、江苏省档案馆:《江苏革命历史文件汇集》(1929年9月—10月),内部资料,1986年,第357页。
⑤ 参见《任弼时选集》,人民出版社1987年,第69页。
⑥ 参见中央文献研究室编:《任弼时年谱(1904—1950)》,中央文献出版社2004年版,第112页。
⑦ 参见中央文献研究室编:《任弼时年谱(1904—1950)》,中央文献出版社2004年版,第127页。
⑧ 参见中央文献研究室编:《任弼时年谱(1904—1950)》,中央文献出版社2004年版,第214页。
⑨ 参见中央文献研究室编:《任弼时年谱(1904—1950)》,中央文献出版社2004年版,第128页。
⑩ 参见中央档案馆:《中共中央文件选集》第7册,中共中央党校出版社1989年版,第472页。
⑪ 参见中央文献研究室编:《任弼时年谱(1904—1950)》,中央文献出版社2004年版,第204页。

针对巡视报告"千篇一律"问题,撰写了《到处都"扯开了两条战线上的斗争?!"》予以批评①,同时还批评了巡视工作中存在的形式主义、官僚主义问题。针对加强支部和各级委员会的"具体领导",1931年9月1日任弼时代拟《党大会前改造支部和健全各级委员会的工作大纲》,主张建立巡视员制度。② 针对军事工作的巡视,1934年任弼时强调要严格实行巡视工作,旨在加强军队政治教育,确保军队严守机密。③

任弼时还是中共巡视工作的坚守者与革新者。他曾亲自三次以中共中央巡视员身份巡视山东、安徽和湖北的党务工作。第一次是巡视安徽。1928年9月下旬,任弼时以中共中央巡视员身份巡视安徽,主要任务是传达中共六大精神,并处理"芜湖风潮"。④ 第二次是巡视山东。任弼时以中共中央巡视员身份,于1929年4月底化名"王仲秋"巡视济南工作。抵达济南后,任弼时迅速融入当地环境,深入基层,了解实际情况。任弼时通过参加会议,听取山东省委工作情况汇报,并对其军运工作提出意见建议。⑤ 对于这段巡视情况,山东省委负责人刘谦初之妻张文秋曾有回忆。《刘谦初生平年表》1929年记载:"4月底,向中央派来山东检查工作的巡视员任弼时汇报工作。"⑥第三次是巡视湖北。1930年2月,任弼时对湖北进行巡视,提出在割据区域扩大发展红军,深入土地革命,为红色政权的建立打下坚实的基础。⑦ 任弼时的巡视报告引起中央政治局的高度重视,委托其起草湖北省的工作大纲,并提交组织局讨论。

(三)任弼时关于巡视工作的政治主张

在波澜壮阔的中国革命历史长河中,任弼时对巡视工作的深刻理解和独到见解,不仅为当时党的组织建设提供了有力指导,也对后世的党建工作产生了深远影响。

---

① 参见中央文献研究室编:《任弼时年谱(1904—1950)》,中央文献出版社2004年版,第208页。
② 参见中央文献研究室编:《任弼时年谱(1904—1950)》,中央文献出版社2004年版,第211页。
③ 参见中央文献研究室编:《任弼时年谱(1904—1950)》,中央文献出版社2004年版,第223页。
④ 中央文献研究室编:《任弼时年谱(1904—1950)》,中央文献出版社2004年版,第112—113页。
⑤ 参见张梅玲、徐苗青:《血铸华章——革命前辈的人生价值追求》(上),济南出版社2006年版,第41页。
⑥ 赵则训、章庭杰:《真情永远——张文秋与毛泽东的亲家缘》,花山文艺出版社2003年版,第36页。
⑦ 参见中央文献研究室编:《任弼时年谱(1904—1950)》,中央文献出版社2004年版,第143—144页。

1. 注重把握职能定位

任弼时深刻认识到巡视工作的独特价值,并将其视为重建党的领导核心、重振革命雄风的关键一环。1927年,广州暴动失败使党组织面临前所未有的挑战。在这关键时刻,1927年8月和12月,任弼时先后两次向中共临时中央政治局常委会提出派人去广东巡视指导工作的建议,以重建党的领导体系,重新凝聚革命力量。① 该提议迅速得到中央的高度重视,派遣李立三作为中央巡视员,肩负重任前往广东巡视,传达党的精神、统一意志、加强联系。② 任弼时的巡视工作理念,并非是一蹴而就的纸上谈兵。1928年5月,他为中共临时中央(留守)起草的《关于在白色恐怖下党组织的整顿、发展和秘密工作》,明确指出了秘密状态下巡视工作的必要性和重要性,其实质在于强化党的领导和全面领导。③ 1931年,任弼时亲自起草《党的建设问题决议案》,进一步强调了巡视工作指导作用的重要性。1933年,任弼时再次阐述了巡视工作的领导作用,强调巡视工作不仅是对下级党组织工作的检查和指导,更是对党的集体领导和全面领导的加强。④

2. 灵活配置巡视员

巡视员人数的设置并非一成不变,需要因时因地、灵活调整。这在1928年的中央通告第5号《巡视条例》就曾予以规定。⑤ 任弼时深知,巡视员人数的配置不能简单地按照既定规定执行,而是要根据当地党组织系统建设、党员人数的具体情况以及革命斗争工作的开展情况进行灵活调整。以江苏省委为例,1929年4月,任弼时致信淮盐特委,明确要求特委应有一人或二人经常出去巡视各县,工作上、组织上与各县发生密切的联系。⑥ 1933年,在湘、赣两省组织会议上,任弼时要求各级党组织加强巡视员配置,县的巡视员可增加到5个人,

---

① 参见中央文献研究室编:《任弼时年谱(1904—1950)》,中央文献出版社2004年版,第76页。
② 参见中央文献研究室编:《任弼时年谱(1904—1950)》,中央文献出版社2004年版,第83页。
③ 参见《任弼时选集》,人民出版社1987年版,第50页。
④ 参见《任弼时选集》,人民出版社1987年版,第75页。
⑤ 参见中共中央组织部、中共中央党史研究室、中央档案馆编:《中国共产党组织史资料》第8卷,中共党史出版社2000年版,第226页。
⑥ 参见中央档案馆、江苏省档案馆:《江苏革命历史文件汇集》(1929年3月—5月),内部资料,1985年,第355页。

大县可增加到七八人,省委可有十四五个人。① 任弼时还对巡视员的选拔条件提出了独到的见解,强调政治忠诚度和能力水平。②

3. 注重规范工作程序

在巡视任务方面,任弼时强调必须明确化、具体化。巡视员的角色是监督者、指导者,而非执行者、决策者,其任务是发现问题、提出建议,而不是直接干预被巡视单位的具体工作。在优化巡视工作规程方面,任弼时强调必须严格遵守工作规程,不能违反程序代替被巡视党组织开展工作。③ 任弼时还批评了过去上级领导替代巡视员的现象。④ 关于巡视报告,任弼时对当时巡视报告的空洞与千篇一律提出了尖锐批评。其中,还撰写《到处都"扯开了两条战线上的斗争?!"》指出,许多巡视报告都机械地套用了"在会议上'扯开了两条战线上的斗争',并且加上一句'严格的打击了机会主义分子'"的句式,却缺乏对实际情况的深入分析和具体案例的支撑。他质问道:"这两条战线究竟是在天上呢,还是在地下?"⑤这一问,直指问题的核心。任弼时呼吁,巡视报告必须真正反映出斗争的复杂性和多样性。

4. 注重坚持群众路线

任弼时深刻认识到,巡视工作不仅仅是对下级党部工作的检查与指导,更是深入基层、了解群众、服务群众的重要途径。1931年,任弼时在《党的建设问题决议案》中提出,巡视工作应是党员干部深入基层、贴近群众、了解民情民意的有效途径。⑥ 1933年,任弼时进一步明确指出,巡视工作是上级党部了解基层组织与群众状况的必要手段。⑦ 这种"接地气"的巡视方式,是对群众路线生动实践的最好诠释。任弼时还特别强调,巡视员在巡视过程中要克服官僚主义和形式主义,不能走马观花,只抄统计数据。为了进一步提高巡视工作的针对性和实效性,任弼时还提出了具体的巡视策略,强调巡视员要给予"具体的领

---

① 参见《任弼时选集》,人民出版社1987年版,第75页。
② 参见《任弼时选集》,人民出版社1987年版,第454页。
③ 参见《任弼时选集》,人民出版社1987年版,第76页。
④ 参见《任弼时选集》,人民出版社1987年版,第76页。
⑤ 《任弼时选集》,人民出版社1987年版,第208页。
⑥ 参见中央档案馆:《中共中央文件选集》第7册,中共中央党校出版社1991年版,第472页。
⑦ 参见《任弼时选集》,人民出版社1987年版,第76页。

导",确保巡视成果真正转化为推动工作发展的动力。①

5. 注重运用巡视成果

在巡视实践中,任弼时强调应通过巡视调查研究,准确掌握被巡视党组织的工作状况和存在问题,并及时指出并予以纠正。如在处理广东问题时,建议派遣中央巡视员李立三前往巡视处理②;在纠正福建党内问题时,提议派遣中央巡视员郑超麟前往巡视纠正。③ 任弼时认为,巡视工作不仅要注重发现问题,更要注重整改落实。在巡视整改过程中,任弼时注重从全局出发,统筹考虑各方面因素,确保整改措施既符合实际情况,又符合党的政策要求。1928年9月,任弼时巡视安徽,面对该省临时省委内部的矛盾问题,并没有采取简单粗暴的压制手段,而是深入调研,了解实际情况,妥善解决了"芜湖风潮"问题。1928年,浙江宁海县亭旁镇的农民们积极聚集起来,武装自己,采取游击斗争的方式寻求斗争的扩大与发展。然而,共青团浙南的巡视员却指责这种斗争"根本不应发动"。对此,任弼时明确指出,亭旁党组织根据群众需求,采取游击斗争的方式是"必要而且正确的策略"。④ 任弼时认为,只注重游击的军事行动,企图在没有继续发动群众、发展与建立农民委员会的条件下实行长期割据,是违背党的基本路线的。在其看来,巡视工作的重要贡献在于发现党的建设中存在的突出问题,并及时纠正和克服违背党的基本路线的偏向和行为。

二、调查研究:以张闻天巡视实践为例

张闻天以其深厚的理论素养和丰富的革命实践经验著称,既是革命理论的实践者,也是巡视工作的先行者。他多次参与巡视工作,并通过撰写文章、起草文件等方式,对巡视工作提出了诸多独到见解和主张。

---

① 参见《任弼时选集》,人民出版社1987年版,第211页。
② 参见中央文献研究室编:《任弼时年谱(1904—1950)》,中央文献出版社2004年版,第83页。
③ 参见中央文献研究室编:《任弼时年谱(1904—1950)》,中央文献出版社2004年版,第109页。
④ 中央文献研究室编:《任弼时年谱(1904—1950)》,中央文献出版社2004年版,第104页。

(一)张闻天巡视实践的历史图景

在革命和建设过程中,张闻天经历了巡视闽赣边区、组建东北局巡视团等巡视实践,同时提出系列主张和见解,将理论与实践紧密结合,为党的巡视工作提供了宝贵的经验和启示。

1. 积极倡导建立、完善党内巡视工作

1932年,张闻天在《斗争》第5期上发表的《检查工作与具体领导》一文,主张在省委之下设立支部巡视员,强调巡视工作应该延伸到支部。① 同年4月,张闻天在另一篇文章中,以山东省委巡视员与中华全国铁路总工会特派员李芳歧的争论为切入点,批评"先组织后斗争"的右倾机会主义观点。他认为,在革命斗争中,组织工作是基础,但斗争实践同样重要,过分强调组织而忽视斗争,容易导致党的活动陷入僵化和保守的境地。②

1933年,张闻天进入中央苏区。当时,苏区正掀起一场反对官僚主义、转变领导方式的热潮,张闻天积极投身其中。1933年2月至9月,张闻天撰写《关于新的领导方式》一文,在《斗争》杂志上分4期连载,鲜明地提出了"巡视"这一新的领导方式,旨在通过巡视的方式解决党与群众的关系问题和党如何更好地领导群众的问题。③ 1933年12月,张闻天在《斗争》杂志发表《苏维埃工作的改善与工农检察委员会》一文强调,巡视员应采用群众动员的工作方法,以协助行政机关解决在摊派公债、扩大红军及查田运动中出现的严重问题。④ 同年,张闻天签署并发布了《人民委员会关于粮食突击运动的决定》,提出派遣"强有力的巡视员"前往各省县苏维埃政府,以协助中心县区完成粮食收集任务。⑤ 随后,张闻天在《斗争》杂志第53期上发表了《于都事件的教训》一文,尖锐批评了巡视员的工作方式,明确指出官僚主义和形式主义是阻碍政策执行的最大障碍。⑥

---

① 参见中共中央党史研究室张闻天选集传记组编、张培森主编:《张闻天年谱》(上卷),中共党史出版社2000年版,第151页。
② 参见《张闻天文集》第1卷,中共党史资料出版社1990年版,第262页。
③ 参见中国井冈山干部学院主编:《斗争》第2辑,中国发展出版社2017年版,第10页。
④ 参见中国井冈山干部学院主编:《斗争》第3辑,中国发展出版社2017年版,第13页。
⑤ 参见中共中央党史研究室张闻天选集传记组编、张培森主编:《张闻天年谱》(上卷),中共党史出版社2000年版,第218页。
⑥ 参见中国井冈山干部学院主编:《斗争》第3辑,中国发展出版社2017年版,第384页。

同年4月,他又发表《区苏维埃怎样工作》一文,提出了一个新的工作思路——利用调查研究开展乡村巡视工作。① 这些主张并非无的放矢,而是基于毛泽东的《乡苏维埃怎样工作》一书中给出的实践方法。最终,苏维埃人民委员会将两篇调研报告整合为《区乡苏维埃怎样工作》一书出版。

2. 巡视闽赣边区

进入苏区工作以来,张闻天与博古在统一战线策略、资本主义经济策略及福建事变处理上的分歧日益显著,终至公开化,引发激烈辩论。1934年盛夏,张闻天被迫踏上前往闽赣边区的巡视之旅,历时一个半月,细致考察了建宁、安远、宁化等地的革命动态,涵盖武装斗争、政权稳固、土地改革及肃反等多个领域。张闻天在1943年的整风运动中回顾了这段经历,坦言自己是因为与博古的"博洛分歧"而被排挤到闽赣边区的。② 7月末,张闻天在闽赣战地委员会扩大会议上,发表了基于深入巡视调研的政治报告,内容详实可靠,数据案例均源自其亲自考察结果。张闻天在报告中深刻剖析了"左"倾错误的潜在危害,并旗帜鲜明地提出了依靠群众力量,推进武装斗争与土地革命,构建稳固政权的战略构想。这一思想火花,最终凝聚成《闽赣党当前的核心使命》一文,于次月发表于《斗争》杂志。

3. 组建东北巡视团

1946年春,张闻天担任合江省委书记。在合江工作的日子里,张闻天始终把调查研究作为工作的重中之重,力求将调研成果与巡视工作紧密结合,为东北的土改工作提供坚实的理论支持和实践指导。1946年11月初,陈云来到合江巡视,张闻天毫无保留地向其反映自己在调研中发现的土改工作存在"半生不熟"问题,即土地改革虽然已经开始,但并未彻底完成,许多群众还未真正从中受益。这一问题引起了陈云的高度重视。根据张闻天和陈云的反映和建议,东北局于1946年11月20日发出了《关于"半生不熟"问题的指示》,明确要求东北各省将解决"半生不熟"问题作为当前深入开展群众工作的中心任务,务必

---

① 参见中共中央党史研究室张闻天选集传记组编、张培森主编:《张闻天年谱》(上卷),中共党史出版社2000年版,第221页。

② 参见中共中央党史研究室张闻天选集传记组编、张培森主编:《张闻天年谱》(上卷),中共党史出版社2000年版,第233页。

采取有效措施,确保土地改革工作的彻底完成。①

1948年春末夏初,张闻天被正式任命为中共中央东北局的核心成员与组织部部长。承载着中共中央的重托,他踏上了前往哈尔滨的征途。抵达后,张闻天立即行动,精心组建了一个由资深领导与专才荟萃的东北局巡视团,旨在全面审视并洞察东北解放区各大中小城市的脉动。② 此次巡视,不仅是一场对东三省农村与城市经济版图的深度剖析之旅,更是一场对未来经济蓝图的前瞻布局。张闻天身先士卒,率领精简而高效的巡视小组,深入基层,通过第一手资料,洞悉经济实况。同年秋,基于详尽的巡视调研,张闻天撰写了《关于东北经济构成及经济建设基本方针的提纲》(以下简称《提纲》),成为中共首次系统性阐述新民主主义经济架构的里程碑式文献。在《提纲》中,张闻天深刻剖析东北解放区的经济现状,并鲜明地提出了一系列经济建设的基本原则。文中主张,农业乃国之根本,需全力推进,以提升农民福祉;工业尤其是重工业,应成为发展的引擎,加速崛起;同时,商业贸易的繁荣,将激活城乡经济的活力,促进整体繁荣。这份充满前瞻性的文件,迅速获得中共中央的高度认可,并经过精心修订后,广泛传播至各解放区,成为指导经济建设的重要纲领。③ 不久之后,《提纲》中的核心理念被党的七届二中全会吸纳,进一步丰富了中共经济建设的理论体系。

(二)张闻天关于巡视工作的政治主张

在长期革命历程中,张闻天对巡视工作提出了许多具有前瞻性和实践性的政治主张,强调巡视工作要紧密围绕密切党群关系、贯彻群众路线以及克服官僚主义这一核心展开,通过实事求是的态度和深入细致的调查研究,为党的事业保驾护航。

1. 巡视工作是一种"新的领导方式"

在中共早期战略布局中,巡视工作承载着传递党的意志与政策的使命,是

---

① 参见中共中央党史研究室张闻天选集传记组编、张培森主编:《张闻天年谱》(下卷),中共党史出版社2000年版,第763—764页。
② 参见中共中央党史研究室张闻天选集传记组编、张培森主编:《张闻天年谱》(下卷),中共党史出版社2000年版,第838页。
③ 参见中共中央党史研究室张闻天选集传记组编、张培森主编:《张闻天年谱》(下卷),中共党史出版社2000年版,第842页。

构建组织基石、激发革命浪潮的强劲引擎。张闻天作为这一理念坚定拥护者与深化者,为巡视工作赋予更为丰富的内涵与意义。(1)巡视工作的目的是党的领导。1932年初,张闻天在《检查工作与具体领导》一文中提出,要在党的各级组织间设立巡视制度,以强化省委对基层支部的直接指导与监督。① 他强调,这种领导力的提升,关键在于能否敏锐捕捉群众的需求与呼声,迅速响应并解决实际问题,从而激发群众对党的信赖与支持。为此,力主在党和苏维埃的核心机构下,构建巡视委员会这一专职机构,职责在于织就一张紧密而灵活的信息网络。② 张闻天深刻认识到,巡视不仅仅是技术层面的操作,更是一种深刻的群众路线实践。1934年,当粮食危机笼罩苏区之时,他亲自签署的《人民委员会关于粮食突击运动的决定》中,特别强调了"强有力的巡视员"的角色。他们被派往中心县区,不仅肩负着筹集粮草的重任,更成为党联系群众、动员群众的关键力量。③ (2)巡视工作的内容是具体领导。张闻天强调,巡视工作必须避免"一般的空洞的领导",巡视员不是简单地收集数据或打听消息,而是要切实地去了解下面的情形。张闻天认为,巡视工作的一个重要使命就是将党的指示具体化。④ 张闻天主张,巡视报告作为巡视工作的重要成果,同样应该具有"活"的特点——是对实际工作的真实反映,是对基层同志工作成绩肯定和不足的指出。报告内容应该具体、详实,能够真实反映巡视过程中发现的问题和困难,以及解决问题的过程和方法。⑤ 党的领导机关在讨论工作时,必须充分听取巡视员的意见。⑥ (3)巡视工作的核心是集体领导。张闻天认为巡视工作不是简单地将每一位领导者变为东奔西走的巡视员。⑦ 巡视工作的真正意义在于,通过集体的智慧和力量,发现问题、解决问题。巡视工作应纳入集体领导的框架之

---

① 中共中央党史研究室张闻天选集传记组编、张培森主编:《张闻天年谱》(上卷),中共党史出版社2000年版,第151页。
② 中国井冈山干部学院主编:《斗争》第1辑,中国发展出版社2017年版,第33页。
③ 中共中央党史研究室张闻天选集传记组编、张培森主编:《张闻天年谱》(上卷),中共党史出版社2000年版,第218页。
④ 中国井冈山干部学院主编:《斗争》第1辑,中国发展出版社2017年版,第98页。
⑤ 中国井冈山干部学院主编:《斗争》第1辑,中国发展出版社2017年版,第99页。
⑥ 中国井冈山干部学院主编:《斗争》第1辑,中国发展出版社2017年版,第100页。
⑦ 中国井冈山干部学院主编:《斗争》第1辑,中国发展出版社2017年版,第33页。

内,通过集思广益、民主决策的方式,确保巡视任务的顺利完成。① 张闻天提出设立固定专门巡视员的重要性,在每一省委、每一县委下面,均应有若干个得力的巡视员——不同于领导者的临时巡视,而是专门从事巡视工作。② 张闻天还批评巡视员"家长式的包办的领导"方式。他指出,巡视期间,巡视员应该尊重基层支部的自主性和创造性,通过具体办法帮助支部开展工作,而不是以家长式的态度包办一切。③

2. 巡视工作要密切联系群众

群众路线始终是党一切工作的生命线。张闻天强调,巡视工作必须坚持群众路线,巡视员要深入基层、深入群众,全面掌握第一手资料,这是对巡视工作本质的深刻理解和把握。(1)要深入群众。1932年,张闻天在发表的《检查工作与具体领导》一文中,提出设立支部巡视员的想法,其目的就是为了确保巡视工作能够真正触及基层的每一个角落。④ 他强调,巡视员不能坐在办公室里听取报告、抄录数据,而是要深入到基层支部。1934年,张闻天在《区苏维埃怎样工作》一文中,进一步阐述了巡视工作的具体方法。他明确指出,巡视员在下去巡视时,不应急于召集会议,而应首先找村干部及群众进行个别谈话。同时,他还强调,巡视员在收集材料后,应仔细加以分析,商讨意见,进而推动工作的开展。⑤ 1934年3月31日,张闻天对"于都事件"中的巡视员官僚主义、形式主义问题提出了尖锐的批评。张闻天指出,在"于都事件"中,巡视员搞官僚主义与形式主义,只满足表面的现象,被于都县委、县苏(县苏维埃政府)的两面派所蒙蔽,未能揭示出真实的情况。⑥ (2)要发动群众。1932年4月,张闻天撰文批评中华全国铁路总工会特派员李芳歧脱离发动群众的机会主义观点,认为巡视员

---

① 参见中共中央党史研究室张闻天选集传记组编、张培森主编:《张闻天年谱》(上卷),中共党史出版社2000年版,第192页。
② 参见中国井冈山干部学院主编:《斗争》第1辑,中国发展出版社2017年版,第33页。
③ 参见中共中央党史研究室张闻天选集传记组编、张培森主编:《张闻天年谱》(上卷),中共党史出版社2000年版,第178页。
④ 参见中共中央党史研究室张闻天选集传记组编、张培森主编:《张闻天年谱》(上卷),中共党史出版社2000年版,第151页。
⑤ 参见《张闻天文集》第1卷,中共党史资料出版社1990年版,第221页。
⑥ 参见中国井冈山干部学院主编:《斗争》第3辑,中国发展出版社2017年版,第384页。

"不在领导工人的经济斗争中去取得广大的工人群众,去使斗争革命化,而是先要有了群众,然后能领导斗争"是错误的倾向。① 1933年12月5日,张闻天对工农检察委员会巡视员明确提出其任务,就是要用群众动员方式开展巡视。② 在巡视指导地方工作时,张闻天特别强调了因地制宜的重要性。1934年7月,张闻天结合巡视闽赣边区的实际经验,指出不同地区的群众工作方式应该有所不同。在中心地区,可以通过公开的、大规模的群众斗争来争取群众的支持;而在边区或偏远地区,则需要采取更加灵活、隐蔽的方式。③ (3) 要解决群众实际困难。张闻天指出,巡视工作要细心地了解并耐心地解决群众困难,其责任不仅是发现问题和解决问题,更重要的是从群众中汲取智慧和经验。他强调,巡视员应该跟群众学习,从与群众的交往实践中寻找解决问题的方法,提炼出推动工作的有效策略。同时,他也告诫党员和党的领导干部,要摒弃那种认为党是超越一切、只能命令群众而不必注意群众意见的错误观点。④

3. 要规范巡视工作程序

张闻天以其深刻的政治见解和丰富的实践经验,对巡视工作进行了重要的优化和完善。(1) 巡视员设置。张闻天独到地洞察到省委与县委中兼职巡视员的制度弊端:削弱了巡视工作的专注度,也无形中羁绊了集体领导的步伐。为此,他力主建立一支专职的巡视员队伍,主张设立固定的巡视员,即每一省委、每一县委下面必须配备一定数量的专职巡视员。⑤ 在选拔巡视员时,张闻天摒弃唯能力论的偏见,更看重的是候选人的政治定力、斗争意志,以及在群众工作和基层治理中的丰富经验。⑥ (2) 巡视员职权。张闻天强调,巡视员要做好传达工作,不能擅自越权。出发前,必须同"工作小组"成员讨论工作;在向乡苏维埃传达指示时,必须经过乡苏维埃政府主席召开主席团会议,如果需要的话,还要经过主席团会议召集全乡的苏维埃代表,召开代表会议。⑦ 党的委员会中必

---

① 参见《张闻天文集》第1卷,中共党史资料出版社1990年版,第262页。
② 参见中国井冈山干部学院主编:《斗争》第3辑,中国发展出版社2017年版,第13页。
③ 参见《张闻天文集》第1卷,中共党史资料出版社1990年版,第229页。
④ 参见《张闻天文集》第1卷,中共党史资料出版社1990年版,第203页。
⑤ 参见中国井冈山干部学院主编:《斗争》第1辑,中国发展出版社2017年版,第33页。
⑥ 参见中国井冈山干部学院主编:《斗争》第1辑,中国发展出版社2017年版,第33页。
⑦ 参见《张闻天文集》第1卷,中共党史资料出版社1990年版,第490页。

须有一个同志负责巡视委员会的工作,加强对巡视工作的指导和领导。① 党的领导者事前要同巡视员围绕巡视对象进行详细讨论,事后要听巡视员的报告,给巡视员的工作以批评,以此教育巡视员、提高巡视效能。② 1938 年 9 月,张闻天在党的六届六中全会上指出,巡视员任务只是一般地传达上级意见、考察地方工作,"没有决定权"③。(3)巡视纪律要求。张闻天指出,巡视工作启动之际,党组织需周密筹备会议或深入个别交流,确保巡视任务清晰无误。在巡视行程中,巡视员在召集乡苏维埃会议或传达上级指示时,应秉持精简、精准的原则,避免冗长空洞的政治宣讲,更不可越俎代庖。④ 巡视结束,即时提交详尽报告,这份报告不仅是工作的总结,更是对基层情况的精准把握与指导。张闻天强调,巡视报告必须是"活的实际的","这种报告须是党在具体环境中执行党的具体任务的报告,须是具体指出党在实际工作中所以获得成绩与发生缺点的原因,以及工作中所遭到困难的报告"⑤。比如关于"两条战线的深入",必须报告在当地党内存在何种具体倾向、怎样进行两条战线的斗争、为什么不能深入、预备如何使之深入。这一高标准,是巡视工作成为推动党组织健康发展的有力推手。

4. 调查研究是巡视工作的重要方法

张闻天认为,党的事业建设和发展离不开调查研究,调查研究不仅是巡视一个单纯的工作方法,更是通过巡视实现理论与实践相结合的有效途径。(1)高度重视调查研究。张闻天在巡视实践中,深刻认识到了调查研究的重要性。无论是撰写《区苏维埃怎样工作》,还是巡视闽赣边区、组建东北局巡视团、巡视驻外使馆,张闻天都身体力行。张闻天的很多成果,如《区苏维埃怎样工作》《关于东北经济构成及经济建设基本方针的提纲》等,都是在巡视实践中调查研究的重要成果。张闻天曾语重心长地说:"我党历史上吃过教条主义的大苦头,那时不是从调查研究中国社会的实际情况入手,制定党的路线、政策和策

---

① 参见中国井冈山干部学院主编:《斗争》第 1 辑,中国发展出版社 2017 年版,第 33 页。
② 参见中国井冈山干部学院主编:《斗争》第 1 辑,中国发展出版社 2017 年版,第 33 页。
③ 中央档案馆:《中共中央文件选集》第 11 册,中共中央党校出版社 1991 年版,第 714 页。
④ 参见《张闻天文集》第 1 卷,中共党史资料出版社 1990 年版,第 489—490 页。
⑤ 中国井冈山干部学院主编:《斗争》第 1 辑,中国发展出版社 2017 年版,第 98 页。

略,而是拿马列主义的条文来套中国革命的实践,结果跌了跤子;延安整风总结了经验教训,认识了理论结合实际的重要性。所以必须注重调查研究,一切从实际出发。"①(2)坚持实事求是原则。巡视中,张闻天坚持科学严谨的调查态度和研究方法。如在巡视调查中始终坚持一切从实际出发、理论联系实际、实事求是的思想路线;牢固树立群众观点,相信群众、依靠群众、动员群众;用联系的观点、发展的眼光、系统的方法进行调查研究;把调查研究看作巡视重要任务,并在巡视实践中探索调查研究的新途径、新手段、新方法等。根据东北土地改革运动的巡视实践经验,张闻天指出:"群众不起来,群众不信任我们,周密的调查研究与工作是不可能的。"②(3)坚持全局观点。张闻天主张巡视调查研究坚持系统思维和全局观念。曾在东北局巡视团工作过的邓力群对此深有感触。他回忆道:"在东北局巡视团时,闻天同志把他起草的《关于东北经济构成及经济建设方针的提纲》的草案交我阅读,使我受到启发,大开眼界。在此以前认识到工作中要坚持全局观点,实际上只是农村土改的全局,没有看到整个东北土改后经济发展的全局;虽然也按照土地改革的总方针检查了土改工作中的错误,可是还没有想到新民主主义革命胜利后,要进入到社会主义的过渡时期;尽管知道土改后要在农村发展互助合作生产运动,可是没有想到同时要有步骤地开展供销合作活动。闻天同志这篇文稿,使我的思想进入到一种新的天地,面前展开了向社会主义前进的远大前程。"③

(三)张闻天巡视实践的历史贡献

张闻天对巡视工作的见解和主张,并非凭空而来,是长期实践探索和深入思考的结果,是其党建思想的重要体现。

1. 丰富完善了党的早期巡视工作

张闻天在中央苏区的领导方式变革中,力主摒弃形式化与官僚化的巡视模式,转而强调深入调研的核心价值。他与陈云、任弼时等领导并肩,共同倡导了一种新型巡视理念,极大地促进了苏区工作的革新。张闻天坚信,巡视应成为

---

① 湖南人民出版社编:《怀念张闻天同志》,湖南人民出版社1981年版,第52页。
② 陈伯村:《张闻天东北文选》,黑龙江人民出版社1990年版,第34—35页。
③ 《回忆张闻天》编辑组:《回忆张闻天》,湖南人民出版社1985年版,第27—28页。

洞察基层脉动、强化集体领导的桥梁,而非浮光掠影的走过场。在其推动下,巡视成为党和苏维埃政府掌握基层实情、精准施策的关键途径,有效遏制了地方上的"山头主义"与"政令不通"。尤为显著的是,张闻天身体力行,亲自率领"延安调研队"深入陕北、晋西北腹地,广泛开展农村与工商业巡视调研,著成《出发归来记》,深刻阐述了调研之于革命事业的至关重要性,进一步丰富了毛泽东思想的实践经验,特别是在调研方法论的构建上留下浓墨重彩的一笔。

2. 推动了"博洛分歧",促成了"毛洛合作"

1934年,张闻天深入闽赣边区的巡视,是其思想转变的关键节点。此行不仅深刻剖析了当地革命斗争的实况,更促成其思想观念的重大飞跃。张闻天目睹了"左"倾错误的恶果,深切体会到结合中国实际制定政策的重要性。他逐渐意识到,唯有遵循毛泽东的战略眼光,方能精准导航中国革命的航向。这次巡视后,张闻天内心进行深刻的自我审视,开始积极批判并摒弃"左"倾教条,转而支持毛泽东的实事求是思想。他深信,毛泽东思想与策略是革命胜利的指南针,能够精准把控中国革命的脉搏。这一思想觉醒,不仅巩固了他与毛泽东的深厚友谊,更为全党思想的统一与凝聚注入了新的活力。张闻天与毛泽东的密切合作,为日后毛泽东军事指挥权的恢复奠定了坚实基础。

3. 促进了张闻天社会主义经济思想的形成

张闻天为洞悉东北经济脉络,亲自筹划东北局巡视团,深入一线,广集民情,细研经济实况。他汲取列宁经济思想智慧,独创性地构建了针对东北特色的经济五元论,详载于《关于东北经济构成及经济建设基本方针的提纲》中。张闻天主张,在清除封建残余、官僚资本桎梏及帝国主义经济霸权后,东北经济版图主要由国营经济的中流砥柱、合作社经济的活力源泉、国家资本主义经济的桥梁作用、私人资本主义经济的竞争力量及小商品经济的灵活补充共筑而成。①此思想不仅为东北经济复苏指明方向,亦为全国经济蓝图绘制提供了坚实的理论基础。

---

① 参见《张闻天文集》第4卷,中共党史出版社1995年版,第29页。

三、方式方法：巡视工作的实践与探索

关于巡视工作的方式方法，中共中央1928年制定的《巡视条例》和1931年颁布的《中央巡视条例》均有详细规定。正如1931年8月23日巴图撰文《建立巡视工作》中所指出的，"中央巡视工作条例可作地方党部的重要参考，各地方党部应当配合着当地的实际情形去实际建立这一工作"①。实际运作过程中，各级巡视员也是这样具体实践的。巡视方式方法主要体现在以下方面。

（一）划片分区巡视

划片分区巡视，这一策略以其独到的设计思路，彰显出对关键区域与核心产业的深刻洞察与重视。1928年3月10日，中共中央指示湘、鄂、赣3省省委巡视要特别注意所辖的6个重要区域。② 随着国内外形势的急剧变化，特别是1932年日本帝国主义的铁蹄践踏中华大地，热河、华北、天津、唐山、北平、内蒙古等地迅速成为抗日救亡的前沿阵地。面对这一严峻挑战，中共中央迅速调整战略部署，紧急指示河北省委派遣精干力量前往这些区域，通过划片分区的方式深入一线，指导并协助地方党组织开展工作。③

分区划片巡视，作为中共早期地方治理的智慧结晶，其在各地的实践更是丰富多彩、各具特色。以河南省为例，自1927年起，河南省委便依据复杂的革命形势与地理环境，创造性地将全省划分为首要、次要及放任三大区域。其中，首要区域以其坚实的群众基础和强大的革命力量，成为巡视工作的重中之重。④

---

① 中央档案馆、辽宁省档案馆、吉林省档案馆等：《东北地区革命历史文件汇集》（1931年7月—1932年1月），内部资料，1988年，第362页。
② 参见中央档案馆：《中共中央文件选集》第4册，中共中央党校出版社1989年版，第161—162页。
③ 参见中央档案馆：《中共中央文件选集》第8册，中共中央党校出版社1991年版，第570页。
④ 参见中央档案馆、河南省档案馆：《河南革命历史文件汇集（省委文件）》（1925—1927年），内部资料，1984年，第248页。

从1928年初的豫南、豫北巡视①,到1930年郑州、开封等十大中心县委的确立②,再到1938年1月18日中共河南省委通告第29号依据河南当前形势划分巡视工作区域为:豫南、豫中、河北、豫东和豫西。③ 河南省的巡视工作始终紧扣中心、辐射四周,形成了点面结合、全面覆盖的工作格局。而在遥远的西北地区,陕西省委同样将划片分区巡视工作视为推动革命运动的重要抓手。1928年春,陕西省委明确关中道作为全省工作中心的战略地位。④ 这一地区凭借其人口稠密、交通便利的优势,成为革命力量聚集与发展的热土。此后,无论是1930年的中心区域与中心支部强调⑤,还是1931年东北区、东路、汉中等巡视区域的进一步细化⑥,均体现出陕西省委对巡视工作精准化的不懈追求。

将目光转向东北,哈尔滨巡视工作的开展同样别具一格。1928年年初,中共哈尔滨县委根据城市特点,将市区划分为道外与道里南岗两大区域,并沿铁路线设立东区与西区,实现了对城市各角落的有效覆盖。⑦ 此外,广东、湖南、福建等地的划区巡视工作同样亮点纷呈。广东省委在扩大会议上提出的关注重要区域巡视要求⑧,湖南省委在湘西工作中实施的区域划分与中心县区指导策略⑨,以及福建省委对闽北、福州等巡视区域的精心划定⑩,都体现了各地党组

---

① 参见中央档案馆、河南省档案馆:《河南革命历史文件汇集(省委文件)》(1928年),内部资料,1984年,第71页。
② 参见中央档案馆、河南省档案馆:《河南革命历史文件汇集(省委文件)》(1929—1930下),内部资料,1983年,第458页。
③ 参见中央档案馆、河南省档案馆:《河南革命历史文件汇集(省委文件)》(1928),内部资料,1984年,第64页。
④ 参见中央档案馆、陕西省档案馆:《陕西革命历史文件汇集》(1925—1936年),内部资料,1994年,第115页。
⑤ 参见中央档案馆、陕西省档案馆:《陕西革命历史文件汇集》(1925—1936年),内部资料,1994年,第115页。
⑥ 参见中央档案馆、陕西省档案馆:《陕西革命历史文件汇集》(1930年至1931年),内部资料,1994年,第302页。
⑦ 参见中央档案馆、辽宁省档案馆、吉林省档案馆等:《东北地区革命历史文件汇集》(1923—1928年3月),内部资料,1988年,第287页。
⑧ 参见中央档案馆、广东省档案馆:《广东革命历史文件汇集(省委文件)》(1928年)[六],内部资料,1982年,第67页。
⑨ 参见中央档案馆、湖南省档案馆:《湖南革命历史文件汇集(省委文件)》(1929年),内部资料,1984年,第55页。
⑩ 参见中央档案馆、福建省档案馆:《福建革命历史文件汇集(省委文件)》(1930年),内部资料,1984年,第247页。

织对划片分区巡视策略的深刻理解和灵活运用。值得一提的是,1940年,即便在抗日战争进入相持阶段,分区巡视的重要性依然未被忽视,比如西江特委在工作报告中再次强调,要根据各区域的特点实施分区巡视检查。①

(二)召集工作会议

在设计模式上,巡视工作强调通过召集会议,上级的决策部署得以迅速传达至基层,基层的实际情况和问题也能及时反馈给上级,实现信息的双向流动。1928年初春,广东省委的里程碑式文件《关于巡视员目前工作大纲》清晰指出,巡视员每到一地,必会汇聚县委精英、活动分子乃至支部书记,于联席会议中共商大计。② 江苏省委就各县暴动计划要求:派遣巡视员到各地,必须"召集该地全体同志大会或活动分子大会、负责同志会,报告中国目前革命的形势及我党的职任,详细说明现时中国革命的性质、武装暴动的政策及批评过去机会主义的错误,使外县同志们对革命有一正确的方向去努力"③。1928年秋,中央颁布的《巡视条例》明确规定,巡视员不仅是各级党部组织会议的当然成员,还享有参与各部门会议的权利,这一举措极大地拓宽了巡视员的视野与影响力,使其成为连接中央与地方、理论与实践的纽带。更为重要的是,规程赋予了巡视员在地方工作中的高度自主性与灵活性——可以根据实际情况,灵活组织各类会议。④ 1931年的《中央巡视条例》再次重申这种要求,"尽量参加一切工作会议,在日常工作中,审查地方党部的工作方式"⑤。根据中共中央的精神指示,各级巡视员在实践探索中,不断予以完善健全。1928年8月14日,河南省委发布通告,明确要求省委巡视员到各地不仅要参加支部会议,还要参与重要支部会。⑥

---

① 参见中央档案馆、广东省档案馆:《广东革命历史文件汇集(东南等特委文件)》(1937—1944年),内部资料,1987年,第220页。
② 参见中央档案馆、广东省档案馆:《广东革命历史文件汇集(省委文件)》(1928年)[一],内部资料,1982年,第271页。
③ 中央档案馆、江苏省档案馆:《江苏革命历史文件汇集》(1928年1月—8月),内部资料,1985年,第3页。
④ 参见中共中央组织部、中共中央党史研究室、中央档案馆编:《中国共产党组织史资料》第8卷,中共党史出版社2000年版,第226页。
⑤ 中央档案馆:《中共中央文件选集》第7册,中共中央党校出版社1991年版,第221—227页。
⑥ 参见中央档案馆、河南省档案馆:《河南革命历史文件汇集(省委文件)》(1928年),内部资料,1984年,第313页。

随后,德安县委①、江苏省委等也相继发出类似通知,强调巡视工作的重要性,并要求巡视员参与重要支部会议,考察同志的工作。② 1930年,陕西临时省委在给渭南各特支的指示中,不仅要求巡视员参加各支部会议,还强调要召集联席会讨论整个工作的布置和配合,顾及总的斗争问题。③

(三)进行个别谈话

个别谈话作为一种独特的巡视工作方法,不仅体现了中共密切联系群众的优良传统,更在推动巡视工作深入开展、实现巡视目的上发挥了重要作用。1928年,河南省委在通告中明确提出:"多找同志和该支部所领导的群众谈话,搜集实际材料。"④1929年,江西省委在致中央的报告中进一步强调了个别谈话在巡视工作中的运用,提到"均用谈话的方式"⑤。同年8月,中央政治局在《中央关于鄂西党目前的政治任务及其工作决议案》中,更是将个别谈话上升为巡视工作的法定程序:"巡视员需深入各级会议,与各级干部面对面交流,直至基层支部,以实际行动助力地方工作。"⑥1931年颁布的《中央巡视条例》更是为个别谈话在巡视中的应用提供了详尽指导。《中央巡视条例》特别指出:"应广泛听取各层级党员的意见,包括基层支部的普通党员和承担次要职责的同志,以集思广益,共谋发展。"⑦同时强调,"必须设法经过党团的介绍与可靠的赤色群众谈话"⑧。通过个别谈话,能够提高巡视质量和效果。如1931年11月5日,中央巡视员仲云给中央报告称:"我于十月三十一日到厦,此地市委各同志都既

---

① 参见中央档案馆、江西省档案馆:《江西革命历史文件汇集》(1929年)[二],内部资料,1987年,第43页。
② 参见中央档案馆、江苏省档案馆:《江苏革命历史文件汇集》(1929年6月—8月),内部资料,1984年,第539页。
③ 参见中央档案馆、陕西省档案馆:《陕西革命历史文件汇集》(1930年—1931年),内部资料,1994年,第4页。
④ 中央档案馆、河南省档案馆:《河南革命历史文件汇集(省委文件)》(1928年),内部资料,1984年,第313页。
⑤ 中央档案馆、江西省档案馆:《江西革命历史文件汇集》(1929年)[一],内部资料,1987年,第229页。
⑥ 中央档案馆:《中共中央文件选集》第5册,中共中央党校出版社1989年版,第238页。
⑦ 中央档案馆:《中共中央文件选集》第7册,中共中央党校出版社1991年版,第221—227页。
⑧ 中央档案馆:《中共中央文件选集》第7册,中共中央党校出版社1991年版,第221—227页。

见过面,这几天听了他们工作上的报告。"①1933年2月16日,中央巡视员王秋霞致中央《关于政治、组织、军事、工运、农运、C.Y.、妇运等工作情况》报告,其中介绍巡视方法:"在开会之前分头谈话,分别参加办公,解决临时问题。"②谈话方式是巡视员工作的主要的方式方法。

(四)深入基层考察

从1928年的《巡视条例》到1931年的《中央巡视条例》,中共中央始终强调巡视员要深入群众、深入基层,了解实际情况,反映群众呼声,确保党的决策能够真正从群众中来,到群众中去。③ 1931年的《中央巡视条例》要求:"巡视员的工作,绝不能仅限于省委或其他主要领导机关工作的审查,要尽可能到各中心区域去视察。"同时强调:"对于区委和地方党部的巡视,须特别注意他们对于支部工作的领导方式,要绝对纠正机关式的领导,要他们缩小机关,将党的力量深入到群众中去。"④1931年,满洲省委向东满特委发出的指示,以及《全国组织报告的决议案》中的要求,均指向一个共同的目标——深化基层巡视工作,摒弃浮光掠影的巡视旧习。⑤ 同年5月1日,《全国组织报告的决议案》重申,巡视工作须摒弃空洞批评,扎根地方党组织建设,强化干部团结,助力基层产业支部发展。1933年1月10日,《苏区中央局关于巩固党的组织与领导的决议》对苏区党的组织建设也提出具体要求:"要改变一切脱离群众与下级党的官僚主义工作方式,切实深入群众深入支部。"⑥1941年,中共山东分局组织部《关于各级组织干部业务教育的指示》从专业性巡视角度再次要求,巡视员"在一定时间内应集中力量,深入村级(支部)进行精确的调查研究工作"⑦。基层考察深入不深

---

① 中央档案馆、福建省档案馆:《福建革命历史文件汇集(省委文件)》(1931—1934年),内部资料,1984年,第328页。
② 中央档案馆、四川省档案馆:《四川革命历史文件汇集(省委文件)》(1932—1933年),内部资料,1985年,第288页。
③ 参见中共中央组织部、中共中央党史研究室、中央档案馆编:《中国共产党组织史资料》第8卷,中共党史出版社2000年版,第226页。
④ 中央档案馆:《中共中央文件选集》第7册,中共中央党校出版社1991年版,第221—227页。
⑤ 参见中央档案馆:《中共中央文件选集》第7册,中共中央党校出版社1991年版,第230—231页。
⑥ 中央档案馆:《中共中央文件选集》第9册,中共中央党校出版社1991年版,第17页。
⑦ 山东省档案馆、山东省社会科学院历史研究所编:《山东革命历史档案资料选编》第8辑,山东人民出版社1983年版,第349页。

入,决定着巡视质量和效果。

(五)报告巡视情况

1928年,中共广东省委发布《巡视员工作条例》明确强调:"随时将工作情形根据工作大纲有系统的报告组委会。"①1928年10月8日颁布的中央《巡视条例》进一步细化巡视工作的报告流程:巡视员在执行巡视任务期间,必须随时向派出其的党部汇报工作动态,并在巡视任务结束后,提交一份详尽且系统性的报告。② 1931年《中央巡视条例》再次要求,"至少两礼拜向中央报告一次,要绝对消灭过去一次算帐(账)"的办法。③ 对于巡视报告,中共多次作出硬性规定。1931年4月,蒲城特支制定工作计划要求:"巡视回来必须有详细报告。"④ 同年,中共中央致信湘鄂西党中央分局和湖南省委,更是强调巡视报告的详细性和具体性,要求巡视员在巡视过程中及结束后,均应向派出党部提交详尽报告,并提出具有操作性的建议。⑤ 此外,1931年8月23日,巴图也撰文《建立巡视工作》称:"巡视员必须将下级的实际情形向上级报告,使下边的实际情形能反映到上级机关来,并以更具体的指示。"⑥

关于巡视报告的内容,中共也多次予以规定。1929年1月25日,中共广东省委强调巡视报告主要内容为以下几部分:一般政治经济军事方面、职工运动、农民运动、军事运动、党的组织、宣传工作、C.Y.工作、妇女工作、济难会工作、对上月工作的批评与下月的工作大纲、党内的经济报告。⑦ 其中"党的组织"中

---

① 中央档案馆、广东省档案馆:《广东革命历史文件汇集(省委文件)》(1928年)[五],内部资料,1984年,第307页。
② 参见中共中央组织部、中共中央党史研究室、中央档案馆编:《中国共产党组织史资料》第8卷,中共党史出版社2000年版,第226页。
③ 参见中央档案馆:《中共中央文件选集》第7册,中共中央党校出版社1991年版,第221—227页。
④ 中央档案馆、陕西省档案馆:《陕西革命历史文件汇集》(1930—1931年),内部资料,1994年,第382页。
⑤ 中央档案馆:《中共中央文件选集》第8册,中共中央党校出版社1991年版,第81页。
⑥ 参见中央档案馆、辽宁省档案馆、吉林省档案馆等:《东北地区革命历史文件汇集》(1931年7月—1932年1月),内部资料,1988年,第261页。
⑦ 参见中央档案馆、广东省档案馆:《广东革命历史文件汇集(省委文件)》(1929年)[一],内部资料,1982年,第79—84页。

还要求报告"巡视工作的状况"。① 巡视工作报告参照该报告条例和报告大纲，省委巡视员对省委的报告可参考这个报告大纲。② 中共各级巡视员的巡视报告内容大体一致。如1929年的《中共广东省委巡视员木[某]巡视东江所得的经验与教训》中，巡视员总结报告了几个方面的情况：群众组织状况以及群众情绪的表现、土地革命与群众的斗争、城市工作的状况、红军的建立与兵运工作、党的主观力量。③ 即使1937年9月26日的《山关于普宁潮安等地党的组织工作报告》中称，巡视报告须包括以下内容：各县的政治机构，各党派的活动和救亡运动；经济上的调查，人民生活状况；军事上的调查，民众的武装和军队布防；各县党的组织、工作、生活④，撰写提纲和内容基本一致。

关于巡视报告撰写要求，中共各级党组织也有具体规定。如1929年1月25日，中共广东省委提出实行的巡视报告大纲明确规定："1. 上月报告于下月五号以前寄出（如二月份报告须于三月五号前寄出）。2. 各种情形报告须有切实数目字的统计，并可能制成表格。3. 有些客观情（形），下月与上月相同者可不报告，但第一月必须报告，第二月如相同者要注明此段情形与上月相同，同时以后须切实调查。4. 每月经济如无详细报告省委，即停发经费。5. 报告须避免不必要的人名及过于妨碍秘密的机关名字等，以免文件遗失时泄露。6. 送来这些报告，应特别注意秘密的技术工作，关于文书的抄写与携带的技术，都要加以充分的注意。7. 总的报告如对省委有建议时可附带报告。"⑤1929年12月26日，中共广东省委致信北江巡视员强调，巡视报告要重视和注意实际工作和实际问题："自然在北江各县的工作，原则上和路线上都须要经常的注意，予他们的指导，尤其要紧的是工作的方法上，更须特别的注意，应抓住许多的实际问

---

① 中央档案馆、广东省档案馆：《广东革命历史文件汇集（省委文件）》（1929年）[一]，内部资料，1982年，第82页。
② 参见中央档案馆、广东省档案馆：《广东革命历史文件汇集（省委文件）》（1929年）[一]，内部资料，1982年，第84页。
③ 参见中央档案馆、广东省档案馆：《广东革命历史文件汇集（省委文件）》（1929年）[三]，内部资料，1982年，第441—449页。
④ 参见中央档案馆、广东省档案馆：《广东革命历史文件汇集》（闽西南潮梅特委文件1937—1945年），内部资料，1987年，第56页。
⑤ 中央档案馆、广东省档案馆：《广东革命历史文件汇集（省委文件）》（1929年）[一]，内部资料，1982年，第72—73页。

题,用以教育同志,指导同志的工作。"①1931年4月24日,关于如何正确报告,中共再次重申要求:巡视报告应详细,不应空洞和简单,尤其不能作假的夸大的报告,内容要实际——尤其是组织材料,有一句说一句,纠正"大约""或者"等不切实际空洞的内容。② 1931年10月2日,满洲省委特派员吉字报告第1号要求,巡视员工作要纠正过去走马观花的错误方式,每到一处要把地方的工作问题了解清楚,"一地巡视毕即将详细报告写寄特支"③。

总之,关于党的巡视工作研究,我们应当拓展视野,不能拘泥于传统思维,要将巡视员作为巡视主体,同时将包括巡视工作顶层设计者和作为制度被动接受者的地方党组织等纳入研究范畴,更应当特别关注巡视员通过巡视工作执行对制度修正的影响因素和作用。

---

① 中央档案馆、广东省档案馆:《广东革命历史文件汇集(省委文件)》(1929年)[三],内部资料,1982年,第417页。
② 参见中央档案馆、辽宁省档案馆、吉林省档案馆等:《东北地区革命历史文件汇集》(1931年1月—4月),内部资料:1988年,第375页。
③ 中央档案馆、辽宁省档案馆、吉林省档案馆等:《东北地区革命历史文件汇集》(1931年7月—1932年1月),内部资料,1988年,第84页。

第四章
党外延伸：早期共青团的巡视工作

新民主主义革命时期，中共巡视工作发展的一个重要成果就是向党外延伸，团的巡视工作开展即是其中重要表现形式。共青团的巡视工作有其自身内部组织结构的生成动力，亦是中国青年运动的客观需要，由团的决议、决定、指示确立，涉及组织结构、人员选拔、履行职责、制度权威等一系列工作规程和行动准则，具有革命性和战时性特征，并丰富完善中共巡视工作。该制度的实行，为中国共青团的政治建设、思想建设、作风建设和组织建设作出了重要的历史贡献。

一、逻辑起点与历史动因

新民主主义革命时期，团的巡视工作有其产生的外因和内因。作为中共领导创建的组织，团要谋求其生存和发展空间，必须要加强自身制度建设，因为巡视工作即在此特定背景下发展形成的。

（一）中共直接领导的逻辑起点

"共青团从诞生之日起，就以党的旗帜为旗帜、以党的意志为意志、以党的使命为使命，把坚持党的领导深深融入血脉之中，形成了区别于其他青年组织的根本特质和鲜明优势。"①新民主主义革命时期团的巡视工作的创建,与中共直接领导密切关联。具体表现在三个方面。

1. 中共直接参与

中共是团的巡视工作的发起者和成立者,中共党员如任弼时、林育南、邓中夏、恽代英、贺昌等均担任过团中央领导人,直接参加过团的巡视工作。中共诸多文件亦要求党的巡视员巡视团的工作。1928年10月,中共中央的《巡视条例》第15条明确规定:"(党的)巡视员须附带的指导青年团工作并考察青年团的情状报上级团部。"②1931年5月1日,中共的《中央巡视条例》第4条和第13条又作出较为详细规定。③ 中共地方党部在实践中予以执行,如1928年1月5日,中共广东省委要求:"党的巡视员所到之处,当顺便巡视C.Y.工作。"④1930年11月24日,中共福建省委通告要求:"党派巡视员到各地,应该帮助团的工作。"⑤即使到巡视实施后期,中共仍不断作出指示,要求加强巡视团的工作。如1939年4月25日,中共中央北方局指示:各级青委要"经常组织巡视"⑥。中共浙江省委、闽西南特委、山东青委分别于1939年6月13日、1940年4月25日、1941年8月25日指示,要求所属青年部门要健全巡视报告制度。1942年2月6日,中共中央再次指示各级青委:"可派巡视员指导检查下级青年工作。"⑦同年3月10日,中共中央又以《青委组织工作条例》形式正式予以确定。

2. 中共指示指导

关于团如何实行巡视工作,中共以决议、通告、指示信等多种形式予以指导

---

① 习近平:《在庆祝中国共产主义青年团成立100周年大会上的讲话》,《人民日报》2022年5月11日。
② 中共中央组织部、中共中央党史研究室、中央档案馆编:《中国共产党组织史资料》第8卷,中共党史出版社2000年版,第226页。
③ 参见中央档案馆:《中共中央文件选集》第7册,中共中央党校出版社1991年版,第221—227页。
④ 中央档案馆、广东省档案馆:《广东革命历史文件汇集(省委文件)》(1928年)[一],内部资料,1982年,第41页。
⑤ 中央档案馆、福建省档案馆:《福建革命历史文件汇集(省委文件)》(1930年),内部资料,1984年,第362页。
⑥ 共青团中央青运史工作指导委员会、中国青少年研究中心、中央档案馆利用部:《中国青年运动历史资料》(1938—1940年5月),中国青年出版社2002年版,第459页。
⑦ 共青团中央青运史研究室、中央档案馆编:《中共中央青年运动文件选编》(1921年7月—1949年9月),中国青年出版社1988年版,第580页。

帮助。1931年8月27日,中共中央提出:"(帮助青年团)建立巡视工作和代表制度等。"①1932年2月15日,中共中央指示团中央:"为建立活的与具体的领导,必须建立经常的巡视工作。"②中共地方党部以同样方式指导帮助当地团的巡视工作。以中共满洲省委为例,1931年5月21日,中共满洲省委指示团满洲省委"省委三人中要经常的派一人在外面巡视中心地方的工作"③;1933年10月,再次指示"增多巡视员,切实改善巡视工作"④;同年12月11日,又指示团东满特委:"为要建立灵活的敏捷的领导,必须建立巡视工作。"⑤

3. 中共巡视工作为团的巡视工作提供了参照体系

比对1932年团的巡视条例和1931年中共的《中央巡视条例》,在规章制度上,巡视员设置、巡视任务、方式方法、巡视纪律与工作要求等方面,团的巡视工作是参照党的巡视工作而制定的;在组织形态上,团的巡视工作与中共巡视工作建设一脉相承,均经历巡行特派与巡视工作发端、条例颁布与巡视全面实行、"活的领导"提出与延伸、转向调整与专项巡视兴起四种渐次发展形态。

(二)团内部组织结构的直接影响

1. 相对集中组织结构的影响

作为中共助手和后备军,团特别强调高度集中统一领导。1923年的《中国社会主义青年团第一次修正章程》明确提出实行团中央特派员制度⑥,1925年的第二次修正章程和《本团各级执行委员会组织法》再次予以重申。⑦ 1925年9月,团中央规定:"中央与地方以后须建立更亲密的关系,在可能范围内多派得

---

① 中央档案馆:《中共中央文件选集》第7册,中共中央党校出版社1991年版,第337页。
② 中央档案馆:《中共中央文件选集》第8册,中共中央党校出版社1991年版,第135页。
③ 中央档案馆、辽宁省档案馆、吉林省档案馆等:《东北地区革命历史文件汇集》(1931年4月—1931年7月),内部资料,1988年,第126页。
④ 中央档案馆、辽宁省档案馆、吉林省档案馆等:《东北地区革命历史文件汇集》(1933年9月—1933年12月),内部资料,1989年,第47页。
⑤ 中央档案馆、辽宁省档案馆、吉林省档案馆等:《东北地区革命历史文件汇集》(1933年9月—12月),内部资料,1989年,第145页。
⑥ 参见中国新民主主义青年团中央委员会办公厅:《中国青年运动历史资料》(1915—1924年)第1册,内部资料,1981年,第380页。
⑦ 参见中国新民主主义青年团中央委员会办公厅:《中国青年运动历史资料》(1925年)第2册,内部资料,1981年,第70页。

力同志到各地巡视。"①巡视工作得以正式确立。1926年,团中央再次规定:中央应"经常的派员出巡各地指导工作"②。随后,团中央不断以通告、决议、指示信等方式明确其领导和指导的基本职能。1927年12月13日,团中央通告各地团省委"对各县须有经常的巡视"③;1929年7月15日,再次通告重申:"加强对地方团部的巡视与督促的工作。"④1930年,团中央"建立中央本身对各省的巡视工作"⑤。可以说,团的巡视制度的实施,规定了团内上下级之间的关系,加强了上级对下级的集中统一领导。

2. 秘密状态下上下联络的现实需要

第一次大革命失败后,如何加强团内秘密机关之间的联系、畅通上级对下级的领导,团参照中共做法,推广实行巡视工作。如1927年10月2日,团陕西省委要求:省委只留四人,"其余委员多负特派员职任"⑥。其目的不仅可以加强实际指导力度,更有利于避免全部被破获的危险。对此,团中央1932年3月24日颁布的《健全建立各级巡视制度》(又称《巡视员工作条例》)解释得很清楚:"为了适应秘密条件,必建立健全的巡视工作,进行活的切实具体的巡视指导。"⑦即使到了后期,针对秘密状态下的外县工作,各级团组织仍重视巡视这种方式。如1932年7月5日和1933年8月14日,团满洲省委要求对外县巡视,强调"特别要解决的问题是'巡视员问题'"⑧,就是考虑到安全问题。

---

① 中国新民主主义青年团中央委员会办公厅:《中国青年运动历史资料》(1925年)第2册,内部资料,1981年,第310页。
② 中国新民主主义青年团中央委员会办公厅:《中国青年运动历史资料》(1926—1927年)第3册,内部资料,1981年,第200页。
③ 中国新民主主义青年团中央委员会办公厅:《中国青年运动历史资料》(1926—1927年)第3册,内部资料,1981年,第572页。
④ 中国新民主主义青年团中央委员会办公厅:《中国青年运动历史资料》(1929年7—12月)第6册,内部资料,1981年,第29页。
⑤ 中国新民主主义青年团中央委员会办公厅:《中国青年运动历史资料》(1930年1月—6月)第7册,内部资料,1981年,第728页。
⑥ 中共陕西省委党史研究室、共青团陕西省委运史研究室编:《土地革命时期共青团陕西省委和陕西青年运动》,陕西人民出版社1992年版,第30页。
⑦ 中国共产主义青年团中央委员会办公厅:《中国青年运动历史资料》(1932年1月—6月)第10册,内部资料,1981年,第317—322页。
⑧ 中央档案馆、辽宁省档案馆、吉林省档案馆等:《东北地区革命历史文件汇集》(1933年6月—8月),内部资料,1988年,第313页。

3. 相对薄弱的制度建设的影响

建团初期,由于力量和经验有限,还不能专门发展和完善各种制度,即使出台的制度也是因事而设。团内制度独立性和系统性的缺失,迫切要求团建立巡视工作,促进各级团组织明确职责、调整团内关系、规范工作秩序,确保机构运作和团员行为在制度约束下走向规范。

(三) 中国青年运动的客观需要

1. 动员青年参与中国革命的现实需要

作为中共联系青年群众的桥梁和纽带,"帮助党获得青年工农群众参加革命斗争"①,是团的巡视工作的主要内容和任务。团中央1932年的《健全建立各级巡视制度》中明确规定:"巡视员不仅要其正确的传达上级机关的指示与决议,而且要细心去解说当地团部或个别同志对中央路线、目前策略、基本口号以及每个个别问题有不了解之处。"②同年9月13日,团中央再次要求支部巡视员:"在省委会议、区书联席会议、市县区委会议、支书联席会议、支部小组会议上,要不怕麻烦的细心的报告、解说和讨论,把联席会议的意义和决定传达到每个支部每个团员的脑海中、心坎中去。"③宣传中共和团的政治主张,引领和凝聚青年跟着中共、参加革命,巡视工作成为其中重要手段。

2. 指导青年运动的现实需要

在充分了解青年运动的基础之上,团的巡视员针对实际情况给予具体的指导,对于青年运动的发展发挥了重要的指导作用。1932年团中央公布的《健全建立各级巡视制度》中明确要求:"建立各级巡视工作,有系统的最切实的进行巡视检查工作,使全国青年运动的一切实际状况得能真实反映于团的领导机关,然后才能更加强对全团工作的领导和推动,切实纠正工作中一切不正确倾向缺点和错误。"④1931年8月9日,团中央鄂豫皖区分局要求:"巡视员出外特

---

① 《任弼时选集》,人民出版社1987年版,第33页。
② 中国共产主义青年团中央委员会办公厅:《中国青年运动历史资料》(1932年1月—6月)第10册,内部资料,1981年,第317—322页。
③ 共青团中央青运史研究室、中央档案馆:《中国青年运动历史资料》(1932年6月—12月),中共党史资料出版社1988年版,第515页。
④ 中国共产主义青年团中央委员会办公厅:《中国青年运动历史资料》(1932年1月—6月)第10册,内部资料,1981年,第317—322页。

别注意巡视青工工作……发动青工斗争……动员青工、青农、少队、童子团来援助青工斗争。"①正是通过巡视,宣传中共和团的政治主张,促使青年运动以马克思主义理论为指导思想,沿着正确方向发展。

3. 了解掌握青年运动情况的现实需要

一方面,团的巡视工作是保证决策机制的重要组成部分。1929年,《上海巡视工作大纲》中明确要求团巡视员要报告巡视地方的团内状况、团区委情况和群众状况,并列出详细清单。1930年,团中央制定本年度六七月份工作计划时要求"建立宣传工作并搜集青工材料"②。1932年团中央公布的《巡视员工作条例》以团内法规规定,巡视员要"真正的了解全团工作的实际情形"③。团中央于1932年4月和1934年3月17日分别指示团河北省委、团厦门市委,要求立刻派巡视员调查"下层群众实际的状况"④,"去深刻了解农村的情形"⑤。显然,掌握这些基本情况对于团的决策和组织发动民众是个必不可少的环节。另一方面,巡视也有利于上级团组织因地制宜指导青年革命运动。如1931年团满洲省委就是根据巡视南满和北满报告,包括当地政治经济状况、党团组织状况,以及今后工作意见、破解困局办法,及时作出科学决策,有力地推动了当地青年运动的发展。

二、团的巡视工作建设设计与运行

新民主主义革命时期团的巡视工作建设运行与设计,受革命战争环境等诸

---

① 中国共产主义青年团中央委员会办公厅:《中国青年运动历史资料》(1931年)第9册,内部资料,1981年,第329页。
② 中国共产主义青年团中央委员会办公厅:《中国青年运动历史资料》(1930年1月—6月)第7册,内部资料,1981年,第733页。
③ 中国共产主义青年团中央委员会办公厅:《中国青年运动历史资料》(1932年1月—6月)第10册,内部资料,1981年,第322页。
④ 中国共产主义青年团中央委员会办公厅:《中国青年运动历史资料》(1932年1月—6月)第10册,内部资料,1981年,第476页。
⑤ 青年团中央青运史研究室、中央档案馆:《中国青年运动历史资料》(1933—1934),中共党史资料出版社1989年版,第504页。

多因素影响和制约,选择性和动员性是其必须要坚持和遵循的基本原则。

(一)巡视员的设置

1.上级领导、分级负责

巡视员的派遣,实行中央和各级团部分级负责,原则上按照组织隶属关系,分别负责对下级开展巡视。关于巡视员派遣人数,团中央明确规定:省委层面设置1—3个,地方和上海等大城市为2—4个。① 具体实践中,巡视员人数和巡视时间的确立,要根据各地团组织系统建设、团员人数具体情况和当地革命斗争形势而定。以团满洲省委为例,1930年12月20日要求1人出巡,"于一月内至少巡视一地方以上团的工作,于二个月内省委要巡视哈尔滨、大连、营口、南满各一次,抚顺每月巡视一次"②;1933年6月6日,要求团磐石县委"至少要有两个经常的巡视员"③;同年12月15日,再次要求"中心县委至少要经常有四个,县委至少三个,区委及特支至少两个"④。在苏区,巡视员人数和派遣频次相对较多。如团中央苏区分局1931年12月20日决定"各级团部须设巡视员四人至七人"⑤;同年12月25日,团湘鄂赣省委提出巡视频次为:"平均计算每月有两次至三次者,期间上颇长,最低限度有半月至一月余者。"⑥

2.专兼结合、临时为辅

巡视员设置基本经历了常委委员兼任、常委委员兼任和固定巡视员并存、固定巡视员独存,以及后期专职巡视员的过程。早期巡视员绝大多数是由各级团部委员兼任的。如1928年1月16日团山东省委要求省委委员"经常须有二

---

① 参见中国共产主义青年团中央委员会办公厅:《中国青年运动历史资料》(1932年1月—6月)第10册,内部资料,1961年,第322页。
② 中央档案馆、辽宁省档案馆、吉林省档案馆等:《东北地区革命历史文件汇集》(1930年10月—12月),内部资料,1988年,第449页。
③ 中央档案馆、辽宁省档案馆、吉林省档案馆等:《东北地区革命历史文件汇集》(1933年3月—6月),内部资料,1988年,第230页。
④ 青年团中央青运史研究室、中央档案馆:《中国青年运动历史资料》(1933—1934年),中共党史资料出版社1989年版,第384页。
⑤ 中国共产主义青年团中央委员会办公厅:《中国青年运动历史资料》(1931年)第9册,内部资料,1981年,第634页。
⑥ 中国共产主义青年团中央委员会办公厅:《中国青年运动历史资料》(1931年)第9册,内部资料,1981年,第656页。

人在外巡视"①；同年6月2日再次要求："省委四人中，一人经常出去巡视，工作紧张时再去一人作短期的巡视。"②巡视员有时也由其他部门负责人担任。如1928年2月14日和1933年11月15日，团湖南省委、团河北省委均要求组织部门负责人要出外巡视。③委员兼任巡视员长期外出巡视，会无法形成有力的集体领导。如1929年2月20日，团四川临委工作称"将省委委员分派各地巡视"④，导致临委不健全。1934年4月2日，晓梦关于巡视珠河团工作报告亦称："常委亲自去巡视，而结果影响着集体领导的问题。"⑤有鉴于此，各地纷纷要求予以修正。如团河北省委1934年5月1日指示团直中特委：必须"提拔专门的各县巡视员"⑥。

3. 职权相宜、因时而制

团早期的巡视工作，在一定程度上赋予巡视员的权力较大。团中央印发《健全建立各级巡视制度》明确规定："各级巡视员是该级领导机关对下级团部考察和指导工作的全权代表，对该级领导机关须负绝对的责任。"⑦事实证明，巡视工作功能上的高度集中特征，加剧了团内权力和组织形态向上集中趋势，妨碍了集体领导实行和基层团组织创造性，对团内民主的发育和发展不利。后期团内巡视员的职权逐渐由全权领导调整为监督检查，就是基于该原因考虑的。

(二)巡视员的基本条件

巡视员的基本条件着重强调三方面因素。一是政治上忠实坚定。巡视员

---

① 共青团山东省委、山东省档案馆：《山东青年运动档案史料选编》(1922—1937年)，内部资料，1984年，第192页。
② 共青团山东省委、山东省档案馆：《山东青年运动档案史料选编》(1922—1937年)，内部资料，1984年，第231页。
③ 参见中央档案馆、湖南省档案馆：《湖南革命历史文件汇集(县委等)》(1927—1933年)，内部资料，1984年，第289页。
④ 中国新民主主义青年团中央委员会办公厅：《中国青年运动历史资料》(1929年1月—6月)第5册，内部资料，1981年，第117页。
⑤ 中央档案馆、辽宁省档案馆、吉林省档案馆等：《东北地区革命历史文件汇集》(1929年5月—1937年9月)，内部资料，1990年，第342页。
⑥ 中央档案馆、河北省档案馆：《河北革命历史文件汇集》(甲)第21册(1933年11月—1935年3月)，内部资料，1999年，第399页。
⑦ 中国共产主义青年团中央委员会办公厅：《中国青年运动历史资料》(1932年1月—6月)第10册，内部资料，1981年，第322页。

的选拔任用最初是由委员兼任,即是基于政治因素考虑。政治忠实首先体现在熟悉和了解中共和团的路线政策。如1931年4月28日团苏区中央局要求团赣西南:"以最忠实最有工作能力的干部充当巡视员。"①二是成分上是工农分子。中共总结第一次大革命失败的原因是,机关中知识分子多、工人成分少,要求必须坚决提拔能力较强且斗争积极的工农分子。团巡视员成分工农化正是在这种指导思想背景下展开的。如1927年团中央下发《组织问题决议案》要求:"各地巡视指导员,更当注意选派坚决斗争的工农分子。"②1931年12月20日,团中央苏区分局再次决定:"为使巡视工作深入,培养工农分子的巡视员。"③三是工作上强调能力水平。实际工作能力和工作经验,也是巡视员任用的基本条件。如1933年6月6日团满洲省委指示:各级团县委巡视员要"勇敢的提拔在斗争与实际工作中坚决积极分子担任"④。

(三)巡视员的主要任务

1. 围绕中心大局

建团初期,团最重要的青年工作有三个方面,即青年工人运动、青年农民运动和青年学生运动⑤,团的巡视员主要任务是聚焦青年群体为首要目标,重点指导组织青年运动引领教育青年群体。土地革命时期,团的巡视员被赋予新的历史使命——"进行活的切实具体的巡视指导"⑥。苏区的建立,团的巡视任务是紧紧围绕苏区土地革命、扩红运动等中心工作,开展巡视监督,具有较强的战时性,由过去领导方式开始向监督检查性质转变。抗日战争时期,团的重点工作是引导青年抗日救亡、向党输送青年力量、取得民族革命胜利,巡视工作随之调

---

① 中国共产主义青年团中央委员会办公厅:《中国青年运动历史资料》(1931年),内部资料,1981年,第170—171页。
② 中国共产主义青年团中央委员会办公厅:《中国青年运动历史资料》(1926—1927年)第3册,内部资料,1981年,第545页。
③ 中国共产主义青年团中央委员会办公厅:《中国青年运动历史资料》(1931),内部资料,1981年,第634页。
④ 中央档案馆、辽宁省档案馆、吉林省档案馆等:《东北地区革命历史文件汇集》(1933年3月—6月),内部资料,1988年,第230页。
⑤ 中央档案馆:《中共中央文件选集》第1册,中央党校出版社1982年版,第301页。
⑥ 中国共产主义青年团中央委员会办公厅:《中国青年运动历史资料》(1932年1月—6月)第10册,内部资料,1981年,第322页。

整为监督检查工作的一种有效方法。解放战争时期,团的中心任务是配合中共中心工作——解放全中国、取得新民主主义革命胜利,巡视任务开始把土改运动、接管城市、支持战争有机结合起来。

2. 明确基本任务

巡视员基本任务的主线没有变化,主要表现为以下方面:(1)传达解释。主要是向下级团组织传达指示上级政策决议、指示命令等。1932年,团中央《巡视员工作条例》明确规定团的巡视员首要任务是,要把上级的"指示和决议在团内进行广泛的深入的解说工作"[1]。(2)政治指导。主要帮助和指导下级团组织贯彻落实上级政策决议、指示命令等。如1926年团中央要求"经常的派员出巡各地指导工作"[2];1930年8月11日团中央通告"特别要抓住中心区域加紧巡视工作,在实际工作中去具体指导"[3];1932年2月25日团中央规定"为建立政治的与具体的领导,必须建立经常的巡视工作"[4];1932年5月23日和1934年1月23日两次指示团河北省委:"切实确立巡视工作,以保证省委对全省工作活的具体的领导"[5],"加强下级团部的领导"[6]。(3)整顿改造。主要整顿改造、恢复创建地方团组织。团中央的《巡视员工作条例》中明确规定巡视员:"必须与目前全团'支部'及'干部'的改造运动最密切的联系起来。"[7]1932年2月25日,团中央再次提出巡视员主要任务是:"考查和改造各地团部。"[8]教育和培养

---

[1] 中国共产主义青年团中央委员会办公厅:《中国青年运动历史资料》(1932年1月—6月)第10册,内部资料,1981年,第322页。
[2] 中国共产主义青年团中央委员会办公厅:《中国青年运动历史资料》(1926—1927年)第3册,内部资料,1981年,第200页。
[3] 中国共产主义青年团中央委员会办公厅:《中国青年运动历史资料》(1930年1月—6月),内部资料,1981年,第232页。
[4] 共青团中央青运史研究室、中央档案馆编:《中共中央青年运动文件选编》(1921年7月—1949年9月),中国青年出版社1988年版,第349页。
[5] 中国共产主义青年团中央委员会办公厅:《中国青年运动历史资料》(1932年1月—6月)第10册,内部资料,1981年,第664页。
[6] 青年团中央青运史研究室、中央档案馆:《中国青年运动历史资料》(1933—1934年),中共党史资料出版社1989年版,第433页。
[7] 中国共产主义青年团中央委员会办公厅:《中国青年运动历史资料》(1932年1月—6月)第10册,内部资料,1981年,第322页。
[8] 共青团中央青运史研究室、中央档案馆编:《中共中央青年运动文件选编》(1921年7月—1949年9月),中国青年出版社1988年版,第347页。

干部,也是团巡视员巡视期间的基本任务。如 1931 年 6 月 27 日和 8 月 9 日,团苏区中央局和团中央鄂豫皖区分局分别提出,巡视员外出巡视,要带工农分子或新干部以巡代干、随时指导,并且"一定要详细的考查下级的干部,而随时提拔之"①。(4)调查研究。主要是深入基层和群众,全面了解掌握各地具体情况。团中央的《巡视员工作条例》中规定巡视员:"不仅要去考察与了解下级领导机关本身的情形,而且要很深入的检查下级团部对实际工作的执行,青年群众斗争的事实和团的领导作用,探讨每个群众斗争的宝贵经验和教训,实际去了解当地的客观环境,青年工农生活的状况,各反动派别的活动及其争取青年的积极性,青年群众各种组织和工作情形。"②同时要求巡视员加强统计工作。如 1931 年 8 月 9 日团中央鄂豫皖区分局要求巡视员"负责把该组织的调查统计工作带回"③。(5)监督检查。检查并纠正下级党组织各项工作,也是巡视员最基本任务。如 1932 年 9 月 14 日团陕西省委报告"市委每天巡视各支部一次,考察与督促每支部工作"④;11 月 25 日团广东省委同年指示惠阳县委:"经常派巡视员帮助支部的工作,检查支部工作。"⑤

3. 结合青年特点

团的巡视工作一建立,就"把关注的目光投向青年,把革命的希望寄予青年"⑥,巡视任务大多是面向青年展开的。如针对"红色五月运动"和"青年冲锋季"工作计划,1932 年 4 月 20 日团满洲省委指示巡视员要帮助青年"切实发展自我批评,进行革命竞赛"⑦,10 月 6 日团陕西省委指示必须建立健全巡视工

---

① 中国共产主义青年团中央委员会办公厅:《中国青年运动历史资料》(1931 年)第 9 册,内部资料,1981 年,第 245 页。
② 中国共产主义青年团中央委员会办公厅:《中国青年运动历史资料》(1932 年 1 月—6 月)第 10 册,内部资料,1981 年,第 322 页。
③ 中国共产主义青年团中央委员会办公厅:《中国青年运动历史资料》(1931)第 9 册,内部资料,1981 年,第 334 页。
④ 中央档案馆、陕西省档案馆:《陕西革命历史文件汇集》[1932 年(二),甲 5],内部资料,1994 年,第 52 页。
⑤ 中央档案馆、广东省档案馆:《广东革命历史文件汇集(团组织文件)》(1927—1932 年),内部资料,1982 年,第 293 页。
⑥ 习近平:《在庆祝中国共产主义青年团成立 100 周年大会上的讲话》,《人民日报》2022 年 5 月 11 日。
⑦ 中央档案馆、辽宁省档案馆、吉林省档案馆等:《东北地区革命历史文件汇集》(1932 年 2 月—7 月),内部资料,1988 年,第 260 页。

作,"加紧工作的速度"①。针对青年在革命斗争中的作用,1932年11月22日团东江特委指示海陆紫县委:要通过巡视,"猛烈开展青年在斗争中站在最前线"②,使团成为真正领导青年群众的战斗组织。

(四)巡视员的工作方式方法

一是划片分区巡视。即在设计构建上,突出重要中心区域和重要产业行业,实行划片分区巡视。如在四川,1929年团四川临时省委将巡视区域划为"以川西、川南为一大段,川东、川北为一大段"③;在山东,1929年3月团山东省委工作计划大纲中称:"各地亦应集中力量巡视重要区域与重要支部。"④1930年8月11日,团中央通告强调:"特别要抓住中心区域加紧巡视工作"⑤,"用分区巡视的方法每礼拜巡视一区"⑥。二是召集工作会议。即强调通过召集各种会议,包括工作动员会议、听取情况汇报会、工作会议以及座谈会等,实现传达上情、了解下情,以及帮助指导工作和切实解决问题。团的各级巡视员基本都是采用召集会议的方式开展巡视的。三是进行个别谈话。即通过与被巡视地方负责同志及广大干部群众进行集体谈话或个别谈话,了解实际情况、完成巡视任务。如1931年8月9日,团中央鄂豫皖区分局要求巡视员"切实与下层团员及群众谈话"⑦。四是深入基层考察。即要求巡视员深入群众、深入基层,强调的是从群众中来、到群众中去的群众路线工作原则。深入基层考察的一个重要环节是必须认真收集、查阅各种地方资料。如1929年12月30日,团满洲省委要求巡

---

① 中央档案馆、陕西省档案馆:《陕西革命历史文件汇集》(1932年(二),甲5),内部资料,1994年,第157页。
② 中央档案馆、广东省档案馆:《广东革命历史文件汇集(团组织文件)》(1927—1932年),内部资料,1982年,第260页。
③ 中国共产主义青年团中央委员会办公厅:《中国青年运动历史资料》(1929年1月—6月)第5册,1981年,第53页。
④ 共青团山东省委、山东省档案馆:《山东青年运动档案史料选编》(1922—1937年),内部资料,1984年,第242页。
⑤ 中国共产主义青年团中央委员会办公厅:《中国青年运动历史资料》(1930年1月—6月)第7册,内部资料,1981年,第232页。
⑥ 中国共产主义青年团中央委员会办公厅:《中国青年运动历史资料》(1930年1月—6月)第7册,内部资料,1981年,第584页。
⑦ 中国共产主义青年团中央委员会办公厅:《中国青年运动历史资料》(1931年)第9册,内部资料,1981年,第332页。

视工作要"利用一切机会搜集材料"①。五是报告巡视情况。即在设计模式上，采取撰写巡视报告的方式，充分运用巡视成果。如1932年6月19日团中央指示团厦门中心市委："市委巡视员必须纠正平时不写报告，一次算账的习气。"②

（五）巡视员的纪律与要求

一是政治纪律。主要强调巡视工作必须坚定不移地贯彻执行中共和团的基本路线，必须坚定不移地纠正团内错误思想，必须坚定不移地维护上级权威。1932年3月24日团中央颁布的《巡视员工作条例》中规定：各级巡视员"须对该级领导机关负政治上责任"，强调"须表示自己是忠实的领导者"。③ 二是组织纪律。即必须遵守和维护团在组织上团结统一的行为准则，其核心是民主集中制原则。团中央颁布的《巡视员工作条例》中规定："必须纠正过去命令主义包办一切的方式"，"不能代替下级领导'包办一切'工作，必须站在检查和帮助下级团部的工作观点上积极扩展下层自动性和创造性"，且"要注意听每个参加突际工作同志的报告和各人的发言，注意听领导同志拟议的具体意见，然后详细的解说各种必要的问题"④。1934年5月1日，团河北省委指示团直中特委："要避免代替县委和区委的领导系统的现象"⑤。三是工作纪律。首先，要注重程序。巡视前，巡视员必须准备充分，并与中央讨论确定巡视中心任务；巡视中，必须写巡视日记，并及时报告巡视情况；巡视后，必须写出详细书面报告情况，并提出整改意见建议。1932年7月3日，团中央苏区分局规定："巡视员必须实行中央的巡视工作条例，不应成为一个简单的调查员或传达员。"⑥其次，要

---

① 中央档案馆、湖南省档案馆：《湖南革命历史文件汇集（省委文件）》（1929年），内部资料，1984年，第469页。
② 共青团中央青运史研究室、中央档案馆：《中国青年运动历史资料》（1932年6月—12月）第11册，中共党史资料出版社1988年版，第82页。
③ 中国共产主义青年团中央委员会办公厅：《中国青年运动历史资料》（1932年1月—6月）第10册，内部资料，1981年，第322页。
④ 中国共产主义青年团中央委员会办公厅：《中国青年运动历史资料》（1932年1月—6月）第10册，内部资料，1981年，第322页。
⑤ 中央档案馆、河北省档案馆：《河北革命历史文件汇集》（甲）第21册，内部资料，1999年，第399页。
⑥ 共青团中央青运史研究室、中央档案馆：《中国青年运动历史资料》（1932年6月—12月）第11册，中共党史资料出版社1988年版，第164页。

注重计划。如1930年9月19日,团闽西特委要求:"巡视工作应有计划去进行。"①再次,要注重方式。1929年《上海巡视工作大纲》中规定了团巡视的7种方式,即参加的各种会议主要是支部会议、个别谈话主要是找重要支部同志谈、调阅会议记录及当地各种印刷品、做巡视日记和催填表册、很冷静去考察与追问各方面情形不带主观、利用其他同志去调查报告找到新的考察巡视线索和实际材料、收集各种社会的调查统计报告材料。②四是群众纪律。群众纪律是处理巡视工作与群众关系必须遵循的原则和要求。1929年1月至3月,团江西省委报告:"避免了机关式的巡视,巡视所到之地,必须居留相当长时期,并深入到支部中去切实考察指导。"③1929年3月14日,团山东省委要求巡视:"必须要常期的参加到下层支部小组中间……绝对避免'走马看花'的'旅行'。"④1932年12月30日和1933年1月13日,湘赣苏区团省委两次针对"巡视员走马看花形式主义制度很浓厚……官僚主义的领导方式还严重"⑤,提出"反对过去忽视这一工作与官僚主义的领导方式"⑥。

三、团的巡视工作历史贡献与基本经验

新民主主义革命时期团的巡视工作建设,是团的奋斗发展史、理论创新史的重要组成部分,为团的政治建设、思想建设、作风建设和组织建设作出了重要的历史贡献。

---

① 中国共产主义青年团中央委员会办公厅:《中国青年运动历史资料》(1930年7月—12月)第8册,内部资料,1980年,第230页。
② 参见中国共产主义青年团中央委员会办公厅:《中国青年运动历史资料》(1929年7月—12月)第6册,内部资料,1981年,第628—630页。
③ 共青团中央青运史研究室、中央档案馆:《中国青年运动历史资料》(1929年1月—6月),中共党史资料出版社1989年版,第294页。
④ 共青团山东省委、山东省档案馆:《山东青年运动档案史料选编》(1922—1937年),内部资料,1984年,第242页。
⑤ 青年团中央青运史研究室、中央档案馆:《中国青年运动历史资料》(1933—1934年),中共党史资料出版社1989年版,第40页。
⑥ 共青团中央青运史研究室、中央档案馆:《中国青年运动历史资料》(1932年6月—12月),中共党史资料出版社1988年版,第753页。

(一)实现了团内高度集中统一领导

一是规范了团内领导关系秩序。巡视工作在顶层设计上始终与建团治团原则高度契合,其核心功能是保证团内集中统一领导。早期实行的巡视特派,本身就是一种领导方式。如1925年2月,团中央特派员林育南巡视武昌,"逐渐健全团武昌地委的领导机构"①。1927年大革命失败后,从团中央到地方派员层层巡视直到基层,加强对下级团组织的领导,形成了中央—地方—基层三个层级的领导链条。巡视工作的实行,密织了组织网络,构建完善了团内各级领导体系,确立了组织路线和团内关系秩序,实现并强化了团内集中统一领导。二是整顿改造了地方团组织。早期的一些地方团组织,就是由巡视员创建成立的。1923年10月底,中央特派员王振翼巡视山东,"主持改组"了济南团组织。② 1924年,在团中央巡视员林育南领导下,武汉许多工厂和学校恢复和发展了团组织。同年8月20日,团中央执委恽代英巡视长江各地,改组了湖北团组织,共有8个支部。③ 1927年大革命失败后,巡视工作对于恢复重建和整顿改组地方团组织发挥了重要作用。如1929年,团山东省委通过巡视"改组了各地的指导机关,引进当地工农同志来参加"④。1932年年初,团满洲省委巡视员傅天飞多次赴南满、北满抗日游击区巡视,整顿改造组织,并先后在金川、桓仁、兴京等县开辟工作,建立抗日游击根据地。三是确保了党内上下政令畅通。巡视工作的实行,能够及时将上级团组织重要精神传达到位,督促团员干部树立正确政治信念,旗帜鲜明地坚持上级基本路线不动摇。如1923年10月底,团中央特派员王振翼巡视山东,传达国共合作指示。1925年2月,团中央特派员林育南巡视武昌,"传达了团的第三次全国代表大会精神"⑤。1929年,团山东省委报告称巡视主要成绩之一就是"传达了全国大会及省扩大会的决议,至少给了各地干部活动分子一个相当的认识",正是因为巡视,"确定了各地主要工

---

① 林育南:《林育南文集》,人民出版社2014年版,第104—105页。
② 参见常连霆:《山东党史资料文库》第2卷,山东人民出版社2015年版,第85页。
③ 参见中共湖北省委组织部、中共湖北省委党史资料征集编研委员会、湖北省档案馆编:《中国共产党湖北省组织史资料(1920年秋—1987年11月)》,湖北人民出版社1991年版,第18页。
④ 山东省档案馆、山东省社会科学院历史研究所编:《山东革命历史档案资料选编》第2辑,山东人民出版社1981年版,第61页。
⑤ 《林育南文集》,人民出版社2014年版,第104—105页。

作的路线,尤其是集中力量来建立产业支部与工作中心的这一路线"。① 1932年5月17日,团赣东北省委报告亦称,"传达和帮助执行,在这几次巡视中,是获得了效果的"②。通过巡视,使上级团组织的政治主张和路线政策得以贯彻落实,从而实现了团内凝聚共识和统一意志,保证全团在政治立场、政治观点和政治原则上的高度一致。

(二)发展壮大了团的力量

一是积极发展团员。发展团员是各级团的巡视员最基本的职能。如1924年8月,团中央执委恽代英巡视团武昌区委,发展团员40人。③ 1926年至1927年,在团中央巡视员领导下,团吉安地委发展团员455人。1927年10月,团陕西省委指示团长安县委:要通过巡视"把散乱找不见的同志都次第组织起来,且有新的发展"④。1928年3月20日,团中央派卓恺泽巡视武汉,先后与鄂东、鄂中、鄂北等区青年取得了联系,各地"同志亦较热烈,大有蒸蒸日上之貌"⑤。二是建立各级组织。建立地方团组织,是巡视工作一个重要任务。如1923年11月18日,在团中央特派员王振翼指导下,由12名团员组成的青年团青岛支部建立,直接隶属团中央。1925年6月,团中央特派员方尔崧巡视福州,筹备成立了团福州地委。为加强对豫陕地区团和青年运动的领导,1925年10月团中央巡视员李求实巡视豫陕,筹建了团豫陕区委,并派张霖帆等人前往信阳、郑州、卫辉、荥阳、彰德等地巡视,参与并帮助各地建立团组织。第一次大革命失败后,团陕西省委巡视员焦维炽巡视陕北,整顿恢复了榆林、绥德等地的团组织。⑥ 1927年10月中旬,任弼时巡视湖南,指导帮助全省24个县团组织恢复,湘南、

---

① 山东省档案馆、山东省社会科学院历史研究所编:《山东革命历史档案资料选编》第2辑,山东人民出版社1981年版,第61页。
② 中国共产主义青年团中央委员会办公厅:《中国青年运动历史资料》(1932年1月—6月)第10册,内部资料,1981年,第626页。
③ 参见中共湖北省委组织部、中共湖北省委党史资料征集编研委员会、湖北省档案馆编:《中国共产党湖北省组织史资料(1920年秋—1987年11月)》,湖北人民出版社1991年版,第18页。
④ 中共陕西省委党史研究室、共青团陕西省委运史研究室编:《土地革命时期共青团陕西省委和陕西青年运动》,陕西人民出版社1992年版,第69页。
⑤ 中央档案馆、湖北省档案馆:《湖北革命历史文件汇集》(1927—1932年),内部资料,1985年,第358页。
⑥ 参见中共陕西省委党史研究室、共青团陕西省委青运史研究室编:《土地革命时期共青团陕西省委和陕西青年运动》,陕西人民出版社1992年版,第535页。

湘西、湘中、湘西南等地分别设立特委。① 1931年至1932年,团西安市委陆续派出巡视员到各地,逐步帮助汉中各县、三原、蒲城、韩城、渭南、合阳、富平等地恢复、建立了团组织。② 三是构建运行机制。通过巡视工作,促使团内各项工作诸如指导工作、训练干部、组织理论建立、发行工作、调查统计、整顿改造等,均逐渐建章立制、规范运作。如1931年共青团满洲省委通过巡视对基层的团组织进行整改,吉林临时县委改为正式县委,制定工作计划,派人赴农村巡视,建立与各地的关系,完善了支部生活,开始组织群众运动。

(三)纠正了团内错误思想

一是纠正了各种错误倾向。各级团的巡视员通过随时检查、教育和提拔干部、加强思想教育乃至改造地方团部,采取必要的政治和组织手段强制推行上级路线和政策,纠正了工作中出现的一切与上级路线相违的错误。如1932年9月3日,团湘鄂赣工作报告中指出:"省委在今年三月间,召集了第三次省委的执委扩大会,得到团苏区中央局派来的巡视员郭潜同志的指示,将旧的机会主义省委改散了,成立临时新的省委。"③1932年9月7日,团四川省委就团省委巡视员项思平问题指示顺庆县委:"关于反日反帝号召民族革命战争的问题,关于'八一'纪念及布置'九四'纪念节的问题,关于反取消派的问题,关于组织的改造及工作作风的转变问题,对你们右倾机会主义与部分的'左'倾意见,给予严重的打击,在实际工作上有相当的帮助。"④二是解决了各种矛盾纠纷。在复杂的革命形势下,面对接连遭受的挫折,或者由于革命意见不一致,往往会出现团内纷争。巡视工作的实行,对于解决这些问题发挥了重要作用。如1923年12月,邓中夏赴北京、保定、天津、济南等地巡视,解决了北京团内部纠纷问题。1925年,西安的两个团支部因内部意见不同产生矛盾,1925年3月团中央先后派陕西籍党员武思茂、李子健、崔孟博等人到西安巡视整顿两个支部,解决了两

---

① 参见章学新主编:《任弼时传》,中央文献出版社2000年版,第140页。
② 参见中共陕西省委党史研究室、共青团陕西省委青运研究室编:《土地革命时期共青团陕西省委和陕西青年运动》,陕西人民出版社1992年版,第18页。
③ 共青团中央青运史研究室、中央档案馆:《中国青年运动历史资料》(1932年6月—12月),中共党史资料出版社1988年版,第446页。
④ 中央档案馆、四川省档案馆:《四川革命历史文件汇集(群团文件)》(1932年6月—1945年),内部资料,1987年,第63页。

个支部的矛盾。① 三是校正了斗争偏差。巡视工作一个重要的历史贡献是,通过巡视员不断监督检查,及时纠正下级团组织工作上和斗争上存在的偏差。以团满洲省委为例,针对巡视发现的基层团组织宣传工作无计划无组织、仅依靠"纪念式"方式等"未常态化"问题,组织薄弱问题,团内存在诸如取消团组织、关门主义、空谈以及惧怕群众等"左"倾和右倾危险问题,巡视员均能够进行集中批判,提出具体整改建议,保证团的工作沿着正确轨道运行。再如,1931年11月,团中央苏区分局巡视员冯文彬巡视湘赣革命根据地,把将要被错杀的谭启龙等带回中央苏区,及时挽救了干部的生命,并就莲花过去单凭口供、滥用肉刑、乱捕乱杀及肃反机关权力过大等问题予以纠偏。1932年5月5日,团中央指示团河南省委巡视工作:要"针对着目前河南客观形势与自己工作的严重状态,刺激起每个团员的情绪,克服自己工作中一切错误,特别是反对实际工作中消极怠工空喊清谈的倾向"②。

（四）促进了青年运动的发展

一是有利于青运的科学决策。根据团的巡视工作运行模式,巡视任务完成后必须提交巡视报告,上级团组织据此有针对性予以指示。这种传达精神—报告情况—提出指示的良性运作机制,有利于上级团组织全面了解掌握情况和科学决策。诸多文献中,均可看到团中央和团省委根据巡视员报告作出的指示或致信。同时,由于团的巡视员的巡视报告来自基层、来自群众,其提出的意见建议比较贴近实际,有些意见建议直接被上级团组织采纳,变为指导下级团组织开展革命斗争和党的工作的指示方针,有利于青年革命运动的健康发展。二是有利于青运的指导领导。如1932年9月13日,团陕西省委报告称"立刻出发巡视各处支部工作,把各支部健全起来,加紧领导广大的青年群众"③;次日,陕

---

① 参见中央档案馆、陕西省档案馆:《陕西革命历史文件汇集》(1924—1926年),内部资料,1991年,第79—84页。
② 中国共产主义青年团中央委员会办公厅:《中国青年运动历史资料》(1932年1月—6月)第10册,内部资料,1981年,第511页。
③ 中央档案馆、陕西省档案馆:《陕西革命历史文件汇集(二)》(1932年,甲5),内部资料,1994年,第39页。

西团省委再次报告"市委每天巡视各支部一次,考察与督促每支部工作"①。同年11月25日,广东团省委致信惠阳县委:"经常派巡视员帮助支部的工作,检查支部工作,定出支部工作计划,教育同志,用欢迎计划的办法去动员,提高支部同志的积极性。"②三是动员青年革命走向胜利。通过巡视工作开展革命动员,组织引领和指导领导各地各类青年革命斗争不断走向胜利。如1926年,团中央"感觉有宣传督促各地学生实际活动之必要,当即斟酌地方的重要和力量的可能,先后派出特派员,计湘、鄂、川、陕、豫、滇、桂、粤、赣、闽以及京直各地都去宣传和组织"③。1927年8月,团中央派遣巡视员巡视广东,协助组织1000多名青年参加红军。1928年,团江苏省委巡视员史砚芬深入巡视安徽滁县(今安徽滁州市),以团滁县特支为基础,组织店员工会,筹行工会,发展会员100多人;后又巡视南京,在工人、学生中发展组织,创办进步刊物,宣传革命理论。④1932年2月,团河南省委巡视员王伯阳,先后到郑州、孝义、孟津、济源、洛阳等地指导青年工作。⑤ 1932年11月2日,团满洲省委巡视员刘过风巡视南满,协助杨靖宇整顿了游击队。1934年,团吉东局巡视员李光林经常在穆棱、勃利、密山一带巡视,他深入发动群众,积极开展抗日活动。同年1月27日,团满洲省委报告团巡视情况:"经省委巡视员去,恢复满铁机关支部,成立新特支。"⑥

(五)为中共输送了力量

一是部分团巡视员直接变为中共地方领导力量。建党、建团初期及大革命时期,党团工作是糅合在一起的,一些优秀的团巡视员后来直接参加革命,转变为中共地方组织的领导人,成为中共革命的重要地方领导力量。如1926年2月团中央巡视员刘峻山巡视南昌后,被中共中央任命为特派员、中共浙江省委

---

① 中央档案馆、陕西省档案馆:《陕西革命历史文件汇集(二)》(1932年,甲5),内部资料,1994年,第52页。
② 中央档案馆、广东省档案馆:《广东革命历史文件汇集(团组织文件)》(1927—1932年),内部资料,1982年,第293页。
③ 中国共产主义青年团中央委员会办公厅:《中国青年运动历史资料》(1926—1927年)第3册,内部资料,1981年,第120页。
④ 参见梁成琛、王庆猛:《贺瑞麟传》,江苏人民出版社2016年版,第93页。
⑤ 参见林志冠:《新安县志》,河南人民出版社1989年版,第611页。
⑥ 中央档案馆、辽宁省档案馆、吉林省档案馆等:《东北地区革命历史文件汇集》(1933年12月—1934年2月),内部资料,1989年,第247页。

常务委员。① 1933年团巡视员刘英巡视福建,后被中共福建省委留下,1934年任于都县"扩红"队长,超额完成"扩红"任务,名字和事迹上了《红色中华》报头版头条,受到中共中央领导的表扬。② 二是成为中共联系青年的纽带和桥梁。共青团工作最大的政治逻辑是"党有号召,团有行动",团的巡视工作是围绕中共的政治纲领、政治主张和各项政策展开的,促使共青团成为中共联系青年群众的桥梁和纽带。以团巡视青年竞赛活动为例,1932年10月5日,团陕西省委要求:"各地团部至少有一巡视员经常出发各支部去巡视,帮助同志对冲锋季工作的进行。"③1934年4月29日,团磐石中心县委关于"红五月"工作决议:"县委要以对巡视员进行真正检查和具体领导,反对各区委员轮流训练等方式,以争取全县工作的彻底转变。"④类似"冲锋季"工作、"红五月"工作和"扩红"工作等竞赛活动,均为中共布置的。各级团组织通过巡视,在督促检查这些活动开展情况中,不仅促进青年运动的发展,更为重要的是为中共输送坚强的有生力量提供了基础。三是引导知识青年在与工农大众的结合中紧密跟随中国共产党。团巡视工作一个重要特点是,爱护青年、关心青年、培养青年,引导青年在与工农大众相结合的实践中成长,并向中共组织积极靠拢。团的巡视员通过分析中国的实际和根源问题、青年与工农大众在社会革命中的地位和角色,纠正青年运动中的"先锋主义""冒险主义"等错误倾向,教育引导青年与工农大众相结合,提高青年觉悟,增强斗争经验,坚定革命信心,在实践中紧紧跟随中国共产党。

(六)丰富了巡视工作理论

认真总结梳理团的巡视工作基本经验,对于加强和改进当前党和团的巡视工作具有重要的借鉴意义。一是始终坚持党的领导。新民主主义革命时期团的巡视工作能够发挥独特作用,并且始终沿着正确的方向前行,最为重要的原

---

① 参见陈立明:《中共江西省委(1927—1930)》,江西教育出版社2014年版,第228页。
② 参见刘英:《刘英自述》,人民出版社2005年版,第89页。
③ 中央档案馆、陕西省档案馆:《陕西革命历史文件汇集(二)》(1932年,甲5),内部资料,1994年,第152页。
④ 中央档案馆、辽宁省档案馆、吉林省档案馆等:《东北地区革命历史文件汇集》(1930年9月—1934年12月),内部资料,1989年,第399页。

因就是坚持党的领导。实践证明,坚持党的领导是团的巡视工作建设的根本保证,只有始终坚持党的领导,团的巡视工作建设才能认清历史发展的方向,顺应时代的潮流,始终和青年站在一起,成为中共巡视工作建设的一个重要组成部分。二是始终坚持围绕中心、服务大局。围绕中心、服务大局是新民主主义革命时期团的巡视工作建设的基本原则。实践证明,新民主主义革命时期团内巡视工作之所以能够赓续,一个最重要的原因就是能够始终坚持党和团工作中心而开展,从而不断彰显出制度旺盛的生命力。三是始终坚持结合青年特点。新民主主义革命时期团内巡视工作建设的基本定位是重在青年群众、重在青年运动,其发展变化是结合青年实际不断进行调适而形成和发展的。实践证明,团的巡视工作只有根据青年工作形势变化特点不断进行自我调适完善、自我创新发展,才会最终拥有未来。四是始终坚持规范化、制度化建设。新民主主义革命时期团的巡视工作发展过程,也是一个制度化、规范化的过程,团中央颁布的《巡视员工作条例》的实施恰逢其时。实践证明,团的巡视工作质量和水平若想得以提升,及持续健康深入发展,就必须有科学严密、运作高效的制度体系作为坚强保证。五是始终坚持群众路线。新民主主义革命时期团的巡视工作发展过程,也是密切联系实际、坚持走群众路线的过程。实践证明,只有坚定走群众路线,深入开展巡视动员,团的巡视工作才能永葆青春、永放光芒。六是始终坚持加强团巡视工作队伍建设。新民主主义革命时期团的巡视工作具有很强的政治性和政策性,巡视员的选拔和教育,体现出了高标准、严要求。实践证明,建设一支政治忠实坚定、业务素质优良、作风品质严谨、适应能力强的团的巡视干部队伍,是其持续深入发展的有力组织保证。

青年孕育无限希望,青年创造美好明天。作为中共重要战略安排,团的巡视工作在新民主主义革命时期发挥了独特作用。新时期新征程,如何加强团的巡视工作建设,更好地将青年团结起来、组织起来、动员起来,为实现第二个百年奋斗目标、实现中华民族伟大复兴的中国梦而奋斗,是我们必须要回答的重大课题。

第五章
运用拓展：军事工作巡视实践考略

军事工作巡视是党的工作的重要组成部分。新民主主义革命时期，中共高度重视军事工作巡视，颁布有《军事工作巡视员条例》《目前部队巡视工作大纲》等重要文件。该时期的军事工作巡视实践是一个具有丰富内涵和深远意义的历史课题。然而，目前学术界对此研究还不够深入。因此，本章旨在通过粗线条地考察其历史发展的主题主线和基本规律，引起学术界对该问题的关注。

一、军事工作巡视实践的历史脉络

新民主主义革命时期，党的军事工作巡视实践有其产生和发展的特定历史背景，党的巡视理论是其基本遵循，有序政治动员、指导领导军队党的工作是其主题主线，强化党对军队的绝对领导是其根本目的，呈现出三个层面的发展图景。

（一）中共对军事工作的巡视

1925年10月，中共中央下发《组织问题议决案》，要求在中央之下设立军事运动委员会。[①] 1926年9月24日，中央发布第20号通告提出军事运动委

[①] 参见中共中央组织部、中共中央党史研究室、中央档案馆编：《中国共产党组织史资料》第8卷，中共党史出版社2000年版，第67页。

会设军事特派员。① 1927年四一二反革命政变后,中国共产党进行战略调整,重心由工农运动转向武装斗争。为强化对各地党的军事工作的指导和领导,党创新性地引入了巡视机制于军事领域,创设了军事特派员体系。同年12月20日,中共中央针对柏文蔚部学兵团的筹建,详细规划了组织结构:连支部之上,若同属一营,则设营特派员;若跨营,则由团委员会直管。② 这一体系强调绝对保密与单一领导原则,确保指挥畅通。鉴于部分省委尚未建立,中央直接派遣巡视员,亲临一线指导军事工作,以弥补地方领导空缺。③

新民主主义革命时期,军事组织系统的有效管理成为革命成功的关键,一种全新的管理尝试和探索——派遣巡视员加强对军事组织系统的管理,成为推动革命进程的关键力量。1928年5月25日,中共中央在第51号通告《军事工作大纲》中明确指出:"重要县市应有军事特派员参加县市委。"④1928年7月3日,中共中央发布《六大以后军事工作的主要任务》要求:针对旧军队,建立秘密支部,营以上"设特派员制"⑤;针对农民武装运动,中共中央提出设立巡阅制的策略,要求巡视员深入各地,巡视农民武装的工作情况,发现问题并及时解决。⑥为了将这一系列管理创新制度化、规范化,1930年2月24日,中共中央军委精心制定《军事工作巡视员条例》,全面规范了巡视员的职责、任务、工作方法以及职权范围。⑦ 此后,中共中央又通过一系列文件的下发,不断对巡视员和特派员的工作细化与完善。以江苏省为例,1931年3月14日,中共中央下发《兵运工

---

① 参见中共中央组织部、中共中央党史研究室、中央档案馆编:《中国共产党组织史资料》第8卷,中共党史出版社2000年版,第2页。
② 参见中共中央文献研究室、中国人民解放军军事科学院编:《周恩来军事文选》第1卷,人民出版社1997年版,第46页。
③ 参见中共中央文献研究室、中国人民解放军军事科学院编:《周恩来军事文选》第1卷,人民出版社1997年版,第47页。
④ 中共中央组织部、中共中央党史研究室、中央档案馆编:《中国共产党组织史资料》第8卷,中共党史出版社2000年版,第182页。
⑤ 中共中央文献研究室、中国人民解放军军事科学院编:《周恩来军事文选》第1卷,人民出版社1997年版,第51页。
⑥ 参见中共中央文献研究室、中国人民解放军军事科学院编:《周恩来军事文选》第1卷,人民出版社1997年版,第57页。
⑦ 参见《中国人民解放军通鉴》编辑委员会:《中国人民解放军通鉴(1927—1996)》,甘肃人民出版社1997年版,第159页。

作是党的战斗任务》文件,要求江苏省委派出3名巡视员专门巡视全省的兵运工作。① 随后,湘、鄂、赣、闽、皖、浙等省纷纷参照执行,巡视员和特派员制度在全国范围内得到广泛推广和应用。随着时间的推移,中共中央对巡视员和特派员的工作提出了更高的要求。1934年8月12日,中央局军委给华北各级党部的一封秘密信中明确要求:对于在前线已有组织与工作的部队,必须立即派遣得力的巡视员与特派员前去帮助具体布置工作,加强党的领导,确保能够正确地运用下层统一战线。② 同时要求:"确立巡视工作与建立与各部队密切联系的关系,以加强党的领导。"③党在建党早期对军事工作的巡视,主要包括对旧军队党的工作(即士兵运动工作)和工农武装运动工作的巡视。

各地党组织严格执行中共中央的指示要求。以1929年为例,王逸常作为中央巡视员,深入皖北各县及六安等地,其核心使命聚焦于士兵运动工作的推动与发展,《王逸常同志关于巡视皖北经寿县六安等地综合工作给中央的报告》详细记录了这一过程的艰辛与收获。④ 1929年底,浙江省委巡视员卓兰芳对浙西巡视的基本任务之一也是巡视士兵运动工作。卓兰芳敏锐地发现,浙西地区的士兵多为本土人士,易于接受革命思想的熏陶,同时指出了士兵队伍中存在的饷银不足、军纪松弛等问题,以及士兵日常生活中的不良习气。尤为令人惋惜的是,永康地区因盲动主义导致的白色恐怖,使得士兵运动遭受重创,几乎陷入停滞。⑤ 在广东北江,省委巡视员李某强调广泛宣传的重要性,利用标语、画报等多种形式,深入士兵群体,激发其革命热情,同时提出"打入敌军内部"的策略,派遣忠诚可靠的同志潜入敌军,为分化瓦解敌军力量贡献力量。此外,李某还注重发掘和培养兵运专责人才,为士兵运动的持续发展奠定了坚实的人才基

---

① 参见中共中央文献研究室、中国人民解放军军事科学院编:《周恩来军事文选》第1卷,人民出版社1997年版,第140页。
② 参见中央档案馆:《中共中央文件选集》第10册,中共中央党校出版社1991年版,第383页。
③ 中央档案馆:《中共中央文件选集》第10册,中共中央党校出版社1991年版,第385页。
④ 参见《王逸常同志关于巡视皖北经寿县六安等地综合工作给中央报告》(1929年),中共安徽省委党史研究院藏,第207—267页。
⑤ 参见中央档案馆、浙江省档案馆:《浙江革命历史文件汇集》(1929年),浙江人民出版社1989年版,第207页。

础。① 通过深入一线、洞察真相,中共不仅掌握了旧军队的武装力量构成及驻防换防情况,更对士兵的思想动态有了全面而深入的了解,为制定对敌政策提供了科学依据,也为分化瓦解敌军、壮大革命力量奠定了坚实基础。

各地各级军事工作巡视情况参差不齐。以四川省为例,1927 年 11 月 4 日,四川临时省军委向中央报告称:下一步"派人巡视各军支,整顿组织"②;1930 年 5 月,该省军委总结道,"过去军委的缺点,第一算是没有巡视工作",遂提出要求:"军委目前必须召集一度巡视会议,提选巡(视)员,决定巡(视)员的任务"③;同年 8 月,该省委第一次军事会议决议成立 5 个军区,每军区设巡视员 2 人④;10 月 19 日,该省军委在《六至九月工作大要》中称,"加紧巡视工作,李巡视川南,(巡)视合川、遂宁、三台"⑤。再如江苏省,1929 年 4 月 30 日,该省委发布通告要求:"省委为了解与直接指导全省军事工作起见,在必需时可派巡视员或特派员出巡或驻某几个重要区域,代表省委意见指导当地工作"⑥;1930 年 1 月 7 日,再次下发通告要求,"注意巡视工作,帮助外县计划布置士兵年关斗争与士兵运动周工作。在十五号,军事巡视员即须出巡"⑦;2 月 12 日,又指示无锡县委,"省军委在数日内即有巡视员来锡,帮助你们计划布置无锡的士兵工作"⑧;1931 年 5 月,该省委军委在《六七两月工作计划》中指出:"调二人专门巡

---

① 参见中央档案馆、广东省档案馆:《广东革命历史文件汇集》(1929 年[三]),广东人民出版社 1982 年版,第 239 页。
② 中央档案馆、四川省档案馆:《四川革命历史文件汇集(省委文件)》(1926—1927 年),内部资料,1984 年,第 274 页。
③ 中央档案馆、四川省档案馆:《四川革命历史文件汇集(省委文件)》(1930—1931 年),内部资料,1985 年,第 103 页。
④ 参见中央档案馆、四川省档案馆:《四川革命历史文件汇集(省委文件)》(1930—1931 年),内部资料,1985 年,第 292 页。
⑤ 中央档案馆、四川省档案馆:《四川革命历史文件汇集(省委文件)》(1930—1931 年),内部资料,1985 年,第 347 页。
⑥ 中央档案馆、江苏省档案馆:《江苏革命历史文件汇集》(1929 年 3 月—5 月),内部资料,1985 年,第 334 页。
⑦ 中央档案馆、江苏省档案馆:《江苏革命历史文件汇集》(1930 年 1 月—3 月),内部资料,1985 年,第 49—50 页。
⑧ 中央档案馆、江苏省档案馆:《江苏革命历史文件汇集》(1930 年 1 月—3 月),内部资料,1985 年,第 407 页。

视外县工作,巡视员须深入到支部中去,每一处一月要巡视两次。"①再如两广省委,1932年1月31日,两广省委致信中央及军委称,"各处的巡视也不能经常去做,敌情等报告迟缓万分,有时还是得不到消息"②;9月5日,两广工委下发第5号通知要求:"在十月十五日前,省军委必须找到一二个兵运巡视员,经常派往有组织的部队中巡视,加强兵运的领导。"③其他各省、市均有类似文献记载。如1930年1月19日,福建军委向中央军委报告:"福州每月一次,漳州每月二次,莆田每月一次。"④10月7日,满洲总行委军委报告称:省军组织最近"必须加紧巡视工作,加紧活的指导,这是目前最有效的指导方法"⑤。1934年6月20日,河南军委下发六七月工作计划:"□□同志与□□同志到东北军中去巡视","□□同志到第一纵队、二十四旅、四十军去巡视。□□同志到八十四师去巡视"⑥。1935年4月2日,共青团珠河县委决议称:"决定经常派巡视员到队巡视,保障县委对青义军的密切领导。"⑦

(二) 中共对军队的巡视工作

党领导的武装力量大体可分三类:正规军、游击队和赤卫队。1928年3月2日,中共中央就军队组织问题回复湖北省委称:"团与师不应只设一特派员,应设委员会或干事会。"⑧1928年夏,随着中央第51号通告《军事工作大纲》的正式颁布,赤色卫队作为革命武装力量的重要组成部分,其指挥体系得到明确

---

① 中央档案馆、江苏省档案馆:《江苏革命历史文件汇集》(1931年1月—8月),内部资料,1985年,第411页。
② 中央档案馆、广东省档案馆:《广东革命历史文件汇集(两广省委)》(1932年1月—9月),内部资料,1982年,第35页。
③ 中央档案馆、广东省档案馆:《广东革命历史文件汇集(两广省委)》(1932年1月—9月),内部资料,1982年,第302页。
④ 中央档案馆、福建省档案馆:《福建革命历史文件汇集(省委文件)》(1930年),内部资料,1984年,第52页。
⑤ 中央档案馆、辽宁省档案馆、吉林省档案馆等:《东北地区革命历史文件汇集》(1930年10月—12月),内部资料,1988年,第17页。
⑥ 中央档案馆、河南省档案馆:《河南革命历史文件汇集(省委文件)》(1934年),内部资料,1984年,第233页。
⑦ 中央档案馆、辽宁省档案馆、吉林省档案馆等:《东北地区革命历史文件汇集》(1929年5月—1937年9月),内部资料,1984年,第325页。
⑧ 中共中央组织部、中共中央党史研究室、中央档案馆编:《中国共产党组织史资料》第8卷,中共党史出版社2000年版,第176页。

界定:由县级或区级苏维埃赤卫队委员会直接领导,而这一委员会则直接隶属于党的军事委员会或特别派遣的军事专员。① 1929年5月,四川省委就军中党组织系统规定,营设特派员。② 1930年9月21日,第二十一军军委书记李任予在报告中说道:"二十一军在东江及平和失败后退回闽西时,适中央派到四军的巡视员涂振农同志由四军折回闽西,总行委开联席会议时涂同志出席指导,军委在闽西总行委过去之争论得到相当解决,对二十一军目前的行动问题也有决定。"③1932年2月15日,《陕西省委给中央的报告(第一号)——关于陇西游击队情况》中记载:"派军委书记杰夫同志作省委巡视员,实际去指导布置一切军事的、政治的工作。"④1933年,陕北地区的革命形势日益严峻,陕北代表团在此背景下通过了《目前陕北形势与党的紧急任务》的决议,明确要求特委必须迅速行动起来,派遣得力干部深入游击队进行巡视工作,全面检查队员与指挥员的构成及过往工作成效,并据此制定更加明确、切实可行的行动纲领。⑤ 1939年5月,面对国民党反动势力日益猖獗的摩擦挑衅,中共中央审时度势,要求党、政府与民众团体的指导机关在保持高效精干的同时,充分利用游击队的掩护作用,深入基层、巡视指导。⑥

(三)军队内部的巡视工作

中共中央军事部设立军事巡视员,深入部队监督军事工作的执行。1930年,《军事巡视员规程》出台,明确了巡视工作的职责与操作框架,强化了军事监督与指导的体系化。1934年5月24日,陕南特委在给中央报告中称:"军委三

---

① 参见中共中央组织部、中共中央党史研究室、中央档案馆编:《中国共产党组织史资料》第8卷,中共党史出版社2000年版,第183页。
② 参见中共四川省委组织部、中共四川省委党史研究室、四川省档案馆:《中国共产党四川省组织史资料(1921—1949)》,四川人民出版社1995年版,第97页。
③ 中央档案馆、福建省档案馆:《福建革命历史文件汇集》(闽西特委文件1928—1936年),内部资料,1984年,第166页。
④ 中央档案馆、陕西省档案馆:《陕西革命历史文件汇集》(1932年[一],甲4),内部资料,1994年,第19页。
⑤ 参见中央档案馆、陕西省档案馆:《陕西革命历史文件汇集》(1933年1月—3月,甲6),内部资料,1994年,第238页。
⑥ 参见中央档案馆:《中共中央文件选集》第12册,中共中央党校出版社1991年版,第68页。

个巡视员同志,管理下级已经分工。"①1934年3月10日,磐石中心县委致信人民革命军第一军独立师要求:"师委选择出得力的同志二人或三人为队伍中专门巡视员(不兼任别的工作),不断的进行各级党部的巡视工作。"②1938年6月22日,吉东省委指示:"由地方选出之特别党执委二人,不驻在固定地方,驻在军队后方或随军队行动,专任地方巡视督促工作。"③

红军长征期间,为强化上级组织对基层工作检查与指导,中共中央决定实行团党委会巡视工作,"派遣得力委员去直接巡视与整理支部工作"④。为此,红军总政治部专门针对此项工作提出了具体要求,总支委需要经常对支部工作进行检查和督促,要经常派委员巡视各支部,而不仅仅是响应某种动员才派人巡视。其主要任务是帮助支部工作,而非单纯地批评或超越支部委员会去工作。⑤ 长征途中,加强政治工作和纪律性显得尤为重要,部分部队成立巡视团。如红一师政治部设立了由肖锋担任主任的巡视团。而红一军团政治部设立的巡视团则有着更为特殊的使命,不仅承担着维护部队纪律、监督政治工作的重任,更成为了储备干部的重要来源。

抗日战争时期,党内巡视工作拓展应用至军事斗争工作。1938年,八路军总部决定:"从总政、前总到各级政治机关挑选得力的政治工作干部组成巡视团,深入部队检查工作。"⑥1939年6月,《中央军委、总政治部关于整理与巩固新部队的训令》下发,决定建立并实行巡视团制度,作为整理与巩固新部队的重要方式。文件明确要求,各指定单位需派遣具备丰富经验与适当能力的干部,以考察团、巡视团等名义,深入指定区域的部队,通过实地调研、指导帮扶,促进

---

① 中央档案馆、陕西省档案馆:《陕西革命历史文件汇集》(1933年4月—1936年,甲7),内部资料,1994年,第354页。
② 中央档案馆、辽宁省档案馆、吉林省档案馆等:《东北地区革命历史文件汇集》(1930年9月—1934年12月),内部资料,1989年,第198页。
③ 中央档案馆、辽宁省档案馆、吉林省档案馆等:《东北地区革命历史文件汇集》(1936年3月—1938年10月),内部资料,1989年,第247页。
④ 中央档案馆:《中共中央文件选集》第10册,中共中央党校出版社1991年版,第96页。
⑤ 参见总政治部办公厅:《中国人民解放军政治工作历史资料选编》第3册,解放军出版社2001年版,第92页。
⑥ 姜思毅:《中国人民解放军政治工作史》,解放军政治学院出版社1984年版,第218—219页。

新部队建设的全面发展。① 各主力部队也积极响应军委、总部的号召,纷纷选派有能力有经验的干部组成考察团、巡视团开展巡视。其中,野战政治部及一二九师负责巡视整理冀南及冀晋豫军区之地方部队,一一五师巡视整理山东纵队一部,三五八旅巡视整理六支队及独立一二团,新四军政治部巡视整理江北部队,一二〇师政治部巡视整理冀中纵队。中央军委总政治部在巡视整理冀察晋部队之后即进行巡视整理冀中纵队,实际巡视时间以3个月为期整理完毕。② 在这些巡视团的努力下,部队中的党建工作得到极大加强。通过互相参观、交流经验,部队间的革命竞赛如火如荼地展开。晋西北部队在总结巡视工作经验时明确指出:通过正确的发动与组织革命竞赛活动,以及加强部队间的互相参观与交流学习,是提升工作效率、推动工作落实的最有效手段。③

在南方敌后,1939年冬,八路军政治部组建巡视团奔赴新四军一支队司令部巡视,认真开展军队整训、调查研究和思想教育工作。④ 在百团大战开始时,八路军总部和北方局决定,成立巡视团,帮助新部队进行整顿。第一次是在1941年二三月间,主要解决主力部队与地方游击队的关系问题,纠正将游击队全部编入主力的倾向。第二次是在同年9月,主要解决执行政策中存在的问题。⑤ 同时,在军队还实行政治工作的巡视,组建巡视团深入基层,加强对部队政治工作的指导帮助。1941年6月,中央军委作出一项重要指示,要求团以上政治机关"组织若干巡视团轮回去各地视察",对军队的政治工作进行全面的检查和指导。⑥ 同年12月12日,中央在《关于敌后各根据地领导方法的指示》中要求:"派人及组织巡视团,到各地检查工作搜集材料。"⑦再如,1940年,太行山

---

① 参见中央档案馆:《中共中央文件选集》第12册,中共中央党校出版社1991年版,第136页。
② 参见中央档案馆:《中共中央文件选集》第12册,中共中央党校出版社1991年版,第136—137页。
③ 参见彭绍辉:《一个月整军工作的经过和经验》,《八路军军政杂志》1939年第8期。
④ 参见新四军和华中抗日根据地研究会:《新四军女兵传》第2集,解放军出版社2016年版,第253页。
⑤ 参见中共中央党史研究室:《中共党史资料》第36辑,中共党史资料出版社1990年版,第200页。
⑥ 参见中共中央文献研究室、中央档案馆编:《建党以来重要文献选编》第18册,中央文献出版社2011年版,第385页。
⑦ 中央档案馆:《中共中央文件选集》第13册,中共中央党校出版社1991年版,第524页。

集总巡视团团长周桓委派巡视团总支书记何善远带一个巡视组前往冀南新八旅检查工作,参加反"扫荡"战斗,并于1941年巡视冀鲁豫根据地,巡视检查南进支队的工作。① 1941年,中央军委总政治部提出"组织若干的巡视团轮回去各地视察",以指导帮助工作。② 据曾在八路军总政治部巡视团工作过的姚少诗回忆,围绕作战、部队政治工作、军民关系、群众配合部队工作等方面,自己写过不少有分量有创见的报告,为上级决策提供了重要参考。③ 1942年9月,中共琼崖特委第九次扩大会议提出,提高部队战斗力是中心之中心,要求组织巡视团④,实际指导工作,事实上"巡视工作已建立起来,西路乐万等各县(定安在外)都有巡视团(前)往指导工作"⑤。

在解放区,中央实行巡视工作,其实质是具体指导帮助土地改革运动的开展。如1946年9月21日,中央下发《对山东地区土地改革的指示》,提出组织巡视团,指导土改工作开展。⑥ 1948年12月17日,辽北省委决定撤销一地委专署,具体由省委巡视团领导。⑦

二、军事工作巡视的设计与运行

军事工作巡视,是根据不同时期军事工作的客观历史条件和中心任务现实需要而设计运行的,并在实践中不断调适,涉及组织结构、人员选任、履行职能、工作方法和纪律要求等一系列工作规程和行动准则,受革命战争环境等诸多因

---

① 参见《善远:纪念何善远文集》编委会:《善远:纪念何善远文集》,中国大地出版社2007年版,第1—3页。
② 参见中共中央文献研究室、中央档案馆编:《建党以来重要文献选编》第18册,中央文献出版社2011年版,第385页。
③ 参见临安县政协文史工作委员会:《临安文史资料第四辑临安近现代人物录》,内部资料,1993年,第83页。
④ 参见中央档案馆、广东省档案馆:《广东革命历史文件汇集(中共琼崖特委文件)》(1937—1945年),内部资料,1987年,第276页。
⑤ 参见中央档案馆、广东省档案馆:《广东革命历史文件汇集(中共琼崖特委文件)》(1937—1945年),内部资料,1987年,第286页。
⑥ 参见常连霆等:《中共山东编年史》第5卷,山东人民出版社2015年版,第570页。
⑦ 参见费鹏程:《中国共产党铁岭历史大事记》,辽宁人民出版社2014年版,第52页。

素影响,具有革命性、战时性和动员性特征。

（一）巡视任务

在土地革命战争时期,中央军事特派员首要任务是确保中央的各项决策、会议精神能够准确、迅速地传达至地方党组织和革命武装。通过巡视工作,中央的意图和战略得以在地方上得到贯彻和执行。如《中央致朱德并转全体同志的两封信》中记有:因通信联络中断,中央特派李鸣呵作为巡视员,从江西奔赴湖南,与朱德领导的第二十五师会合,将中央关于军事运动的指示、各省工农武装暴动的最新情况、国民政府的崩溃趋势等告知第二十五师。① 1929年3月,卢冬生作为中央特派员,将中共六大路线、形势等带去前线。② 除传达中央决策外,中央军事特派员还肩负着领导地方革命的重任——根据中央的指示和地方的实际情况,制定起义计划和方案,组织起义力量,指挥起义行动。如周恩来于1927年夏被委以重任,前往南昌担任中共前敌委员会书记,为南昌起义的爆发铺平道路。同年10月,张太雷被派往广州组织工农兵起义。③ 在其精心策划和组织下,广州起义取得了圆满成功。此外,毛泽东与彭公达也在同年秋被派遣至两湖地区,通过宣传中央的新政策与新精神,并改组省委,为后续的秋收起义奠定了坚实的基础。④ 在军队党务工作领域,1929年董朗被中共中央选派至湘鄂西前委,负责开办军事政治训练班。⑤ 1930年,中央对鄂西地区的巡视工作更加深入细致,中央巡视员参与第六军前委的改组工作,并直接指导了军队党务工作的开展。在鄂西前委第五次常委会上,中央军部巡视员柳同志的参与,为地方革命斗争指明了前进的方向与道路。⑥

---

① 参见中国人民解放军政治学院党史教研室编:《中共党史参考资料》第5册,内部资料,1979年,第252页。
② 参见中国人民解放军政治学院党史教研室编:《中共党史参考资料》第5册,内部资料,1979年,第577页。
③ 参见中国人民解放军政治学院党史教研室编:《中共党史参考资料》第5册,内部资料,1979年,第215页。
④ 参见中国人民解放军政治学院党史教研室编:《中共党史参考资料》第5册,内部资料,1979年,第173页。
⑤ 参见中国人民解放军政治学院党史教研室编:《中共党史参考资料》第5册,内部资料,1979年,第582页。
⑥ 参见中国人民解放军政治学院党史教研室编:《中共党史参考资料》第5册,内部资料,1979年,第592—594页。

1930年1月19日,江苏省委指示南京市委:"兹派吴云同志来巡视工作,规定他的任务如下:1.确定你们的工作计划和帮助你们切实布置士兵运动周工作。2.成立士兵运动委员会,将你们确定的工作计划提出详细讨论通过,具体的讨论执行。3.参加主要的支部会议。"①1930年2月24日,中共中央军委颁布了一项重要的条例——《军事工作巡视员条例》。该条例明确了军事工作巡视员的多重任务,包括传达中共中央的指示、协助当地组织制定军事工作计划、开展士兵运动、搜集整理情报等,并赋予巡视员在特定情况下改组当地军事工作机关和党部的权力,以及对红军党的活动的指导权。巡视期间,受中央军委委托或批准,巡视员有权改组当地军事工作机关和党部;在红军党的活动中,有指导工作、解决内部纠纷的权力;在大城市,应注意工人纠察问题和工人武装的组织与训练;在农村、游击队、红军中,应注意青年团和反军阀主义的工作。②1930年5月,《四川省军委五月半至七月尾的工作计划》中明确指出:"巡视军支及地方军委工作,收集地方军运和军支一切工作材料,根据其政治环境和工作概况,定出军运工作计划,决定地方军运及军支的工作任务和策略路线,纠正军支过去一切错误路线和地方认定要兵运即是军事投机的错误倾向,建立地方与工农运(有)同样严重意义的兵士运动工作。"③1931年12月14日,中华工农红军第三集团军总政治部印发《目前部队巡视工作大纲》,规定军事工作巡视员任务为:传达苏区党第一次代表大会决议,指导工作路线的转变;政治教育的考察和指导;党务、文化运动、青年工作和群众工作的考察和指导;军事训练和部队管理情形的考察与指示等。④

监督检查也是军事工作巡视员的重要任务。为确保军队内部的纪律严明和战斗力的高效,对基层的监督检查显得尤为关键。以1929年红四军为例,政

---

① 中央档案馆、江苏省档案馆:《江苏革命历史文件汇集》(1930年1月—3月),内部资料,1985年,第183—184页。
② 参见《中国人民解放军通鉴》编辑委员会:《中国人民解放军通鉴(1927—1996年)》,甘肃人民出版社1997年版,第159页。
③ 中央档案馆、四川省档案馆:《四川革命历史文件汇集(省委文件)》(1930—1931年),内部资料,1985年,第103页。
④ 参见中共江西省委党史研究室、中共赣州市委党史工作办公室、中共龙岩市委党史研究室:《中央革命根据地历史资料文库·军事系统》第10卷,中央文献出版社、江西人民出版社2015年版,第998—1001页。

治部或党代表明确要求宣传员按照分配的宣传区域开展工作,并派遣巡视员进行监督检查。① 这种制度化的监督检查机制,有效提升了军队的宣传效果和战斗力。同样,在 1930 年红军前敌委员会与地方党部的联席会议中,巡视团的介入更是直接指导了地方的具体斗争,为革命事业的推进提供了有力保障。②

(二)巡视员设置

军事巡视员是围绕巡视军事组织系统与党的关系、军事管理、军事纪律而组建的巡视工作人员。就设置标准而言,1928 年 3 月 10 日,中共中央在致信湘鄂赣三省委时,提出了军事巡视员的具体设置标准:从支部到团级单位,均应设置相应的正副特派员或特派员,确保党组织在军事单位中的全面覆盖。同时,也明确了各级军事巡视员的直接指挥关系,体现了党对军事工作的绝对领导。③ 就人选条件而言,1930 年 3 月 10 日,中央军事部巡视员杨克明根据鄂西军事形势主张:"要政治、军事都明瞭,某地有事可以即时出发指挥的。"④同年 2 月 24 日,中共中央军委在《军事工作巡视员条例》中进一步明确了军事工作巡视员的具体条件。《条例》规定,军事工作巡视员"必须有较高的政治觉悟、实际工作经验和军事常识"⑤。政治觉悟是巡视员在复杂多变的革命环境中保持清醒头脑的关键,实际工作经验则是其能够迅速适应各种战场环境、有效指挥战斗的重要基础,而军事常识则是其履行巡视员职责、完成巡视任务的基本条件。1930 年 5 月,《四川省军委五月半至七月尾的工作计划》中提出:"军委委员中用尽可能经常以工人担任军事巡视员工作,但不能机械,军事巡视员的人选总以中央所规定的军巡员必具的条件为条件,其他同志亦得担任此项工作。"⑥1939 年 6

---

① 参见中国人民解放军政治学院党史教研室编:《中共党史参考资料》第 5 册,内部资料,1979 年,第 501 页。
② 参见中国人民解放军政治学院党史教研室编:《中共党史参考资料》第 5 册,内部资料,1979 年,第 530 页。
③ 参见中央档案馆:《中共中央文件选集》第 4 册,中共中央党校出版社 1989 年版,第 165 页。
④ 中央档案馆、湖北省档案馆:《湖北革命历史文件汇集(省委文件)》(1930 年),内部资料,1984 年,第 64—65 页。
⑤ 《中国人民解放军通鉴》编辑委员会:《中国人民解放军通鉴(1927—1996 年)》,甘肃人民出版社 1997 年版,第 159 页。
⑥ 中央档案馆、四川省档案馆:《四川革命历史文件汇集(省委文件)》(1930—1931 年),1985 年,第 101 页。

月,中共中央军委再次作出一项决策,要求任命有能力和真实经历的干部,"以考查(察)团巡视团等名义"前往各地部队中协助工作。① 政治可靠、熟悉军事、工作能力强,成为军事巡视员的必备要求和基本条件。

(三)巡视职权

中共早期巡视工作赋予军事巡视员的权力较大。1926年9月24日,中共中央发布的第20号通告明确提出了军事特派员的权力和职责。通告指出,军事特派员有权参加党的主席团会议,且可以以他种名义(如组织部员)参与其中。同时,通告还强调军事特派员应与党书记发生密切联系,共同商讨工作。② 1928年,中共中央对军事特派员的权力进一步予以明确和强化。中央致信湘鄂赣三省委,要求军事特派员不仅要与党书记保持密切关系,还要以组织部员等身份参与党的主席团会议,进一步凸显军事特派员在军队中的核心地位。③ 1929年4月30日,江苏省委发布通告《各级党部军事指导机关及军队中党的组织大纲》,其中明确提出:"在必需时可派巡视员或特派员出巡或驻某几个重要区域,代表省委意见指导当地工作。"④军事巡视员全权受派出党组织的委托代表其行使职权。

(四)巡视方式方法

除《中央巡视条例》规定的个别谈话、召开座谈会、实地考察、收集和统计相关资料、工作报告等方式方法外,军事巡视工作还有自身的特点。一是注重重点区域巡视。如1928年5月25日,中共中央发布第51号通告要求"重要县市应有军事特派员"⑤。1930年8月,四川省委就军事工作向中共中央报告称:"建立军区军(事)委员会,管理并发展该区域一切军事工作。省委第一次军事会议决议成立五个军区,同时决定每军区五人组成:主席、秘书兼组织、参谋各

---

① 参见中央档案馆:《中共中央文件选集》第12册,中共中央党校出版社1991年版,第136页。
② 参见中共中央组织部、中共中央党史研究室、中央档案馆编:《中国共产党组织史资料》第8卷,中共党史出版社2000年版,第103页。
③ 参见中央档案馆:《中共中央文件选集》第4册,中共中央党校出版社1989年版,第165页。
④ 中央档案馆、江苏省档案馆:《江苏革命历史文件汇集》(1929年3月—5月),内部资料,1985年,第334页。
⑤ 中央档案馆:《中共中央文件选集》第4册,中共中央党校出版社1989年版,第234—235页。

一人,巡视员二人。"① 二是实行工作清单制度。如 1931 年 12 月 14 日,中华工农红军第三集团军总政治部印发《目前部队巡视工作大纲》,就巡视任务列出八项清单,其中第六条就巡视军事训练和部队管理情况的考察,要求有七项实际任务和具体做法:考察各部最近军事训练工作进行情形、彻底转变忽视军事技术提高的错误倾向、坚决反对形式教育废除制式教练、督促并指导执行总部颁发的两个月军事教育实施大纲、考察队部给养卫生情形及指挥员战斗员生活状况发现毛病、指导干部注意部队管理的重要和管理的方法、考察部队军风军纪是否废弛。② 这样程序的引导,一方面有利于巡视员搞好巡视工作,另一方面也利于被巡视单位配合好巡视工作。

(五)巡视工作要求

巡视前,要求军事巡视员必须充分了解巡视工作内容及自己巡视的日期和特殊任务、巡视员必须携带与此巡视工作大纲有关之一切文件。巡视期间,巡视员应即按当时部队分驻情形及自己巡视期间任务与该部队主要领导商定巡视计划、巡视员必须携带手册将随时考察所得记下来并写巡视日记、须尽可能多与本部通信、在规定期间内完成任务遵限回部、巡视员如遇部队发生各种难决的问题应在自己职务内为之解决。巡视后,巡视员应将巡视经过详细的报告(书面的)本部。③

三、军事工作巡视实践的历史贡献

军事工作巡视的开展,有力地推进党对军队的绝对领导和政治动员,强化

---

① 中央档案馆、四川省档案馆:《四川革命历史文件汇集(省委文件)》(1930—1931 年),内部资料,1985 年,第 292 页。
② 参见中共江西省委党史研究室、中共赣州市委党史工作办公室、中共龙岩市委党史研究室:《中央革命根据地历史资料文库·军事系统》第 10 卷,中央文献出版社、江西人民出版社 2015 年版,第 998—1001 页。
③ 参见中共江西省委党史研究室、中共赣州市委党史工作办公室、中共龙岩市委党史研究室:《中央革命根据地历史资料文库·军事系统》第 10 卷,中央文献出版社、江西人民出版社 2015 年版,第 998—1001 页。

军队党的建设。军队巡视工作建设，是党的巡视工作的重要组成部分，不断在坚持中深化，在深化中坚持，积累了宝贵经验。

(一)指导领导军队党的工作，发挥堡垒作用

自土地革命战争时期开始，党逐渐建立了对军队党组织巡视工作，为中共政治动员提供了坚强保证。1926年9月24日，中央发布第20号通告提出："应与党书记发生密切关系，并商量工作。"①1927年11月4日，四川临时省军委报告请求"派人巡视各军支，整顿组织"②。1928年5月至6月，湖南省委任命杜修经为省委巡视员。他三次踏上前往井冈山的征途，与红四军紧密沟通，传递省委的深切关怀与战略意图。随后，杨开明与杜修经并肩作战，共同助力红四军前委的工作，进一步强化了党的领导与军队建设的有机结合。③ 1928年10月至1929年1月，中央军事部特派员和巡视员们肩负着重要使命，穿梭于各地，为中共革命的斗争和发展提供了关键的指导。贺昌以中央特派员的身份，前往湘鄂赣边巡视工作，指导该地区的武装斗争，直接指导井冈山红四军的英勇斗争；曹壮父则深入鄂豫边等地，考察红十一军三十一师的工作，并提议建立三省边境的割据区，以壮大革命力量；廖划平、刘安恭、柳直荀等人，分别被派往华北、闽西、烟台等地巡视。1929年下半年至1930年初，巡视工作的浪潮再次涌起。贺昌在广西组织前敌委员会，成功指导了百色起义；潘心源则转战湘枝边，指导红五军、红四军的联合行动，并推动了红六军的成立；柳直荀则北上武汉、洪湖，为湖北省委的军事工作注入了新的活力；曹大骏在鄂豫边的视察工作结束后，担任了红一军政治委员兼前委书记，为红军的政治领导注入了新鲜血液；郭述申则在鄂豫边、豫东南的军事斗争中发挥了重要作用，后被任命为鄂豫皖边特委书记，进一步巩固了革命根据地；方英与金贯真则分别在皖西与浙南地区开展工作，为当地的革命斗争带来了新的希望与机遇。尤为值得一提的是陈潭秋与关向应。在1929年秋冬之交，陈潭秋肩负中央的重托，前往东北、山东等地视察工作，特别是军事工作的指导与部署。关向应则在1930年春天，奔赴

---

① 中央档案馆：《中共中央文件选集》第2册，中共中央党校出版社1989年版，第350页。
② 中央档案馆、四川省档案馆：《四川革命历史文件汇集(省委文件)》(1926—1927年)，内部资料，1984年，第274页。
③ 参见中共党史出版社：《井冈山:高路入云端》，中共党史出版社2011年版，第98页。

烟台安排撤出兵运干部的工作,并前往唐山视察当地驻军的兵变准备情况。

军事工作巡视的开展,有利于党的军事工作的指导和领导。以赣西特委为例,1929年,冯任担任赣西特委书记以后,一面请"省委、军委亦须来此巡视"①,一面派特委巡视员去解决群众主张减租而不是抗租的问题。② 1930年3月,彭德怀部自攻下遂川后,湘赣边区进入全盛时期,赣西特委便"陆续派出五个巡视员"③。赣西特委在《八月份工作计划》中提出:"派巡视员去各县各地指导与帮助发动秋收斗争工作。"④8月,赣西特委又派巡视员去解决游击一、二大队中本地干部和外来干部间的矛盾冲突。⑤ 1930年3月10日,鄂西特委请求中央军事部派"二个军事巡视员,要政治、军事都明瞭,某地有事可以即时出发指挥的"⑥。其他省份情况亦大致如此。如1929年8月,四川省委决定"建立巡视工作",设巡视员二人。⑦ 10月7日,满洲总行委军委报告第2号强调:"此后必须加紧巡视工作,加紧活的指导。"⑧1931年1月24日,《第三旅二团巡视工作报告大纲》介绍巡视的经过:"此次巡视共经过九天,参加两次支部会议,三次营委会议,和两个士兵同志谈一次话。"⑨同年1月25日,满洲省委军委给中央军委详细报告军委巡视员巡视情况。⑩ 1932年2月15日,陕西省委发布了一份编号为第1号的报告,决定"派军委书记杰夫同志作省委巡视员,实际去指导布置一

---

① 中央档案馆、江西省档案馆:《江西革命历史文件汇集》(1929年)[一],内部资料,1987年,第124—125页。
② 参见中央档案馆、江西省档案馆:《江西革命历史文件汇集》1929年(一),内部资料,1987年,第126页。
③ 中央档案馆、江西省档案馆:《江西革命历史文件汇集》1929年[二],内部资料,1987年,第28—29页。
④ 中央档案馆、江西省档案馆:《江西革命历史文件汇集》1929年[二],内部资料,1987年,第65页。
⑤ 参见中央档案馆、江西省档案馆:《江西革命历史文件汇集》1929年[二],内部资料,1987年,第81页。
⑥ 中央档案馆、湖北省档案馆:《湖北革命历史文件汇集(省委文件)》(1930年),内部资料,1984年,第64—65页。
⑦ 参见中央档案馆、四川省档案馆:《四川革命历史文件汇集(省委文件)》(1930—1931年),内部资料,1985年,第292页。
⑧ 中央档案馆、辽宁省档案馆、吉林省档案馆:《东北地区革命历史文件汇集》(1930年10月—12月),内部资料,1988年,第17页。
⑨ 中央档案馆、陕西省档案馆:《陕西革命历史文件汇集》(1930—1931年,甲3),内部资料,1994年,第603页。
⑩ 参见中央档案馆、辽宁省档案馆、吉林省档案馆等:《东北地区革命历史文件汇集》(1931年1月—4月),内部资料,1988年,第53页。

切军事的、政治的工作",在其指导下,陇西游击队开始了一系列有针对性的军事和政治工作。①

军事工作巡视员在构建地方武装与军队架构中扮演了关键角色,确保了党对军事领域的绝对领导。如1935年初,在中共中央驻北方代表派驻西北军事特派员谢子长的领导下,中国工农红军第二十七军八十四师在陕北地区应运而生,标志着军事发展掀开新篇章。针对新部队与地方武装亟须资源整合与战力提升的问题,中央军委与总政治部于1939年适时发布了重要训令,明确指出应由指定单位选派具有适当能力与工作经验的干部,组成巡视团或考察团,分别派往指定地区的部队中帮助工作。②在实际工作中,军事工作巡视员不仅传达党的政治主张、整顿军队中的党组织、发展壮大党的力量,还深入基层、指导领导武装斗争,促进了党对军事工作的绝对领导。

(二)纠正消除旧军队影响,强化政治动员

兵运工作是新民主主义革命时期中国共产党分化瓦解敌对力量、增强自我军事实力的主要方式。1931年3月,《中央对于目前兵运工作的决议》针对江苏省委特别提出:"应派出巡视员三人专门巡视全省兵运工作,特别以南京徐海蚌为中心,其次为沪宁线与上海,督促指导并建立各地党部切实进行兵运工作。"③1931年春,高岗奉命赴陕西省军委工作,以省委巡视员名义把同盟军改组为中国工农红军陕甘游击队。1931年6月2日,满洲省委常委通过紧急任务决议案指出:"全党应当加紧兵士运动,省军委在六月内必须实现原定的巡视计划,把旧有的组织恢复起来。"④1931年9月5日,中共两广工委第5号通知要求:"在十月十五日前,省军委必须找到一二个兵运巡视员,经常派往有组织的部队中巡视,加强兵运的领导。"⑤1933年5月,闽赣省委下辖黎川县委派遣多

---

① 参见中央档案馆、陕西省档案馆:《陕西革命历史文件汇集》(1932年[一],甲4),内部资料,1994年,第19页。
② 参见中央档案馆:《中共中央文件集》第12册,中共中央党校出版社1991年版,第136页。
③ 中共江西省委党史研究室、中共赣州党史市委党史工作办公室、中共龙岩市委党史研究室:《中央革命根据地历史资料文库》第2册,中央文献出版社、江西人民出版社2011年版,第1503页。
④ 中央档案馆、辽宁省档案馆、吉林省档案馆等:《东北地区革命历史文件汇集》(1931年4月—7月),内部资料,1988年,第171页。
⑤ 中央档案馆、广东省档案馆:《广东革命历史文件汇集(中共两广省委文件)》(1932年1—9月),内部资料,1982年,第302页。

名巡视员协助驻地红军进行扩军和战争动员。① 1935 年 4 月 2 日,团珠河县委通过决议:县委经常派巡视员到队巡视,保障县委对青义军的密切领导。② 1936 年 6 月,中共中央发布《关于东北军工作的指导原则》,强调在东北军内部深化党的工作的重要性。该文件战略性地指出:"须选派精干党员,潜入东北军核心,秘密织建党之网络。"③为实现此目标,文件细致规划了策略:一是派遣巡视员深入调研,洞悉东北军动态、政训实况及其与民团互动。④ 二是创新提出设立地方联络站,作为党的基层触角,直接嵌入东北军日常,悄无声息地渗透党的精神与主张。1936 年夏,红一军团政治部巡视团巡视员杜文达针对东北军将士家乡沦陷、强烈要求打回东北老家、不愿同红军作战的心理,积极宣传"停止反共,一致抗日"等思想,并在东北军中发展中共党员。⑤ 1938 年 9 月,冀南行署巡视团团长郭企之率领巡视团到最艰苦的曲周县开展工作,一面宣传党的政策,一面安抚群众,开展减租减息运动,迅速建起"青抗先"、模范班、自卫队等群众性抗日组织,巩固和扩大了抗日民族统一战线。⑥

(三)领导建立党的军事力量,推动武装革命

在波澜壮阔的土地革命战争时期,军事特派员成为连接中央与地方、军事与政治的桥梁。他们肩负着传达中央指示、了解军事形势的重任,为革命的推进注入强大动力。

一是有效领导各地革命运动。在土地革命战争时期,中共中央采取了一项重要策略——派遣军事特派员到各地巡视,以传达中央指示、了解军事形势,从而有效领导各地的革命运动。1926 年,当革命的烽火初燃之际,中共中央便敏锐地察觉到了军事特派员的重要性。王一飞作为最早的军事特派员之一,被派

---

① 参见中共江西省委党史资料征集委员会等:《江西党史资料》(第 13 辑),内部资料,1990 年,第 25 页。
② 参见中央档案馆、辽宁省档案馆、吉林省档案馆等:《东北地区革命历史文件汇集》(1929 年 5 月—1937 年 9 月),内部资料,1990 年,第 325 页。
③ 中央档案馆:《中共中央文件选集》第 11 册,中共中央党校出版社 1991 年版,第 37 页。
④ 参见中央档案馆:《中共中央文件选集》第 11 册,中共中央党校出版社 1991 年版,第 39 页。
⑤ 参见中共石家庄市委党史研究室:《中国共产党石家庄历史大辞典(1921—1944 年)》,国家行政学院出版社 2007 年版,第 610 页。
⑥ 参见张海赴等:《中华英烈词典(1840—1990)》,军事译文出版社 1991 年版,第 731 页。

往武汉、长沙等地,深入了解当地的军事形势和党的工作情况。随后,聂荣臻等更多的军事特派员被派往各地,或深入北伐军做联络工作,或参与地方军事斗争的指挥。随着革命武装斗争的深入和工农红军的组建,中共中央对军事特派员的需求也日益增加。1928年,中共中央发出通告,要求各级党组织建立军委组织,并派遣军事特派员参与地方斗争。① 1928年4月,《海陆丰等地敌我双方军事情况报告》中记载:"化县正月间□准备暴动,惟同志因闻有军队开来,遂恐慌四散,幸经周颂年同志之巡视与计划,最近有新的发展。"② 1930年1月19日,福建军委向中央军委报告:"工人武装在袁巡视员指示下组织工人自卫队与纠察队两部。"③巡视员们的到来,不仅解决了当地军事斗争中的实际问题,也为地方党组织注入了新的活力。

二是组建党的武装力量。在八七会议之后,随着党对工农红军建设和群众工作重视程度的提升,巡视员的角色发生了转变,他们成为工农红军建设的直接参与者和群众工作的积极推动者。1929年春,蔡申熙以军委巡视员身份,策动和发起吉安起义,仅用两个月的时间成立了红十五军,在红军建军史上速度之快是绝无仅有的,蔡申熙与曾中生、许继慎、徐向前被誉为大别山红四方面军的"黄埔四杰"④。1930年6月,中央巡视员子修和江西省委巡视员杨振林在德安田家河召开赣北地方武装整编工作会议,决定将赣北工农游击队和九江、德安、星子等地赤卫队改编为中国工农红军第五纵队九支队。⑤ 1932年,满洲省委巡视员张适指导哈尔滨党的工作,并与梁道静等组建了一支200多人的抗日义勇军。1933年2月,李艮以陕南特委巡视员的身份到陕南巡视工作,领导陕南游击队并创建红二十九军。⑥ 1938年8月,受新四军政治部指派,张伟烈巡

---

① 参见中共中央组织部、中共中央党史研究室、中央档案馆编:《中国共产党组织史资料》第8卷,中共党史出版社2000年版,第182页。
② 中央档案馆、广东省档案馆:《广东革命历史文件汇集》(1927—1928年),内部资料,1982年,第134页。
③ 中央档案馆、福建省档案馆:《福建革命历史文件汇集(省委文件)》(1930年),内部资料,1984年,第45页。
④ 姚仁隽:《红十五军主要创始人蔡申熙》,《军事历史研究》1991年第3期,第59—63页。
⑤ 参见危仁晟、刘勉玉、刘受初主编:《江西现代革命史辞典》,华东师范大学出版社1993年版,第273页。
⑥ 参见廖盖隆:《中国共产党历史大辞典》,中共中央党校出版社2001年版,第245页。

视铜陵,帮助组建沙州游击大队,并为新四军输送大批兵员。①

三是加强中共领导的武装力量建设。在中共领导的武装力量建设中,巡视同样是一项重要的工作方式。1929年10月下旬,聂荣臻任东江特委巡视员,指示东江特委扩大游击战争区域,东江至1930年初建立了5个团的红军。② 1930年10月,江南省军委巡视员开展对广德地区游击队的巡视工作,工作中发现游击队面临几个亟待解决的问题:首先,部队中贫雇农成分较多,这虽然带来了强烈的革命热情,但也使得队伍在军事素养和战略眼光上有所欠缺;其次,军事干部缺乏,导致指挥体系不够健全,战术执行不够精准;再次,军事训练缺乏计划性,训练效果大打折扣。针对这些问题,巡视员制定了详细的军事组织系统表和军事训练大纲,组织成立了军事训练委员会,加强了对干部的训练和指导。在加强内部建设的同时,巡视员积极宣传和鼓动农民参加红军,短短时间内就吸引了600余人加入红军的行列。更令人瞩目的是,巡视员还成功收编并改造了程荫隆部的士兵,将其编入红军独立团第二营。经过一系列的努力和变革,皖南红军独立团发生了翻天覆地的变化,从最初的170人、八九十支枪及百余支土枪,发展到700余人、快枪108支及300支短枪、3支土炮。③ 这一数字的背后,是巡视员的智慧和汗水,也是广德地区游击队蜕变与成长的见证。1931年初,受苏区中央局之命,滕代远作为中央局巡视员巡视湘东南和平江、浏阳一带,任务是了解情况、指导工作、扩充红军,成立河西临时指挥部和临时总前委,配合中央苏区夺得第二次反"围剿"胜利。④ 1932年9月,在朱德、毛泽东下发的部队训令中也规定:"师以上各级指挥机关应经常派出巡视人员到下级去巡视,严厉地督促执行任务,并将巡视结果报告上级。"⑤ 1934年8月,中央局军委要求北方党"确立巡视工作与建立与各部队密切联系的关系,以加强党的领导,

---

① 参见马洪才:《新四军人物志》,江苏人民出版社1986年版,第256页。
② 参见李平:《中国人民解放军高级将领传》第3卷,解放军出版社2007年版,第309页。
③ 参见中共福建省委党史研究室、中共浙江省委党史研究室、中共安徽省委党史研究室等:《闽浙皖赣革命根据地》上册,中共党史出版社1991年版,第237页。
④ 参见文辉抗、叶健君主编:《开国部长》(上),东方出版社2009年版,第188页。
⑤ 中共中央文献研究室、中央档案馆编:《建党以来重要文献选编》第9册,中央文献出版社2011年版,第505页。

严格的纠正一切借口无人无钱而放弃士兵工作的现象,使工作有澈(彻)底的转变"①。

党的巡视工作在苏区的军事工作中逐步展开。1931年5月5日,皖西北特委军委会正式成立,其首要任务便是"武装农民"。军委会将各县武装力量改编为赤卫军,大大增强了当地的军事力量,并通过巡视工作,统一了军事指挥。② 与此同时,军委会通过制定简单的军事训练大纲,并督促各团到各连去实行,大大提升了苏区武装力量的战斗力和组织纪律性。③ 这种以巡视工作为手段,以统一指挥和军事训练为目标的做法,为苏区军事工作的顺利开展奠定了坚实的基础。1941年5月,邓子恢受新四军军部委托,从淮南到皖东北根据地巡视,展示了巡视工作在开辟和巩固敌后抗日民主根据地中的重要作用。④

(四)提供军队正确行动指南,战胜艰难险阻

在红军长征的艰难岁月里,巡视工作不仅是对基层支部工作的监督检查,更是党对红军绝对领导的具体体现,不仅增强了红军的凝聚力,也提高了红军的战斗力。巡视工作的另一个重要作用是加强和改进基层支部的建设。在长征途中,巡视组通过深入基层,了解支部的工作情况,发现问题及时提出改进意见,帮助支部加强自身建设,提高战斗力。在东北地区,周保中的巡视经历提供了宝贵的历史见证,其简短日记详细记录了从1942年1月至1945年8月间的巡视工作,从中可以看出巡视工作如何在实际中发挥作用,如何加强党的领导,如何促进基层支部的建设。

(五)解决矛盾分歧错误倾向,着力引正纠偏

一是纠正执行上级决策不力问题。1930年9月20日,中共满洲省委巡视员廖如愿巡视敦化、额木时,曾以全总代表名义参加了一次赤卫队干部会议,并要求两地要"从斗争中发动中国农民深入到群众中深入土地革命,建立红军,纠

---

① 中共中央文献研究室、中央档案馆编:《建党以来重要文献选编》第11册,中央文献出版社2011年版,第548页。
② 参见中共安徽省委党史工作委员会:《安徽现代革命史资料长编》第2卷,安徽人民出版社1991年版,第302页。
③ 参见中共安徽省委党史工作委员会:《安徽现代革命史资料长编》第2卷,安徽人民出版社1991年版,第303页。
④ 参见陈立明等主编:《中国苏区辞典》,江西人民出版社1998年版,第158页。

正一切保守上山右倾的观念"①。1930年11月,邓子恢巡视福建莆属特委指出闽中工农革命运动中,只打土豪、地主,没分田地给农民,单纯采取军事行动的突出问题,帮助莆田党的领导人树立红军为谁、为什么打仗的指导思想,且简明扼要地分析了莆田工农武装斗争失败的根本原因。莆属特委根据邓子恢的意见,将土地革命斗争的中心和红军主力据点予以及时转移。二是纠正在具体斗争策略与革命形势判断上的分歧。以1929—1930年在江西赣西地区,彭清泉、江汉波两位巡视员的不同观点为例。1929年9月,彭清泉作为中央巡视员巡视湘赣边,带来中央第49号通告,要求苏区扩大红军武装。赣西特委积极响应,决定攻打吉安。然而,这一决策却受到江汉波的质疑。江汉波认为攻打吉安的条件尚不成熟,主张"更积极的准备攻取",并提出取消为攻打吉安而设立的总行委及红军总司令部。② 随着革命形势的发展,1930年1月,赣西特委决定将江西红军从第二独立团至第五独立团与地方游击队合编,组建成新的红军第六军,这一决策旨在加强红军的统一指挥和战斗力。江汉波再次提出不同意见。他认为红军改编必须经过省委和中央的批准,并主张红二团、红三团分开游击。③ 彭清泉和江汉波的分歧,不仅仅是个人意见的差异,更是对革命形势和策略选择的不同理解。彭清泉主张攻打吉安和红军改编,体现了激进和统一的策略倾向;而江汉波则更注重稳健和灵活的策略选择。三是纠正在革命利益追求与地方主义上的分歧。如1929年8月,中央巡视员郭述申在巡视商城中发现,商城地方同志一直不同意将三十二师调到光山发展,认为是地方主义错误。④ 1930年,中央巡视员曹大骏认为鄂豫边特委下令红三十一师向黄麻南部和黄冈等方向发展,是未执行中央关于向交通区域游击的决定指示,指责鄂豫边特委犯了地方主义错误。四是帮助完成整军计划。百团大战中八路军减员很大,为了扩军,黄镇奉刘伯承、邓小平之命于1940年10月带领一二九师从各旅抽调

---

① 中央档案馆、辽宁省档案馆、吉林省档案馆等:《东北地区革命历史文件汇集》(1930年5月—10月),内部资料,1988年,第222页。
② 参见江西省档案馆、中共江西省委党史教研室选编:《中央革命根据地史料选编》上册,江西人民出版社1982年版,第573页。
③ 参见中共江西省委党史资料征集委员会:《江西党史资料》第7辑,内部资料,1988年,第50页。
④ 参见中央档案馆、湖北省档案馆等:《鄂豫皖苏区革命历史文件汇集》(鄂东北特委、豫东南特委文件),内部资料,1985年,第319页。

的四五百名干部和师巡视团,到冀南军区扩军和检查工作。巡视时间为1940年11月9日至1941年2月26日,通过巡视帮助冀南军区制定加强自卫队、民兵和地方武装建设的方案,并很快补充了部队人员。冀南军区临时党委对巡视团工作的评价是:"在集总(即八路军总部)和师巡视团直接指导和帮助下,七、八两旅认真进行了冬季整军,基本上完成了冬季整军计划,开始走上了正规化党军的道路。"①

---

① 《黄镇文集》编委会编:《黄镇文集》,中国友谊出版公司1994年版。

第六章
走向平静：1949—1978年的巡视实践

中华人民共和国成立后，与新民主主义革命时期的波澜壮阔之势相比，党的巡视工作进入相对平静期。关于社会主义革命和建设时期的巡视工作，目前学术界着力着墨甚少，且"中断说"或"停滞说"占据主流观点。导致这种情况出现的原因有二：一是资料没有得到实质性的充分挖掘，二是巡视工作本身进入相对平寂期的阶段性特征。实际上，这一时期的巡视以其独特的形式，依旧发挥着重要作用。

一、巡视实践的发展历程

中华人民共和国成立后，党的巡视工作基本功能是加强党对各种运动开展的指导和领导。其发展特点是：八大之前高度重视，八大之后逐步弱化。梳理其主要发展历史脉络，更多的则是围绕各种运动而具体展开的。外交领域开始巡视工作实践，也是该时期的重要特征。

（一）土地改革运动中的巡视实践

事实上，在解放战争后期，巡视工作就已经成为解放区土地改革一种重要指导和领导方式。如1946年9月21日，中共中央发布《对山东地区土地改革的指示》,要求华东局要立即组织巡视团分赴各地,指导和领导各地土地改革。①中华人民共和国成立后,这一指导和领导方式在土地革命运动中沿袭。1950年6月14日,刘少奇就土地改革提出:"逐级派负责人或巡视团下去,切实地掌握运动的领导。"②1950年6月30日,《中华人民共和国土地改革法》颁布后,中共中央多次强调要求各级党委要派遣巡视团或巡视组,加强对土改工作的指导和领导。1950年12月20日,《中共中央转发中南局土改委员会关于中南各省土改试点工作情况的报告》要求,土改领导上必须"派大员下去巡视检查,及时指导与推动运动的发展"③。根据中共中央指示,各省各级党和政府的主要负责同志分别率领巡视团下到基层,进行土改的具体指导工作。④ 同时,在机构设置上,各地均在土地改革委员会下设巡视组或巡视检查科。如青海省由省、市、县领导组成土改工作巡视组,掌握政策、推广经验、纠正偏差、处理重大问题⑤;1950年8月初湖南省成立的土地改革委员会,内部机构设有巡视检查科⑥;宁夏土改委员会组织35人的巡视团⑦;山东省经常派出巡视团、检查组⑧;广东省"建立强有力的巡视工作组"⑨;四川通县组成的土改工作团总团下设有办公室、研究组、巡视组和4个分团⑩;1950年7月江西弋阳县成立的土地改革委员会下设巡视组、研究组、宣传组。⑪

各地巡视团、巡视小组(或巡视组)在指导和领导土改工作中发挥了重要作用。如中共中央新疆分局"派干部到各地巡视指导",及时提出"稳步前进,宁缓

---

① 参见常连霆:《中共山东编年史》第5卷,山东人民出版社2015年版,第570页。
② 中共中央文献研究室:《建国以来重要文献选编》第1册,中央文献出版社1992年版,第303页。
③ 中央档案馆:《中共中央文件选集》第4册,人民出版社2013年版,第423页。
④ 参见吴承明、董志凯主编:《中华人民共和国经济史》第1卷,中国财政经济出版社2001年版,第233页。
⑤ 参见《西宁市志》编委会:《西宁市志》第6卷《农业志》,青海人民出版社2003年版,第70页。
⑥ 参见湖南省档案馆:《湖南省档案馆指南》,中国档案出版社1996年版,第250页。
⑦ 参见《中国农业全书》编委会:《中国农业全书·宁夏卷》,中国农业出版社1998年版,第169页。
⑧ 参见中共山东省委党史研究室、中共临沂市兰山区编:《封建土地制的覆灭:新中国成立初期山东的土地改革》,中国大地出版社1999年版,第68页。
⑨ 陈弘君:《中共广东历史择要探究》,广东人民出版社2005年版,第3458页。
⑩ 参见四川省通江县志编纂委员会:《通江县志》,四川人民出版社1998年版,第642页。
⑪ 参见弋阳县县志编纂委员会:《弋阳县志》,南海出版公司1991年版,第272页。

勿乱"的方针。① 内蒙古②、宁夏等地也紧随其后,纷纷派出巡视人员下乡指导,确保土改工作能够迅速而有序地推进。以宁夏为例,1951年秋,宁夏省土地改革委员会的巡视团第一分队深入中宁各区,对当地的土改工作进行了详尽的检查与指导③;1952年,西北军政委员会及宁夏省土改委员会也相继派遣巡视小组或巡视团,对宁夏土改工作起到了巨大的推动作用。④ 巡视工作的深度与广度在土改工作中持续扩展:1950年11月山东寿光县特别组织了两个巡视组,奔赴各乡村,对土改工作进行实地指导和帮助⑤;1953年,宁夏省委组织部精心挑选了5位同志,分别前往9个县市进行巡视检查,确保了土改工作的顺利进行。⑥

(二)"三反""五反"运动中的巡视实践

巡视工作是指导和领导"三反""五反"运动的一种重要方式。针对镇反运动发生的偏向,1951年,福建省委派出工作组到各地巡视,及时纠正错误倾向。同年4月7日,毛泽东对其呈报的《福建省公安厅镇反情况报告》作出重要批示:"福建方面最值得重视的经验是发动最广大群众参加镇反工作和派遣工作组下去巡视镇反工作。"⑦ 1952年3月28日,政务院颁布《关于三反运动中成立人民法庭的规定》,明确各级司法及检察机构需对各界实施严密的监督与审查,此举实为对福建成功模式的认可与全国推广。⑧ 5月间,政务院再添新举,公布《关于中央一级巡视检查委员会委员名单的通知》,整合法院、检察、监察等多部

---

① 参见《新疆通史》编撰委员会:《新疆历史研究论文选编当代卷》(上),新疆人民出版社2008年版,第32页。
② 参见中共内蒙古自治区委员会党史研究室:《中国共产党与少数民族地区的民主改革和社会主义改造》上册,中共党史出版社2001年版,第404页。
③ 参见中宁县党史县志办公室:《中国共产党中宁历史大事记》,宁夏人民出版社2015年版,第26页。
④ 参见中国人民政治协商会议银川市委员会文史资料委员会:《银川文史资料》第9辑,内部资料,1998年,第84页。
⑤ 参见山东寿光县地方史志编纂委员会:《寿光县志》,中国大百科全书出版社1992年版,第34页。
⑥ 参见宋建钢:《修史资政育人研究》(2014年卷),宁夏人民出版社2015年版,第481页。
⑦ 中共中央文献研究室:《建国以来毛泽东文稿》第2册,中央文献出版社1988年版,第233页。
⑧ 参见本书编委会:《中国共产党反腐倡廉文献通典》第2卷,党建读物出版社2009年版,第599页。

门力量,深入各层级人民法庭开展巡视检查工作。① 1953 年,全国各级人民监察机关进行多达 408 次巡视和检查。1953 年 3 月 27 日,中共中央再次要求:"上级监委应采取定期巡视或举行小型专题会议等方法,予下级监委以具体指导。"②1954 年 4 月 10 日,第二届全国检察工作会议通过的《第二届全国检察工作会议决议》进一步提出:"各级人民检察署应采取巡回检察的工作方法,有重点地到各地巡回检察,查处重大案件,并推动当地检察工作的开展。在各项中心工作中亦可根据情况采取巡回检察的方法,配合人民法院的巡回法庭,及时惩治各种危害中心工作的违法犯罪分子。各级人民检察署对巡回检察的工作经验应及时加以总结和推广。"③

(三)党内巡视员制度的实行

中华人民共和国成立初期,为了巩固新生政权,加强党的建设,从 1950 年到 1971 年,中共先后开展了多次整党整风运动。这些运动不仅涉及党的思想建设,还涵盖了作风建设、组织建设等多个方面。为了加强对整党整风运动的指导和监督,中共中央设立了巡视员制度。各地结合实际身体力行,天津地委根据河北省委第八次全会提出的"地委书记、副书记、专员、副专员于今明两年要巡视完各区"要求,从 1953 年 5 月至 1954 年 12 月共有地委书记等 15 名领导干部到各区巡视检查工作,共巡视 66 个区。其基本巡视方法是:"一、随着每个时期的中心工作巡视检查;二、在一项新工作或较大运动开始前做重点示范,创造经验;三、为确定全区带关键性的方针政策与计划,进行专门调查研究。"④ 1955 年,石家庄专区副专员、副书记 4 人"亲赴下层巡视检查约计七百三十天,每人平均一百八十余天,巡视时间占一年半的三分之一"⑤。福建省委于 1954 年 4 月成立了巡视检查委员会。⑥

---

① 参见彭勃:《中华监察执纪执法大典》第 3 卷,中国方正出版社 2002 年版,第 485 页。
② 中央档案馆、中共中央文献研究室:《中共中央文件选集》第 11 册,人民出版社 2013 年版,第 397 页。
③ 中共中央文献研究室:《建国以来重要文献选编》第 5 册,中央文献出版社 1993 年版,第 281 页。
④ 参见廊坊地区档案馆:《廊坊地区大事记(1949—1983)》,内部资料,1985 年,第 35 页。
⑤ 石家庄地委:《关于执行省委第八次全会决议中加强检查工作向省委的简报》(1955 年 1 月 12 日),石家庄市档案馆:2-2-477。
⑥ 参见中共福建省委党史研究室:《中共福建地方史·社会主义时期》,中央文献出版社 2008 年版,第 118 页。

为了加强党的全面领导,1955年3月,党的全国代表会议决定:"党的中央和各级地方组织应当迅速地建立或健全各种检查和巡视工作,把管干部和检查干部的实际工作情况的任务统一起来。"①为落实党的全国代表会议精神,1955年10月,中共中央重申强调,"中央及各级党委必须增设一定数量的检查员和巡视员"②;其具体职责是"检查党的决议、政策的执行情况";巡视员应具备以下条件:"一定的政治水平和工作经验,作风好,勇于揭发工作中的缺点和错误。巡视员,每年至少应有一半的时间下去检查工作。对巡视员的工作,各方面必须予以重视和支持。"③中共中央还在第二办公室、第三办公室设若干中央巡视员,负责到各省、市和各工矿企业检查工作,并特别要求保证巡视员具有较高的质量,加强对各级党的工作的监督。④ 各地各部门认真贯彻执行中共中央《关于加强干部管理工作的决定》,积极设立巡视员制度。如1955年11月浙江省委决定"建立巡视员制度"⑤;1956年7月中央工业交通工作部"按产业设立若干巡视员,负责检查工作和了解干部,指导企业中党的基层工作"⑥。

为进一步推动巡视员制度实行,1956年12月,安子文在《在各省、市、自治区党委组织部长会议上的总结》强调撤区后要改进县的领导,"县委为了加强对工作的检查与研究,可以设置少数巡视员,来帮助县委进行工作"⑦。1957年1月17日,在《中央组织部关于县、区、乡的组织形式和领导方法的若干问题的报告》中提出:"撤区以后如何加强县对乡的领导,各地的经验还不多"⑧,"县委可

---

① 中共中央组织部、中共中央党史研究室、中央档案馆:《中国共产党组织史资料》第9卷,中共党史出版社2000年版,第284页。
② 中共中央组织部、中共中央党史研究室、中央档案馆:《中国共产党组织史资料》第9卷,中共党史出版社2000年版,第331页。
③ 中共中央组织部、中共中央党史研究室、中央档案馆:《中国共产党组织史资料》第9卷,中共党史出版社2000年版,第342页。
④ 参见中共中央组织部、中共中央党史研究室、中央档案馆:《中国共产党组织史资料》第9卷,中共党史出版社2000年版,第409页。
⑤ 浙江省委党史研究室:《中国共产党浙江历史》第2卷,中共党史出版社2011年版,第327页。
⑥ 中共中央组织部、中共中央党史研究室、中央档案馆:《中国共产党组织史资料》第9卷,中共党史出版社2000年版,第408页。
⑦ 中共中央组织部、中共中央党史研究室、中央档案馆:《中国共产党组织史资料》第9卷,中共党史出版社2000年版,第523页。
⑧ 中共中央文献研究室:《建国以来重要文献选编》第10册,中央文献出版社1994年版,第23页。

以设置少数质量较强的巡视员来帮助进行工作"①。1957年2月7日,中共中央重申强调,"为了加强对工作的检查与研究,县委可以设置少数质量较强的巡视员来帮助进行工作"②。1957年2月10日,中共中央再次批示,"继续贯彻领导干部定期深入下层巡视工作的制度。在巡视工作时要切实地帮助下级解决一些困难和问题,认真地做些典型的调查,研究上级监察机关下达的指示和规定的任务是否正确和切合实际总结经验教训"③。1958年10月23日,安东市委撤销市委部属16个科,改为巡视员制。④ 1959年9月,抚顺市委组织部将党员管理处改为农村巡视组,增设城市巡视组。⑤ 考虑到巡视工作重要意义,1957年11月10日,张闻天建议"巡视工作也还要继续搞"⑥。1962年12月8日,张启龙在组织工作会议上建议:"巡视员制度要恢复,组织员要配齐。"⑦1962年,中共中央组织部在《关于党的组织工作的基本总结》中汲取其建议,重申强调必须"加强领导机关的巡视检查工作"⑧。1963年1月21日,中共中央对《组织工作会议纪要》的批示中再次予以强调。⑨ 1963年4月5日,中共山西省委提出设立巡视员。⑩

(四)社会主义教育运动中的巡视实践

1963年至1966年5月,中共在全国城乡范围内开展了社会主义教育运动,巡视工作作为一种有效方法在其中发挥了重要作用。毛泽东多次要求各地向

---

① 中共中央文献研究室:《建国以来重要文献选编》第10册,中央文献出版社1994年版,第24页。
② 中共中央组织部、中共中央党史研究室、中央档案馆:《中国共产党组织史资料》第9卷,中共党史出版社2000年版,第532页。
③ 中央档案馆、中共中央文献研究室:《中共中央文件选集》第25册,人民出版社2013年版,第104页。
④ 参见王明恩:《百年丹东大事读本》,中国文史出版社2006年版,第142页。
⑤ 参见抚顺市社会科学院:《抚顺志》第3—5卷,辽宁人民出版社1999年版,第36页。
⑥ 中共中央党史研究室张闻天选集传记组编、张培森主编:《张闻天年谱》下卷,中共党史出版社2000年版,第749页。
⑦ 中共中央组织部、中共中央党史研究室、中央档案馆:《中国共产党组织史资料》第9卷,中共党史出版社2000年版,第918页。
⑧ 中共中央组织部、中共中央党史研究室、中央档案馆:《中国共产党组织史资料》第9卷,中共党史出版社2000年版,第1165页。
⑨ 参见中共中央组织部、中共中央党史研究室、中央档案馆:《中国共产党组织史资料》第9卷,中共党史出版社2000年版,第926页。
⑩ 参见陕西省委组织部:《中国共产党陕西省组织史料》第2卷,陕西人民出版社2003年版,第987页。

下级派出巡视组或工作组。1955年10月11日,毛泽东在关于《农业合作化的全面规划和加强领导问题》中提出:"除了开会的方法以外,还有打电报、打电话、出去巡视这些方法,也是很重要的领导方法。"①毛泽东要求必须充分利用"小型巡视团(例如3至5个人)和个别有威信的委员的巡视方法"②。

　　巡视员是在社会主义教育工作总团的直接领导下进行的。1963年4月3日,贵州省委"五反"办公室成立,并组成领导小组,下设有巡视检查组。③ 1965年1月14日,中共中央政治局召集的全国工作会议通过《农村社会主义教育运动中目前提出的一些问题》明确要求,各级党组织领导人要"到其他的地方去巡视,或者组织小型巡视团"④。1965年7月13日,云南省委《关于农村面上社会主义教育的意见》明确要求:"对一般的社、队,主要是加强党支部和贫农下中农协会组织的领导,县、区派人进行巡视检查、指导。"⑤河北邯郸地区"地、县委都组织了巡视团,闻风而至,解决问题"⑥。1965年12月30日,北京市委《关于印发再接再厉把当前郊区农村"四清"运动切实搞好的报告的通知》要求:"四清"运动负责面上工作的领导干部"必须采取联系重点和巡视全面的办法深入基层、深入群众,取得第一手材料"⑦。该市房山县委以公社为单位组成巡视组,"与各村贫协组织协助县、社党委处理打击报复案件,检查四不清干部的经济退赔工作,了解群众的思想动向、意见和要求"⑧。旅顺即使在1966年6月6日撤销"四清"工作机构后,还留下70名干部,组成15个巡视组处理遗留问题,直至9月初全部撤离。⑨ 1966年,郧县县委围绕全县开展初步"四清"运动情况,开展

---

① 中共中央文献研究室:《毛泽东文集》第6卷,人民出版社1993年版,第478页。
② 中共内蒙古自治区委员会党史研究室:《中国共产党与少数民族地区的民主改革和社会主义改造》上,中共党史出版社2001年版,第60页。
③ 参见贵州省档案馆:《贵州省档案馆指南》,中国档案出版社1996年版,第253页。
④ 中共中央组织部、中共中央党史研究室、中央档案馆:《中国共产党组织史资料》第9卷,中共党史出版社2000年版,第1139页。
⑤ 中共云南省委党史研究室:《云南"四清"运动》,云南大学出版社2011年版,第355页。
⑥ 朱金玲:《邯郸地区大事记》(1949—1986年),内部资料,1987年,第319页。
⑦ 北京市档案馆、中共北京市委党史研究室:《北京市重要文献选编》(1965年),中国档案出版社2007年版,第693页。
⑧ 中国人民政治协商会议北京市房山区委员会文史工作委员会:《房山文史资料》第16辑,内部资料,2003年,第56页。
⑨ 参见大连市旅顺口区史志办公室:《旅顺四十年》(1956—1966年),内部资料,1999年,第208页。

了巡视和调查。①

"文化大革命"期间,党的巡视工作仍在进行中。以博乐市为例,1966年11月,博乐市委曾向学校派出了工作组,随后又撤销了工作组,转而派遣了"三员"(巡视员、观察员和联络员)。②再看郧县,从1971年到1976年,县委根据不同时期的政策导向和实际情况,多次组织开展了巡视检查活动。这些巡视活动不仅覆盖全县范围,而且围绕的都是当时的重点工作。无论是农业学大寨、批林整风,还是"批林批孔"运动,县委都通过巡视检查来确保政策的贯彻落实和问题的及时发现。③

(五)党对外交使馆巡视工作首开先河

1951年4月6日,张闻天出任为中国驻苏联大使,并以外交部党委驻欧特派代表身份巡视指导我国驻东欧六国使馆工作,开创了党对外交使馆巡视工作的先河。④据胡乔木回忆,周恩来对张闻天到驻外使馆巡视工作给予高度评价,认为在外交部领导人员中,均未曾有过此创举,表明该做法在外交领域内的深远影响。⑤

1951年,张闻天巡视我国驻东欧六国使馆。从波兰到民主德国,再到捷克斯洛伐克、匈牙利、罗马尼亚、保加利亚,张闻天深入使馆和使团,了解工作状况,与外交人员交流心得。其间,张闻天没有局限于外交事务的层面,而是结合对新中国经济建设问题的思考,参观了所在国的一些现代化工厂,特别是大型钢铁中心。他深刻认识到,新中国的经济建设需要与国际接轨,学习借鉴国外的先进技术和管理经验。巡视结束后,张闻天撰写了详细的工作报告,针对使馆工作中存在的一些问题,提出了具体的建议。如使馆需成立研究室或研究

---

① 参见中共郧县县委办公室:《中共郧县县委办公室简史》(1949—2010年),内部资料,2011年,第32页。
② 参见中共博乐市委党史研究室:《中国共产党博乐市简史》,新疆科学技术出版社2006年版,第134页。
③ 参见中共郧县县委办公室:《中共郧县县委办公室简史》(1949—2010年),内部资料,2011年,第33页。
④ 参见中共中央党史研究室张闻天选集传记组编、张培森主编:《张闻天年谱》(下卷),中共党史出版社2000年版,第914页。
⑤ 参见中共中央党史研究室张闻天选集传记组编、张培森主编:《张闻天年谱》(下卷),中共党史出版社2000年版,第1063页。

组,以加强对驻在国的研究和了解;要克服轻视驻在国成就的狭隘思想,树立国际主义精神;实行民主领导、加强各使馆间经验交流等。张闻天的工作报告得到中央领导的高度评价,毛泽东批示"很好,照发"①。

1957年4月至7月,外交部常务副部长张闻天巡视驻缅甸、印度、巴基斯坦、印度尼西亚四国使馆。其间,张闻天全面了解各使馆的工作情况,包括日常运作、人员配置以及与驻在国的外交关系等。同时,还深入了解干部队伍的现状,关心每一位外交官的工作和生活。此外,他还密切关注驻在国的当前形势与发展趋势,对外交部指示和规定的落实情况进行严格检查,同各使馆党委研究和解决使馆工作、干部队伍中存在的问题,指出工作不足,提出改进建议,并听取各驻外使馆对我国外交部的意见。1957年7月27日,张闻天审定完成了巡视报告,报告全文收入《张闻天文集》(第四卷)。②

1958年6月20日—8月7日,张闻天巡视我国驻苏联及东欧使馆的工作。巡视驻波兰使馆工作时,张闻天指出应进一步加强调研工作,正确看待波兰,不能拿中国尺度衡量人家。③ 7月3日—14日,张闻天主持布拉格使节会议,传达党的八届二次会议精神,讨论"大跃进"形势下的外交工作④;7月20日,赴柏林巡视驻民主德国使馆,提醒使馆注意对西德研究⑤;7月25日,巡视驻瑞典使馆工作,同使馆人员谈话,了解情况、听取汇报;7月31日,抵达莫斯科巡视驻苏使馆工作,着重解决使馆内部问题;8月16日,向外交部党委汇报巡视情况。⑥

---

① 中共中央党史研究室张闻天选集传记组编、张培森主编:《张闻天年谱》(下卷),中共党史出版社2000年版,第919—920页。
② 参见中共中央党史研究室张闻天选集传记组编、张培森主编:《张闻天年谱》(下卷),中共党史出版社2000年版,第1055—1056页。
③ 参见中共中央党史研究室张闻天选集传记组编、张培森主编:《张闻天年谱》(下卷),中共党史出版社2000年版,第1099页。
④ 参见中共中央党史研究室张闻天选集传记组编、张培森主编:《张闻天年谱》(下卷),中共党史出版社2000年版,第1100页。
⑤ 参见中共中央党史研究室张闻天选集传记组编、张培森主编:《张闻天年谱》(下卷),中共党史出版社2000年版,第1102—1103页。
⑥ 参见中共中央党史研究室张闻天选集传记组编、张培森主编:《张闻天年谱》(下卷),中共党史出版社2000年版,第1103—1104页。

二、巡视实践的阶段性特征

在社会主义革命和建设的壮丽画卷中,中共巡视工作受到多重结构性因素的影响。这些影响不仅来自外部的政治、经济挑战,也源自党内的高度集权和工作队的广泛派出,更与党内监督体系的逐步完善密切相关,呈现出阶段性的基本特征。这些特征展现出中共自我革命能力的不断提高。

(一)职能定位的双重性

社会主义革命和建设时期党内巡视工作的职能定位具有双重性。在政治属性方面,巡视工作职能定位体现出党的根本宗旨和以人民为中心的价值取向,突出的是治党和党的政治权威。在社会属性方面,则体现出对社会经济各项事业发展的指导领导和监督检查作用,突出的是社会治理问题。中共巡视工作的双重性主要体现在以下三个方面。

1. 纠偏威慑与重塑政治权威相统一

在社会主义革命和建设时期,中共的历史画卷上浓墨重彩地描绘着一个时代主题——兴国。在这一时期,中共不仅要肃清国民党残余军队和土匪,还要与反革命势力进行坚决斗争,确保新生政权的稳固与国家的和平发展。如何加强对这些工作的指导和领导,加强督促检查,推动党的路线方针之策得到全面贯彻落实,开展巡视工作成为时代的选择。一方面,中共已稳固执政地位,构建了全国性的组织框架与制度体系。巡视虽不再独揽大权,却作为党内治理的辅助利器,肩负起指导建议与监督监察的重任。在土地改革中,巡视确保了改革的稳步推进;整风运动期间,其角色则转变为严明的监督者。至1952年,巡视机制率先在司法领域扎根,于"三反""五反"运动中大放异彩。1953年,这一制度全面铺开至党的各级组织,成为推动农业合作化、社会主义教育及"四清"运动等关键领域的重要推手。巡视不仅限于单一领域,而是广泛渗透于社会经济各层面,既纠偏引导,又确保各项事业沿着正确轨道前行,初步展现了其监督职能的雏形。历史证明,中共巡视工作的双重功能——纠偏与树立政治威信相辅相成。

2. 发现问题与提升国家治理效能相统一

社会主义革命和建设时期,巡视工作围绕党和国家中心工作,通过对土地改革、"三反""五反"、整党整风等工作的巡视检查,发现问题、反映问题并实际解决问题,督促党和国家大政方针政策落到具体实处,本身就是发现问题与提升国家治理效能相统一的过程。与此同时,在具体实践中,强调政治性与业务性相统一,用政治性内容统领业务性内容,使业务性内容为政治性内容服务,将党的政治要求贯彻到各领域各行业国家治理的具体行动和实际工作中,落实到国家经济社会发展改革的全局中,实现国家治理的"一盘棋"。1955年3月,巡视工作推广至党内各级组织,成为国家治理体系中不可或缺的重要制度构成,促进政党治理与国家治理同步发生,将巡视工作的政治效能转化为治理效能。

3. 党的自身建设与以人民为中心发展相统一

社会主义革命和建设时期,巡视工作目的主要是纠正党员干部居功自傲、解决党组织软弱涣散、整治部分党员中滋长的个人主义、享乐主义、形式主义和官僚主义作风等突出问题,其实质是具有党的建设意义。与此同时,巡视工作还创造性地应用于恢复国民经济以及发展社会生产,紧盯涉及群众根本利益的社会生活领域,对人民群众反映强烈的土地改革、基本建设、安全卫生、防旱防汛等领域进行重点监督。从根本上来讲,既坚持加强党的建设,又坚持人民立场,体现出双重性特征。

(二)涵盖领域的全面性

社会主义革命和建设时期,随着党和国家组织机构的健全完善,巡视工作兼具"治党"和"党治"双重功能,全方位涵盖党和国家的治理,可视作巡视工作的党外延伸拓展。

1. 党内巡视工作

在社会主义革命和建设时期,中共采取独特的"政治动员型"社会发展模式来推动社会的变革和进步,先后发起土地改革运动、镇压反革命运动、整风整党和审查干部等运动。据学者统计:在1950年至1975年期间,中国共产党共开展了71次的全国性运动。① 在历史的洪流中,巡视与政治运动始终紧密相连,这一"领导中的辅助方式"②,在指导领导、监督检查与纠偏纠正等方面发挥着不可或缺的作用。特别是在1955年的党的全国代表会议上,巡视工作以制度的形式得以固定:"党的中央和各级地方组织应当迅速地建立或健全各种检查和巡视工作,把管干部和检查干部的实际工作情况的任务统一起来。"③其后,巡视工作进一步制度化和规范化。中共中央明确规定,中央及各级党委必须增设一定数量的检查员和巡视员④,并就巡视员的具体职责和必备条件予以明确。⑤中共中央还在第二办公室、第三办公室设若干中央巡视员。⑥ 尽管运行环境发生很大变化,但巡视工作的设置形式、监督检查的核心功能、人民至上的价值理念、马克思主义的指导思想以及加强党的领导和建设的制度目标等仍得以保留甚至强化。

2. 民族与教育工作

就民族工作而言,1952年10月31日,中共中央下发《批转中南局关于少数民族工作的指示》,要求相关部门应很快熟悉民族地区的情况,至少一个主要负责人分工掌管,定期派人下去巡视检查,切实执行民族政策,把少数民族工作列入业务计划内。⑦ 其实质是巡视了解党的民族政策执行情况,确保民族区域自治政策落到实处。就冬学工作而言,1953年10月28日,中共中央下发《关于1953年冬学工作的指示》,要求各中央局、分局和各省、区、市委加强对冬学工作的领导,县以上的党委应指定冬学工作委员会,于当年冬学期间,派出巡视组,

---

① 参见 Charles P. Cell Revolution at Work: *Mobilization Campaigns in China*. Academic Press, 1977. pp. 187-189。
② 《彭真文选(1941—1990)》,人民出版社1991年版,第31页。
③ 中共中央组织部、中共中央党史研究室、中央档案馆:《中国共产党组织史资料》第9卷,中共党史出版社2000年版,第284页。
④ 参见中共中央组织部、中共中央党史研究室、中央档案馆:《中国共产党组织史资料》第9卷,中共党史出版社2000年版,第331页。
⑤ 参见中共中央组织部、中共中央党史研究室、中央档案馆:《中国共产党组织史资料》第9卷,中共党史出版社2000年版,第342页。
⑥ 参见中共中央组织部、中共中央党史研究室、中央档案馆:《中国共产党组织史资料》第9卷,中共党史出版社2000年版,第409页。
⑦ 参见中央档案馆、中共中央文献研究室:《中共中央文件选集》第10册,人民出版社2013年版,第193页。

了解各地冬学情形,确保从政治和文化上教育广大农民的措施落到细处。①

3. 经济领域工作

在粮食统购工作方面,1953年12月2日,中共中央下发《批转中南局等关于开好各级粮食统购工作会议的指示》,决定派人用短速巡视办法,分赴附近各县检查开会情况。各地委若有可能,亦望抽出一两个人作短速巡视②,其目的是通过巡视帮助各县开好区、乡扩干会,切实做好粮食统购工作。在财政贸易工作方面,1956年3月19日,中共中央下发《中央财政贸易工作部关于1956年和1957年几项主要工作的计划要点》要求:"各级党委财政贸易工作部可挑选若干政治质量较强的干部担任巡视员,经常深入下层,对各项工作进行有系统的检查。"③在工业工作方面,1956年7月12日,中共中央在中央工业交通工作部呈报的《关于党委工业工作部的组织和工作问题的意见》中批示强调:"省委、市委、自治区委各个工业工作部应按产业设立若干巡视员,负责检查工作和了解干部,指导企业中党的基层工作。"④

(三)内在动力的多元化

社会主义革命和建设时期,巡视工作呈现出多元化新特征,形成内在发展动力。主要体现在以下方面。

1. 政权巩固和国家建设的现实影响

中华人民共和国成立后,中共的政治地位和中心任务发生了根本性变化,国家百废待兴、百业待举。受此变量影响,巡视工作继承新民主主义革命时期指导和领导的功能因子,创造性地兼具社会治理因素,继续活跃在政权巩固和国家建设中,并发挥重要作用。在1950年1月起开展的土地改革运动中,巡视发挥了指导督促土改工作的功能;在1963年2月起开展的社会主义教育运动中,巡视发挥了思想教育的功能;在国家经济建设中,发挥了监督检查、纠正出

---

① 参见中央档案馆、中共中央文献研究室:《中共中央文件选集》第14册,人民出版社2013年版,第172页。
② 参见中央档案馆、中共中央文献研究室:《中共中央文件选集》第14册,人民出版社2013年版,第371页。
③ 中央档案馆、中共中央文献研究室:《中共中央文件选集》第22册,人民出版社2013年版,第350页。
④ 中共中央组织部、中共中央党史研究室、中央档案馆编:《中国共产党组织史资料》第9卷,中共党史出版社2000年版,第408页。

现偏差的功能。

2. 党的自身建设的现实影响

中华人民共和国成立后,中共所处的历史方位、内外环境、中心任务均发生了巨大变化,但依然将自身建设作为工作的重要内容。以毛泽东同志为核心的党的第一代中央领导集体始终牢记"两个务必",着重提出执政条件下党的建设的重大课题,加强党的建设,巩固党的领导,通过"三反""五反"运动,塑造了风清气正的政治生态。在此过程中,向下级派出检查组等类似于巡视的行为得以运用,巡视工作受到党中央重视并发挥了重要作用。1952年,政务院率先在各级法院、检察院等机关单位实行巡视检查制度,设立中央巡视检查委员会,并配备专业巡视员,负责具体开展巡视工作。同年4月,随着"三反"运动的深入开展,中央巡视检查委员会的巡视员深入基层,对"三反"运动的执行情况进行细致的检查和督导,确保了运动的有序进行和取得实效。巡视检查制度的实施,为迅速恢复国民经济、完成社会主义革命、确立社会主义基本制度、推进社会主义建设提供了坚强的政治保证。

3. 正确处理中央和地方关系的现实影响

社会主义革命和建设时期,中共实施单一制的国家结构形式,并不断调整中央与地方的关系,呈权力向上集中的特征,与巡视工作性质特质相辅相成。从实际运行来看,巡视工作是中央与地方关系调整的"稳定器",发挥了不可替代的作用。它不仅是保证党的团结和集中统一、维护党中央权威的重要手段,也是确保党始终总揽全局、协调各方的有力保障。此外,民主集中制也是在巡视工作中处理中央和地方关系时坚持的最基本原则。一言以蔽之,中央和地方关系的客观事实需要继续沿用巡视工作。实践证明,通过巡视工作,维护党中央权威和集中统一领导、支持地方因地制宜落实中央政策、完善央地间信息沟通机制、推进央地权责的制度化建设,在一定程度上促进和刺激了中央和地方关系朝着合理化的方向发展。

(四) 活跃程度的平静化

按照历史制度主义的观点,"革命完成之后,它所制造的革命习惯还将长期存在下去"①,社会主义革命和建设时期,巡视工作进入相对的平静期——既不像早期的波澜壮阔,也不同于后来呈万象竞发之势。

1. 顶层设计的临时性

社会主义革命和建设时期,随着党内各种领导体制和组织架构的健全完善,各个职能部门职责功能的完备发挥,在一定程度上挤压和替代了巡视工作的功能空间,促使该时期的巡视工作活跃程度下降。这也是目前学术界普遍认为该时期巡视工作中断或停滞的重要原因。就制度安排而言,有关巡视工作的党内法规未因为关键的转折或节点得到更新延续。就机构和人员配置而言,大多是临时性的,即使设置有巡视工作委员会、巡视科、巡视组,也是因事而设、因事而毕,缺乏专门的巡视人员。就功能作用而言,巡视内容宽泛且庞杂,巡视重点聚焦不突出,功能作用的分散导致其影响力弱化。就制度规范而言,党章等高位党内法规没有涉及,类似条例等专门法规没有制定,制度规范体系不健全不完善,缺乏可持续的制度体系的强有力制度支撑。

2. 工作队运行的空间挤压

社会主义革命和建设时期,类似"工作团""工作组"等。"工作队"是一种常见的组织形式,在某种程度上替代了巡视工作的功能作用。工作队是由高级别的党政机构指派和领导的临时性组织,介于正式制度与非正式制度之间——虽然由党政机构来授权和运作,但却没有出现在官方的组织架构中,对于解放战争与中华人民共和国成立初期土改政策的实施,以及在之后的数次运动中,工作队都发挥了关键作用。早在解放战争胜利在望之际,毛泽东就号召把军队变成工作队。② 1949 年 3 月 5 日,毛泽东在党的七届二中全会上作报告指出:"必须准备把二百一十万野战军全部地化为工作队。"③一些由军队改编的工作队在华北平原的农村实施土地改革,其他部队组成"南下工作队"前往广州、上海和南方其他主要城市,除了部队官兵,知识分子、党政干部与基层积极分子也

---

① 〔法〕托克维尔:《论美国的民主》下卷,商务印书馆 1997 年版,第 798 页。
② 参见毛泽东:《毛泽东选集》第 4 卷,人民出版社 1991 年版,第 1405 页。
③ 毛泽东:《毛泽东选集》第 4 卷,人民出版社 1991 年版,第 1426 页。

参与其中。① 土改时期,各级党政领导机关派遣了大批土改工作队拥向农村,"每年均在三十万人以上"②。在"四清"运动中,超过350万工作队成员被下派到农村。在中国的政治和组织体系中,工作队与巡视组作为两种常见的派出机构,在多个维度上存在着显著的差异,体现在派出主体、人员构成、任务范围、授权程度和功能作用等方面。从派出主体来看,巡视组具有明确的单一性,即由党委(党组)直接派出,而工作队的派出主体则更为广泛,涵盖了党委、政府、军队、企事业单位等多个层面。在人员来源上看,巡视组成员构成相对单一,要求必须是中共党员,而工作队队员的构成则更为多元,可以不是中共党员。在任务范围与授权程度差异方面,巡视组的工作内容主要聚焦于政策落实、权力行使等方面,侧重于了解情况、发现问题、监督检查;相比之下,工作队则是完成派出主体交代的特定任务,解决下级机构无法处理的难题,其任务范围则更为广泛,涵盖政治、经济、社会、文化等各个领域。③ 从历史的角度来看,工作队在多个方面均显示出比巡视工作更为宽泛的特点。尽管工作队是一种临时性的举措,但其在贯彻中共方针政策、解决农村中的热点难点问题、加强基层组织建设和精神文明建设等方面发挥着重要作用。这种作用不仅体现在推动农村经济社会的综合稳定协调发展上,更在于其在社会主义革命和建设时期对于挤压巡视工作运行空间的重要影响。

3. 党内监督机构健全完善的直接影响

自中华人民共和国成立以来,中共不断探索和构建与执政环境相适应的党内监督机构和制度体系。1949年11月,中共中央作出重大决策,成立中共中央纪律检查委员会,标志着党内监督体系的初步形成。随后,全国大部分地、县级以上的党委也陆续建立了纪律检查委员会。1950年2月,中共中央发布《各级党的纪律检查委员会与党委关系的指示》,明确了纪律检查委员会在党委领导下的工作定位。此后,专职纪检干部数量不断增加,专业化、职业化的监督队伍

---

① 参见中央档案馆、中共中央文献研究室:《中共中央文件选集》第18册,人民出版社2013年版,第125页。
② 黄楚芳、方向新:《中国共产党与中国农民》第1卷,湖南人民出版社2002年版,第430页。
③ 参见王鸿铭:《"工作组"模式:国家治理现代化的中国经验》,《学术月刊》2021年第3期,第90页。

逐渐形成。1962年9月,党的八届十中全会通过的《关于加强党的监察机关的决定》,明确了监察委员会的双重领导体制,即既受同级党委领导,又受上级监察委员会领导,还强调了监察委员会在党内监督中的重要作用和地位。总的说来,纪检监察机构与体制的进一步建立健全,大大降低了巡视在党内监督中的地位。

三、巡视实践的成效分析

在波澜壮阔的社会主义革命和建设历程中,巡视工作作为党的一项重要制度,发挥了不可替代的作用。本节将从三个层面探讨这一时期巡视工作的历史贡献,并探讨其在新时期发展的借鉴意义。

(一)维护集中统一领导,保证中央政令畅通

巡视工作是维护党中央权威和集中统一领导的重要工具。巡视工作的成效,直接关系到党的路线方针政策能否得到贯彻执行,关系到党和国家各项事业能否沿着正确的政治方向前进。一是促进了党的领导核心作用的发挥。在党的建设新的伟大工程中,巡视工作扮演着举足轻重的角色。其中,一个显著特点是政治凝聚功能——通过对党的各级组织进行监督检查,促进党的领导融入治国理政的各个环节,保证了党的路线方针政策能够得到不折不扣地贯彻执行。同时,巡视工作还能够及时发现和纠正各级党组织在贯彻执行党的决策部署中存在的偏差和问题,确保党和国家各项事业始终沿着正确的政治方向发展。巡视工作的深化,党的领导是关键。巡视工作通过对党的各级组织进行全面、深入的监督检查,确保党的领导能够得到有效贯彻,从而推动国家治理体系和治理能力向现代化迈进。二是强化了党内思想统一和党内团结。1954年2月,党的七届四中全会提出"党的团结是党的生命""党的团结的利益高于一切"。[1] 巡视工作的核心在于"及时纠正",即能够及时纠正和克服违背党的基本路线的偏向和行为,不仅能够避免问题扩大化,更能够保护党的肌体健康,确

---

[1] 中央档案馆、中共中央文献研究室:《中共中央文件选集》第1册,人民出版社2013年版,第253页。

保党的各项事业沿着正确的方向前进。巡视工作的另一个重要作用在于"凝聚共识"。党内共识是党的团结统一的基础。巡视工作能够及时了解党员干部的思想动态和工作情况,发现存在的问题和不足。同时,巡视工作还通过反馈问题和整改建议,引导党员干部正确认识问题、解决问题,从而增强党内的共识和团结。此外,巡视工作还有助于"巩固马克思主义在党的建设和发展中的重要指导地位"。巡视工作通过深入学习和贯彻马克思主义,及时发现和纠正工作中的错误思想和行为,能够进一步巩固马克思主义在党的建设和发展中的重要指导地位。以社会主义教育运动巡视工作为例,不仅解决了党员干部中存在的不正之风和蜕变腐败问题,更为党的建设和发展注入了新的活力。三是提高了党的指导思想的科学性和权威性。巡视工作强调在上下级党组织之间形成一种良性的传达—指导—回馈机制。这种信息沟通回馈和问题预防纠偏功能,有利于中共结合各地具体情况,因地制宜地运用马列主义革命理论和实施党的纲领、方针、政策,灵活地指导各地工作,促使民主决策不断修正完善,保证民主决策制定的科学性与执行的正确性,能够实现党的指导思想的高度统一和中央权威的有效维护。如土改运动偏差问题,中共中央新疆分局在巡视时及时提出"稳步前进,宁缓勿乱"方针和系列具体措施①,内蒙古"经常派人下乡巡视指导,交流经验,纠正偏差"②,1951年10月宁夏省巡视团第一分团帮助中宁各区解决工作中的各种问题③,1952年西北军政委员会巡视小组和宁夏4个巡视团推动解决了各县、市大量问题④,1953年宁夏省委组织部抽派5位同志巡视先后发现并纠正了9个县的一系列问题。⑤

(二)探索自我净化路径,推动依规管党治党

中华人民共和国成立初期,巡视工作的一个重要特点就是紧密围绕政治运

---

① 《新疆通史》编撰委员会:《新疆历史研究论文选编当代卷》(上),新疆人民出版社2008年版,第32页。
② 中共内蒙古自治区委员会党史研究室:《中国共产党与少数民族地区的民主改革和社会主义改造》上册,中共党史出版社2001年版,第404页。
③ 参见中共中宁县党史县志办公室:《中国共产党中宁历史大事记:1924—2014》,宁夏人民出版社2015年版,第26页。
④ 参见中国人民政治协商会议银川市委员会文史资料委员会:《银川文史资料》第9辑,内部资料,1998年,第84页。
⑤ 参见宋建钢主编:《修史资政育人研究》(2014年卷),宁夏人民出版社2014年版,第481页。

动展开。巡视工作不仅查处了一批以权谋私的党员干部,更为党保持廉政为民提供了坚实的实践基础。在社会主义改造进程中,巡视根据党委的中心工作有重点地安排检查工作,特别是在查处贪污腐化和违法乱纪问题上,巡视工作作用得到了充分展现。①通过巡视,有效解决了在征粮收税、减租救灾、土改生产等工作中存在的脱离群众和官僚主义问题。新中国成立初期和社会主义革命和建设时期的巡视工作,是党自我净化、自我革新的重要途径,更是推动依规管党治党的重要力量。党的干部历来被视为党和国家事业的中坚力量,新中国成立后,干部队伍成分的复杂性也日益凸显,历史不清、来历不明的投机分子依然占着相当比例,更为严重的是,少数反革命分子也趁机混入干部队伍之中。有鉴于此,1953年11月24日,中共中央发布《关于审查干部的决定》指出:"要对全国干部进行一次细致的审查,既要弄清每个干部的政治面目,也要多方面了解和熟悉干部的思想品质和工作才能,以便正确使用干部。"②为此,1955年2月,中共中央组织部专门设立一级、二级巡视员等岗位,中央和地方党委设立审干办公室,并抽调一大批政治完全可靠、作风正派、有一定工作能力的干部担任巡视员,对各地审干工作进行指导和监督,在确保审干工作健康有序进行方面发挥了重要作用。

(三)凝聚群众磅礴伟力,巩固政权建设国家

中华人民共和国成立后相当长的一段时期,巡视工作促进了政权巩固和社会主义建设。一是快速积蓄组织力量。中华人民共和国成立后,巡视工作围绕各种整党整风运动,加强对党员干部的马克思主义思想教育,将思想力量外化为组织力量,为党的事业快速发展积蓄了组织力量。其核心功能要义是,充分发挥组织群众、动员群众、凝聚群众推波助澜效用,把革命和建设主体扩大到各个阶层、党的意志主张快速撒播到全国各地、路线方针政策不折不扣地贯彻到底,为确保各项事业始终沿着正确政治方向发展凝聚最为广泛的群众力量、提供最为牢固的群众基础。二是有力推动了土地改革的健康进行。为了彻底消灭封建土地所有制,解放发展农村生产力、争取国家经济状况好转,同时也为国

---

① 参见《朱德选集》,人民出版社1983年版,第318页。
② 中共中央文献研究室:《建国以来重要文献选编》第4册,中央文献出版社1993年版,第578页。

家工业化开辟道路①。《关于土地改革问题的报告》郑重指出:"土改是一场系统的激烈的斗争。进行土地改革的各省的高级领导机关应该逐渐派巡视团下去,切实掌握运动的领导……应首先解决那些完全成熟、情况完全明了、关系最大多数人的主要问题。"②巡视团以其独特的视角和深入的实践,成为推动土改进程中的一股建设性力量。土地改革初期,巡视团的报告揭示出各地下层政权机构、农会、民兵等组织的状况并不乐观:许多组织成分不纯、未经改造,或者作风不正、违反政策。同时,县、区两级领导在深入基层、掌握实际情况方面力不从心,既不能防患未然,又在发生偏差时熟视无睹。③ 面对这样的局面,中共中央华南分局果断决策,于1950年9月成立省土改工作团,分赴揭阳、兴宁、龙川三县进行调查研究。巡视团深入基层,与群众亲密接触,通过调查研究摸清了土改工作的实际状况。在工作纠偏方面,中共中央新疆分局针对土改运动初期出现的偏差,及时派干部赴各地巡视指导,提出"稳步前进、宁缓勿乱"等方针。三是有力密切了党同人民群众的联系。随着全面执政的深入,脱离群众的危险已悄然成为摆在中共面前的最大隐患。面对这一严峻形势,挥起巡视检查的利剑,可以斩断官僚主义、命令主义等不良作风的茎蔓。比如,1949年冬季,平原省濮阳、聊城等地区发生的公粮运输事件,就是一次深刻的教训。当时,部分党政领导干部对运粮工作不够重视,麻痹乐观、消极懈怠,布置工作草率,既未制定细致计划,又未认真组织领导和及时深入检查。结果,运粮过程中发生了农民死伤、牲畜损失、大车零件损坏的严重事件。更为令人痛心的是,事件发生后,平原省委并未采取严肃态度予以彻底追究和处理,也未及时向上级报告。直到华北局巡视工作的同志下去检查工作,才使这一事件得以曝光。据此,华北局责令平原省委,对严重损害群众利益的官僚主义分子严加处分,并进行深入检查反省。④ 又如1953年4月,台州地委巡视组人员在《人民日报》公开批评道:在临海县巡视春耕准备工作时发现,当地领导机关对松南、前岸的互助运动

---

① 参见中共中央文献研究室:《建国以来重要文献选编》第1册,中央文献出版社1992年版,第291页。
② 《建国以来刘少奇文稿》第2册,中央文献出版社2005年版,第242页。
③ 参见陈弘君:《中共广东历史择要探究》,广东人民出版社2005年版,第342页。
④ 参见《建国以来刘少奇文稿》第1册,中央文献出版社2005年版,第561—562页。

缺乏具体领导,致使松南乡16个组、前岸乡13个组,因记工算账不清楚、组内缺乏骨干、生产先后矛盾等问题而组织涣散,妨碍了农民生产积极性。①

（四）加强驻外工作领导,首开外交巡视先河

张闻天对驻外使馆的巡视,旨在指导使馆工作,为我国在国际舞台上发挥更大作用提供坚实支撑。一是及时指导使馆工作。巡视期间,张闻天对使馆内实行民主领导、开展党内民主、加强调查研究等方面提出了深刻见解和具体建议。他强调,了解情况、执行政策是使馆工作的基础,而努力学习、提高政治业务水平则是其关键。在发扬民主方面,张闻天更是旗帜鲜明地提出要加强政治思想工作,强化团结意识,改进领导方法。张闻天还特别强调了精简节约的重要性。在资源有限的情况下,如何合理利用资源、提高工作效率,成为使馆工作面临的一大挑战。张闻天的这一建议,为使馆工作的可持续发展提供了有力的支持。时任驻匈牙利大使黄镇在回顾这段历史时感慨地说:"我们本来不清楚使馆工作应该怎么做,闻天同志来巡视,帮助我们明确了应该往什么方向努力。"②驻波兰大使王炳南则提出,希望外交部领导能够经常派人巡视使馆。③二是适时引正纠偏。1951年,张闻天巡视东欧六国使馆时,敏锐地察觉到了部分外交人员中存在的一些不良倾向——或夸大驻在国的缺点,或轻视其成就,是典型的"盲目的狭隘民族主义与非国际主义色彩"的思想。④ 张闻天及时指出这些问题,并提出了纠正的建议。1957年,当张闻天巡视东南亚四国使馆时,面对当时我国"输出革命"的种种表现,他冷静地分析了形势,提出了一系列重要而富有远见的思想。尤其是在巡视印度尼西亚使馆时,他看到印度尼西亚共产党的发展壮大和华侨经济实力的雄厚,并没有因此而盲目乐观。相反,他看到了这背后的隐忧,并提出了宝贵的建议。张闻天指出,印度尼西亚共产党的发展是其自己的事,我们不能介入,更不能在那里搞群众运动。他强调,我们的

---

① 参见《浙江临海县部分乡村的互助组无人领导》,《人民日报》1953年4月29日。
② 中共中央党史研究室张闻天选集传记组编、张培森主编:《张闻天年谱》(下卷),中共党史出版社2000年版,第919页。
③ 参见中共中央党史研究室张闻天选集传记组编、张培森主编:《张闻天年谱》(下卷),中共党史出版社2000年版,第1099页。
④ 参见中共中央党史研究室张闻天选集传记组编、张培森主编:《张闻天年谱》(下卷),中共党史出版社2000年版,第920页。

对外文化宣传要适度,如果印度尼西亚不愿意,就不要勉强搞文化协定。同样,对于政治性强的电影,如果人家不要,也不要强加于人。① 后来的历史证明了他的预见性。1965 年,印度尼西亚发生了震惊世界的"九三〇事件",印尼共产党几乎全军覆没,华人华侨也遭受了池鱼之灾。这一事件不仅使印度尼西亚的政治格局发生了巨变,也导致了印度尼西亚同中国关系的恶化,两国外交关系中断长达 23 年之久。三是提出真知灼见。张闻天在巡视期间,坚决反对向国外"输出革命",更以深邃的国际视野,将国际重大事件与我国国内情况和对外政策紧密相连,为驻外使馆的领导干部带来了前所未有的启发。他强调,对外政策不是孤立的,而是与国内建设息息相关的。无论是国际政治格局的变动,还是经济全球化的浪潮,都需要我们站在国内建设的角度,进行深思熟虑和精心谋划。在张闻天看来,一切工作必须以国内的社会主义建设为中心,外交工作也不例外。

(五)推进巡视理论创新,提供宝贵经验教训

社会主义革命和建设时期,中共巡视工作体现了党的自我净化、自我完善能力。中华人民共和国成立初期,面对复杂的国内外形势,巡视工作主要定位为领导和指导纠正各项政治运动,兼具行政监察的特质,确保政策的贯彻落实和行政效率的提升。随着社会主义建设的深入发展,单纯的领导方式和专项监督检查已难以满足新形势下的党内监督需求,中共巡视工作逐渐从全方位监督调整为突出政治巡视。这一转变,不仅体现了党对政治建设的高度重视,也反映了党内监督体系的不断完善。政治巡视的突出,使得巡视工作更加聚焦于党的政治路线、政治纪律和政治规矩的执行情况,有力推动了党的纪律建设和政治生态建设。值得注意的是,巡视工作还呈现出向党外延伸拓展的鲜明特质。这种拓展,是对国家治理体系构建的有益探索。通过巡视工作的党外延伸,中共能够更加深入地了解社情民意,更加精准地把握国家治理的脉搏,为推动国家治理体系和治理能力现代化提供了有力支撑。

当然,我们不得不正视的是,在特定的历史与时空交织下,巡视工作仍遭遇

---

① 参见中共中央党史研究室张闻天选集传记组编、张培森主编:《张闻天年谱》(下卷),中共党史出版社 2000 年版,第 1061 页。

重重挑战,不规范现象及党政职能混淆尤为棘手。首要之困,在于中央层面对于巡视制度的顶层设计尚显薄弱,缺乏专属的党内法规与细则作为行动指南。此空白导致巡视执行过程中法律依据模糊,规范性不足,进而削弱了其应有的权威与实效。再者,巡视工作的统一执行与专业性提升亦成难题。统一部署虽能凝聚监督力量,却也可能因对地方差异把握不足、巡视队伍专业能力不一而打折扣。专业巡视人员的匮乏,限制了巡视的深入与精准,影响了监督效果。尤为复杂的是,巡视职能在行政体系中的延伸,不经意间模糊了党政界限。巡视不仅关乎党纪党风,更触及行政管理的广泛领域,职能交织之下,平衡党纪国法、监督行政的双重任务,让巡视工作时常陷入进退维谷之境。如何在确保党的纪律严明的同时,有效监督国家行政运作,成为巡视工作亟须破解的难题。

第七章
路径依赖:1978—2012年的巡视工作

自1978至2012年,是中国改革开放与社会主义现代化建设新时期。中共基于深刻反思,重塑并确立了巡视制度的常态化与制度化,彰显了对监督体系的深切关注与深刻理解。这不是历史简单的复归,而是基于整党整风与自身领导体制运行弊端的深刻反省,以及在这一基础上确立起来的改革理念和实际探索。此举不仅映射出中共在新时期的自我革新意志,更坚实地奠定了强化自身建设、深化自我革命的基石。

一、巡视工作实践的历史分期

学术界目前对改革开放和社会主义现代化建设新时期巡视工作的历史分期研究成果丰富,其代表性的观点主要有:恢复与重建阶段(1978—2002年)、规范与发展阶段(2002—2012年)[1];改革开放初期的酝酿(1977—1982年)、改革开放以来至党的十四大前的复原(1983—1992年)、党的十四大至党的十八大前的嵌入(1992—2012年)[2];重启与优化阶段(1978—2002年)、深化与完善

---

[1] 参见王里、双传学:《中国共产党巡视制度的历史演进及其现实启示》,《河海大学学报》(哲学社会科学版)2023年第5期,第59页。
[2] 参见黄志钧、朱忆天:《建党百年巡视制度的嬗变与现实进路》,《领导科学》2021年第12期,第4—8页。

阶段（2002—2012年）①；酝酿与探索期（1990—2002年）、制度化形成期（2002—2009年）、科学化与网络化时期（2009—2012年）②；恢复重启阶段（1978—2002年）、确立完善阶段（2002—2012年）③；重新探索（1983—1990年）、试点与逐步开展（1990—2002年）、制度化推进（2002—2012年）等④，基本为两阶段或三阶段划分。事实上，我们应当本着历史长时段的共时性原则，实事求是地对巡视工作变迁背后的内在逻辑特别是关键节点进行探析。

（一）延续重启：1978—1990年

1978年，中国共产党召开十一届三中全会，标志着中国进入改革开放新时期。在此背景下，巡视工作迎来了其历史性的转折。作为党内监督的重要手段，巡视工作是对党的政策执行、权力运行进行全方位、深层次的检查和评估。其实质依然是整党"运动型"的延续，标志性节点是1983年《中共中央关于整党的决定》的颁布，大致分为三个阶段。

1. 巡视员制度的实行

1981年6月，中共十一届六中全会通过《关于建国以来党的若干历史问题的决议》，将党内监督放在首要位置，这为巡视员制度的实行提供了崭新的观念因素。1982年，机构改革将部分优秀的老同志任命为巡视员，如国家煤炭工业部、甘肃陇南地委等均聘请一些老同志担任巡视员，开启巡视员制度实行之路。⑤ 1983年10月，十二届二中全会通过《中共中央关于整党的决定》指出："县级以上各级党委应挑选一批党性强、作风好、熟悉党的思想和组织工作的同志，作为联络员或巡视员派往所属进行整党的单位，主要负责了解情况，掌握动

---

① 参见蒋晶：《中国共产党巡视制度的百年发展历程与现实启示》，《行政与法》2021年第7期，第89—98页。
② 参见彭前生：《改革开放以来巡视制度重构的阶段、特征及理论逻辑》，《深圳大学学报》（人文社会科学版），2019年第4期，第21—30页。
③ 参见文丰安、段光鹏：《中国共产党巡视制度的百年历程、经验与启示》，《东南学术》2021年第3期，第36页。
④ 参见陈燕：《改革开放以来中国共产党巡视工作的变迁与启示》，《厦门特区党校学报》2018年第6期，第1—5页。
⑤ 参见煤炭工业部办公厅：《煤炭工业法规汇编(1949—1983)》第3册，内部资料，1986年，第340页。

向,听取各方面意见,及时向当地党组织和上级党委反映情况,提出建议。"① 其中,"县一级党委设立若干巡视员,地方党组在整党整风时实施巡视员制度"②,指导帮助各级党委在整党工作中"统一思想、整顿作风、加强纪律、纯洁组织"③。这是改革开放以来第一次在党内法规中重新提出选派巡视员。与早期巡视工作相比,这次巡视员制度的实行,不仅是名称的变化,更重要的是体现在派出主体的不同,既可以是党的机构,也可以是国家政府职能部门。

为贯彻落实《中共中央关于整党的决定》精神,各地党组织均设立整党整风运动巡视员制度。1983 年 11 月 24 日,安徽全省组织工作会议明确提出"县以上要增设巡视员"④。1984 年,湖北省开始实行巡视员制度,至 1985 年仅襄樊市就有 1544 名 50 岁以上县区级老干部担任巡视员工作。⑤ 湖南省抽派 9 万多名党员干部作为联络员、巡视员。⑥ 山东省委先后派出整党联络员和巡视员 104175 名⑦,并于 1986 年 1 月 3 日要求"省和各地都要派出整党联络员或巡视员小组"⑧。新疆维吾尔自治区共派出 18 万多名联络员、巡视员、宣讲员。⑨ 广东全省在整党期间先后派出整党联络员、巡视员近 7 万人次。⑩ 山西省共组织 86874 名联络员、巡视员、宣讲员⑪,并强调"省和各地都要派出整党联络员或巡视员小组"⑫。1984 年 7 月 12 日,沈阳市皇姑区委印发《关于巡视员、督导员任

---

① 中共中央文献研究室:《十二大以来重要文献选编》上册,中央文献出版社 2011 年版,第 347 页。
② 中共中央文献研究室:《十一届三中全会以来党的历次全国代表大会中央全会重要文件选编》上册,中央文献出版社 1997 年版,第 334 页。
③ 中共中央文献研究室:《十二大以来重要文献选编》上册,中央文献出版社 1986 年版,第 393 页。
④ 安徽省地方志编纂委员会:《安徽省志·政党志》,方志出版社 1998 年版,第 851 页。
⑤ 参见湖北省襄樊市地方志编纂委员会:《襄樊市志》,中国城市出版社 1994 年版,第 515 页。
⑥ 参见湖南省地方志编纂委员会:《湖南省志·共产党志》,五洲传播出版社 2006 年版,第 334 页。
⑦ 参见田德全、丁龙嘉、吕厚轩:《山东改革开放三十年史》,山东人民出版社 2014 年版,第 136 页。
⑧ 中共山东省党委史研究室编著:《中共山东专题史稿》第 1 辑,山东人民出版社 2015 年版,第 362 页。
⑨ 参见朱培民、王宝英:《中国共产党治理新疆史》,当代中国出版社 2015 年版,第 458 页。
⑩ 参见广东省地方史志编纂委员会:《广东省志·中共组织志》,广东人民出版社 2002 年版,第 364 页。
⑪ 参见山西省委党史研究室:《中国共产党山西历史纲要》,中共党史出版社 1991 年版,第 130 页。
⑫ 《山东省农业合作史》编辑委员会:《山东省农业合作化史料集》上册,山东人民出版社 1989 年版,第 795 页。

务的通知》,安排部分领导干部担任巡视员工作,且对其职责和任务予以具体规定。① 云南文山抽调1144名党员干部组成121个巡视组或联络组到区、乡协助。② 巡视员制度的实行,实质是加强党对整党工作的领导,巩固"拨乱反正"成果,彻底肃清"文化大革命"所造成的党内思想、作风、组织严重不纯和纪律松弛等问题。

2. 巡视员小组制度的实行

全国上下共开展三期整党行动,从第二期开始将联络员小组改名为巡视员小组。巡视员小组可视为后来巡视组的雏形。在中央层面,1983年10月,十二届二中全会专门设立了中央整党工作指导委员会(简称"中指委"),并在其下设立了巡视员小组。在第二期期间,中指委派出了7个巡视员小组深入各地③,对整党工作进行监督和指导,以确保整党工作不走偏、不走样。与此同时,县级以上党委也纷纷效仿中央的做法,实行了整党巡视员小组制度,推动了整党工作的深入开展。例如,1985年1月,鞍钢公司党委就下派了7个巡视员小组,对企业内部的整党工作进行全面监督和指导。④ 1985年和1986年,云南地区也分批次派出了多个巡视员小组,覆盖了全省的多个片区。⑤ 1986年1月,铜仁地委抽调30名党员干部组成农村整党巡视小组。1986年2月26日,大兴安岭地委派出5个巡视员小组。⑥ 这些小组在整党过程中发挥了重要的作用。同时,巡视员小组也始终坚持不包办代替被巡视单位工作的原则,尊重基层的首创精神,确保整党工作的顺利推进。⑦ 巡视员小组制度的实行,不仅为整党工作提供了有力的保障,更为后来的巡视组制度奠定了坚实的基础。

---

① 参见中共沈阳市皇姑区委党史资料征集办公室:《中共皇姑区党史大事记》(1921—1992年),内部资料,1996年,第171页。
② 参见文山壮族苗族自治州地方志编纂委员会:《文山壮族苗族自治州志》第4卷,云南人民出版社2001年版,第25页。
③ 参见中共中央整党工作指导委员会办公室:《第二期整党重要文件与资料》,人民出版社1986年版,第56页。
④ 参见《鞍钢年鉴》编辑委员会:《鞍钢年鉴》,辽宁人民出版社1986年版,第252页。
⑤ 参见中共云南省委员会办公厅:《云南省志》卷33,云南人民出版社2000年版,第819页。
⑥ 参见马春阳:《中共吉林省委活动大事记》(1966年5月—1987年12月),内部资料,1990年,第561页。
⑦ 参见齐文华:《辽宁40年》,辽宁教育出版社1990年版,第356页。

3. 巡视员制度的重置

1985年11月24日,中指委下发《关于农村整党工作部署的通知》要求:"为了保证农村整党的顺利进行,省、地(市)、县领导机关都要从在职的和退到二三线的同志当中,选调一批思想作风好,有一定政策水平和群众工作经验的干部,经过学习,派到农村担任宣讲员、联络员、巡视员"。这标志着巡视员制度在党建领域的正式确立。① 随后的几年里,巡视员制度得到进一步发展和完善。1986年,中央明确提出继续实行县设整党巡视员制度,县级以上党委也继续设立巡视员。② 以吉林省为例,1986年1月,吉林省委派出200余名整党工作巡视员,深入各个乡镇、村庄,对整党工作进行指导和监督。巡视员在整党工作中发挥了重要作用。1987年5月26日,《人民日报》发表的《关于整党的基本总结和进一步加强党的建设》一文中,更是将巡视工作作为整党的重要经验,将其纳入新时期党建,高度评价了巡视工作在整党中取得的显著成效,充分肯定了巡视工作的积极作用并进一步强调指出:"必要时可以把一些退居二三线、有丰富的党的工作经验、身体尚好的老同志组织起来,让他们担任中央和地方的纪律检查部门的巡视员,通过巡查,发现和反映问题,并负责提出意见,以帮助维护党纪的严肃性,促进党风的进一步好转。"③

(二)探索发展:1990—2002年

随着市场化的发展,计划体制已经不适应时代要求,政治变革悄然发生,巡视工作的活跃度随之增强,开始由试点走向制度化建设,其标志性节点是《关于加强党同人民群众联系的决定》和《中共中央纪委关于建立巡视工作的试行办法》两个文件的颁布。

1. 巡视工作小组制度的实行

1990年3月12日,中共十三届六中全会通过的《关于加强党同人民群众联系的决定》明确指出,要在中央、省、区、市等层面实施巡视工作,有条件的县级

---

① 参见《中共中央整党工作指导委员会关于农村整党工作部署的通知》(1985年11月24日),《人民日报》1985年11月24日,第1版。
② 参见王汝成、王万银:《乡饮乡志》,山东省地图出版社2005年版,第151页。
③ 《关于整党的基本总结和进一步加强党的建设》,《人民日报》1987年6月1日。

也可以设立巡视检查制度。① 其中,"中央和各省、自治区、直辖市党委,可根据需要向各地、各部门派出巡视工作小组,授以必要的权力,对有关问题进行督促检查,直接向中央和省、区、市党委报告情况。这项工作,可吸收有经验、有威望的老同志参加"②。这是中共中央第一次在中央文件中明确提出采取巡视方式加强党内监督。在地方实践中,各级党委积极响应中央号召,纷纷派出巡视工作小组深入基层开展工作。以天津市委为例,1990年6月22日提出区县局以上党委可向所属单位和部门派出巡视工作小组。③ 随着工作不断深入,巡视工作在党内监督中的地位和作用也日益凸显。党的十四大报告强调"严格履行党内监督条例,完善对各级党委机关的监督与巡视"④,新修订的党章更是明确要求"巡视地区的各个领导会议允许巡视组长参与"⑤。这些规定使巡视工作小组成为党内监督体系中的一支重要力量。

2. 纪委巡视工作的实行

1994年6月,中共中央对纪委巡视工作提出了明确要求,强调在巡视过程中一旦发现工作难度大、处理过程中阻力多的案件,中央部门将全力支持,并派遣纪检人员协助完成。⑥ 1995年,王宝森和陈希同的严重违纪违法案件被查处,促使中共中央对执政党自身监督问题进行了深刻反思,决定省级以上纪委全面实行巡视工作。⑦ 1996年,中央纪委六次全会正式提出了建立党内巡视工作的决策,要求中央纪委选派部级领导干部带队开展巡视工作,并将巡视工作纳入五项强化党内监督的重要内容之中。⑧ 同年3月13日,中央纪委制定了《中共中央纪委关于建立巡视工作的试行办法》,对巡视工作的各个方面进行了明确规定。这是改革开放以后第一个关于党内巡视工作的制度规定。

---

① 参见中共中央文献研究室:《十三大以来重要文献选编》上册,人民出版社1991年版,第345页。
② 中共中央文献研究室:《十三大以来重要文献选编》中册,人民出版社1991年版,第338页。
③ 参见《天津经济年鉴》编辑部:《天津经济年鉴》(1991年),内部资料,1991年,第101页。
④ 中共中央文献研究室:《十四大以来重要文献选编》上册,人民出版社1996年版,第42页。
⑤ 《中国共产党历次党章汇编》编委会:《中国共产党历次党章汇编》(1921—2002年),中国方正出版社2006年版,第380页。
⑥ 参见中共中央文献研究室:《十四大以来重要文献选编》上册,人民出版社1996年版,第831页。
⑦ 参见中共中央纪律检查委员会办公厅:《中国共产党党风廉政建设文献选编》第6卷,中国方正出版社2001年版,第310—311页。
⑧ 参见本书编写组:《巡视工作实用手册》,中国方正出版社2003年版,第1—2页。

1996年10月,中央纪委第六次会议明确提出:"以实际巡视为基础,上级部门派遣巡视人员完成地方党委或者其余机关部门的巡视任务。"①1997年1月,中央纪委再次发声,提出"有条件的省区市纪委要实行巡视工作"②。1997年2月4日,中央纪委印发《关于重申和建立党内监督五项制度的实施办法》,将巡视工作置于五项党内监督制度中的首要位置,并明确了巡视组的派出主体、人员构成、主要任务、工作方式和职责权限,从法律层面确定了巡视工作定位。1997年9月,党的十五大进一步提出:"各级纪委要严格执行党中央批准的关于加强党内监督的五项制度,中央纪委和省、自治区、直辖市纪委建立巡视工作。"③在随后的几年里,十五届中央纪委二次全会至七次全会均对巡视工作进行了深入部署。④ 纪委巡视工作的实行,其派出主体是各级纪委,标志着党内巡视工作跨入新的发展阶段。

3. 党委巡视工作的实行

从1997年到1999年,中共中央在"三讲"(讲学习、讲政治、讲正气)教育中实行巡视组制度。⑤ 2000年,十五届中央纪委第四次全会强调:"党内巡视工作应当始终是作为党内工作的重点,中共中央需要强化对于巡视工作组的建设。"⑥同时强调:"要进一步健全巡视工作,加强巡视组在领导干部廉洁自律工作中的监督、指导作用。"⑦2000年,中共中央在"三讲"教育活动实行巡视组制度经验基础上,决定由中央纪委和中央组织部联合成立巡视办公室,派出巡视组对省级党政领导班子特别是主要负责人的工作情况进行监督检查。2000年12月,十五届中央纪委第五次全会指出:"中央决定由中央纪委和中央组织部联合成立巡视办公室,派出巡视组,重点对省(部)级党政领导班子特别是党政主要负责人执行党的路线方针政策、执行民主集中制原则和廉政勤政情况进行

---

① 《中纪委第六次全体会议公报》,《党风通讯》1996年第3期,第6—7页。
② 中共中央纪律检查委员会办公厅:《中国共产党党风廉政建设文献选编》第4卷,中国方正出版社2011年版,第460页。
③ 《中共中央纪律检查委员会向党的第十五次全国代表大会的工作报告》(1997年9月9日中央纪律检查委员会第九次全体会议通过),《人民日报》1997年9月24日。
④ 参见本书编写组:《巡视工作实用手册》,中国方正出版社2003年版,第2页。
⑤ 参见本书编写组:《巡视工作实用手册》,中国方正出版社2003年版,第2页。
⑥ 中共中央文献研究室:《十五大以来重要文献选编》中册,人民出版社2001年版,第1093页。
⑦ 中共中央文献研究室:《十五大以来重要文献选编》中册,人民出版社2001年版,第1039页。

监督检查。"①据此,2001年,中央党建工作领导小组将巡视工作纳入其工作要点。同年5月,中央纪委、中央组织部联合派出两批巡视组,分别对6个省(区、市)开展巡视试点工作。自此,巡视工作由中央纪委主导转变为由中央纪委与中央组织部共同负责,纪委巡视工作转向党委巡视工作,巡视工作开启了全面发展的新征程。

在巡视工作积累丰富经验基础上,2001年9月,中共十五届六中全会通过《中共中央关于加强和改进党的作风建设的决定》要求:"中央和各省、自治区、直辖市党委要逐步建立巡视工作,把下一级领导班子特别是主要负责人的廉政勤政情况作为重要内容,进行监督检查。"②随后,中央纪委以及中央组织部对党内巡视活动进行强化,相继在中央、省、自治区、直辖市建立巡视工作,开始对下级党委主要负责人进行监督检查,巡视工作被摆上了重要位置。

(三)规范完善:2002—2012年

经过多年的酝酿和探索之后,巡视工作逐渐成为政治建设和政治体制改革的重要构成,并不断规范健全,开始向独立化与专门化发展。中央巡视工作条例的出台是其重要标志性节点。

1. 巡视工作的正式确立和全面实行

2002年11月,党的十六大明确强调:"改革和完善纪律检查体制,建立和完善巡视工作。"③其中,就进一步加强党风廉政建设和反腐败工作提出:"健全和完善巡视工作,改进巡视工作,重点加强对党政领导班子和主要负责人的监督。"④这标志着巡视工作自此步入规范化、制度化发展的新阶段。到2002年底,除西藏、江苏、吉林、河北、河南等以外的其他各省、自治区、直辖市已全面开启党内巡视工作。

随后,中共中央加快了建立和健全巡视工作的步伐。2003年,在《关于加强和改进巡视工作的意见》中,中共中央明确提出要将巡视工作固定化、经常化,标志着巡视工作不再是一种临时性、随机性的活动,而成为了一种制度性、常规

---

① 中共中央文献研究室:《十五大以来重要文献选编》中册,人民出版社2001年版,第1544页。
② 中共中央文献研究室:《十五大以来重要文献选编》下册,人民出版社2003年版,第2012页。
③ 中共中央文献研究室:《十三大以来重要文献选编》中册,人民出版社1991年版,第28页。
④ 中共中央文献研究室:《十六大以来重要文献选编》上册,中央文献出版社2005年版,第55页。

性的工作安排。同年,中央纪委和中央组织部联合制定了相应制度,对巡视工作人员的行为进行了规范,确保了巡视工作的公正、公开和高效。① 为了进一步加强对巡视工作的领导和管理,中央纪委和中央组织部决定设立专门巡视机构,各省、区、市党委也结合实际情况,设立了相应的巡视机构,形成了全国范围内的巡视工作网络。② 2003年7月,全国巡视工作会议明确提出,要将巡视工作提高到新的水平,计划用4年左右时间将全国31个省、区、市巡视一遍。③ 为深化党内监督体系,中共中央于2003年年底推出《中国共产党党内监督条例(试行)》,创新性地将巡视制度纳入党内监督十大机制,赋予其法定地位。该条例明确规定,中央及各级党委需设立巡视机构,依法依规对下级党组织领导层实施有效监督,强化了党内自我净化与监督的效能。④

为深化巡视工作覆盖,中共中央密集策动,力促巡视流程标准化。2004年初,十六届中央纪委第三次全会强调,中央纪委与中央组织部需强化巡视领导职能,夯实制度基础,提升执行成效。同时,各地需构建完备的巡视体系,配备专业团队。⑤ 同年1月16日,中央纪委、中央组织部和中央编办联合下发通知,对地方巡视机构的设置予以具体安排。通知提出,"巡视组数量与行政区划数量挂钩,并特别考虑副省级城市的特殊情况"等细节。⑥ 同年9月9日,中央纪委办公厅、中央组织部办公厅联合印发《关于中共中央纪委、中共中央组织部巡视工作的暂行规定》,更是为巡视工作提供了明确的指导思想和主要任务。⑦ 这一规定的出台,不仅明确了巡视工作的目标定位,还为巡视工作的具体操作提供了规范化的指导,使巡视工作更加有章可循、有据可依。

中共十六届四中全会的召开,标志着中共在加强执政能力建设上迈出了坚

---

① 参见本书编写组:《巡视工作实用手册》,中国方正出版社2003年版,第419—420页。
② 参见本书编写组:《巡视工作实用手册》,中国方正出版社2003年版,第5页。
③ 参见吴官正:《正道直行——党风廉政建设的实践与思考》,人民出版社2008年版,第212页。
④ 参见中共中央文献研究室:《十六大以来重要文献选编》上册,中央文献出版社2005年版,第666页。
⑤ 参见中共中央文献研究室:《十六大以来重要文献选编》上册,中央文献出版社2005年版,第707页。
⑥ 参见中央纪委法规室、监察部法规司:《党风廉政和反腐败现行法规制度全书》第6卷,中国方正出版社2005年版,第57页。
⑦ 参见中央巡视办:《巡视参考》第1期,内部资料,2004年,第6页。

实的一步。会议不仅提出了"向有关省区市和金融单位派出中央巡视组"的重要决策①,更在随后通过了《关于加强党的执政能力建设的决定》,进一步明确了巡视工作的地位和作用。② 从 2005 年《中共中央关于印发〈建立健全教育制度、监督并重的惩治和预防腐败体系实施纲要〉的通知》中再次强调巡视工作的重要性③,到 2005 年 8 月中共中央批准单独设立中央纪委、中央组织部巡视工作办公室④,再到 2006 年 3 月中央纪委、中央组织部组建国有企业巡视组⑤,一系列动作都显示出党中央对巡视工作的持续关注和不断推进。在这一过程中,巡视机构从临时变为固定,提高了巡视工作的权威性和有效性,特别是向县级党组织的延伸,更是将巡视的触角延伸到了基层,使得权力监督更加全面、深入。

2. 党的十七大与巡视工作条例的试行

2007 年 10 月,党的十七大报告指出完善巡视工作。⑥ 新修改的党章指出,党中央和省、自治区、直辖市委员会实行巡视工作,是加强党的制度建设的需要,是扩大党内民主、加强党内监督的需要。⑦ 以党内根本大法形式确立巡视工作在党内的重要地位,且正式纳入党的组织制度体系,标志着巡视工作正式成为党的一项基本制度。⑧

如何加强和改进巡视工作,中共中央采取了一系列措施。2008 年 3 月,《关

---

① 参见中共中央文献研究室:《十六大以来重要文献选编》中册,中央文献出版社 2006 年版,第 250 页。
② 参见中共中央文献研究室:《十六大以来重要文献选编》中册,中央文献出版社 2006 年版,第 282 页。
③ 参见中共中央文献研究室:《十六大以来重要文献选编》中册,中央文献出版社 2006 年版,第 544 页。
④ 参见中共中央文献研究室:《十六大以来重要文献选编》下册,中央文献出版社 2011 年版,第 169 页。
⑤ 参见彭前生:《改革开放以来巡视制度重构的阶段、特征及理论逻辑》,《深圳大学学报》(人文社会科学版)2019 年第 4 期,第 22 页。
⑥ 参见中共中央文献研究室:《十七大以来重要文献选编》上册,中央文献出版社 2009 年版,第 42 页。
⑦ 参见中共中央文献研究室:《十七大以来重要文献选编》上册,中央文献出版社 2009 年版,第 47 页。
⑧ 参见中共中央文献研究室:《十七大以来重要文献选编》下册,中央文献出版社 2013 年版,第 80 页。

于加强和改进巡视工作的若干意见》下发,对巡视工作中存在的重点问题如工作领导体制、队伍建设、工作重点、工作方法等予以强化与健全。① 5月,《中共中央关于印发〈建立健全惩治和预防腐败体系2008—2012年工作规划〉的通知》要求制定《中国共产党巡视工作条例》。② 2009年4月,《关于加强和改进省(区、市)巡视工作的若干意见》下发。这是中央纪委、中央组织部第一次专门发文对省(区、市)巡视工作全面系统地提出要求,对加强和改进巡视工作具有重要意义。③

2009年7月2日,中共中央颁布《中国共产党巡视工作条例(试行)》。这是一部奠定巡视工作基调、搭建巡视工作总体架构的党内法规,是"建立内容完备、科学有效的巡视工作的重要标志"④,共6章49条,对党内巡视工作的指导思想、机构设置、工作程序、人员管理及纪律和责任等方面都作了详细的规定。与2004年中央纪委、中央组织部制定的《关于巡视工作的暂行规定》相比,该条例规定的巡视范围进一步拓宽,巡视对象进一步扩大,巡视内容进一步增加。作为党的巡视工作的重要基础性法规,该条例在党内巡视工作建设史上具有里程碑意义,不仅是对改革开放以后特别是党的十六大以后党内巡视工作实践的集中总结,也为其后巡视工作的完善与巡视工作的开展奠定了重要基础,具有十分重要的意义。⑤ 随着该条例的颁布实施,各地方按照最新党内法规对与巡视工作相关的规定进行统一修订或废止,从而保证了党内巡视工作的统一展开。

3. 巡视工作的科学化与网络化建设

2009年9月,《中共中央关于加强和改进新形势下党的建设若干重大问题的决定》中特别强调了"加强和改进巡视工作"的重要性,并提出了健全领导机

---

① 参见《贺国强党建工作文集》下册,人民出版社2014年版,第936—937页。
② 参见中共中央文献研究室:《十七大以来重要文献选编》上册,中央文献出版社2009年版,第433页。
③ 参见中央巡视办:《巡视参考》,内部资料,2009年第48期,第7页。
④ 《完善党内监督制度的重大举措》,《人民日报》2009年12月18日,第4版。
⑤ 参见中共中央文献研究室:《十七大以来重要文献选编》中册,中央文献出版社2011年版,第78页。

制、选好配强干部、完善巡视程序和方式等一系列具体要求。① 同年12月,中央巡视工作领导小组正式成立,巡视组名称发生变化——由中央纪委、中央组织部派出的巡视组明确为中央巡视组。② 它表明,巡视组不仅仅是执行纪律、监督执纪的工具,更是党中央直接领导下的政治机关,承载着维护党的纪律、推进党风廉政建设和反腐败斗争的重要使命。这一名称之变,更是一次权威之立。它向全党全社会传递了一个明确的信息:巡视组是党中央的"千里眼"和"顺风耳",是发现问题、推动整改的锐利武器。

随后,《中央巡视工作领导小组工作规则》等配套法规文件陆续颁布,巡视工作体系得到不断健全与完善。2010年1月,十七届中央纪委五次全会明确提出,要充分发挥巡视在监督主要领导干部行使权力以及重要职能、重点岗位、重要事项中的作用。③ 同年4月1日,《关于被巡视地区、单位配合中央巡视组开展巡视工作的暂行规定》由中央纪委、中央组织部印发,共分总则、协调配合、整改落实、纪律与监督、附则5章27条,对规范被巡视地区、单位配合巡视工作发挥了重要作用。10月11日,中央巡视工作领导小组印发《关于在巡视工作中加强对加快经济发展方式转变情况监督检查的实施意见》,从总体要求、重点内容、方法步骤三个方面提出明确要求,将巡视工作的监督触角延伸到经济发展领域。④ 10月19日,《关于进一步加强和规范省、自治区、直辖市党委对县(市、区、旗)巡视工作的意见》的印发,则进一步将巡视工作的触角延伸到县级层面,就开展对县巡视工作的主要任务、方式方法、成果运用、组织领导等方面提出明确要求。⑤ 11月,中共中央把巡视工作列为党风廉政建设的工作要点,并在印发的《关于实行党风廉政建设责任制的规定》中明确要求:"中央和省区市党委巡视组按照有关规定,加强对有关党组织领导班子及其成员执行党风廉政建设

---

① 参见中共中央文献研究室:《十七大以来重要文献选编》中册,中央文献出版社2011年版,第161页。
② 参见文丰安、段光鹏:《中国共产党巡视制度的百年历程、经验与启示》,《东南学术》2021年第3期,第37页。
③ 参见中共中央文献研究室:《十七大以来重要文献选编》中册,中央文献出版社2011年版,第417页。
④ 参见中央巡视办:《巡视参考》,内部资料,2010年第63期,第1—5页。
⑤ 参见中央巡视办:《巡视参考》,内部资料,2010年第62期,第1—7页。

情况的巡视监督。"①随着巡视工作不断深入,初步形成了以巡视工作条例为核心、4个规范性文件为框架、有关制度相互衔接协调的巡视工作制度体系。

二、巡视工作实践的时代特征

改革开放以来,巡视工作作为党和政府监督体系的重要组成部分,其职能定位、任务范围、方式方法、制度规范、队伍建设等方面都发生了显著变化,展现出了与时俱进的时代特征。这些变化不仅为巡视工作的顺利开展提供了有力保障,也为党和国家的长远发展注入了强大动力。

(一)巡视工作发展成为基础制度

1978年,党的十一届三中全会的召开,标志着中国开始从封闭走向开放、从僵化走向改革,巡视工作作为党的一种基础制度,大致经历了六个关键节点。一是1983年10月《中共中央关于整党的决定》的颁布。该决定明确提出实行的巡视员制度,成为改革开放以来党内法规中重新提出选派巡视员的重要一步。② 巡视员制度的重启,不仅是对党内监督体系的一次重要完善,更是对整党工作的一次有力推动。这一制度要求省、地(市)、县三级党组织设立巡视员,负责对下级党组织的工作进行监督和检查,确保党的各项政策得到有效落实。1985年11月24日,中共中央整党工作委员会发出《关于农村整党工作部署的通知》再次强调了巡视员制度的重要性。1986年,整党工作继续深入,县设整党巡视员制度继续实行。这一制度不仅在农村地区得到了有效推广,也在城市和其他领域广泛应用。值得注意的是,虽然巡视员制度和巡视工作小组制度在一定程度上沿袭了社会主义改造和建设时期的巡视工作做法,但其实质已经发生了深刻变化——不再是过去那种简单的工作检查方式,而是成为一种更加专业化、系统化的党内监督手段。二是1990年《中共中央关于加强党同人民群众联

---

① 中共中央文献研究室:《十七大以来重要文献选编》下册,中央文献出版社2013年版,第6页。
② 参见中共中央文献研究室:《十一届三中全会以来党的历次全国代表大会中央全会重要文件选编》上册,中央文献出版社1997年版,第334页。

系的决定》的颁布。在这一决定中,中共中央首次对中央和省级地方的巡视工作进行了明确规定。① 这是改革开放后,中共中央全会文件中首次提及巡视工作,将巡视工作作为加强党同人民群众联系的重要手段,作为推动党内监督制度重建的关键举措。随着巡视工作的逐步展开,其制度建设也被摆上了重要位置。从派出巡视工作小组,到明确巡视工作的职责、权限和程序,再到建立健全巡视工作的反馈、整改和问责机制,巡视工作的制度体系不断完善,为党内监督提供了有力保障。三是1996年《中共中央纪委关于建立巡视工作的试行办法》的下发。该试行办法着重强调提升巡视工作的制度化与规范化建设,并作出相应重要部署。进入新世纪,中共十五届六中全会进一步强调其重要性,并提出中央和省一级应该逐步建立健全巡视工作。② 随后,党的十六大、十七大期间,巡视工作建设进入快速发展时期,各项制度不断完善,工作机制日益成熟,巡视工作的成效也逐步显现。回顾这一时期巡视工作的变化不难发现,"发展"是其中最显著的特征。从制度建设的不断完善,到工作机制的日益成熟,再到巡视工作成效的逐步显现,巡视工作在党内监督体系中发挥着越来越重要的作用。四是2004年中央纪委、中央组织部制定的《关于巡视工作的暂行规定》的颁布。这一规定不仅标志着巡视工作实践在全国范围内得到系统地推广和深化,更预示着党的巡视工作正在由传统的专项、临时性模式,向更为综合、专业和固定化的方向迈进。新规定在继承原有巡视工作优点的基础上,进行了较大规模的完善和创新。一方面,明确了巡视工作的基本原则、任务范围和工作程序,为巡视工作的规范化、制度化提供了坚实的制度保障;另一方面,进一步丰富了巡视工作的内容和形式,使其更加贴近实际、贴近群众,增强了巡视工作的针对性和实效性。新规定的实施推动了中央巡视工作由试点探索向全面推进阶段的转变。五是2007年党的十七大将巡视工作正式写入党章。党的十七大将巡视工作正式写入党章,标志着巡视工作从一项常规性的党内监督活动,跃升为党的根本

---

① 参见中共中央文献研究室:《十三大以来重要文献选编》中册,人民出版社1991年版,第338—347页。
② 参见中共中央文献研究室:《十五大以来重要文献选编》下册,中央文献出版社2011年版,第248页。

大法所确认的基本制度。① 首先,进一步提升了巡视工作的地位,使其成为了党内监督的重要一环。② 其次,为巡视工作的健全提供了根本依据,为巡视工作深入开展提供了制度保障。更重要的是,这一决策将完善巡视工作作为其后五年中央的重要工作,体现了党对巡视工作的高度重视和坚定决心。③ 值得一提的是,在十七届中央纪委二次全会上,健全巡视工作、制定巡视工作条例被明确列为当年巡视工作的重要内容。④ 中共中央下发的此后五年惩治和预防腐败工作规划中,将制定巡视工作条例纳入其中,进一步彰显了巡视工作在党的反腐败斗争中的重要作用。⑤ 总的来说,党的十七大将巡视工作正式写入党章,是党内治理的一次重大创新,也是党在自我监督、自我革新道路上迈出的坚实步伐。

六是2009年《中国共产党巡视工作条例(试行)》(以下简称《条例(试行)》)的颁布。《条例(试行)》的出台,是贯彻落实党章关于党的中央和省、自治区、直辖市委员会实行巡视制度的规定,完善党内监督制度的一部重要党内法规。它明确了巡视工作的指导思想、基本原则、机构设置、工作程序、人员管理、纪律与责任等多个方面,为巡视工作的规范化、制度化提供了有力保障,是巡视工作制度化的重要标志,更是党内监督体系完善的关键一步。2009年12月,原中央纪委、中央组织部巡视组正式改称为中央巡视组,成为对巡视工作地位和作用的进一步肯定。⑥ 随着中央巡视组的成立,党内巡视工作的建设步伐明显加快。中央纪委、中央组织部和中央巡视工作领导小组相继研究制定了中央巡视工作领导小组、办公室和巡视组工作规则等一系列法规性文件和相关配套制度。

(二)党内专责监督的定位基本确定

改革开放初期,巡视工作被定位为领导和指导纠正各项政治运动,以保证

---

① 参见中共中央文献研究室:《十七大以来重要文献选编》下册,中央文献出版社2013年版,第80页。
② 参见中共中央文献研究室:《十七大以来重要文献选编》上册,中央文献出版社2009年版,第47页。
③ 参见《胡锦涛文选》第2卷,人民出版社2016年版,第657页。
④ 参见中共中央文献研究室:《十七大以来重要文献选编》上册,中央文献出版社2009年版,第164页。
⑤ 参见中共中央文献研究室:《十七大以来重要文献选编》上册,中央文献出版社2009年版,第433页。
⑥ 参见文丰安、段光鹏:《中国共产党巡视制度的百年历程、经验与启示》,《东南学术》2021年第3期,第37页。

运动方向和效果符合中央意图。1983 年和 1990 年整党运动巡视工作,仍可视为是对前期制度定位的一种实践和坚持。1990 年 3 月 12 日,《中共中央关于加强党同人民群众联系的决定》明确提出实行中央和省级党委两级巡视工作小组制度。① 党的十四大进一步强调了完善对各级党委机关的监督与巡视。② 1996 年 1 月,十四届中央纪委六次全会重申了建立党内巡视工作的决定,并将巡视工作列为五项强化党内监督中的重要一项。③ 随后,中央纪委相继印发了《关于建立巡视工作的试行办法》和《关于重申和建立党内监督五项制度的实施办法》,将巡视工作放在了五项党内监督制度的首位,进一步凸显了巡视工作在党内监督体系中的重要地位。自 1997 年开始,历次中央纪委会议都对巡视工作提出意见和进行部署,这不仅意味着中共中央对党内巡视工作的投入程度逐步提升,同时也促进了党内巡视监督工作的开展与强化。2001 年 9 月,《关于加强和改进党的作风建设的决定》提出实行中央和省级巡视工作,将各级领导人的廉政情况作为重点巡视监督内容。④ 2002 年,党的十六大报告中明确提出建立和完善巡视工作。⑤ 2003 年 12 月的《中国共产党党内监督条例(试行)》正式以党内法规的形式把巡视工作确定为党内监督的十项制度之一,巡视工作作为党内专责监督的定位自此基本确定。

(三)巡视工作体系的框架基本形成

2009 年的《中国共产党巡视工作条例(试行)》,作为党在改革开放条件下开展党风廉政建设和强化党内监督工作的重要制度成果,是巡视工作发展史上的一个里程碑。中央巡视工作领导小组、中央巡视办、中央巡视组 3 个工作规则以及被巡视地区单位配合中央巡视组开展工作规定紧随其后出台。此外,针对回访工作、巡视工作流程、信访工作等制定了多项配套制度。以《中国共产党巡视工作条例(试行)》为核心、4 个规范性文件为框架、各配套制度相互衔接协调的巡视工作制度体系基本形成。与此同时,各省、区、市和有关单位巡视机构

---

① 参见中共中央文献研究室:《十三大以来重要文献选编》上册,人民出版社 1991 年版,第 345 页。
② 参见中共中央文献研究室:《十四大以来重要文献选编》上册,人民出版社 1996 年版,第 42 页。
③ 参见本书编写组:《巡视工作实用手册》,中国方正出版社 2003 年版,第 1—2 页。
④ 参见中共中央文献研究室:《十五大以来重要文献选编》下册,人民出版社 2003 年版,第 2012 页。
⑤ 参见中共中央文献研究室:《十三大以来重要文献选编》中册,人民出版社 1991 年版,第 28 页。

也陆续出台了工作制度500多项。整体上来说,巡视工作体系的框架内容基本确立。(1)指导思想。把马克思主义作为巡视工作的指导思想,将邓小平理论、"三个代表"重要思想、科学发展观作为巡视工作的行动指南。(2)适用范围。明确党中央和各省、自治区、直辖市党委开展巡视工作,省以下党的地方组织不成立巡视机构和开展巡视工作。① (3)机构设置。即厘清党委、巡视工作领导小组、巡视工作领导小组办公室、巡视组、被巡视党组织之间的关系,将党中央和各省、自治区、直辖市党委开展巡视工作的领导机构统一确定为巡视工作领导小组,直接对派出党委负责并报告工作。巡视工作领导小组下设办公室作为其日常办事机构,设在同级纪委。② 巡视组由党中央和省、自治区、直辖市党委派出,向巡视工作领导小组负责并报告工作。(4)工作程序。即将前期探索实践的做法和成功经验总结凝练在条例中,涵盖巡视前、驻在巡视期间,及巡视了解工作结束后。③ (5)方式方法。规定9种巡视工作方式,包括听取汇报、列席会议、开展个别谈话、召开座谈会、查阅资料、进行问卷调查、接受来信来访、走访调研,以及商请相关部门、机构予以协助。④ (6)成果运用。分为巡视报告、专题报告、问题线索处置三部分,并对报告及反馈、整改要求及分类处置等进行了详细规定。(7)人员管理。规定了组织选调、公开选拔、竞争上岗、单位推荐等选配方式,又强调了轮岗交流及回避制度。(8)纪律与责任。详细规定了从派出党组织、巡视组到被巡视党组织的纪律要求以及承担的责任。

(四)两级组织机构的设置基本建立

总体上,改革开放和社会主义现代化建设新时期的巡视工作,经历了由临时性、不固定到常态化、固定的过程。一是在机构设置上。2003年2月,十六届中央纪委二次全会提出"中央纪委和中央组织部要设立专门的巡视机构"⑤,这

---

① 参见《完善巡视制度、加强巡视工作的重大举措》,《中国纪检监察报》2009年12月19日。
② 参见刘婷、欧欢欢、郑立东:《〈中国共产党巡视工作条例(试行)〉解读》,《中国监察》2010年第3期,第56—59页。
③ 参见农发行巡视工作办公室:《〈巡视工作条例〉问答》,《农业发展与金融》2010年第5期,第37—39页。
④ 参见刘婷、欧欢欢、郑立东:《〈中国共产党巡视工作条例(试行)〉解读》,《中国监察》2010年第3期,第56—59页。
⑤ 本书编写组:《巡视工作实用手册》,中国方正出版社2003年版,第5页。

是中央首次对专门巡视机构进行的顶层制度设计。据此,中央巡视工作领导机构以中央纪委、中央组织部联席会议为主要形式开始正式运作,设立巡视工作办公室作为其日常办事机构,并陆续成立了12个巡视组,中央巡视工作机构基本形成。2004年十六届中央纪委三次全会以后,各省、区、市和新疆生产建设兵团共组建了32个巡视工作办公室、121个巡视组,30多个中央单位也相继成立巡视机构,全国性的巡视监督网络初步构建完成。2007年11月,中共中央决定成立中央巡视工作领导小组、中央巡视工作领导小组办公室以及中央巡视组,取代之前成立的中央纪委、中央组织部巡视工作办公室和巡视组,地方党委比照执行,标志着巡视工作组织体系正式建立。二是在人员设置上。由单纯强调经验程度和临时性逐渐调整转变为固定和专职专责。改革开放后相当长时间内,巡视组是采取抽调人员建成临时性机构,基本上属于因事而设、事毕废止。1996年3月的《关于建立巡视工作的试行办法》提出"党性强、作风好、敢于坚持原则、有较高社会声望的老同志"的人选条件要求①,强调了巡视员政治忠诚和工作能力的必要素质和条件。2004年一二月间,根据中央规定,各省(区、市)纪委均设立专职巡视队伍。各省级地方根据其所含地级行政区划的不同而相应设置2—4个巡视组,有副省级城市的省份可增设一个。巡视组由7人组成,除组长编制在原单位外,共设行政编制6名,其中组长由正厅(局)级以上领导担任,副组长为具有厅(局)级领导职务的巡视专员。② 三是在职权授予上。由单纯强调高度集权逐渐调整转变为实现党内民主。改革开放后领导方式和专项检查的职能定位,决定了巡视工作核心任务是加强上级对下级、中央对地方的领导,巡视员拥有相当大的权力。1990年的《关于加强党同人民群众联系的决定》授予巡视工作小组必要的权力,即检查权和报告权。③ 1992年10月,中共十四大修订的党章要求"巡视地区的各个领导会议允许巡视组长参与"④。

---

① 参见中共中央纪律检查委员会办公厅:《中国共产党党风廉政建设文献选编》第4卷,中国方正出版社2001年版,第810—811页。
② 参见本书编委会:《中国共产党反腐倡廉文献通典:1921—2008》第6卷上,党建读物出版社2009年版,第375—376页。
③ 参见中共中央文献研究室:《十三大以来重要文献选编》中册,人民出版社1991年版,第936页。
④ 本书编委会:《中国共产党历次党章汇编》(1921—2002年),中共党史出版社2000年版,第380页。

1996年的《关于建立巡视工作的试行办法》和1997年2月的《关于重申和建立党内监督五项制度的实施办法》规定了巡视组"四不"原则,既是对历史上巡视工作经验教训的总结,也为巡视员职权划定了红线。

(五)巡视范围内容的外延基本覆盖

改革开放和社会主义现代化建设新时期的巡视工作逐渐实现由党内巡视到党和国家各个层面,外延越来越宽泛。一是在巡视范围上。巡视工作范围持续扩张,自省级行政区起步,已拓展至中央核心国企、金融领域乃至国家机关核心地带。横向维度上,巡视触角广泛触及社会肌理的每个细胞,从政府机关延伸至大型国企、高等学府、金融单位及国家重大建设项目。纵向层面,巡视深度亦不断加强,从国家高层直抵基层县域,将各级党组织及其领导干部纳入严密的监督网络。这种全方位、无死角的巡视格局,不仅为基层病灶的精准把脉提供了可能,更促进了政治生态的全面净化与提升。二是在巡视对象上。巡视监督对象的选择与调整,经历了从最初的宽泛范围到精准锁定"关键少数"的转变。改革开放初期,巡视监督的对象相对宽泛,几乎涵盖所有国家机关和公务人员。2001年9月,中共十五届六中全会上颁布的《关于加强党的作风建设的办法》中明确指出:"巡视重点是党委的主要领导。"随后,《中国共产党党内监督条例》的出台,更是将重要领导责任人纳入重点监督范围。进入新时期,巡视监督对象进一步细化——从最初的领导班子,到领导班子和主要负责人的并重监督,再到对"一把手"的精准监督。2009年《中国共产党巡视工作条例(试行)》以托底性条款延展了巡视对象范围,确保了监督的全面性和针对性。从2010年8月起,中共中央将军队纳入监督对象,体现了对军队建设的高度重视,也展现了党内监督全覆盖的决心和勇气。三是在巡视内容上。随着改革开放的深入推进,巡视制度作为党和国家监督体系的重要组成部分,其内容和形式也经历了从专项到全面的演变。改革开放初期,面对复杂的国内外形势和艰巨的改革任务,巡视工作主要围绕特定领域或问题进行专项巡视。这些专项巡视往往针对某一具体事件或政策执行情况进行监督检查,如各级纪委对贯彻党的六中全会决定的执行情况进行的巡视和检查。① 这种巡视方式具有针对性强、效率高的特点,能够快速发现问题、推动整改。进入20世纪90年代,随着我国经济体制改革的深入和反腐败斗争加强,巡视工作逐渐从专项巡视向全面巡视转变。以山西省委为例,1991年围绕清理领导干部私建和多占住房、纠正行业不正之风和执法队伍整顿等问题,开展了大规模的巡视工作。② 同年,中央着重围绕党政领导干部廉洁自律、查办大案要案以及狠刹不正之风三项工作开展巡视。③ 中共十七大之前,巡视任务主要聚焦仍旧宽泛,内容覆盖政治、经济、社会、文化、环境等方面,问题聚焦更加具有政治性。

三、制度选择的路径分析

改革开放后党内巡视工作的重建,是中共中央在法制思想与监督观念融合、应对党内腐败问题现实需要以及关键性事件推动等多重因素作用下的必然选择。其背后的动因具有多面性与复杂性,需要从相对较长的视域来审视。

（一）加强党的自身建设的现实选择

在波澜壮阔的中国特色社会主义伟大事业中,党的建设始终是一项至关重要的工程,是党领导全国人民革命、建设和改革的重要法宝。④ 随着改革开放的深入推进和市场经济体制的逐步确立,政治体制改革成为时代发展的必然要求。在这一背景下,党内巡视工作体系建设加速推进,成为加强党的自身建设的重要一环。改革开放之初,中共深刻反思历史,特别是个人集权与崇拜酿成的惨痛教训,促使党内监督成为重中之重。党中央毅然将法制构建与权力制衡置于国家治理的核心,为党内巡视等监督体系的建立奠定了坚实的理论基础。为强化监督,党中央不仅重建中央纪委这一监督利剑,还推动监督体系多元化、

---

① 参见中共中央纪律检查委员会办公厅:《中国共产党党风廉政建设文献选编》第1卷,中国方正出版社2001年版,第347页。
② 参见王艾生:《山西加强廉政建设》,《人民日报》1991年8月6日。
③ 参见中共中央纪律检查委员会办公厅:《中国共产党党风廉政建设文献选编》第3卷,中国方正出版社2001年版,第530页。
④ 参见《毛泽东选集》第2卷,人民出版社2009年版,第602—614页。

制度化,纳入群众监督与党外监督的力量。① 为了实现这一目标,中共提出"关口前移、源头治腐"的思路,通过加强党内监督、完善巡视工作等制度安排,将反腐败的关口前移,从源头上预防和治理腐败问题。概而言之,加强党的自身建设是新时代中共面临的重要任务。巡视工作作为党内监督的重要手段和方式之一,其现实选择与深远意义不言而喻。

(二)应对日益严峻的腐败形势的现实需要

在改革开放和社会主义现代化建设中,中国社会经历了深刻的转型,价值观念和利益格局也随之发生显著变化。然而,这些变化并非总是带来正面的效应,腐败现象便是其中最为引人注目的负面现象之一。亨廷顿曾指出:"腐败是现代化的产物,处于变革时期的国家易出现腐败现象,腐化程度与社会和经济的迅速现代化有关。"②中共十一届三中全会以来,腐败现象的新特点逐渐凸显,干部腐败案不断攀升、腐败领域扩散、集体腐败增多,以及腐败形式多样化,腐败问题已经成为社会发展的"毒瘤"③——不仅扰乱市场经济秩序,损害公平竞争的环境,还严重侵蚀社会道德底线,败坏社会风气。更为严重的是,腐败直接侵害人民群众的根本利益,动摇党的执政根基。在这样的背景下,中共十三届四中全会明确提出构建反腐制度体系,强化党内监督,旨在重塑党风,紧密党群关系。④ 中共十三届六中全会后,中央坚决推进廉政建设,将反腐败与党的建设置于战略高度。此后,在中共中央政治局会议、中共中央全会、中共中央纪委全会等多次重要会议上,强化党内监督、加快制定党内监督制度的议题被反复提及。而巡视工作,作为党内监督的重要手段,其重要性不言而喻。在中共中央的坚强领导下,巡视工作不断取得新的进展和成效。通过强化巡视监督,加大对腐败问题的查处力度,一批批腐败分子被绳之以法,党的纪律和规矩进一步严明。同时,巡视工作还推动了党内监督制度的不断完善和发展,为党的长期执政奠定了坚实的基础。

---

① 参见《邓小平文选》第 2 卷,人民出版社 1994 年版,第 332 页。
② 〔美〕塞缪尔·P. 亨廷顿:《变化社会中的政治秩序》,王冠华、刘为等译,上海人民出版社 2008 年版,第 45—46 页。
③ 中共中央文献研究室:《十六大以来重要文献选编》上册,中央文献出版社 2011 年版,第 42 页。
④ 参见《江泽民文选》第 1 卷,人民出版社 2006 年版,第 63 页。

(三)管党治党理念更新的有力推动

管党治党理念更新是制度变迁的隐形推手,新制度主义学者在研究制度变迁时,特别强调思想观念的力量。其一,坚持和改善党的领导。党的领导始终是推动国家发展、社会进步的核心力量。自党的十一届三中全会以来,党内就提出要解决"党政不分、以党代政"的问题。1979年春,党的理论工作务虚会指出,四项基本原则的核心是坚持党的领导。① 1980年1月16日,邓小平在《目前的形势和任务》的讲话中,正式提出"坚持和改善党的领导"的命题。② 随着改革开放的深入,党对领导方式的改革也逐步深入。2001年,庆祝建党80周年大会上提出的"总揽全局、协调各方"的原则,更是为党的领导方式的转变提供了具体的指导。巡视工作是加强党的建设的重要方式之一,也是改善党的领导的重要实践。通过巡视,党可以及时发现和纠正各级党组织在领导过程中存在的问题,确保党的政策和决策能够得到有效执行。巡视工作的运行限定于党委系统,这使得巡视工作能够更加深入地了解党的组织结构和运行机制,从而更加精准地发现问题并提出改进建议。同时,巡视工作还能够促进各级党组织之间的交流和合作,推动党的建设整体进步。其二,坚持全面从严治党。自十一届三中全会以来,中共始终将党的建设作为关键任务来抓。其中,"从严治党"成为中共加强和改进自身建设的重要命题。"从严治党"这个概念,首次出现在1985年中央下发的《关于农村整党工作部署的通知》中;党的十三大报告正式使用了"从严治党"的表述,标志着这一方针正式成为党的建设的指导原则;1992年,党的十四大将"从严治党"写入党章;党的十五大进一步强调了"从严治党"的重要性,明确指出"从严治党,是保持党的先进性和纯洁性的保证"③;党的十六大、十七大继续强调坚持党要管党、从严治党的方针。巡视作为从严治党的重要手段,在加强党的建设方面发挥了重要作用。通过巡视监督,能够及时发现和纠正各级党组织及其党员干部在政治、思想、纪律、作风等方面存在的问题,推动党的建设不断向前发展。同时,巡视监督的深入开展,也有利于提

---

① 参见《邓小平文选》第2卷,人民出版社1994年版,第170页。
② 参见《邓小平文选》第2卷,人民出版社1994年版,第341—342页。
③ 中共中央文献研究室:《十五大以来重要文献选编》上册,人民出版社2011年版,第42—43页。

高党的建设科学化水平,推动党的建设不断适应新的时代要求。其三,加强党内监督制度的建设。自十一届三中全会以来,中共对党内监督的认识不断深化,逐步明确了监督必须遵循社会主义法制原则,确保制度规范不因领导人的更迭而改变。① 1996年1月,中共中央进一步明确指出:"党内监督要有效,监督工作水平要提高,有赖于党内制度建设的加强。"②随后,中共中央多次强调,做好反腐倡廉工作,必须继续在完善制度上下功夫,着力提升制度的系统性、科学性与权威性,发挥法规制度的保障和规范作用。③ 值得注意的是,巡视工作作为党内监督制度体系的重要组成部分,通过深入基层、了解实情,能够及时发现和纠正党员干部在思想、作风、纪律等方面存在的问题,为党内监督提供有力支撑。

(四)有效解决工作实践困境的经验总结

在改革开放和社会主义现代化建设的伟大征程中,巡视工作以其独特的使命和角色,为党的自我革新和国家的长治久安注入强大的动力。1996年,党内巡视工作重新建立,标志着对党的监督体系的一次重要补充。然而,此时的巡视工作尚处于试点阶段,仅仅是宏观性的规定,尚未形成完整的体系和操作规范。④ 这一阶段,更多的是在摸索中前行,寻找巡视工作的最佳路径和模式。进入新时期,巡视工作开始发挥其不可替代的作用。这一时期,巡视工作的试点范围逐步扩大,但面临的挑战也随之而来。随着巡视工作的深入,一系列问题逐渐浮出水面。组织领导机构的不健全、专职化与专业化程度的不足、方式方法的单一化与形式化、配套制度的不完善以及成果运用的不充分,都成为巡视工作进一步发展的瓶颈。这些问题,不仅是技术层面的挑战,更是对巡视工作本质和目标的深刻反映。"到底怎么搞,还需要通过实践不断探索总结经验",亟须加以解决并将其以制度化的形式固定下来。⑤ 2003年以后,中央纪委和中央组织部开始重新审视并加强巡视工作——巡视不仅是发现问题、纠正偏差的

---

① 参见《邓小平文选》第2卷,人民出版社1994年版,第146、371页。
② 江泽民:《论党的建设》,中央文献出版社2001年版,第207页。
③ 参见中共中央文献研究室:《十六大以来重要文献选编》中册,中央文献出版社2011年版,第600页。
④ 参见本书编写组:《巡视工作实用手册》,中国方正出版社2003年版,第39页。
⑤ 本书编写组:《巡视工作实用手册》,中国方正出版社2003年版,第4页。

重要手段,更是推动党的纪律建设、促进党员干部廉洁自律的重要工具。为此,中央决定逐步建立专职巡视队伍和专门的工作机构,确保巡视工作的专业性和系统性。从简单地听取汇报、查阅文件,到深入基层、实地考察,再到利用现代信息技术手段提高巡视效率,每一步创新都为巡视工作注入新的活力。2004年9月,中央对原有的巡视工作制度体系进行了修改或废止,取而代之的是一套更加完善、更加科学的巡视制度体系。这一变革标志着党的巡视工作正式步入全面推开、发挥更大效用的新阶段。

(五)制度本身现实成效的价值考量

通过巡视工作,了解掌握被巡视地区和单位大量的真实情况,为上级决策提供了重要依据,在促进被巡视地区和单位改进工作,加强对党政领导班子特别是主要负责人的监督方面,发挥了重要作用。一是促进了党的路线方针政策的贯彻落实。发现和督促解决了一些地方和单位存在的问题,如对贯彻落实科学发展观和执行国家宏观调控政策不够有力;保护环境、节约能源资源的措施不到位;盲目攀比、虚报浮夸,甚至搞"政绩工程"和"形象工程"等,推动和支持被巡视地方和单位领导班子进一步强化科学发展的观念,促进经济社会全面协调可持续发展。二是促进了领导班子和干部队伍建设。督促一些地方和单位认真解决存在的议事规则不够完善、决策不够民主、班子不够团结等问题;发现和纠正了一些跑官要官、买官卖官、"带病提拔"等违反组织人事纪律以及选举中的违纪违法行为。对一些不适合担任现职的领导干部提出了调整交流的建议;发现了一大批为民、务实、清廉的优秀领导干部,为地方党委换届和配好班子、选好干部提供了重要的依据。三是促进了党风廉政建设和反腐败工作的深入开展。发现和推动解决了一些地方和单位落实党风廉政建设责任制不到位的问题,同时发现了一些领导干部违纪违法的案件线索。此外,通过巡视工作还督促解决了一些领导干部配偶、子女违反规定经商办企业、收受"红包"等问题;纠正了一些地方领导干部公务用车和住房超标的问题,督促其及时纠正存在的苗头性、倾向性问题。四是促进了损害人民群众切身利益等突出问题的解决。通过巡视,了解和掌握了一些地方在教育、医疗、食品药品安全、安全生产、社会治安和司法等领域,以及企业重组改制、土地征用、城市拆迁、环境保护等方面存在的损害群众切身利益的突出问题,并有针对性地提出了整改意见和建议,督促各地认真加以解决,进一步密切了党同人民群众的血肉联系,维护了社会稳定,促进了和谐社会建设。

第八章
定位重塑：新时代政治巡视的理论创新

伴随着中国特色社会主义进入新时代，政治巡视作为重大理论创新，对于新时代党的巡视事业继往开来、实现战略性发展意义深远。既往研究重点集中在两个层面：一是理论探索层面，主要对其基本内涵阐释、发展历史解构和实践进路研究。[①] 二是实践操作层面，主要阐释深化其政治站位和优化路径。但作为崭新的科学命题，政治巡视具有理论研究明显滞后于政策要求与实践创新的不足，"政党—国家—社会"理论视域下的解释仍需深入构建。

一、政治巡视的概念内涵

党的十八大以来，党内巡视工作呈现出崭新阶段性特征。政治巡视新概念的提出，是党内巡视工作发展完善的历史积累和重大理论创新。

（一）政治巡视概念的提出

习近平多次就巡视监督定位作出重要论述。2013年4月25日，提出"四个重要作用"（巡视是党章赋予的重要职责，是加强党的建设的重要举措，是从严

[①] 参见杜楠、刘俊杰：《反腐败视角下政治监督常态化的推进思路与实践路径探析》，《领导科学》2021年第11期，第7—11页。

治党、维护党纪的重要手段,是加强党内监督的重要形式)①;2014年6月26日,强调巡视是"党内监督的战略性制度安排"②。与此同时,2013年4月25日中央政治局常委会会议首次研究部署巡视工作。同年9月26日,首次听取中央巡视情况汇报,此后这些做法形成惯例。随后,党中央又先后两次修订巡视工作条例,并制定中央巡视工作五年规划,"巡视定位越来越准确,任务越来越清晰"③。

政治巡视概念的正式提出,是在十八届中央第八轮巡视之时。2015年10月,该轮巡视工作动员部署会提出巡视是"政治巡视不是业务巡视"重要命题。④ 2016年1月28日,习近平第一次明确提出政治巡视理论,强调政治巡视的"三个政治""三个根本""三向要求"等重要思想。⑤ "三个政治",即在政治高度上突出坚持党的领导,在政治要求上加强党的建设,在政治定位上聚焦全面从严治党。"三个根本",即坚持党的领导是根本目的,加强党的建设是根本途径,全面从严治党是根本保障。"三向要求",即坚持政治方向,坚持问题导向,坚持价值趋向。此后,习近平又多次作出重要论述。如2016年5月26日,强调"要坚定不移深化政治巡视"⑥;2017年5月26日,强调要"把政治巡视突出出来"⑦;同年

---

① 参见中共中央纪律检查委员会、中华人民共和国国家监察委员会、中共中央党史和文献研究院编:《习近平关于坚持和完善党和国家监督体系论述摘编》,中央文献出版社、中国方正出版社2022年版,第91页。
② 中共中央纪律检查委员会、中华人民共和国国家监察委员会、中共中央党史和文献研究院编:《习近平关于坚持和完善党和国家监督体系论述摘编》,中央文献出版社、中国方正出版社2022年版,第94页。
③ 中共中央纪律检查委员会、中华人民共和国国家监察委员会、中共中央党史和文献研究院编:《习近平关于坚持和完善党和国家监督体系论述摘编》,中央文献出版社、中国方正出版社2022年版,第101页。
④ 参见陈治治:《王岐山巡视动员会讲话:巡视,是政治巡视不是业务巡视》,《中国纪检监察报》2015年11月5日,第1版。
⑤ 参见中共中央纪律检查委员会、中华人民共和国国家监察委员会、中共中央党史和文献研究院编:《习近平关于坚持和完善党和国家监督体系论述摘编》,中央文献出版社、中国方正出版社2022年版,第100页。
⑥ 中共中央纪律检查委员会、中华人民共和国国家监察委员会、中共中央党史和文献研究院编:《习近平关于坚持和完善党和国家监督体系论述摘编》,中央文献出版社、中国方正出版社2022年版,第100页。
⑦ 中共中央纪律检查委员会、中华人民共和国国家监察委员会、中共中央党史和文献研究院编:《习近平关于坚持和完善党和国家监督体系论述摘编》,中央文献出版社、中国方正出版社2022年版,第102页。

10月18日,着重强调"深化政治巡视,坚持发现问题、形成震慑不动摇,建立巡视巡察上下联动的监督网"①;同年12月27日,重申要"坚守政治巡视职能定位"②;2020年1月16日,强调要"落实政治巡视要求"③;2021年1月22日,强调"深化政治巡视,督促推动全党增强'四个意识'、坚定'四个自信'、做到'两个维护'"④。2016年1月,十八届中央纪委六次全会第一次将政治巡视写入全会报告,2017年的《中国共产党巡视工作条例》第一次将政治巡视写入党内法规,2020年12月的《关于加强巡视巡察上下联动的意见》正式以党内规范性文件形式将政治巡视概念固化下来。2021年11月,党中央又将政治巡视写进了党的百年奋斗重大成就和历史经验,昭示其在新时代新征程中的责任和使命。

(二)政治巡视内涵的脉络深化

新时代,政治巡视呈现出定位越来越精准与聚焦的逻辑理路。总体上讲,政治巡视的内涵大致经历了6次深化。

1. 第一次深化:紧盯"一个中心"和"四个着力",突出发现问题与形成震慑

"一个中心"即党风廉政建设和反腐败工作;"四个着力"即着力发现是否存在权钱交易、以权谋私、贪污贿赂、腐化堕落等违纪违法问题,着力发现是否在形式主义、官僚主义、享乐主义和奢靡之风等问题,着力发现是否存在违反党的政治纪律问题,着力发现是否存在选人用人上的不正之风和腐败问题。⑤ 党的十八大与十八届中央纪委二次全会均提出要增强发现问题的能力。⑥ 第一次深化核心内涵是在党的十八大后首轮中央巡视提出的。2013年11月5日,《中

---

① 《习近平谈治国理政》第三卷,外文出版社2020年版,第52—53页。
② 中共中央纪律检查委员会、中华人民共和国国家监察委员会、中共中央党史和文献研究院编:《习近平关于坚持和完善党和国家监督体系论述摘编》,中央文献出版社、中国方正出版社2022年版,第30页。
③ 中共中央纪律检查委员会、中华人民共和国国家监察委员会、中共中央党史和文献研究院编:《习近平关于坚持和完善党和国家监督体系论述摘编》,中央文献出版社、中国方正出版社2022年版,第112页。
④ 中共中央纪律检查委员会、中华人民共和国国家监察委员会、中共中央党史和文献研究院编:《习近平关于坚持和完善党和国家监督体系论述摘编》,中央文献出版社、中国方正出版社2022年版,第38页。
⑤ 参见中共中央党史和文献研究院编:《习近平关于全面从严治党论述摘编》,中央文献出版社2021年版,第391页。
⑥ 参见中共中央文献研究室:《十八大以来重要文献选编》上册,中央文献出版社2014年版,第66页。

央党内法规制定工作五年规划纲要(2013—2017年)》的发布,进一步重申了这一核心内涵的重要性。① 2014年1月,十八届中央纪委三次全会再次予以强调:巡视重点就是"四个着力"②。第一次深化主要基于执行政治纪律和政治规矩情况考量,其目的是发现问题、形成震慑、减少腐败存量,旨在解决过去巡视实践中任务宽泛、内容发散的问题。

2. 第二次深化:紧扣"六项纪律"和"四个着力",突出纪严于法与纪在法前

"六项纪律"即政治纪律、组织纪律、廉洁纪律、群众纪律、工作纪律、生活纪律。中共中央深刻意识到党员干部违法先从破纪开始,强调全面从严治党、党风廉政建设和反腐败斗争首先要从纪律从严抓起。中共十八届三中、四中全会均对此予以强调。2015年6月26日,习近平在关于巡视工作的重要讲话中指出:"改进巡视工作,首要的一条,就是落实全面从严治党的要求,做到有规在先、抓早抓小。"③2015年8月新修订的巡视条例,首次从党内法规层面提出"六项纪律",突出纪严于法、纪在法前,抓早抓小,惩前毖后、治病救人。

3. 第三次深化:聚焦"三大问题",突出党内政治生活与政治生态

总结党的十八大以来巡视发现的问题,主要是"党的领导弱化、党的建设缺失、全面从严治党不力"④三大问题。2016年1月12日,习近平强调,巡视要重点检查"是否存在党的领导弱化、主体责任缺失、从严治党不力等问题"⑤。同年10月,《关于新形势下党内政治生活的若干准则》和《中国共产党党内监督条例》均要求聚焦"三大问题"。2017年5月,习近平再次强调:要深化政治巡视,聚焦"三大问题",突出严肃党内政治生活,净化党内政治生态,促进管党治党标本兼治。⑥ 第三次深化突出政治生活与政治生态,"有力促进管党治党迈向标本

---

① 参见中共中央文献研究室:《十八大以来重要文献选编》上册,中央文献出版社2014年版,第487页。
② 中共中央党史和文献研究院编:《习近平关于全面从严治党论述摘编》,中央文献出版社2021年版,第391页。
③ 中共中央文献研究室:《十八大以来重要文献选编》中册,中央文献出版社2016年版,第398页。
④ 中共中央文献研究室:《十八大以来重要文献选编》下册,中央文献出版社2018年版,第409页。
⑤ 习近平:《论坚持全面深化改革》,中央文献出版社2018年版,第233页。
⑥ 参见中共中央纪律检查委员会、中华人民共和国国家监察委员会、中共中央党史和文献研究院编:《习近平关于坚持和完善党和国家监督体系论述摘编》,中央文献出版社、中国方正出版社2022年版,第102页。

兼治"①。

4. 第四次深化:紧扣"两个维护"和"六个围绕一个加强",突出政治责任与政治监督

"两个维护"是指坚决维护习近平总书记党中央的核心、全党的核心地位,坚决维护以习近平同志为核心的党中央权威和集中统一领导。"六个围绕一个加强"是指围绕党的政治建设、思想建设、组织建设、作风建设、纪律建设和夺取反腐败斗争压倒性胜利开展监督检查,加强对巡视整改情况的监督检查。2017年2月9日,习近平强调,要"把维护党中央集中统一领导作为根本任务,发挥政治导向作用"②。同年12月27日,习近平在审议《中央巡视工作规划(2018—2022年)》时再次予以强调。③ 十九届中央首轮巡视第一次把"两个维护"作为新时代巡视工作根本政治任务,2018年的《中央巡视工作规划(2018—2022年)》再次将"六个围绕一个加强"作为总体要求。2019年1月,十九届中央纪委三次全会予以重申。2018年7月5日,习近平提出了"五个持续"。这是对"六个围绕一个加强"的进一步深化。"五个持续",即持续深入学习贯彻习近平新时代中国特色社会主义思想和党的十九大精神,持续强化管党治党政治责任,持续保持惩治腐败的高压态势,持续纠治"四风"问题,持续净化党内政治生态。

5. 第五次深化:紧盯"四个落实"和"三个聚焦",突出职能责任与监督重点

中共十九届中央第二轮开展脱贫攻坚专项巡视,不仅彰显了党中央对脱贫攻坚工作的高度重视,还细化了"六个围绕一个加强"的政治责任框架,构筑了"四大落实"的监督主线。"四个落实"是指落实党的理论和路线方针政策、党

---

① 中共中央纪律检查委员会、中华人民共和国国家监察委员会、中共中央党史和文献研究院编:《习近平关于坚持和完善党和国家监督体系论述摘编》,中央文献出版社、中国方正出版社2022年版,第102页。

② 中共中央纪律检查委员会、中华人民共和国国家监察委员会、中共中央党史和文献研究院编:《习近平关于坚持和完善党和国家监督体系论述摘编》,中央文献出版社、中国方正出版社2022年版,第29页。

③ 参见中共中央纪律检查委员会、中华人民共和国国家监察委员会、中共中央党史和文献研究院编:《习近平关于坚持和完善党和国家监督体系论述摘编》,中央文献出版社、中国方正出版社2022年版,第31页。

中央重大决策部署,特别是习近平总书记重要讲话和重要指示批示精神的情况,执行党章和其他党内法规、履行职能责任的情况,落实意识形态工作责任制的情况;落实全面从严治党主体责任和监督责任、推进党风廉政建设和反腐败斗争的情况,领导干部树立和践行正确政绩观、加强作风建设、落实中央八项规定及其实施细则、廉洁自律的情况;落实新时代党的组织路线,贯彻民主集中制,加强领导班子和干部人才队伍建设、基层党组织和党员队伍建设的情况;落实巡视监督以及审计、财会、统计等其他监督发现问题整改的情况。第三轮巡视是在"不忘初心、牢记使命"主题教育过程中进行的,围绕"四个落实",强化政治监督。就市县巡察特别是延伸巡察村级党组织而言,监督重点则是"三个聚焦",即聚焦基层贯彻落实党的路线方针政策和党中央决策部署情况,聚焦群众身边腐败和不正之风,聚焦基层党组织软弱涣散、组织力欠缺问题。第一个聚焦是聚焦基层党组织坚决贯彻"两个维护"与围绕国家大局的政治责任担当。第二个聚焦其目的是进一步推动全面从严治党向基层延伸。第三个聚焦是进一步推动解决软弱涣散问题、增强基层治理实效。

6. 第六次深化:紧扣"三个突出"和"两个更加",突出发挥利剑作用与标本兼治

"三个突出"指突出对维护党中央集中统一领导、贯彻落实党的二十大精神、领导班子特别是"一把手"的监督。"两个更加"指更加强化震慑作用,做推动全面从严治党、惩治腐败的利剑;更加突出标本兼治,做推动改革、促进发展的利器。2023年,中央巡视工作领导小组第一次会议上对深化政治巡视提出"三个突出"的明确要求。二十届中央巡视工作强调要做到"两个更加"。二十届中央第一轮巡视采取了很多新做法,如首次请监督检查室在巡前通报中介绍领导干部具体违纪行为以及处置进展情况,并单列"一把手"有关情况;首次安排审查调查室参与通报;首次建立与监督检查室的巡中沟通机制、重要线索及时会商研判;首次建立根据巡视需要查阅"活页本"机制,是落实"第一个更加"的重要体现。"第二个更加"强调要充分发挥以巡促改、以巡促建、以巡促治的利器作用。

(三)政治巡视内涵的界定

学术界目前较多采用的说法是:"巡视是政治巡视不是业务巡视,巡的是

'关键少数',即党组织和党员领导干部。"①但还有学者从其本质属性、巡视方向、巡视效果的角度定义政治巡视②,或以政治巡视的来源、发展历程、目的等视角界定政治巡视是新时代党内全面提高政治思想、提高政治站位的制度性安排③,或从腐败治理实践与理论视域下予以界定。④

中央巡视办的权威解释是:"上级党组织对下级党组织履行党的领导职能责任的政治监督。"⑤基本内涵包括四个方面:(1)"三个政治",即政治高度上突出党的领导,政治要求上抓住党的建设,政治定位上聚焦全面从严治党。(2)"三个根本",即加强党的领导是根本目的,加强党的建设是根本途径,全面从严治党是根本保障。(3)"三向要求",即坚定政治方向,坚持问题导向,坚守价值取向。⑥(4)"四个明确",即明确派出主体是上级党组织、监督对象是下级党组织和党员领导干部、监督内容是履行党的领导职能责任情况、政治巡视的本质是政治监督。

二、政治巡视的理论框架

新时代十年来,政治巡视的重大理论创新最终成为现实,呈现出鲜明的时代特质和指引作用。概而言之,基本理论框架包括以下10个方面。

(一)根本目的

政治巡视的根本目的是坚持和加强党的领导。在新时代新征程上,中共始

---

① 郑光魁:《第三轮巡视完成进驻政治巡视引人瞩目》,《中国纪检监察报》2015年11月14日。
② 参见李磊:《习近平新时代巡视工作思想主要内容与基本特征》,《理论导刊》2018年第7期,第47—53页。
③ 参见夏婉玉、颜杰峰:《中国共产党政治巡视的历史变迁及启示》,《长春市委党校学报》2019年第3期,第15页。
④ 参见袁忠、杨柳:《腐败治理权分置视域下完善政治巡视制度的构想》,《理论导刊》2018年第4期,第4—8页。
⑤ 《推进新时代新征程巡视工作高质量发展——中央巡视工作领导小组办公室主要负责人就〈中央巡视工作规划(2023—2027年)〉答记者问》,《中国纪检监察》2023年第10期,第13—15页。
⑥ 参见中共中央纪律检查委员会、中华人民共和国国家监察委员会、中共中央党史和文献研究院编:《习近平关于坚持和完善党和国家监督体系论述摘编》,中央文献出版社、中国方正出版社2022年版,第100页。

终坚持将党的领导放在首位,作为治国理政的根本原则。特别是在2016年1月28日,习近平的重要讲话中明确指出政治巡视必须在政治高度上突出党的领导①,这一重要论述为巡视工作赋予新的历史使命。2024年2月8日,新修订的《中国共产党巡视工作条例》正式公布,其中第三条明确指出要"确保党始终成为中国特色社会主义事业的坚强领导核心"②。这一过程中,如何具体落实和体现呢?中共的答案就在民主集中制、群众路线、实事求是这三条主题主线中。其中,民主集中制是党的根本组织制度和领导制度,群众路线是党的生命线和根本工作路线,实事求是是党的思想路线的核心。通过这三条主题主线,新时代的政治巡视正在建构起"政党—国家—社会"的正确关系,党的领导得到进一步坚持和强化,党始终成为中国特色社会主义事业的坚强领导核心。

(二)根本任务

政治巡视的根本任务是"两个维护"。对此,习近平多次予以强调。如2017年2月9日,强调"把维护党中央集中统一领导作为根本政治任务"③;同年12月27日,强调"把维护党中央权威和集中统一领导作为根本政治任务"④;2019年2月22日,再次强调"把'两个维护'作为根本任务"⑤;2021年1月28日,强调"要聚焦'两个维护'根本任务"⑥。《中央巡视工作规划(2023—2027年)》把"两个维护"摆在"六个围绕"任务之前,充分说明"两个维护"是政治巡

---

① 参见中共中央纪律检查委员会、中华人民共和国国家监察委员会、中共中央党史和文献研究院编:《习近平关于坚持和完善党和国家监督体系论述摘编》,中央文献出版社、中国方正出版社2022年版,第100页。
② 《中国共产党巡视工作条例》,中国方正出版社2024年版,第5页。
③ 中共中央纪律检查委员会、中华人民共和国国家监察委员会、中共中央党史和文献研究院编:《习近平关于坚持和完善党和国家监督体系论述摘编》,中央文献出版社、中国方正出版社2022年版,第29页。
④ 中共中央纪律检查委员会、中华人民共和国国家监察委员会、中共中央党史和文献研究院编:《习近平关于坚持和完善党和国家监督体系论述摘编》,中央文献出版社、中国方正出版社2022年版,第30页。
⑤ 中共中央纪律检查委员会、中华人民共和国国家监察委员会、中共中央党史和文献研究院编:《习近平关于坚持和完善党和国家监督体系论述摘编》,中央文献出版社、中国方正出版社2022年版,第107页。
⑥ 中共中央纪律检查委员会、中华人民共和国国家监察委员会、中共中央党史和文献研究院编:《习近平关于坚持和完善党和国家监督体系论述摘编》,中央文献出版社、中国方正出版社2022年版,第115页。

视的核心和根本任务。在党的十九大这一历史性的节点上,中共将"两个维护"正式写入党章,为新时代的巡视工作发展指明了方向。

(三)指导思想

2017年7月,新修改的《中国共产党巡视工作条例》以高位阶的党内法规明确了政治巡视的指导思想。其中第三条在指导思想层面加入了"治国理政新理念新思想新战略",同时增加了"五位一体""四个全面""四个自信"等内容。《中央巡视工作规划(2018—2022年)》就政治巡视提出"八个坚持",即"一是必须坚持深入贯彻党的十九大精神。二是必须坚持以习近平新时代中国特色社会主义思想为指导。三是必须坚持以党章为根本遵循,全面履行党章赋予的职责。四是必须坚持党要管党、全面从严治党。五是必须坚持贯彻新时代党的建设总要求,把政治建设摆在首位。六是必须坚持贯彻巡视工作方针,坚定不移深化政治巡视。七是必须坚持问题导向,坚持发现问题、形成震慑不动摇。八是必须坚持严肃党内政治生活,净化党内政治生态"[①]。"八个坚持"是政治巡视的重要指导思想和基本原则。

(四)工作方针

党的十八大后,习近平明确提出了"发现问题、形成震慑,推动改革、促进发展"的16字工作方针。十八届中央修改巡视工作条例时,将其写入条例总体要求。十九届中央巡视工作五年规划对落实巡视工作作出了明确部署。政治巡视16字工作方针,发现问题是巡视监督的首要职责、基本职责,形成震慑是手段,推动改革是路径,促进发展是目标。其理论体系涵盖以下方面:发现问题是生命线、推动解决问题是落脚点、坚持"严"的主基调、发挥以巡促治作用,最终指向推动国家治理体系和治理能力现代化。

(五)基本原则

2017年7月新修改的《中国共产党巡视工作条例》强调了政治巡视三条基本原则:"坚持中央统一领导、分级负责;坚持实事求是、依法依规;坚持群众路

---

① 本报记者:《中央巡视办负责同志就学习贯彻〈中央巡视工作规划(2018—2022年)〉答记者问》,《中国纪检监察报》2018年2月28日,第1版。

线、发扬民主。"①2018年中共中央办公厅印发的《中央巡视工作规划(2018—2022年)》予以重申。《中央巡视工作规划(2023—2027年)》结合实践发展又增加了"坚持围绕中心、服务大局"和"坚持问题导向、发扬斗争精神"两项原则。② 其中,第一条"坚持统一领导、分级负责",既是党章规定的、巡视工作决定的,也是落实全面从严治党主体责任的必然要求。第二条"坚持围绕中心、服务大局",是根据党的十九大后巡视工作深化发展实践总结提炼的重要经验。第三条"坚持人民立场、贯彻群众路线",既是政治巡视的基本原则,也是政治巡视的根本工作方法。第四条"坚持问题导向、发扬斗争精神",强调要坚持党性原则,发扬斗争精神,把发现问题作为巡视工作生命线。第五条"坚持实事求是、依规依纪依法",是政治巡视工作的根本和灵魂。

(六)监督标准

基本标准是"四个对照":一是对照习近平新时代中国特色社会主义思想,强调要始终以习近平重要讲话和重要指示批示精神为根本遵循,特别是关于被巡视单位所在行业、所处领域、所在地区的具体要求;二是对照党章党规党纪,强调要自觉对照党章党规党纪,体现政治效果;三是对照党的理论和路线方针政策及党中央重大决策部署,强调要结合被巡视党组织实际;四是对照党的领导职能责任,强调要坚持从问题看责任、从业务看政治。

(七)价值取向

政治巡视的价值取向是坚持以人民为中心。其理论板块有三层含义:一是坚持人民立场和群众观点。树立巡视为民思想,把群众反映强烈的问题作为主攻方向,真正做到民有所呼、我有所应。二是坚持群众路线与群众方法。坚持党的群众路线,把党内监督和群众监督有机结合起来,密切联系群众,突出群众监督主体地位,深入群众、依靠群众、动员群众。三是坚持群众标准和监督标尺。一方面,群众标准是巡视工作的根本遵循。"人民拥护不拥护、赞成不赞成、高兴不高兴",这三个"不"字,道出了巡视工作的根本标准,这不仅是衡量巡

---

① 《中国共产党巡视工作条例》,《人民日报》2017年7月15日。
② 参见《推进新时代新征程巡视工作高质量发展——中央巡视工作领导小组办公室主要负责人就〈中央巡视工作规划(2023—2027年)〉答记者问》,《中国纪检监察》2023年第10期,第13—15页。

视工作成效的"金标准",更是中国共产党一贯坚持的群众路线的生动体现。巡视工作不是空中楼阁,必须扎根于群众之中,倾听群众的声音,反映群众的意愿。另一方面,群众标准是巡视工作的重要保障。要充分发挥群众的监督作用,鼓励群众积极参与巡视工作,对巡视工作进行全程监督,赢得民心向背"大政治",夯实党长期执政的基础。

(八)监督重点

政治巡视的六次深化涉及众多方面,这些方面共同构成了巡视监督的复杂网络。然而,在这些繁多的巡视工作中,现阶段中央和省级巡视监督尤为关注"四个落实",而在市、县巡察监督层面则聚焦于"三个聚焦"。"四个落实"不仅是当前巡视监督的重点,更是对政治生态的一次全面审视,要求各级党组织在政治建设、思想建设、组织建设、作风建设、纪律建设等方面都要有实实在在的成果。在市、县巡察监督层面,"三个聚焦"体现了对基层工作的精准把控。首先,聚焦党中央各项决策部署在基层的落实情况,这是确保政策落地的关键。其次,聚焦群众身边腐败问题和不正之风以及群众反映强烈的问题,这是回应群众关切、维护群众利益的重要举措。最后,聚焦基层党组织建设,这是加强党的基层组织建设、提升组织力的重要途径。无论是"四个落实"还是"三个聚焦",均体现出巡视监督的深化、精准化和效能化,更有助于推动政治生态的健康发展。

(九)战略格局

政治巡视的战略格局是构建上下联动的工作格局。《中央巡视工作规划(2023—2027年)》就此提出"五个推进"予以构建,即推进完善巡视巡察工作体制机制,推进省、区、市巡视工作深化发展,推进中央单位内部巡视工作规范发展,推进市、县巡察向基层延伸,推进巡视监督与其他监督贯通协调。在整体发展格局上突出向深拓展、向专发力、向下延伸"三向"战略思路。[1]

(十)监督路径

政治巡视的监督路经是"四个紧盯"。其一是紧盯主责主业,强化责任担

---

[1] 参见《推进新时代新征程巡视工作高质量发展——中央巡视工作领导小组办公室主要负责人就〈中央巡视工作规划(2023—2027年)〉答记者问》,《中国纪检监察》2023年第10期,第13—15页。

当。一个党组织的核心职责在于推动党的路线方针政策在本地区的贯彻落实。政治巡视首先紧盯的是被巡视党组织是否真正履行了主责主业，是否将党的决策部署转化为具体的行动和实践。其二是紧盯全面从严治党阶段性特征，确保方向不偏。政治巡视要密切关注全面从严治党在各个阶段的特征，及时发现问题、解决问题，确保全面从严治党始终沿着正确的方向前进。这要求巡视组具备高度的政治敏锐性和判断力，能够准确把握全面从严治党的阶段性特点。其三是紧盯"一把手"和领导班子，筑牢政治生态基石。政治巡视要重点关注"一把手"和领导班子的政治表现、廉洁自律等情况，确保他们始终在思想上政治上行动上同党中央保持高度一致，筑牢政治生态的基石。其四是紧盯人民群众反映强烈的突出问题，回应社会关切。人民群众是历史的创造者，也是全面从严治党的最终评判者。政治巡视要紧密围绕人民群众反映强烈的突出问题开展工作，切实解决人民群众关心的热点难点问题，回应社会关切。这既是政治巡视的出发点和落脚点，也是衡量政治巡视工作成效的重要标准。"四个紧盯"是政治巡视的重要方法论，也是看一个党组织"四个落实"情况的切入点。

三、政治巡视的逻辑理路

政治巡视的提出与深化，是多种因素作用的结果，各种因素相互作用，形成一个整体，共同促成政治巡视深化成为现实。

（一）马克思主义政党的政治属性是其逻辑起点

第一，在把牢政治方向上。马克思和恩格斯在创建世界上第一个无产阶级政党时，从一开始就为其注入强大的政治建党基因。列宁指出，"一个阶级如果不从政治上正确地看问题，就不能维持它的统治，因而也就不能完成它的生产任务问题"[①]，并多次要求把政治与经济、文化紧密结合起来加以系统考量。中国共产党视政治为生命。毛泽东指出，"没有正确的政治观点，就等于没有灵

---

① 《列宁选集》第4卷，人民出版社1995年版，第408页。

魂"①。邓小平指出,"改革,现代化科学技术,加上我们讲政治,威力就大多了"②。习近平明确指出,"旗帜鲜明讲政治是我们党作为马克思主义政党的根本要求"③。新时代政治巡视概念内涵的提出与深化,强调首先要从讲政治的高度观察与把握政治巡视,这是对党的第一属性是政治属性、第一功能是政治功能的重申,与马克思主义政党政治属性的内在要求一脉相承。2016年5月26日,习近平强调:"要坚定不移深化政治巡视,首先要坚定政治方向。"④2017年2月9日,习近平再次强调:"要突出巡视监督政治作用,以'四个意识'为政治标杆,把贯彻'五位一体'总体布局和'四个全面'战略布局作为政治要求,把维护党中央集中统一领导作为根本政治任务,发挥巡视政治导向作用。"⑤第二,在站稳政治立场上。人民立场是马克思主义政党最根本的政治立场,人民至上是最根本的政治宗旨。新时代,政治巡视提出坚持以人民为中心的价值取向。2017年12月27日,习近平明确指出:"巡视要坚持人民立场,人民群众痛恨什么、反对什么,就重点巡视什么、纠正什么,增强群众获得感。"⑥第三,在维护政治领导上。新时代以来,中国共产党坚持从政治上认识和推进巡视工作,强调要旗帜鲜明地讲政治。2018年1月11日,习近平强调:"要深化政治巡视,在政治高度上突出党的全面领导,在政治要求上抓住党的建设,在政治定位上聚焦全面从严治党。"⑦2019年2月22日,习近平再次强调:"巡视主题鲜明,突出政治建

---

① 《毛泽东文集》第7卷,人民出版社1996年版,第226页。
② 《邓小平文选》第3卷,人民出版社1993年版,第166页。
③ 中共中央党史和文献研究院:《十九大以来重要文献选编》上册,中央文献出版社2019年版,第44页。
④ 中共中央纪律检查委员会、中华人民共和国国家监察委员会、中共中央党史和文献研究院编:《习近平关于坚持和完善党和国家监督体系论述摘编》,中央文献出版社、中国方正出版社2022年版,第100页。
⑤ 中共中央纪律检查委员会、中华人民共和国国家监察委员会、中共中央党史和文献研究院编:《习近平关于坚持和完善党和国家监督体系论述摘编》,中央文献出版社、中国方正出版社2022年版,第29页。
⑥ 中共中央纪律检查委员会、中华人民共和国国家监察委员会、中共中央党史和文献研究院编:《习近平关于坚持和完善党和国家监督体系论述摘编》,中央文献出版社、中国方正出版社2022年版,第31页。
⑦ 《习近平谈治国理政》第3卷,外文出版社2020年版,第511页。

设,把'两个维护'作为根本任务。"①习近平先后发表一系列重要讲话、提出一系列重要论断、作出一系列重要部署,系统阐明新时代深化政治巡视的概念内涵、总体要求、深化路径等,是在新时代的重大理论创新和实践创新。

(二)习近平新时代中国特色社会主义思想的理论指导是其科学支撑

第一,习近平新时代中国特色社会主义思想中关于巡视工作的重要论述为政治巡视提供了根本遵循。新时代十年来,习近平从推进党的自我革命、全面从严治党的战略高度,就巡视工作作出一系列重要论述并不断丰富发展,深刻阐述政治巡视概念内涵、目标任务和工作重点,旗帜鲜明、掷地有声,为新时代推动并深化政治巡视提供了强大思想武器、行动指南和根本遵循,引领新时代政治巡视持续发力、纵深推进。第二,习近平关于各个领域、行业、单位的重要讲话和重要指示批示精神对政治巡视提供了基本依据。习近平总书记的重要讲话和指示批示,高屋建瓴、精辟深邃,系统回答了新时代这些领域、行业、单位的政治要求、职责定位、主要任务、工作标准等一系列重要问题,具有很强的政治性、思想性和针对性,为新时代政治巡视迅速聚焦政治责任、强化政治监督、抓住监督重点指明了方向。第三,习近平关于党的建设的重要思想指明了发展方向。2023年6月28日至29日,全国组织工作会议召开,该会议用"十三个坚持"总结概括了习近平关于党的建设的重要思想,为新时代政治巡视进一步深化指明了方向和路径。其中,第一个坚持是政治巡视的根本任务,第四个坚持是政治巡视的价值取向,第十、第十一个和第十三个坚持是政治巡视的战略布局,其余几个坚持是政治巡视的监督路径。

(三)党内巡视发展演变的历史积淀是其重要基础

第一,是党内巡视工作内在运作规律的必然要求。新民主主义革命时期,民主集中制、群众路线和实事求是蕴含在巡视工作内在结构方面的"基质"特征,并沿着"政党—国家—社会"逻辑主线发生作用。新时代,三个"基质"特征继续发挥作用并被赋予新的内涵:民主集中制作为党的组织路线,以"两个维

---

① 中共中央纪律检查委员会、中华人民共和国国家监察委员会、中共中央党史和文献研究院编:《习近平关于坚持和完善党和国家监督体系论述摘编》,中央文献出版社、中国方正出版社2022年版,第107页。

护"为根本政治任务,"确保党始终成为中国特色社会主义事业的坚强领导核心"①;群众路线作为党的工作路线,体现出以人民为中心的价值取向,从而赢得民心和厚植党的执政基础;实事求是是党的政治路线,注重与中国实际有机结合,具体问题具体分析,实现党和国家监督治理体系现代化。第二,是解决党内巡视工作自身问题的客观需要。关于党的十八大之前巡视工作自身存在的问题,习近平指出:"巡视工作要明确职责定位,巡视内容不要太宽泛。"②对此,有学者解读认为:"巡视内容泛化,主业不突出;巡视对象泛化,精力不集中;巡视时间泛化,重点不突出。"③再加上中国传统社会的好人主义、简单主义和形式主义"三个主义"的影响,已经严重制约巡视工作高质量发展。政治巡视概念的提出与深化,促使巡视工作职责定位更加精准、监督内容更加聚焦、监督重点更加突出。第三,是改革创新党内巡视工作的政治自觉。新时代以来,巡视工作的一个鲜明特点就是以高度的政治自觉,结合新的形势任务更加日新月异。政治巡视构建的十大理论框架体系,亦可谓"十大创新"。政治巡视的提出及深化,完成从政治任务到政治监督的功能转换,是党内巡视工作积淀的必然结果。

(四)中国共产党所处的历史方位是其实践依据

一是解决大党独有难题的客观要求。有学者从大党本身特殊性予以解构,认为大党独有难题源自大党执政、大国执政、长期执政和一党执政。④ 还有学者从大党治理难题、大国治理难题和全球治理难题三个维度对"何为独有""难在何处"进行全面求解。⑤ 对此,2023年1月9日,习近平在二十届中央纪委二次全会上提出"六个如何始终"的大党独有难题。⑥ 解决大党独有难题需要贡献新时代政治巡视力量,即加强政治巡视监督,把"两个维护"作为最根本的政治

---

① 《中国共产党巡视工作条例》,中国方正出版社2024年版,第5页。
② 中共中央纪律检查委员会、中华人民共和国国家监察委员会、中共中央党史和文献研究院编:《习近平关于坚持和完善党和国家监督体系论述摘编》,中央文献出版社、中国方正出版社2022年版,第91页。
③ 廖蒙坤:《从严治党要求下创新党委巡视工作的路径》,《领导科学》2015年第13期,第4—7页。
④ 参见安龙:《大党独有难题:释义与析理》,《理论与改革》2023年第4期,第75—89页。
⑤ 参见徐艳玲:《大党独有难题:"何为独有"又"难在何处"》,《人民论坛》2023年第2期,第12—16页。
⑥ 参见中共中央党史和文献研究院院务会理论学习中心组:《准确把握"六个如何始终"的重大意义和深刻内涵》,《中国纪检监察报》2023年4月6日。

任务,保障大党的集中统一领导;发挥巡视利剑作用,检查清除大党存在的毒瘤和顽瘴痼疾;发挥巡视监督保障执行作用,推动改革、促进发展。二是解决党自身建设问题的现实需要。新时代以来,党面临的"四大考验"和"四大危险"长期存在,《中共中央关于在全党深入开展学习贯彻习近平新时代中国特色社会主义思想主题教育的意见》明确提出的理论学习、政治素质、能力本领、担当作为、工作作风、廉洁自律6个方面突出问题[①],在各级党员领导干部中仍不同程度地出现。在这个背景下,政治巡视作为一种重要的党内监督方式,其作用愈发凸显。在保障人民群众利益方面,政治巡视可以及时发现和纠正各级党组织和党员领导干部在工作作风、廉洁自律等方面存在的问题和不足,有助于更好地践行党的宗旨,确保人民群众的合法权益得到有效保障。在服务党和国家工作大局方面,政治巡视可以推动各级党组织和党员领导干部深入贯彻落实党中央决策部署,确保党和国家的工作大局得到有效推进,为党和国家事业的发展提供有力保障。三是实现自我革命重大命题的历史选择。党的十九届六中全会决议把"坚持自我革命"作为党百年奋斗的一条重要历史经验。这是基于全面深化改革、全面从严治党、保证社会革命三个维度考量的,其中蕴含着强烈的使命意识和担当精神。新时代,完成自我革命的历史使命,客观要求以彻底的自我革命精神深化政治巡视,最终为全面实现自我净化、自我完善、自我革新、自我提高作出政治巡视新的贡献。

四、政治巡视的价值意蕴

政治巡视的提出与深化,与时代脉搏相一致,对于加强党的全面领导、深入推进全面从严治党、厚植当地执政基础具有重要的理论价值和现实意义。

(一)根本价值:确保中国共产党的领导核心地位

第一,促进了党的高度集中统一领导。在党的内部上下级关系层面,政治

[①] 《中共中央关于在全党深入开展学习贯彻习近平新时代中国特色社会主义思想主题教育的意见》,《党建研究》2023年第5期,第19—25页。

巡视的实行,以民主集中制为基本原则,以政治建设为统领,以"两个维护"为根本任务,严明政治纪律和政治规矩,严肃党内政治生活,净化党内政治生态,维护了党的高度集中统一领导。第二,永葆了党的青春与活力。在党的自我革命层面,政治巡视的实行,聚焦政治责任、强化政治监督,坚持严的基调,持续纠"四风"树新风,"三不腐"一体推进,构建上下联动监督网,深入推进全面从严治党,严肃查处并整治党内存在的严重政治问题和政治隐患,筑牢党的政治建设的防火墙,保障党永葆青春与活力。第三,凝聚了建设事业的磅礴伟力。政治巡视深化了党与社会的纽带,高效动员并整合社会力量,使党的理念迅速渗透社会各阶层,汇聚共识,形成合力,为中国特色社会主义事业注入强大动力,确保党作为领导核心的坚不可摧。

(二) 核心价值:确保始终满足人民群众对美好生活的向往

第一,彰显了马克思主义为实现人的自由全面发展的价值要义。马克思主义原创性提出人的自由全面发展的科学命题。新时代,政治巡视的实行,以人民为中心为价值取向,以增进人民福祉、促进人的全面发展为根本目的,坚持把实现好、维护好、发展好最广大人民根本利益作为发展的出发点和落脚点,突出人民主体地位,让人民群众在全面从严治党中感受到公平正义,彰显出马克思主义为实现人的全面发展的价值要义。第二,彰显了实现人民对美好生活向往的价值追求。新时代,政治巡视的实行,始终坚持人民立场和评判标准,"人民群众痛恨什么、反对什么,就重点巡视什么、纠正什么"①,及时发现并解决人民群众急难愁盼问题,突出人民群众监督主体地位,充分彰显了新时代政治巡视坚持人民至上是实现人民对美好生活向往的价值追求。第三,彰显了党践行初心使命的价值内涵。新时代,政治巡视的实行,坚持群众路线和人民至上,相信群众、依靠群众、为了群众。其方法路径、根本要求等均与人民群众密切关联。政治巡视这种"相信谁、依靠谁、为了谁"的逻辑理路,与党的宗旨与初心使命一脉相承,彰显出党践行初心使命的价值内涵。

---

① 中共中央纪律检查委员会、中华人民共和国国家监察委员会、中共中央党史和文献研究院编:《习近平关于坚持和完善党和国家监督体系论述摘编》,中央文献出版社、中国方正出版社2022年版,第31页。

(三)理论价值:确保习近平新时代中国特色社会主义思想始终成为最重要指引

第一,丰富了党的巡视工作理论。新时代政治巡视概念的提出及六次深化,是在对巡视工作规律深刻认识基础上的飞跃,对基本问题形成了科学指导思想,构建了自成一体的理论框架,为巡视工作理论注入了新的内涵和话语体系,呈现出鲜明的时代性和整体性特征,为今后的巡视工作提供了战略指引。第二,丰富了党的建设理论。政治巡视的深化,以政治建设为统领,坚持和加强党的全面领导,聚焦管党治党政治责任,强化政治监督和党内民主,促进党内和谐和党内团结。其中,对新时代党的组织路线落实情况的监督检查,聚焦关键少数、紧盯"一把手"及班子成员,紧扣选人用人、人才政策和干部队伍建设等,政治巡视的理论创新实质上也是新时代党的建设理论创新的重要组成部分。第三,为习近平新时代中国特色社会主义思想注入了巡视元素。习近平新时代中国特色社会主义思想本身即为政治巡视最重要的指导思想,新时代政治巡视的深化,是习近平新时代中国特色社会主义思想指引作用的结果,政治巡视在深化中不断创新出的理论成果,本质上丰富了习近平关于巡视论述的内涵,更将其精髓深植于习近平新时代中国特色社会主义思想之中,注入了巡视工作元素。

(四)制度价值:确保中国方案永远走在世界前列

第一,为推进新时代党和国家监督体系建设提供了实践典范。在职责定位层面,巡视经历了领导方式—监督检查—专责监督—政治监督的演变过程,聚焦越来越精准。在贯通融合层面,政治巡视逐渐与其他党内监督、党外监督有机结合,作用发挥越来越充分。在政党—国家—社会关系层面,政治巡视监督逐渐由专责党内监督转向与国家监督、社会监督相结合,实现了纳入党和国家监督体系统筹布局。第二,为推进新时代党和国家治理体系建设提供了制度范本。巡视工作体现出的功能在很长一段时期停留在党内监督范畴之内,新时代政治巡视的深化实践,已经将其功能扩展至党和国家治理体系范畴。政治巡视成为党和国家治标和治本之策,在现阶段乃至未来发挥着至关重要的作用。这种新的变化,为推进新时代党和国家治理体系建设提供了巡视工作范本。第三,为世界政党监督治理体系建设贡献中国方案。政治巡视在党和国家监督体系与治理体系建设中发挥的作用无可替代。这是中国共产党在深刻把握巡视工作内在规律基础上,为推动党的自我革命、跳出兴衰治乱的历史周期率、解决大党独有难题探索出的一条行之有效的监督治理新路径,具有推进不同政党和国家文明互鉴的价值,为世界监督治理现代化贡献中国智慧和中国方案。

综上,深化政治巡视,是对党和国家监督体系的有效重构,实现了组织创新、制度创新和理论创新。深化政治巡视,充分凸显了党的领导在监督领域的权威性、科学性和实践性,使党内监督的主导地位更加突出,党和国家监督体系的总体效能进一步提升,从而更好巩固党的执政地位,保障人民当家作主权利,实现人民对美好生活的向往。

第九章
系统集成：新时代政治巡视的制度创新

制度创新是中共历久弥新、生生不息的至上法宝，是新时代实现党要管党、从严治党的内在要求。作为党内政治监督和政治生态建设的重要创新，新时代政治巡视的制度创新在革命性改造基础上，逐渐实现质的飞跃、历史性突破和系统性重塑，成为习近平关于全面从严治党的重要论述之一。对此，学术界目前的研究与回应较为深入，且成果颇丰，为正确认识和深入理解政治巡视提供了重要参考。但相比其宏大的全景式成效，既往研究过多侧重其内涵界定、理论渊源与价值意蕴等层面，至于创新研究思路、坚持问题导向、拓展研究内容、优化研究方法等方面尚有极大学术创新与研究提升空间。

一、制度创新的科学部署

在制度主义的理论视野下，制度创新深深扎根于实践的土壤和理论的滋养之中。其中，实践层面的问题导向为制度创新提供了源源不断的活力，而理论层面的顶层设计则为制度创新划定了清晰的框架和边界。新时代政治巡视正是按照该历史逻辑，逐渐形成了一套符合时代趋势的新型治理机制，成为推进党和国家监督体系与治理体系现代化的重要力量。

（一）运用科学理论指导引领

只有理论上清醒与坚定，才能在政治上清醒与坚定。新时代以来，在习近平新时代中国特色社会主义思想指引下,巡视工作坚定拥护"两个确立"、坚决做到"两个维护",全面贯彻落实习近平关于全面从严治党的重要论述,与时俱进、开拓创新,充分彰显巡视利剑作用。

1. 治国理政新理念新思想是其行动指南

新时代以来,习近平对关系新时代党和国家事业发展的一系列重大理论和实践问题进行了深邃思考和科学判断,特别是就建设什么样的长期执政的马克思主义政党、怎样建设长期执政的马克思主义政党等重大时代课题,提出一系列原创性的治国理政新理念新思想新战略,为新时代政治巡视工作的深入推进提供了科学行动指南。与此同时,习近平着眼新时代管党治党的新形势新要求,创造性提出要依据党内法规管党治党,强调坚持把依规治党摆在事关党长期执政和国家长治久安的战略位置,坚持完善"两个维护"制度保障,坚持把党章作为管党治党总依据,坚持贯彻民主集中制,坚持围绕党和国家工作大局推进党内法规制度建设,坚持高质量构建党内法规体系,坚持执规必严、违规必究,坚持思想建党和制度治党同向发力,坚持依法治国和依规治党有机统一,坚持抓好"关键少数"尊规学规守规用规。这些重要论述和指示要求,在新时代政治巡视实践中发挥了重要指导作用。新时代政治巡视取得的成果,是习近平新时代中国特色社会主义思想的重要体现,更是全面从严治党历史经验和新鲜经验的重要体现。

2. 习近平总书记重要论述是其深刻指引

新时代以来,习近平高度重视巡视工作,多次发表重要讲话、作出重要指示,对巡视工作做出了一系列新部署,为推动新时代巡视工作向更高质量更高水平发展提供了根本遵循,引领新时代政治巡视的制度创新持续发力、纵深推进。如2013年4月25日,习近平强调巡视工作:"要抓好工作创新,在总结经验的基础上,适应形势发展,推动巡视内容、方式方法、制度建设等方面与时俱进。"[①]2013年11月9日,在《关于〈中共中央关于全面深化改革若干重大问题

---

① 中共中央纪律检查委员会、中华人民共和国国家监察委员会、中共中央党史和文献研究院编:《习近平关于坚持和完善党和国家监督体系论述摘编》,中央文献出版社、中国方正出版社2022年版,第92页。

的决定〉的说明》时强调:"改进中央和省区市巡视工作。"①2016年1月12日,强调:"要以贯彻执行巡视工作条例为契机,提高依规依纪巡视能力,推动巡视工作制度化、规范化。"②2017年5月26日,在中央政治局会议审议《关于修改〈中国共产党巡视工作条例〉的决定》时强调:"把它作为一个真正系统全面的制度,让功能全面发挥。"③2017年12月27日,强调要"完善党委书记听取巡视汇报情况报备制度,防止巡视表面化、形式化"④。2019年2月22日,强调要"深入总结巡视理论、实践、制度创新成果"⑤。2019年5月7日,强调指出:"建立政治巡视巡察制度。"⑥2020年1月16日,强调要求:"加强顶层设计,研究出台上下联动工作机制的指导意见。"⑦2021年1月28日,强调:"健全完善巡视工作体系,规范巡视权力运行,把依规依纪依法要求贯彻巡视工作全过程。"⑧习近平和党中央从推进党的自我革命、全面从严治党的战略高度,以前所未有的力度和速度推进巡视工作制度创新,推动巡视工作的体制机制实现系统性重塑。

3. 党内法规制度建设是其强劲支撑

进入新时代,党中央对党内法规制度建设呈现"四个前所未有",即重视程

---

① 习近平:《论坚持全面深化改革》,中央文献出版社2018年版,第38页。
② 习近平:《论坚持全面深化改革》,中央文献出版社2018年版,第234页。
③ 中共中央纪律检查委员会、中华人民共和国国家监察委员会、中共中央党史和文献研究院编:《习近平关于坚持和完善党和国家监督体系论述摘编》,中央文献出版社、中国方正出版社2022年版,第102页。
④ 中共中央纪律检查委员会、中华人民共和国国家监察委员会、中共中央党史和文献研究院编:《习近平关于坚持和完善党和国家监督体系论述摘编》,中央文献出版社、中国方正出版社2022年版,第103页。
⑤ 中共中央纪律检查委员会、中华人民共和国国家监察委员会、中共中央党史和文献研究院编:《习近平关于坚持和完善党和国家监督体系论述摘编》,中央文献出版社、中国方正出版社2022年版,第107页。
⑥ 中共中央纪律检查委员会、中华人民共和国国家监察委员会、中共中央党史和文献研究院编:《习近平关于坚持和完善党和国家监督体系论述摘编》,中央文献出版社、中国方正出版社2022年版,第36页。
⑦ 中共中央纪律检查委员会、中华人民共和国国家监察委员会、中共中央党史和文献研究院编:《习近平关于坚持和完善党和国家监督体系论述摘编》,中央文献出版社、中国方正出版社2022年版,第112页。
⑧ 中共中央纪律检查委员会、中华人民共和国国家监察委员会、中共中央党史和文献研究院编:《习近平关于坚持和完善党和国家监督体系论述摘编》,中央文献出版社、中国方正出版社2022年版,第116页。

度之高前所未有、出台党内法规数量之多前所未有、党的领导制度保障之强前所未有、党的建设制度改革力度之大前所未有。党中央在擘画党和国家事业发展大局时,同步加强党内法规制度建设,成为坚持和完善中国特色社会主义制度、推进党和国家监督体系与治理体系的一个标志性成果,为推动新时代政治巡视的制度创新提供了强劲制度支撑。《中国共产党章程》专门对巡视工作作出规定,赋予巡视高度权威。《中国共产党党内监督条例》《中国共产党纪律处分条例》等一系列党内法规的修订,均对巡视工作作出明确规定。[①] 党的十九大将巡视工作纳入"健全党和国家监督体系"的战略规划,强调了其在国家治理体系中的重要地位。在2018年修订的《中国共产党纪律处分条例》中,将"干扰巡视巡察工作或者不落实巡视巡察整改要求"的行为从"违反工作纪律"上升为"违反政治纪律"。《关于新形势下党内政治生活的若干准则》又对遵守政治纪律和反对"四风"以及党内监督的主要内容等问题予以新的概括和规定,是新时代政治巡视工作创新的重要依据。党的十九大和二十大对党章的修改,进一步完善了巡视巡察工作的顶层设计。实践证明,政治巡视的制度创新,是在对照党内法规新要求基础上,服从和服务于党所处的时代和面临的主要任务,认真总结既往经验、梳理已有制度,以党内法规固化实践成果,党内法规与制度是其根本保证。

(二)高位推动战略基本形成

总体上讲,新时代政治巡视的制度创新,在顶层设计上按照三个理论维度具体展开:一是纳入全面从严治党总体部署,成为党和国家监督体系重要组成部分。二是纳入自我革命总体部署,成为破解治乱兴衰第二个周期率的重要方式。三是纳入党和国家治理体系总体部署,增强体制性的政治势能和治理效能。在战略路径选择上,构建以党章为根本,以巡视条例为核心,相关制度配套协调的系统完备、科学规范、运行有效的制度体系,推动巡视工作做到重大行动有法可依,重要事项有章可循,重点环节有规可据,日常工作规范有序。在推进逻辑上,充分吸纳巡视理论创新和实践创新成果,坚持主动谋划、建章立制总体规范,坚持稳妥推进、成熟一项巩固一项,坚持实践检验、革故鼎新不断完善,有

---

① 参见罗念:《党内立规:理念转换与趋势前瞻——基于新旧〈中国共产党党内监督条例〉对比分析》,《中共南宁市委党校学报》2017年第5期,第39—44页。

针对性地做好巡视工作的废改立工作。具体体现在以下方面。

1. 十八届中央巡视推动巡视工作体系初步形成

在党的十八大之前,我国巡视工作体系的建设已经取得了显著进展,主要体现为《中国共产党巡视工作条例(试行)》的颁布实施,以及相关配套文件的逐步完善。① 进入十八届中央巡视期间,政治巡视的制度创新成为了推动巡视工作深化的关键。这一创新既是理论突破的结果,也是顶层设计的精心布局。2012年11月,党的十八大报告明确提出要"更好发挥巡视工作监督作用",对深入推进巡视工作提出明确要求,充分彰显出巡视工作建设的时代意义。2013年11月,党的十八届三中全会提出全面深化改革,将巡视工作建设提升到管党治党和国家治理的新高度。2013年12月,中共中央提出了《建立健全惩治和预防腐败体系2013—2017年工作规划》,明确要求改进中央和省、区、市巡视工作,并修订《中国共产党巡视工作条例(试行)》。② 此后,中央巡视机构迅速行动,多次进行安排部署。2014年3月,中央巡视工作动员部署会强调,要以修订巡视条例为契机,对现有制度进行全面梳理,及时作出调整、修改、补充、完善。③ 2014年10月16日,中央政治局常委会会议指出:要深入推进省、区、市巡视工作,抓紧修订巡视工作条例。④ 2014年11月19日,省、区、市巡视办主任座谈会上进一步明确了巡视工作体系建设的方向——要坚持一手抓改革创新,一手抓制度建设,将改革实践成果固化为法规制度。⑤ 这一思路强调改革创新的重要性和制度建设在巡视工作中的基础性作用。

党的十八届四中全会作出全面推进依法治国的重大决定后,中央巡视工作领导小组对加强巡视工作建设的总体考虑是,"要建立以条例为中心的巡视工作制度体系",并将2015年作为巡视工作建设年、贯彻年。⑥ 2015年1月12日,

---

① 参见中共中央文献研究室:《十八大以来重要文献选编》上册,中央文献出版社2014年版,第53页。
② 参见中共中央文献研究室:《十八大以来重要文献选编》上册,中央文献出版社2014年版,第652页。
③ 参见中央巡视办:《巡视参考》2014年第11期,内部资料,第17—18页。
④ 参见习近平:《在中央政治局常委会听取中央巡视工作领导小组关于2014年中央巡视组第二轮巡视情况汇报时的讲话》(2014年10月16日),《中国纪检监察》2015年第7期,第6页。
⑤ 参见中央巡视办:《巡视参考》2014年第11期,内部资料,第17—18页。
⑥ 参见中央巡视办:《巡视参考》2014年第12期,内部资料,第17页。

十八届中央纪委五次全会提出:"系统总结十八大以来巡视工作的探索实践,修订《中国共产党巡视工作条例(试行)》,制定实施细则。"①中央巡视办要求各地要"抓紧做好有关制度的立改废,增强巡视干部的法制观念和制度意识,提高制度执行力,确保各项制度的贯彻落实"②。党中央又先后两次修改修订巡视工作条例,推动巡视工作法治化、制度化、现代化。2016年2月23日,十八届中央第九轮巡视工作动员部署会称:"逐步形成以党章为根本,以巡视条例为主体,以配套制度为支撑的巡视工作体系,巡视工作制度化规范化水平不断提高。"③9月24日,中央巡视办总结道:"目前,以党章为根本、以条例为核心、相关制度配套协调的巡视工作体系初步形成。"④2017年1月8日,十八届中央纪委七次全会强调:"总结提炼党的十八大以来巡视工作经验,把巡视创新实践固化为制度成果。"⑤2017年9月,"一规定三规则"应运而生,主要针对巡视工作领导小组及其办公室、巡视组、被巡视党组织等巡视主体的职责任务、工作方式、工作权限和纪律要求等作出细化规定,这是全面总结归纳十八届中央巡视工作实践创新成果和成功经验,"全面从严治党的制度利器,为依纪依规开展巡视、推动巡视工作向纵深发展提供了重要保障"⑥。总的说,十八届中央巡视期间,党中央两次修改巡视工作条例,制定"一规定三规则",明确"一次一授权""三个不固定"组织方式和组织制度,出台各项规章制度40多项,制度体系的主要框架基本建立,流程和标准基本明确,为巡视巡察工作规范开展提供了制度保障。

2. 十九届中央巡视推动巡视工作体系基本形成

十九届中央巡视期间,中央巡视机构及时总结实践发展,持续推进规范化建设。2018年2月3日,省、区、市和部分中央单位巡视办负责同志座谈会强调:"抓紧做好现行制度立、改、废、释工作,坚持实践探索在前、总结提炼在后,不断健全符合本地区本单位实际,涵盖巡视巡察工作组织领导、工作程序、协调

---

① 中共中央文献研究室:《十八大以来重要文献选编》中册,中央文献出版社2016年版,第339页。
② 中央巡视办:《巡视参考》2014年第12期,内部资料,第17页。
③ 中央巡视办:《巡视参考》2016年第4期,内部资料,第6页。
④ 中央巡视办:《巡视参考》2016年第11期,内部资料,第13页。
⑤ 中央巡视办:《巡视参考》2017年第1期,内部资料,第8页。
⑥ 姜洁:《巡视条例配套制度"一规定三规则"出台》,《人民日报》2017年9月2日,第4版。

配合、成果运用、干部管理等各方面的制度体系。"①2019年8月,全国巡视工作会议暨十九届中央第三轮巡视动员部署会上,强调了巡视工作规范化建设的重要性。② 通过加强制度建设、强化制度执行、规范工作程序,巡视工作逐渐实现了从"人治"到"法治"的转变,为党内监督提供了有力的制度保障。在此背景下,仅2019年就修订巡视工作配套制度规定40余项,研究制定中央巡视组组长负责制实施办法、副组长岗位职责规范、巡视接待主动投案人办法等,进一步完善巡视工作机制,自觉把依规依纪依法要求贯穿工作始终。③ 2020年12月,中共中央办公厅印发的《关于加强巡视巡察上下联动的意见》,标志着巡视巡察工作从单兵突进向协同作战的转变。2021年12月,中共中央办公厅印发的《关于加强巡视整改和成果运用的意见》,进一步强调了巡视整改和成果运用的重要性。2020年,中央巡视机构研究制定《关于中央巡视组与被巡视党组织主要负责人沟通情况的工作机制(试行)》等4项制度,修订配套制度规定20余项,分板块梳理服务领导小组、服务巡视组、指导省区市巡视、指导中央单位巡视、综合业务、信息化服务保障等6个方面500余项工作流程,进一步细化工作要求,涵盖巡视各个环节,推动建立内容协调、程序严密、有效管用的巡视工作体系和精细化管理。④ 2021年11月11日,中国共产党第十九届中央委员会第六次全体会议公报中提到,巡视工作制度体系以党章为根本,以巡视工作条例为基础,"四个规则"和"四个中办文件"为配套,确保了巡视工作的系统性和完整性。这些规则和文件不仅涵盖领导小组、巡视组、巡视办的工作规则,还包括被巡视党组织如何配合巡视的具体规定,以及五年规划、市县巡察意见、中央单位巡视意见、上下联动意见等配套措施。在这一体系中,70余项具体工作制度流程为巡视工作顺利进行提供了坚实保障。⑤ 值得注意的是,会议通过的《中共中央关于党的百年奋斗重大成就和历史经验的决议》中,特别强调了"强化政治监

---

① 中央巡视办:《巡视巡察参考》2018年第2期,内部资料,第36页。
② 参见中央巡视办:《巡视巡察参考》2019年第3期,内部资料,第8页。
③ 参见中央巡视办:《巡视巡察参考》2020年第1期,内部资料,第6页。
④ 参见中央巡视办:《巡视巡察参考》2021年第2期,内部资料,第31—32页。
⑤ 参见《中共中央关于党的百年奋斗重大成就和历史经验的决议》,人民出版社2021年版,第28—29页。

督、深化政治巡视"的重要性①,体现了巡视工作在党和国家监督体系、治理体系中的核心地位。此外,决议还提出了"构建巡视巡察上下联动格局"的要求②,旨在实现巡视工作的全覆盖和无死角,确保党的监督触角延伸到基层。

3. 二十届中央巡视推动巡视工作体系建设再起航

二十届中央巡视期间,巡视工作体系建设正朝着贯通联动、全面覆盖的方向稳步前进。2022年10月,党的二十大明确提出:"发挥政治巡视利剑作用,加强巡视整改和成果运用。"③在二十届中央巡视期间,巡视工作建设的重点思路是在贯通联动上下功夫。通过加强纪律监督、监察监督、派驻监督、巡视监督的统筹衔接,实现监督资源的优化配置和监督效能的最大化。④ 2023年1月10日,《中国共产党第二十届中央纪律检查委员会第二次全体会议公报》明确指出,要"修订巡视工作条例,制定中央巡视工作五年规划"⑤。这一举措旨在通过完善制度规范,推动巡视工作常态化、制度化。

(三)制度创新的框架体系

在新时代背景下,巡视工作作为党内监督的重要手段,其体系框架的构建与完善,体现了制度创新的深度与广度。其中,以党章为根本遵循,是巡视工作体系构建的基石。《中国共产党巡视工作条例》作为巡视工作的核心法规,为巡视工作的全面开展提供了制度保障。年度工作规划作为巡视工作的具体工作指引,为巡视工作提供了明确的目标和方向。巡视工作体系的构建并不是孤立的,而是各种配套制度规定相互衔接、协调运行的结果。

1. 实体性制度

实体性制度,作为党内巡视工作的运行规定与行动准则,其核心是以党章

---

① 参见《中共中央关于党的百年奋斗重大成就和历史经验的决议》,人民出版社2021年版,第28—29页。
② 参见《中共中央关于党的百年奋斗重大成就和历史经验的决议》,人民出版社2021年版,第28—29页。
③ 习近平:《高举中国特色社会主义伟大旗帜 为全面建设社会主义现代化国家而团结奋斗——在中国共产党第二十次全国代表大会上的报告》,《人民日报》2022年10月26日。
④ 参见李希:《深入学习贯彻党的二十大精神 在新征程上坚定不移推进全面从严治党——在中国共产党第二十届中央纪律检查委员会第二次全体会议上的工作报告》(2023年1月9日),《人民日报》2023年2月24日。
⑤ 《中国共产党第二十届中央纪律检查委员会第二次全体会议公报》(2023年1月10日中国共产党第二十届中央纪律检查委员会第二次全体会议通过),《人民日报》2023年1月11日。

为统领,以《中国共产党巡视工作条例》为基本内核,包含两个五年《中央巡视工作规则》等一大批涵盖有关工作准则、条例、规定、办法、细则、意见等党内法规制度群。《中国共产党纪律处分条例》《中国共产党党内监督条例》《中国共产党问责条例》等其他重要党内法规也是重要的实体性制度安排。《中国共产党巡视工作条例》作为这一制度群中的核心法规,规定了巡视工作的任务、对象、机构、内容、方式等关键要素,为巡视工作的顺利开展提供了制度基础。从建党之初,党就开始了对巡视工作的探索,历经多次修订和完善,这部条例已成为巡视工作体系中位阶最高的核心法规。进入新时代,面对全面从严治党的新形势新任务,党中央分别于2015年、2017年、2024年对巡视工作条例进行了修订和修改。这些修订和修改,不仅实现了巡视形式、内容、方法、程序上的创新,更重要的是赋予了巡视工作新的活力,使其在全面从严治党的道路上发挥更加重要的作用。

2. 程序性制度

程序性制度是党内巡视工作的"导航仪",主要是指推进党内巡视工作走深走实的运行制度群。在党内监督体系中,巡视工作发挥最大效用,必须依靠一套严密、科学、操作性强、实践性高的程序性制度作为支撑。第一,巡视工作的流程方面。包括进驻准备、巡视了解、形成报告、情况反馈、问题移交、后期整改六个环节。从进驻准备到后期整改,每一步都需严谨细致。从《关于规范巡视准备工作的意见》到《关于巡视移交工作的意见》,不仅明确了各项工作的基本流程和要求,还通过制度规范,确保巡视工作的公正性、权威性和有效性。通过《关于规范巡视反馈工作的意见》,确保巡视结果的及时反馈,使被巡视单位能够第一时间了解自身存在的问题,及时进行整改。第二,协调协作方面。通过与中央宣传部、审计部门、舆情应对部门以及中央纪委案件监督管理室等建立协作机制,实现了巡视工作与其他工作的无缝对接。第三,党建和队伍建设方面。构建了全方位制度框架,涵盖责任落实、人员调配、考勤管理等,确保巡视队伍政治坚定、业务精湛。

通过精细、无缝、规范的制度设计,为巡视工作树立了清晰标杆,强化了执行力度,促进了巡视工作的专业化、高效化与权威化。

3. 保障性制度

保障性制度是党内巡视工作的坚实后盾,主要是指保证党内巡视工作有效落实的配套制度群。随着《中国共产党巡视工作条例》深入贯彻,各级党组织纷纷结合自身实际,制定了多达1400余项的巡视相关配套制度。这些制度覆盖巡视工作的方方面面,使得巡视工作在各个层级、各个领域都能有法可依、有章可循。除了配套制度的广泛建立,中央还加强了巡视巡察机构与纪委监委监督检查室、派驻机构、派出机构之间的协调协作。通过建立完善巡视监督与组织、审计、财会、统计等监督协作配合机制,形成了多部门联动、信息共享的监督合力。此外,中央还制定了中央巡视组与被巡视党组织主要负责人沟通情况工作机制等规定。

可以说,保障性制度的建立与完善是党内巡视工作得以有效落实的重要保障。这些制度不仅为巡视工作提供了明确的指导和规范,也为巡视工作的深入开展提供了坚实的实践基础。

二、制度创新的逻辑理路

自党的十八大始,中共中央深化巡视工作构建,全方位强化其制度化、规范化,构筑起覆盖全面、层次分明、环节紧密的巡视体系。新时代政治巡视的制度创新,彰显了党对巡视规律的精准洞察与深化理解,立足高远,恪守根本,引领巡视工作迈向新高度。

(一)注重长期性和全面性相结合

新时代推动政治巡视的制度创新,既明确关键节点、推进路径和工作目标,又立足政治监督的现实需求,推进建章立制工作,推动形成新时代政治巡视工作的"四梁八柱"。习近平多次强调"四个永远在路上",除了包括作风建设永远在路上、党风廉政建设和反腐败斗争永远在路上、全面从严治党永远在路上,还包括巡视永远在路上。2014年6月26日,习近平指出:巡视"不是权宜之计"[①]。这

[①] 中共中央纪律检查委员会、中华人民共和国国家监察委员会、中共中央党史和文献研究院编:《习近平关于坚持和完善党和国家监督体系论述摘编》,中央文献出版社、中国方正出版社2022年版,第94页。

意味着巡视是在立足全局、分析全局、研判全局的基础上,制定的涉及全局的长期战略,是一个长远的战略布局。2015年11月23日,习近平强调:"巡视工作有效管用,只能加强、不能削弱。"①2016年1月28日,习近平又强调:"巡视是国之利器、党之利器,必须坚持不懈、继续完善。"②2017年12月27日,习近平再次强调:"十九届巡视工作任务十分艰巨,要保持战略定力,贯彻巡视工作方针,在巩固中深化,在深化中发展。"③习近平这些重要指示强调的就是巡视工作建设的长期性。新时代政治巡视的制度创新,聚焦于党的领导与建设长远发展,弥补预见性短板,强化长期规划与前瞻洞察,确保巡视工作具有持久战略眼光。巡视工作的长期性,不仅仅是指这一制度本身的长期存在和运行,更是指其对于党的建设、国家治理体系和治理能力现代化所起到的长期推动作用。自党的十八大以来,中共中央秉持全局视野,强化战略规划与顶层设计,接连颁布《中国共产党巡视工作条例》及两轮《中央巡视规划》,精心绘制巡视工作新时代蓝图,明确了时间节点、任务要点与发展路径,极大地提升了巡视工作的系统性、科学性与一体化水平,为巡视工作的深入推进提供了坚实的制度保障。全面性包括监督对象的全面和监督内容的全面。2013年4月25日,习近平指出:"无论是谁,都在巡视监督的范围之内。"④2017年12月27日,习近平在主持中央政治局常委会会议审议规划时指出:"要坚持党组织建立到哪里,巡视巡察就跟进到哪里,扎牢织密监督网。"⑤这些强调的都是巡视对象全覆盖。党章、十九

---

① 中共中央纪律检查委员会、中华人民共和国国家监察委员会、中共中央党史和文献研究院编:《习近平关于坚持和完善党和国家监督体系论述摘编》,中央文献出版社、中国方正出版社2022年版,第97页。
② 中共中央纪律检查委员会、中华人民共和国国家监察委员会、中共中央党史和文献研究院编:《习近平关于坚持和完善党和国家监督体系论述摘编》,中央文献出版社、中国方正出版社2022年版,第99页。
③ 中共中央纪律检查委员会、中华人民共和国国家监察委员会、中共中央党史和文献研究院编:《习近平关于坚持和完善党和国家监督体系论述摘编》,中央文献出版社、中国方正出版社2022年版,第103页。
④ 中共中央纪律检查委员会、中华人民共和国国家监察委员会、中共中央党史和文献研究院编:《习近平关于坚持和完善党和国家监督体系论述摘编》,中央文献出版社、中国方正出版社2022年版,第91页。
⑤ 中共中央纪律检查委员会、中华人民共和国国家监察委员会、中共中央党史和文献研究院编:《习近平关于坚持和完善党和国家监督体系论述摘编》,中央文献出版社、中国方正出版社2022年版,第103页。

大报告、党内监督条例、巡视条例和巡视工作规划都明确规定,巡视巡察对象覆盖所有党组织和党员领导干部,体现了党内监督没有禁区、没有例外的鲜明态度。2015年2月12日,习近平要求"所有问题线索,都要逐一过筛子、全部扫描,没有禁区、不留空白"①,从另一个层面强调制度执行的全面性。政治巡视的"六次深化"均为巡视内容的深化和具体化,推动解决的是带有根本性、方向性、全局性的问题。

(二)注重权威性和时代性相结合

新时代推动政治巡视的制度创新,既着眼制度本身的重要性与权威性,充分彰显巡视利剑作用,又要体现与时俱进、开拓创新的鲜明时代特征。巡视是党章赋予的重要职责。党的十九大创新性地将巡视巡察制度列为党章专条,开创历史先河,彰显作为党内关键制度的地位,凸显巡视巡察的非凡意义与不可撼动的权威。2016年1月12日,习近平强调:"我们的巡视不是八府巡按,但必须有权威性,成为国之利器、党之利器。"②权威性必须体现严的基调。2020年1月16日,习近平指出:"保持巡视战略定力,把严的主基调长期坚持下去。"③2020年8月31日,习近平再次强调,"党中央成立中央巡视工作领导小组,不是摆样子的,就是要发挥巡视利剑作用。巡视就是'门诊',诊断出来有'病'就采取措施"④,强调的均为制度的权威性。推动政治巡视工作创新的时代性体现在扎根于服务新时代,"实现法规制度的供给和党的建设需求相平衡"⑤。一是健全巡视基础主干法规,构建新时代巡视工作体系。要推动政治巡视工作的创

---

① 中共中央纪律检查委员会、中华人民共和国国家监察委员会、中共中央党史和文献研究院编:《习近平关于坚持和完善党和国家监督体系论述摘编》,中央文献出版社、中国方正出版社2022年版,第95页。
② 中共中央纪律检查委员会、中华人民共和国国家监察委员会、中共中央党史和文献研究院编:《习近平关于坚持和完善党和国家监督体系论述摘编》,中央文献出版社、中国方正出版社2022年版,第98页。
③ 中共中央纪律检查委员会、中华人民共和国国家监察委员会、中共中央党史和文献研究院编:《习近平关于坚持和完善党和国家监督体系论述摘编》,中央文献出版社、中国方正出版社2022年版,第112页。
④ 中共中央纪律检查委员会、中华人民共和国国家监察委员会、中共中央党史和文献研究院编:《习近平关于坚持和完善党和国家监督体系论述摘编》,中央文献出版社、中国方正出版社2022年版,第113页。
⑤ 叶正国:《习近平新时代党内法规质量思想研究》,《武汉大学学报》(哲学社会科学版)2018年第5期,第16页。

新,首先需要在法规制度的制定上打下坚实的基础。必须紧跟新时代党的建设及监督治理的总体步伐,制定一系列全面覆盖巡视工作领域的核心法规,确保既具前瞻视野,又具实操指南之效,引领巡视工作体系的有序成型。二是补齐补强巡视工作短板弱项,应对新时代挑战。在新时代背景下,党内出现了许多新情况、新问题,必须及时补齐补强巡视工作的短板弱项。一方面,要认识到制度建设滞后于实践发展的问题,及时将成熟的经验固化上升为制度。另一方面,要加强巡视工作的针对性和实效性,及时发现存在的问题和隐患,提出切实可行的改进意见和建议。三是制定完备的配套制度,提高巡视工作科学化水平。在制定配套制度的过程中,要明确具体安排和时间节点,确保各项制度能够同步起草、出台和实施。同时,还要加强巡视工作配套建设,不断提高巡视工作的专业化、规范化和科学化水平。通过制定完备的配套制度和加强配套建设,能够更好地指导巡视工作的实践,确保巡视工作的每一个环节都能够得到有效监督和管理。

(三)注重继承性和创新性相结合

法与时转则治,治与世宜则有功。在浩渺的历史长河中,任何一项制度的发展与完善,都离不开对传统的继承和对时代的创新。在新时代的背景下,如何推进巡视工作体系建设,既保持其历史的厚重感,又赋予其时代的活力,成为摆在巡视工作面前的重要课题——在推进巡视工作体系建设中,必须注重继承性和创新性相结合。主要体现在三个方面:一是系统总结党内法规建设的基本经验。回望中共发展历程,党内法规建设始终是自我革命、自我净化、自我完善、自我提高的重要法宝。中共历经革命、建设与改革时期,始终强化党内法规的权威与严谨。实践证实,唯有深化法规执行力,以制度为纲,管权治事育人,方能促进制度治党的持续与深入。进入新时代,中共在推进政治巡视工作中,充分汲取党内法规建设的历史经验,形成一系列制度创新的理念与实践。其中最重要的原则,便是将党章作为巡视工作建设的根本遵循。在这一原则指导下,着眼于构建系统完备的巡视工作体系,重视提高巡视工作的执行力。二是坚持和传承巡视工作的历史经验。巡视工作在既往实践中,形成了宝贵的历史经验,归纳起来就是"五个必须":必须坚持以马克思主义和习近平新时代中国特色社会主义思想为指导;必须坚持依规依纪依法,使巡视工作与党内法规制度体系相互衔接协调;必须坚持实践探索在前、总结提炼在后,与时俱进推进制度创新;必须坚持问题导向,确保务实必要、有效管用;必须坚持强化巡视工作执行,确保制度落细落地。这"五个必须"在新时代政治巡视工作建设中得到了充分体现和彰显。三是以创新思维推进巡视工作建设。在新时代的征途上,创新已成为党和国家各项工作的鲜明底色。习近平高瞻远瞩地提出,"让创新贯穿党和国家一切工作"①,这不仅是对全党全国各族人民的殷切期望,更是对巡视工作建设提出的明确要求。面对新时代党面临的新情况、新问题,中共以新理念新思想新举措,不断推动巡视工作建设的创新与发展。2013 年 4 月 25 日,习近平指出:"要抓好工作创新,在总结经验的基础上,适应形势发展,推动巡视内容、方式方法、制度建设等方面与时俱进。"②2021 年 1 月 28 日,习近平再次指出:"要坚持政治定位,与时俱进深化政治巡视。"③创新是巡视工作生命力之所在,在新时代政治巡视的深化过程中,中共注重巡视工作的理论创新、实践创新和制度创新,无论是内涵上的"六次深化"、巡视对象和监督内容的拓展、方式方法的综合灵活运用,还是每轮巡视呈现不同的新打法,等等,无不闪耀着创新的印记。

(四)注重问题性和目标性相结合

坚持问题导向和目标导向相统一,体现的是辩证唯物主义的基本观点和当代共产党人求真务实的科学态度。在巡视工作建设实践中,既注重客观认识党的领导、党的建设与全面从严治党存在的现实问题,又注重将发现的问题转化为具体的工作目标,通过制定切实可行的整改措施,推动问题的有效解决。即增强巡视工作的针对性,注重针对不同领域、不同层面的问题制定不同的巡视策略;加强巡视工作的系统性,注重从整体上把握巡视工作的全局性和协调性;

---

① 《习近平谈治国理政》第 2 卷,外文出版社 2017 年版,第 198 页。
② 中共中央纪律检查委员会、中华人民共和国国家监察委员会、中共中央党史和文献研究院编:《习近平关于坚持和完善党和国家监督体系论述摘编》,中央文献出版社、中国方正出版社 2022 年版,第 92 页。
③ 中共中央纪律检查委员会、中华人民共和国国家监察委员会、中共中央党史和文献研究院编:《习近平关于坚持和完善党和国家监督体系论述摘编》,中央文献出版社、中国方正出版社 2022 年版,第 115 页。

强化巡视工作的实效性,注重巡视工作的成果能够转化为推动全面从严治党的强大动力。一是客观认识党的建设方面存在的不足之处。2013年4月25日,习近平要求"增强对党负责的政治意识、发现问题的责任意识、敢于提出问题的党性意识"①,开篇明旨强调的即是巡视工作建设要有问题意识和问题导向。2016年5月26日,习近平再次要求"要坚持问题导向。既要发现问题、形成震慑,又要剑指问题、倒逼改革,坚持标本兼治"②,同时强调"巡视就是发现问题,我们不是导演巡视工作,搞'假把式'"③。2019年7月30日,习近平指出"巡视是反腐败的一把利剑,是发现问题的有效制度安排"④。2020年1月16日,习近平再次重申:"巡视的目的就是发现问题、解决问题。"⑤中央巡视工作方针首要任务就是发现问题,政治巡视"六次深化"针对的也是不同时期存在的不同问题。正如2017年1月6日习近平所讲:"我们把巡视作为加强党内监督的战略性制度安排,擦亮巡视利剑,从聚焦党风廉政建设和反腐败斗争到聚焦全面从严治党,再到突出坚持党的领导、加强党的建设,检查党的路线方针政策落实情况,重点发现违反政治纪律和政治规矩、违规选人用人等问题,巡视定位越来越准确,任务越来越清晰。"⑥政治巡视的制度建设,着眼于管党治党的实践需求,坚定正确的政治方向。二是客观认识巡视工作建设方面存在的不足之处。自

---

① 中共中央纪律检查委员会、中华人民共和国国家监察委员会、中共中央党史和文献研究院编:《习近平关于坚持和完善党和国家监督体系论述摘编》,中央文献出版社、中国方正出版社2022年版,第91页。

② 中共中央纪律检查委员会、中华人民共和国国家监察委员会、中共中央党史和文献研究院编:《习近平关于坚持和完善党和国家监督体系论述摘编》,中央文献出版社、中国方正出版社2022年版,第100页。

③ 中共中央纪律检查委员会、中华人民共和国国家监察委员会、中共中央党史和文献研究院编:《习近平关于坚持和完善党和国家监督体系论述摘编》,中央文献出版社、中国方正出版社2022年版,第100页。

④ 中共中央纪律检查委员会、中华人民共和国国家监察委员会、中共中央党史和文献研究院编:《习近平关于坚持和完善党和国家监督体系论述摘编》,中央文献出版社、中国方正出版社2022年版,第110页。

⑤ 中共中央纪律检查委员会、中华人民共和国国家监察委员会、中共中央党史和文献研究院编:《习近平关于坚持和完善党和国家监督体系论述摘编》,中央文献出版社、中国方正出版社2022年版,第111页。

⑥ 中共中央纪律检查委员会、中华人民共和国国家监察委员会、中共中央党史和文献研究院编:《习近平关于坚持和完善党和国家监督体系论述摘编》,中央文献出版社、中国方正出版社2022年版,第101页。

党的十八大以来,巡视工作建设在快速推进的过程中,仍面临着不容忽视的不足之处。比如,制度框架体系仍存在不完整之处,部分关键环节的制度设计尚属空白,已建立的制度之间衔接不够紧密,部分巡视配套制度仍显薄弱,信息共享机制不健全、成果运用转化不够高效等问题在一定程度上削弱了巡视工作的震慑力和影响力,特别是重数量轻质量、重立规轻执行的倾向,使得一些巡视工作流于形式。新时代政治巡视的制度建设,立足制度建设本身存在的不足和问题,以形成系统完备的制度体系为引领,着力提高制度建设的系统性、整体性,提高制定程序的科学性、严谨性、规范性,推动巡视工作高效实施,确保经得起政治、实践和历史的检验,切实维护巡视工作的权威性和严肃性。从制度内涵视角来看,新时代巡视工作立足于思想建党、纪律强党、制度治党的要求,推动全面从严治党向基层覆盖延伸。从制度设计视角来看,新时代巡视工作突出政治定位,通过"六次深化"实现了制度调适、机制优化与功能拓展相统一的全面升级,并以党章为核心,以政策法规为准则,不断优化制度,全面发挥巡视工作自我检验、革新、净化的治理效能。三是客观认识巡视工作标本兼治的功能作用。2017年5月26日,习近平指出:"巡视既是治标之举,也是治本之策。"①2018年1月11日,习近平再次指出:"强化震慑遏制治本作用。"②2018年7月5日,习近平指出:"要用好巡视成果,把整改和深化标本兼治有机结合起来。"③习近平这些重要论述,强调的是巡视工作建设的治本作用。

(五)注重独立性和贯通性相结合

坚持独立性和贯通性相统一,体现的是辩证唯物主义的系统论和方法论。在巡视工作建设实践中,既注重制度的独立性、专门化和精细化,更注重制度建设的系统性和贯通性,形成合力。一是注重制度创新的独立性。就巡视机构设

---

① 中共中央纪律检查委员会、中华人民共和国国家监察委员会、中共中央党史和文献研究院编:《习近平关于坚持和完善党和国家监督体系论述摘编》,中央文献出版社、中国方正出版社2022年版,第102页。

② 中共中央纪律检查委员会、中华人民共和国国家监察委员会、中共中央党史和文献研究院编:《习近平关于坚持和完善党和国家监督体系论述摘编》,中央文献出版社、中国方正出版社2022年版,第105页。

③ 中共中央纪律检查委员会、中华人民共和国国家监察委员会、中共中央党史和文献研究院编:《习近平关于坚持和完善党和国家监督体系论述摘编》,中央文献出版社、中国方正出版社2022年版,第106页。

置而言,巡视机构直接受同级党委领导,并对同级党委负责。这一制度设计从根本上实现了监督主体与监督对象的有效分离,打破了传统监督体系中可能存在的"自己监督自己"的困境,确保了巡视工作能够独立于被监督对象之外,以更加客观、公正的态度开展监督。就巡视工作专门化发展而言,从供给资源的专项化到巡视工作人员的专业化,不仅保证了巡视工作能够拥有充足、稳定的资源支持,更确保了巡视队伍具备高度的专业素养和业务能力,能够精准发现问题、深入剖析问题、有效解决问题。巡视工作的专门化,使其逐渐形成了自成一体的专责监督制度,成为党内监督体系中不可或缺的重要组成部分。就制度精细化设计而言,中共中央在汲取实践经验的基础上,紧密结合执政党建设需求,对《中国共产党巡视工作条例》进行了两次修订。这些修订对巡视机构的设置、巡视范围及方法等关键环节进行了周密规定,构建了全面且精细的制度框架,为其独立化、专门化发展提供了坚实的制度保障。二是注重制度创新与党的中心任务的耦合性。这是与巡视工作的功能相一致的。2013年4月25日,习近平指出巡视工作的"四个重要作用",已经决定了巡视工作建设的耦合性。2015年6月26日,习近平指出:"巡视成为党风廉政建设和反腐败的重要平台,是党内监督与群众监督的重要方式。"[1]2017年5月18日,习近平再次指出,巡视"是党内监督和群众监督相结合的有效方式"[2]。2017年5月26日,习近平再次强调:巡视工作是"一个真正系统全面的制度"[3]。2019年7月30日,习近平提出要求:"把巡视整改和主题教育、日常监督、深化改革结合起来。"[4]2021年1月28日,习近平再次提出:"整改要与制定实施'十四五'规划、开展地方党

---

[1] 中共中央纪律检查委员会、中华人民共和国国家监察委员会、中共中央党史和文献研究院编:《习近平关于坚持和完善党和国家监督体系论述摘编》,中央文献出版社、中国方正出版社2022年版,第96页。

[2] 中共中央纪律检查委员会、中华人民共和国国家监察委员会、中共中央党史和文献研究院编:《习近平关于坚持和完善党和国家监督体系论述摘编》,中央文献出版社、中国方正出版社2022年版,第101页。

[3] 中共中央纪律检查委员会、中华人民共和国国家监察委员会、中共中央党史和文献研究院编:《习近平关于坚持和完善党和国家监督体系论述摘编》,中央文献出版社、中国方正出版社2022年版,第102页。

[4] 中共中央纪律检查委员会、中华人民共和国国家监察委员会、中共中央党史和文献研究院编:《习近平关于坚持和完善党和国家监督体系论述摘编》,中央文献出版社、中国方正出版社2022年版,第110页。

委换届工作、全面深化改革、全面从严治党等有机结合起来,统筹用好巡视成果。"①三是注重与其他监督方式的贯通联动性。就与巡察贯通融合而言,巡视工作建设一直强调要上下联动、共同构建监督网络。2019年2月22日,习近平指出:"要完善巡视巡察格局。坚持中央统一领导、分级负责,建立指导督导机制,层层传导责任压力,促进巡视巡察上下联动、上下贯通。"②2020年出台的《关于加强巡视巡察上下联动的意见》,进一步明确了巡视巡察工作贯通融合的重要性。这一制度创新,旨在打破层级壁垒,促进信息共享、资源共用、成果共认。2021年1月28日,习近平再次指出:"要坚持系统观念,深化上下联动、贯通融合。"③十九届中纪委五次全会公报指出,要坚持巡视巡察一体化谋划、部署和推进,确保巡视巡察工作目标一致、步调协同,优化资源配置、提高监督效率,形成强大震慑、推动问题整改。就与群众监督贯通融合而言,巡视工作从其诞生之初就深深烙印着人民性的底色,强调人民群众在监督中的主体地位。在新时代背景下,巡视工作更加注重倾听民声、汇聚民意,将群众的意见和建议作为发现问题、推动整改的重要参考。这种"从群众中来、到群众中去"的工作方法,不仅让巡视工作更加接地气、有实效,也让人民群众真切感受到了参与国家治理的获得感和幸福感。针对基层监督不全面、"上热、中温、下冷"等困境,党中央明确提出要实行市、县巡察制度,有效弥补了基层监督的短板。就与其他监督方式贯通融合而言,注重发挥组织优势和系统集成作用,协调党和国家监督体系各要素之间动态关系,强化巡视巡察机构与纪检监察、组织人事、财务审计等部门之间的贯通融合,着力推进党内监督系统化、专业化、协同化建设。回望新时代巡视工作的历程,从2015年习近平首次提出"巡视监督要与纪检监督、

---

① 中共中央纪律检查委员会、中华人民共和国国家监察委员会、中共中央党史和文献研究院编:《习近平关于坚持和完善党和国家监督体系论述摘编》,中央文献出版社、中国方正出版社2022年版,第115页。

② 中共中央纪律检查委员会、中华人民共和国国家监察委员会、中共中央党史和文献研究院编:《习近平关于坚持和完善党和国家监督体系论述摘编》,中央文献出版社、中国方正出版社2022年版,第109页。

③ 中共中央纪律检查委员会、中华人民共和国国家监察委员会、中共中央党史和文献研究院编:《习近平关于坚持和完善党和国家监督体系论述摘编》,中央文献出版社、中国方正出版社2022年版,第115页。

组织监督、审计监督、社会监督和行业监管有效结合"①,到 2019 年强调"把巡视监督与纪检、监察、组织、审计等监督贯通起来"②,再到 2021 年进一步指出"推动巡视与纪检监察监督统筹衔接,与其他监督协同配合"③,这一过程,是巡视工作从单一走向多元、从分散走向聚合的必然趋势,体现出巡视监督与其他监督方式的贯通融合是构建监督新生态的重要途径。

三、制度创新的时代意蕴

政治巡视是中共宝贵的政治传统。新时代政治巡视工作呈现出鲜明的时代特质,巡视工作日益规范化、体系化,制度执行力得到强化,制度本身在实践中亦得到细化,法治性更加突出。体现在如下几方面。

(一)重构建基于深厚背景的历史选择

在新时代的浩荡洪流中,政治巡视的制度创新不仅闪耀着制度自信的光芒,更是深深植根于厚重的历史土壤与时代需求之中。这是一场基于深厚历史背景与时代背景的深刻重构,是全面从严治党与全面深化改革交相辉映的产物。一是国家宏观制度背景的主要影响。中国特色社会主义进入新时代,巡视工作面临着宏大的国家宏观制度背景制约影响。一方面,随着社会的快速发展,人民对美好生活的向往愈发强烈,而发展不平衡不充分的问题却如同一块巨石,横亘在梦想与现实之间,对巡视工作提出了新的更高要求。全面从严治党与依法治国的深入推进,共同构成了国家治理体系和治理能力现代化的重要

---

① 中共中央纪律检查委员会、中华人民共和国国家监察委员会、中共中央党史和文献研究院编:《习近平关于坚持和完善党和国家监督体系论述摘编》,中央文献出版社、中国方正出版社 2022 年版,第 97 页。
② 中共中央纪律检查委员会、中华人民共和国国家监察委员会、中共中央党史和文献研究院编:《习近平关于坚持和完善党和国家监督体系论述摘编》,中央文献出版社、中国方正出版社 2022 年版,第 108 页。
③ 中共中央纪律检查委员会、中华人民共和国国家监察委员会、中共中央党史和文献研究院编:《习近平关于坚持和完善党和国家监督体系论述摘编》,中央文献出版社、中国方正出版社 2022 年版,第 115 页。

基石。在此背景下,巡视工作不仅要成为发现问题的"显微镜",更要成为推动问题解决、促进制度完善的"催化剂"。另一方面,中共将党的建设上升为治国理政的重大战略举措,与伟大自我革命的政党特质相适应。巡视工作作为制度治党的重要一环,自然也被置于更加重要的位置。新时代的巡视工作,更加注重治理效能的发挥——这意味着,巡视不仅要发现问题,更要通过问题的解决来推动制度的完善和社会的进步。党中央强调的坚持问题导向,就是要求巡视工作要敢于直面矛盾,勇于揭露问题,通过扎实的调查和深入的分析,为党和国家的发展提供有力的决策依据。同时,巡视工作还承载着发扬勇于斗争、自我革命精神的重要使命。它要求巡视干部在工作中要敢于担当、敢于碰硬,以实际行动践行党的初心和使命,为营造风清气正的政治生态贡献自己的力量。二是政治制度政治变量的重要影响。就经济发展程度而言,随着经济全球化的深入发展,我国经济领域取得了举世瞩目的成就。然而,经济的快速发展也对政治领域提出了新的挑战和要求。面对复杂多变的国内外环境,传统的政治体制和管理模式已难以满足新时代的需求。因此,加快政治领域的改革步伐,构建更加高效、透明的政治制度,成为推动经济持续健康发展的必然选择。党内巡视工作作为政治体制改革的重要组成部分,其加速发展正是对这一时代需求的积极响应。就利益因素而言,巡视工作如同一把锋利的手术刀,直指党内存在的腐败问题,力图净化党内生态。然而,这一过程并非一帆风顺。巡视工作覆盖范围的广泛性,意味着其背后牵扯着错综复杂的权利与利益关系。同体监督的局限性,使得巡视效果在一段时间内难以充分显现,巡视工作的优势未能有效转化为治理效能。为此,推动巡视工作常态化、规范化、程序化、法治化、制度化,成为破解这一难题的关键。就观念意识形态而言,中共执政理念的转变,是党内巡视工作发展的思想基石。从"人治"到"法治",再到"依法治国"与"以德治国"相结合的执政理念,党内巡视工作被赋予了新的使命和意义——不再仅仅是一项反腐举措,而是被提升到党内监督和党的建设的高度,成为推动全面从严治党、促进国家治理体系和治理能力现代化的重要力量,彰显了中国共产党自我革新、自我完善的勇气与决心,也为国际社会提供了政治治理的中国智慧和中国方案。三是正确解决"央地关系"的制度策略。政治巡视工作的重启与创新是正确解决"央地关系"的制度策略。自改革开放以来,中国逐步确立了"制度化分权"的治理模式,赋予地方政府更多自主权,以激发地方活力。然而,随着分权实践的深入,一些问题也逐渐显现:部分地方政府出现了行为失范、功能膨胀的现象,地方主义倾向加剧,并对中央权威构成了潜在威胁。面对挑战,中共中央果断重启并创新了政治巡视工作,将其作为监督地方、遏制地方主义的重要抓手。政治巡视不仅仅是对地方工作的简单检查,更是对地方政治生态的全方位审视,是对中央政策落实情况的深入督查。通过定期的巡视监督,中央能够及时发现并纠正地方政府在决策执行、权力运行等方面的偏差,有效遏制地方主义的滋生蔓延,更是对中央权威的重塑与强化。同时,巡视工作还促进了党内外的沟通与交流,增强了党的团结统一。四是克服"一把手"监督盲区的制度破解。"关键少数"特别是"一把手",因其位置重要且具有高度影响力,一旦违纪违法,破坏力会呈催化、连锁式扩大,可能波及至区域性、系统性乃至全局性腐败,对其监督是党内工作的重中之重。2021年6月1日,《中共中央关于加强对"一把手"和领导班子监督的意见》的公开发布,标志着中共在破解"一把手"监督难题上迈出了关键一步。加强对"一把手"和领导班子的监督,是新时代习近平关于巡视工作重要论述的组成部分,是巩固深化政治巡视的有力举措。新时代政治巡视的重构,是破解"一把手"监督难的重要制度选择。政治巡视以其独特的政治站位、鲜明的问题导向和强大的震慑力,有效弥补其他监督方式的不足。这种以权力制约权力的方式,不仅彰显了党内监督的严肃性和权威性,更在实践中逐步探索出一条符合中国国情的监督之路。

(二)推动全面从严治党向纵深发展的现实需要

习近平就强化新时代政治巡视的制度创新、推动全面从严治党向纵深发展多次作过重要论述。2015年6月26日,习近平提出要求:"改进巡视工作,首要的一条,就是落实全面从严治党的要求。"①2015年11月23日,他强调:"要牢

---

① 中共中央纪律检查委员会、中华人民共和国国家监察委员会、中共中央党史和文献研究院编:《习近平关于坚持和完善党和国家监督体系论述摘编》,中央文献出版社、中国方正出版社2022年版,第96页。

牢把握巡视政治定位,聚焦全面从严治党。"①2018年6月29日,他又指出:"要织密监督的'天网',扎紧制度的篱笆,发挥巡视利剑作用,推动全面从严治党向基层延伸。"②习近平关于政治巡视功能定位对于推动全面从严治党的内在重要性的重要论述充满远见卓识,构成政治巡视工作创新的遵循依据和思想基石。(1)坚持制度上全贯通。新时代政治巡视的制度创新,坚持制度治党与依规治党相结合,注重"三个更加突出",确保党不变质、不变色、不变味,永葆党的先进性和纯洁性。具体来说,一是更加突出制度间的连贯性与协同效应。通过建立健全跨部门、跨领域的制度联动机制,实现信息共享、资源整合,提高制度执行的效率和效果。二是更加突出健全完善和科学有效。注重不断总结经验教训,及时修订完善不合时宜的制度规定,确保制度符合实际、行之有效。同时,注重制度的可操作性和可评估性,为制度执行提供有力支撑。三是更加突出治理理念、系统观念与辩证思维的融合。注重坚持整体观念,将全面从严治党视为一个系统化的工程进行规划与推进;运用辩证思维,妥善处理制度建设中的各类矛盾与问题;树立现代治理观念,推动党内治理体系和治理能力的现代化进程。(2)坚持内容上全涵盖。在新时代浪潮中,中共面临前所未有的"四大考验"与"四种危险",将巡视作为全面从严治党的锋利"手术刀",开启了党内监督的新篇章。在监督内容上,坚持党的建设推进到哪里,全面从严治党体系构建到哪里,巡视就要到哪里。政治巡视内涵的"六次深化",从聚焦党风廉政建设和反腐败斗争;围绕"四个着力""六项纪律"到围绕"三大问题",从"六围绕一加强"、聚焦"五个坚持"到围绕"四个落实",突出严肃党内政治生活,净化党内政治生态,巡视内容、巡视重点在不断发生变化,把发现问题、形成震慑作为主要任务,强化遏制作用,抓住了根本性全局性方向性问题,有利于推动全面从严治党向纵深发展,管党治党制度笼子越扎越牢,极大增强了党自我净化、自我完善、自我革新、自我提高能力。(3)坚持对象上全覆盖。政治巡视"全覆盖"的要求,不仅仅是空间与范围上的无死角,更是对党内政治生态的全面净化与重

---

① 中共中央纪律检查委员会、中华人民共和国国家监察委员会、中共中央党史和文献研究院编:《习近平关于坚持和完善党和国家监督体系论述摘编》,中央文献出版社、中国方正出版社2022年版,第97页。
② 《习近平谈治国理政》第3卷,外文出版社2020年版,第97页。

塑,深刻体现了"制度面前人人平等,党内没有特殊党员"的鲜明导向。"面向党的各级组织和全体党员"这一原则的实施,标志着巡视监督的触角延伸至每一个神经末梢。在坚持巡视对象全覆盖的同时,中共中央特别强调要抓好"关键少数",特别是党员领导干部中的高级干部和"一把手"。这些关键岗位上的干部,其行为举止直接影响着党的形象和事业的兴衰成败。因此,通过加强对其巡视监督,及时发现并纠正问题,不仅是对其个人的负责,更是对党和人民事业的忠诚守护。坚持巡视对象全覆盖,不仅是一场党内监督的革命,更是推动管党治党实现深刻变革的重要力量,促使各级党组织和广大党员干部增强"四个意识"、坚定"四个自信"、做到"两个维护",不断自我净化、自我完善、自我革新、自我提高。(4)坚持责任上全链条。"坚持责任上全链条"是党的建设新的伟大工程中的关键一环,通过政治巡视制度创新,构建一幅权责清晰、压力传导、环环相扣的责任图谱,让每一名党员干部都成为管党治党的参与者和推动者。在政治巡视的推动下,各级党委(党组)全面从严治党主体责任被进一步压实,各级纪委的监督责任得以强化。"失责必问"是责任全链条构建中的重要一环。它意味着,对于在管党治党中敷衍塞责、失职渎职的党员干部,必须严肃问责、绝不姑息。这种严格的问责机制,形成了强大的震慑力,使得各级党组织和党员干部在面对责任时不敢懈怠、不能敷衍。同时,通过问责的公开透明,也进一步强化了责任意识,推动了责任压力的层层传导和责任的环环相扣。坚持责任上全链条,不仅是对当前管党治党工作的有力推动,更是为未来的党的建设提供了坚实的制度保障。

(三)全面提高党的建设质量的内在要求

全面提高党的建设质量是政治巡视的制度创新的内在要求。巡视工作作为党内监督的战略性制度安排,在理论与实践的双重探索中,展现出其作为提高党的建设质量重要保障的独特价值,其内在的理论逻辑、历史逻辑和现实逻辑相互交织、相互促进。主要体现在以下方面:一是在政治要求上抓住党的建设这个关键。进入新时代,党的自身建设在某些方面尚存在与建设中国式现代化伟大事业不匹配、不适应的问题。这些问题,有的表现为党的观念淡漠,部分党员干部理想信念动摇,宗旨意识淡化;有的则体现在组织涣散、纪律松弛上,党内政治生活庸俗化、随意化,严重影响了党的凝聚力和战斗力。更为严重的是,这些问题的危险性、破坏性、反复性和顽固性,不仅侵蚀着党的肌体,更威胁着党的长期执政地位和国家的前途命运。面对挑战,新时代政治巡视的制度创新提供了有力武器——紧紧围绕党的全面建设,尤其突出政治建设的核心地位,通过多方位的监督检查,包括思想、组织、作风、纪律以及反腐败斗争等方面,不断推动各级党组织落实新时代的建设要求,全面提升党的建设工作质量。

二是在政治高度上抓住党的领导这个根本。党的领导,是中国特色社会主义事业的坚强保证,是亿万人民团结奋斗的"主心骨"。它不仅仅是政治上的引领,更是思想上的凝聚、组织上的保障、制度上的优势。新时代,政治巡视的制度创新,坚持党的领导原则,以马克思主义理论及马克思主义中国化的最新理论成果为指导,以代表和维护最广大人民的根本利益为目标指向,把落实总揽全局、协调各方的党的领导制度情况,作为政治巡视的重要内容,把握巡视工作正确的政治方向,确保巡视工作成为党自我净化的武器,以推进党自身的先进性建设,进而再以伟大工程的建设成效助力伟大斗争、伟大事业和伟大梦想。三是在政治模式上抓住法治化建设这个方向。政治巡视法治化建设,是对依法治国、依规治党战略部署的积极响应。政治巡视作为党内监督的重要形式,其法治化进程是提升党的建设质量、维护党的先进性和纯洁性的重要保障。新时代,政治巡视工作已在巡视依据、机构设置、巡视内容以及工作方法等方面初步实现了法治化。《中国共产党巡视工作条例》的出台与完善,为巡视工作提供了坚实的制度基础;巡视机构的独立性与专业性不断增强,确保了巡视工作的客观性与公正性;巡视内容的全面覆盖与精准聚焦,有效发挥了巡视的利剑作用。巡视工作的法治化,不仅在于巡视制度本身的完善与提升,更在于通过将法治的治理方式延伸至党的领导、建设的全部领域,有效促进了国家治理体系和治理能力的现代化。四是在政治优势上抓住制度建设这个动力。制度建设是管党治党的核心引擎,是党的建设的重要基石,更是党自我净化、自我完善、自我革新、自我提高的重要途径。新时代以来,政治巡视工作不断创新发展,注重思想建党和制度治党同向发力,不仅强化了党内监督的震慑力,更在提升党的建设质量系统工程中扮演了重要角色。《中国共产党巡视工作条例》作为党内开展巡视监督的基本依据,为巡视工作提供了明确的制度遵循和操作指南,更将《中国共产党廉洁自律准则》与《中国共产党纪律处分条例》等一系列党规党纪的贯彻落实推向了新的高度。可以说,制度建设是政治优势下的关键动力,巡视工作则是这一动力在党内监督领域的具体实践。两者相辅相成、相互促进,共同构成了新时代党的建设质量提升的重要支撑。

(四)促进国家治理体系和治理能力现代化的重要保障

在国家治理画卷中,巡视制度以其独特的战略定位,在其中扮演着举足轻重的角色,其核心价值在于将党的政治要求精准嵌入国家治理之中。通过巡视,不仅能够有效发现并纠正各领域、各行业中的偏差与不足,更能在全社会营造一种风清气正的政治生态,为国家的长远发展奠定坚实的政治基础。在推进国家治理体系和治理能力现代化的征途中,巡视制度不仅是"显微镜",更是"加速器"——通过对党的执政能力和领导水平的全面检视,推动党的建设质量不断跃升,为中国特色社会主义法治体系的完善提供坚强保障。巡视的深入实施,促使各级党组织和领导干部不断强化政治意识、大局意识、核心意识、看齐意识,进而转化为提升国家治理效能的强大动力。这一过程,实质上是对国家治理现代化进程的加速与深化。巡视制度在党和国家监督体系中的综合监督作用日益凸显,成为推动监督体系高效运转的"倍增器"。随着实践的不断深化,巡视工作更加注重上下联动、横向贯通,构建起一张全方位、立体式的监督网络,促进监督资源的有效整合与优化配置,为实现监督治理效能最大化开辟了新路径。习近平在不同场合多次强调巡视整改和成果运用的重要性。强化巡视整改和成果运用,是政治巡视不断深化的鲜明标志,更是提升国家治理体系和治理能力水平的必由之路,确保问题真改实改、改出成效,巡视的利剑作用得以充分彰显,为党和国家事业发展注入了新的活力与动力。

第十章
进路重构：新时代政治巡视的实践创新

党的十八大后,在面向与进路层面,巡视工作发生了系统性重塑重构,实现了理论创新、实践创新和制度创新"三大创新"的历史性变革,呈现出阶段性鲜明特质。关于新时代党内巡视工作的实践创新研究,学术界的理论研究远落后于实践层面的宏伟图景,且构思宏大,局限于一般性描述,对于其逻辑理路、内涵演化、实践进路等方面研究尚有很大提升空间。

一、顶层设计的高位推动

新时代政治巡视的实践创新,以党的十八大、十九大和二十大召开为重要标识,呈现出三个阶段性的鲜明特征。其中,顶层设计的高位推动是其主线,向时而新的与时俱进是其主题,面临崭新的历史方位是其图景,面向进路的重构重塑是其特征。

(一)十八届中央巡视工作:迎来新的历史方位

十八届中央高度重视巡视工作,力度、广度、深度和效果大幅度提升,高位推动顶层设计和制度建设,彰显了治国理政新理念新思想新战略。

1. 确立中央巡视方针

在实践层面,中央给予巡视工作前所未有的高度重视,党的十八大和十八届三中、四中全会均提出新的要求和重要部署,中央政治局常委会听取中央巡视工作情况汇报成为常态和惯例。在理论层面,中央对巡视监督地位给予新论述,习近平多次在多种场合作出重要讲话,促使对巡视工作的认识达到新高度,并从顶层设计上全面加强了巡视监督的战略地位。一是更加明确工作方向。自 2012 年党的十八大以来,巡视工作被赋予了更加明确的工作方向和更加重大的历史使命,成为党坚定不移反对腐败、加强党的建设的关键一环。党的十八大将巡视作为党反对腐败的重要战略部署,明确提出"更好发挥巡视工作监督作用"[1]。随后,从十八届中央纪委二次全会到习近平的多次重要讲话,巡视工作的方向和目标愈发清晰。2013 年 1 月 21 日,十八届中央纪委二次全会强调:"突出巡视工作重点,创新巡视工作方式,增强发现问题能力,加强巡视成果运用。"[2]特别是 2013 年 4 月 25 日,习近平提出的"四个重要",不仅高度概括了巡视工作的核心价值[3],更为巡视工作的深入开展提供了强大的理论支撑和实践指导。"巡视是党章赋予的重要职责"[4],习近平的这句话掷地有声,强调了巡视工作的根本属性和职责所在。习近平提出的"发现问题、形成震慑,推动改革、促进发展"的巡视工作方针[5],正是基于这样的战略考量——通过巡视工作,推动被巡视单位深化改革、完善制度、堵塞漏洞、改进作风,实现惩治腐败与促进发展的有机结合。二是更加明确职责定位。十八届中央明确巡视监督定位,聚焦政治责任、突出政治监督,推动巡视监督回归监督本质和本位。2013 年 4 月 25 日,习近平强调:巡视"是加强党内监督的重要形式"[6]。2014 年 6 月 26

---

[1] 中共中央文献研究室:《十八大以来重要文献选编》上册,中央文献出版社 2014 年版,第 43 页。
[2] 中共中央文献研究室:《十八大以来重要文献选编》上册,中央文献出版社 2014 年版,第 128 页。
[3] 参见中共中央纪律检查委员会、中华人民共和国国家监察委员会、中共中央党史和文献研究院编:《习近平关于坚持和完善党和国家监督体系论述摘编》,中央文献出版社、中国方正出版社 2022 年版,第 91 页。
[4] 中共中央纪律检查委员会、中华人民共和国国家监察委员会、中共中央党史和文献研究院编:《习近平关于坚持和完善党和国家监督体系论述摘编》,中央文献出版社、中国方正出版社 2022 年版,第 91 页。
[5] 参见中共中央纪律检查委员会、中华人民共和国国家监察委员会、中共中央党史和文献研究院编:《习近平关于坚持和完善党和国家监督体系论述摘编》,中央文献出版社、中国方正出版社 2022 年版,第 91 页。
[6] 中共中央纪律检查委员会、中华人民共和国国家监察委员会、中共中央党史和文献研究院编:《习近平关于坚持和完善党和国家监督体系论述摘编》,中央文献出版社、中国方正出版社 2022 年版,第 91 页。

日,习近平再次强调:巡视是着眼长远的"作为党内监督的战略性制度安排"①。2016年1月28日,习近平提出政治巡视概念。习近平总书记关于巡视工作从党内监督"重要形式"到"战略性制度安排"再到政治巡视监督的论述,大大提升了党内巡视监督的战略地位。新时代以来在巡视工作"六次深化"中,有三次在十八届中央巡视期间完成,抓住了管党治党的根本性、全局性、方向性问题。三是更加明确实践路径。十八届中央巡视首次提出"一个中心"和"四个着力"论断,强调"把发现问题、形成震慑作为主要任务"。习近平与时俱进提出政治巡视理论,强调巡视工作要"坚定政治方向""坚持问题导向""坚守价值取向"②,把坚持党的领导作为根本目的,把加强党的建设作为根本途径,把全面从严治党作为根本保障,为十八届中央巡视实践指明了路径。

2. 两次修订《中国共产党巡视工作条例》

自十八届中央委员会以来,通过2015年和2017年两次对《中国共产党巡视工作条例》的修订,不仅是巡视工作实践经验的总结升华,更是对新时代党内监督规律的深刻把握。一是提出巡视全覆盖概念。在横向上,2015年1月12日,十八届中央纪委五次全会修订《中国共产党巡视工作条例》,制定实施细则③,强调"创新方式方法,扩大覆盖面,强化巡视的震慑遏制效果",要求"中央巡视组要增强力量、提高频次、扩大范围,全面开展专项巡视"④,实现对中管国有重要骨干企业巡视全覆盖。2015年修订的《中国共产党巡视工作条例》强调巡视全覆盖(含副省级城市)⑤,巡视全覆盖的要求首次被写入党内法规。全覆盖经历了三个阶段:即2014年实现对31个省、区、市和新疆生产建设兵团全

---

① 中共中央纪律检查委员会、中华人民共和国国家监察委员会、中共中央党史和文献研究院编:《习近平关于坚持和完善党和国家监督体系论述摘编》,中央文献出版社、中国方正出版社2022年版,第94页。
② 中共中央纪律检查委员会、中华人民共和国国家监察委员会、中共中央党史和文献研究院编:《习近平关于坚持和完善党和国家监督体系论述摘编》,中央文献出版社、中国方正出版社2022年版,第100页。
③ 参见中共中央文献研究室:《十八大以来重要文献选编》中册,中央文献出版社2016年版,第339页。
④ 中共中央文献研究室:《十八大以来重要文献选编》中册,中央文献出版社2016年版,第341页。
⑤ 参见中共中央文献研究室:《十八大以来重要文献选编》中册,中央文献出版社2016年版,第629页。

覆盖,2016年实现对中央部门和事业单位全覆盖,2017年实现对中管高校全覆盖。在纵向上,2016年10月27日,《中国共产党党内监督条例》明确强调"中央和省、自治区、直辖市党委一届任期内对所管理的地方、部门、企事业单位党组织全面巡视"①,提出建立市、县巡察制度,强调各级党委应在一届任期内实现全面巡视。二是创新方式方法。在改进方式方法上,首次提出"三个不固定",即"实行巡视组组长不固定、巡视对象不固定、巡视组与巡视对象关系不固定",从根本上打破了以往巡视工作的常规模式,实现一次一授权,有效避免了"熟人社会"带来的监督盲区。在落实监督责任上,首次提出"两职"概念,即"巡视组对重大问题应该发现而没有发现就是失职,发现问题没有如实报告就是渎职"②,明确了巡视组的职责边界,更对巡视组成员提出了更高的职业道德和专业素养要求;在改进中央和省、区、市巡视工作上,强调要"扩大范围、加强力量、加快节奏,做到对地方、部门、企事业单位全覆盖"③,探索专项巡视,加强成果运用。三是灵活运用多种形式。巡视工作灵活多变的形式不断创新,从常规巡视到专项巡视,再到机动巡视及巡视"回头看",拓宽了巡视监督的广度和深度。2014年,中央首次探索开展专项巡视,标志着巡视工作向更加精准、高效的方向迈进。2016年,巡视"回头看"的首次实施,更是将巡视工作的效果推向了新的高度——通过"回头看",不仅巩固了巡视整改的成果,更推动了被巡视单位建立健全长效机制,从源头上预防腐败的发生。2017年,机动巡视的首次亮相,更是巡视工作灵活性与时效性的集中体现。从常规巡视到专项巡视,再到巡视"回头看"和机动巡视,巡视工作的每一次创新都是对党内监督体系的不断完善和深化。

3. 党内其他法规关涉其中

党的十八届中央委员会以来,除两次修订《中国共产党巡视工作条例》之外,尚有大量党内规范性制度出台,推动巡视工作向制度化、规范化、科学化的方向稳步前行。2013年11月5日,中共中央印发《中央党内法规制定工作五年规划纲要(2013—2017年)》"将作风建设情况纳入巡视工作范围"④。2013年,

---

① 中共中央文献研究室:《十八大以来重要文献选编》下册,中央文献出版社2018年版,第444页。
② 中共中央文献研究室:《十八大以来重要文献选编》上册,中央文献出版社2014年版,第729页。
③ 中共中央文献研究室:《十八大以来重要文献选编》上册,中央文献出版社2014年版,第734页。
④ 中共中央文献研究室:《十八大以来重要文献选编》上册,中央文献出版社2014年版,第486页。

《中共中央关于全面深化改革若干重大问题的决定》及《建立健全惩治和预防腐败体系 2013—2017 年工作规划》相继出台,其中"对地方、部门、企事业单位全覆盖"的要求①,首次明确了巡视工作的广度与深度。2013 年 11 月 18 日,《党政机关厉行节约反对浪费条例》又将"有关党组织领导班子及其成员厉行节约反对浪费工作情况"纳入巡视监督范围。② 2014 年 1 月 14 日,《党政领导干部选拔任用工作条例》的修订,通过"凡提四必"(即干部档案"凡提必审",个人有关事项报告"凡提必核",纪检监察机关意见"凡提必听",反映违规违纪问题线索具体、有可查性的信访举报"凡提必查"。)及"根据需要可以听取巡视机构意见"的规定③,巡视工作更深度参与干部选拔任用的全过程,成为干部任用前的重要把关环节。随着市、县巡察制度的建立,实现了地域上的全覆盖,更在层级上实现了从中央到地方,从省级到市、县的全面贯通。

(二)十九届中央巡视工作:迈向新的发展阶段

党的十九届中央巡视工作更加注重制度的顶层设计和高位推进,而且更加体现为战略性安排。主要体现为"四个更加注重"。一是更加注重上下联动。自党的十九大以来,党中央高度重视巡视巡察工作的上下联动。2017 年,党的十九大明确提出"建立巡视巡察上下联动的监督网"④。《中国共产党章程》的修订,更是以党内最高法规的形式,将巡视巡察制度固定下来。此后,中央纪委的多次全会公报,不断强调完善巡视巡察战略格局。党的十九届六中全会通过的《中共中央关于党的百年奋斗重大成就和历史经验的决议》,着重提到"构建巡视巡察上下联动格局"⑤。二是更加注重纵深发展。自 2018 年起,随着《中央巡视工作规划(2018—2022 年)》的正式印发,标志着党内监督体系进入一个全

---

① 参见中共中央文献研究室:《十八大以来重要文献选编》上册,中央文献出版社 2014 年版,第 532 页。
② 参见中共中央文献研究室:《十八大以来重要文献选编》上册,中央文献出版社 2014 年版,第 571 页。
③ 参见中共中央文献研究室:《十八大以来重要文献选编》上册,中央文献出版社 2014 年版,第 751 页。
④ 中共中央党史和文献研究院:《十九大以来重要文献选编》上册,中央文献出版社 2019 年版,第 47 页。
⑤ 《中共中央关于党的百年奋斗重大成就和历史经验的决议》,人民出版社 2021 年版,第 28—29 页。

新的发展阶段,预示着巡视工作将更加注重系统性、整体性和协同性。2019年的全国巡视工作会议强调,巡视工作是党内监督的战略性制度安排,是推动全面从严治党向纵深发展的有力抓手。从2019年开始,中央巡视工作领导小组实行现场指导督导制度,是巡视工作向纵深发展的一个标志性事件。这种直接而深入的指导方式,不仅有效传导了党中央的严格要求,更在实践中锤炼了巡视队伍,提升了巡视工作的专业化、规范化水平。同时,这种自上而下的责任传导机制,也促使各级党委更加自觉地扛起全面从严治党的政治责任。三是更加注重贯通协调。从2018年党的十九届三中全会到2021年中央纪委国家监委的具体实施意见,巡视工作的定位与职能不断被赋予新的内涵,其中"更加注重贯通协调"成为新时代巡视工作的鲜明特征。2018年2月28日,《中共中央关于深化党和国家机构改革的决定》明确提出,要"增强以党内监督为主、其他监督相贯通的监察合力"[①]。2019年党的十九届四中全会进一步细化了监督体系的建设蓝图,提出"推进纪律监督、监察监督、派驻监督、巡视监督统筹衔接"[②],将原本相对独立的监督力量编织成一张密不透风的网,实现了从"各自为战"到"协同作战"的转变。2021年,中央纪委国家监委发布的《关于进一步加强纪律监督、监察监督、派驻监督、巡视监督统筹衔接的意见》,无疑为"四项监督"的深度融合提供了行动指南。巡视工作更加注重贯通协调,是新时代加强党内监督、推进国家治理体系和治理能力现代化的必然要求。四是更加注重规范建设。2018年10月9日,十九届中央第二轮巡视工作动员部署会议在京召开,脱贫攻坚专项巡视工作正式启动。这是中央巡视组首次围绕一个主题,集中对一个领域开展专项巡视。2022年6月17日,中央政治局召开会议,审议十九届中央第八轮巡视情况的报告。这是党的十八大以来,中央政治局会议首次听取巡视整改情况汇报,该做法此后形成惯例。2022年7月28日,中央政治局召开会议指出,十九届中央如期完成了党章规定的巡视全覆盖任务,凸显了中共勇于自我革命的鲜明品格,体现了党内监督无例外的坚定立场。

---

① 中共中央党史和文献研究院:《十九大以来重要文献选编》上册,中央文献出版社2019年版,第260页。
② 中共中央党史和文献研究院:《十九大以来重要文献选编》中册,中央文献出版社2021年版,第295页。

(三)二十届中央巡视工作:踏上新的起点征程

2022年10月,随着党的二十大的胜利召开,一项关乎党的纯洁性、先进性和执政能力的重大战略部署——"发挥政治巡视利剑作用,加强巡视整改和成果运用"①,是对全面从严治党的再深化、再出发,更是新时代党的自我革命的重要篇章。

1. 确立5年巡视战略目标

2023年3月,中共中央办公厅印发《中央巡视工作规划(2023—2027年)》,提出要通过5年努力,实现"五个进一步"的战略目标,使巡视工作更加科学、更加规范、更加有效。"五个进一步"具体体现为政治巡视的进一步深化、全覆盖质量的进一步提升、整改与成果运用的进一步强化、上下联动的协调进一步强化以及巡视工作规范化的进一步水平跃升。为加强巡视机构的专业团队建设,必须完善巡视工作制度,推进信息化建设,以稳固新时代巡视工作的高质量发展基石。

2. 确立5年巡视战略思路

一是提出"三向"深化发展战略思路。"三向"即向深拓展,重点深化政治巡视、深化上下联动、深化贯通协调、深化巡视整改;向专发力,重点根据党中央重大决策部署,聚焦领域性行业性突出问题,有针对性地开展专项巡视,加强巡视机构队伍建设、规范化建设、能力建设,提高专业化水平;向下延伸,重点抓系统、抓基层,推动巡视巡察一贯到底,加强对村(社区)党组织巡察,促进全面从严治党向基层延伸。二是提出两个"更加"全面贯彻方针要求。其一,更加着重加强威慑效果。巡视工作应保持高压态势,坚持严格的基调,将查办领导干部违纪违法行为置于重中之重。通过公开揭露典型案例,形成强大的威慑力,使党员干部心存敬畏、戒惧之心,坚守底线。其二,更加强调标本兼治的重要性。在严厉打击腐败的同时,巡视工作还需深入挖掘并积极解决共性问题及深层次问题。通过深入分析问题根源,提出改革建议,推动制度创新,从源头上铲除腐败滋生的土壤,成为推动改革、促进发展的有力工具。三是提出"三个突出"深化政治巡视概念。即突出对维护党中央权威和集中统一领导的监督,将政治监

---

① 习近平:《高举中国特色社会主义伟大旗帜 为全面建设社会主义现代化国家而团结奋斗——在中国共产党第二十次全国代表大会上的报告》,《人民日报》2022年10月26日。

督置于核心位置,确保各级党组织和党员干部在政治方向、原则及道路上与党中央保持高度统一;突出对贯彻落实党的二十大精神的监督,全面监督各级党组织和党员干部对党的二十大精神的执行情况,保证党中央决策部署得以有效实施;突出对"一把手"和领导班子的监督,强化对权力运行的制约与监督,严防权力滥用和腐败现象的出现。

3. 确立5年巡视战略路径

一是坚定不移深化政治巡视。党的二十大报告指出,推进政治巡视监督具体化、精准化、常态化。二十届中央纪委二次全会明确提出,突出政治巡视定位,巩固深化政治巡视。全国巡视工作会议进一步对深化政治巡视作出部署,要求深刻领悟"两个确立"的决定性意义,旗帜鲜明承担起"两个维护"的根本任务。二十届中央第一轮巡视坚持守正创新,推进政治监督具体化、精准化、常态化,释放了全面从严治党永远在路上、党的自我革命永远在路上的鲜明信号。二是高质量推进巡视全覆盖。二十届中央纪委二次全会提出,"高质量完成一届任期内巡视全覆盖",对巡视全覆盖提出了更高要求。二十届中央第一轮巡视同时安排常规巡视、机动巡视和"回头看"三种组织方式,这在党的十八大以来尚属首次。优化巡视工作流程,完善巡视信访工作机制,探索运用信息化手段和统计、测评等方式拓展发现问题渠道。树立正确政绩观,更加注重与被巡视党组织同题共答,坚持实事求是,依规依纪依法开展巡视,确保巡视工作经得起实践、人民和历史检验。三是突出对"一把手"的巡视监督。党的二十大报告对"一把手"和领导班子的监督赋予前所未有的重要性。二十届中央纪委二次全会明确要求,提升对"一把手"监督的极端重要性。二十届中央巡视更加强化对"一把手"的监督。《中央巡视工作规划(2023—2027年)》的出台,对"一把手"监督提供了具体路径。一方面,要突出政治监督,聚焦"一把手"是否坚决做到"两个维护",是否贯彻落实党中央决策部署不打折扣、不搞变通。另一方面,要深化日常监督,通过建立健全"一把手"权力运行制约和监督机制,让监督融入日常、抓在经常,形成常态长效。在新时代的征程上,加强对"一把手"的巡视监督,是新时代党的建设新的伟大工程的必然要求,也是推动党和国家事业高质量发展的有力保障。四是完善巡视巡察上下联动工作格局。二十届中央纪委二次全会作出"完善巡视巡察上下联动工作格局"的工作部署,提出健全党中央统一领导、分级负责的巡视巡察领导体制,推动巡视巡察贯通协作、同向发力。加强对省、区、市巡视指导督导,推动市、县巡察向基层延伸,加强对村(社区)巡察。深化对中央单位内部巡视工作分类指导,推动中央和国家机关、中管企业、中管金融企业、中管高校等规范开展巡视巡察工作。加强巡视巡察机构与纪委监委监督检查室和派驻机构、派出机构协调协作,推动巡视监督与组织、审计、财会、统计、群众等监督协作配合,增强综合监督效能。五是加强巡视整改和成果运用。二十届中央首轮巡视安排对部分金融单位开展"回头看",在开局之年就释放加强巡视整改和成果运用的鲜明信号。根据中央部署,二十届中央巡视进一步健全整改工作机制,完善巡视反馈机制,健全整改公开机制,建立健全整改会商机制,探索建立整改评估机制,为强化整改落实提供制度机制保障。中央巡视反馈中提到巡视机构"重要情况及时向党中央报告",尚属首次。党中央还对强化巡视成果综合运用作出新部署,要求加强对巡视整改日常监督,健全巡视整改工作机制,推进整改常态化,增强以巡促改、以巡促建、以巡促治实效。

二、巡视实践的突破创新

进入新时代,中共中央从全局视角布局,深化推进巡视工作改革,达到关键性的创新和突破,这一显著进展可概括为"五大转化"成果。

(一)重构领导体制:由"指导"到"领导"转化

《中国共产党巡视工作条例(试行)》明确规定,党的中央和省、自治区、直辖市委员会设立巡视工作领导小组,直接向各自上级党委负责并报告工作。[①]这一制度安排,从根本上确立了巡视工作的垂直领导体系。当然,条例所固化的"指导性"体制关系,并非简单的上下级命令与执行,而是一种基于地方主体责任强化的新型互动模式。

---

① 参见《中国共产党巡视工作条例(试行)》,《中国监察》2009年第17期,第53—56页。

新时代以来,这种巡视机构上下之间的体制发生重大变化。巡视工作曾长期在"指导"的框架下运行。2013年4月25日,习近平明确要求:"中央巡视工作领导小组要切实加强对巡视工作的领导。"①2015年修订的《中国共产党巡视工作条例》明确提出,中央巡视工作领导小组对省、自治区、直辖市巡视工作的关系由"指导"转变为"领导"。② 这一字之差,却蕴含着巡视工作权威性和独立性的显著提升。《中国共产党巡视工作条例》明确规定,省、自治区、直辖市党委巡视工作领导小组办公室作为党委工作部门,直接设在同级党的纪律检查委员会。同时,巡视工作领导小组的构成也体现了高度的政治性和组织性,组长由同级纪委书记担任,副组长则由组织部部长担任。③ 其具体模式为:党的巡视工作由中央统一领导,中央和省、区、市以及中央单位分级负责,领导小组具体组织实施,其实质是充分发挥出党中央集中统一领导作用。十九届中央纪委三次全会要求:"出台规范中央单位巡视工作的指导意见,建立巡视巡察工作约谈、下级巡视巡察机构定期向上一级巡视巡察机构报告工作制度。"④

具体来说,新时代中央对巡视工作领导的加强主要体现出四个方面:一是加强党中央对巡视巡察工作的统一领导,完善四级巡视巡察工作体系。2019年3月20日在召开全国巡视工作会议后,中央巡视工作领导小组迅速启动新的策略,采用巡视巡察一体推进的策略,创建中央统一指导、分级负责的体制机制。在该"一体两翼"的机制中,中央巡视为主体,省、区、市及中央单位的巡视则为强有力的两翼。此次改革取得显著成果之一是进一步完善了中央、省、市、县四级巡视巡察体系。在机制上,中央巡视工作领导小组对省、区、市巡视行使"领导"职责,通过推动省级党组织建立定期研究巡视工作的制度、听取"五人小组"的巡视汇报等措施,实行向中央报备相关材料的制度。此外,中共中央出台了

---

① 中共中央纪律检查委员会、中华人民共和国国家监察委员会、中共中央党史和文献研究院编:《习近平关于坚持和完善党和国家监督体系论述摘编》,中央文献出版社、中国方正出版社2022年版,第91页。
② 参见中共中央组织部:《中国共产党巡视工作条例》,中国法制出版社2015年版,第5—6页。
③ 参见中共中央组织部:《中国共产党巡视工作条例》,中国法制出版社2015年版,第5—6页。
④ 赵乐际:《忠实履行党章和宪法赋予的职责 努力实现新时代纪检监察工作高质量发展——在中国共产党第十九届中央纪律检查委员会第三次全体会议上的报告》,《人民日报》2019年3月31日。

关于建立巡视巡察上下联动工作机制的意见,通过强化顶层设计、完善体制机制、建立指导督导等方式,明确了联动工作的具体实施和操作方法。二是强化省级巡视指导督导,构筑巡视工作的坚实桥梁。十九届中央纪委四次全会工作报告提出,全面加强对省、区、市巡视工作指导督导,及时传导党中央关于巡视工作的部署要求。中央巡视工作领导小组部署对省级巡视工作开展指导督导,通过专题培训辅导、工作调研督导、现场跟进指导等方式,对试点省委巡视机构工作进行全方位、全流程、全要素指导督导,推动贯彻巡视工作方针、落实政治巡视要求,进一步规范工作、提高质量。同时,省、区、市巡视机构充分发挥纽带作用,一方面及时传导党中央关于巡视巡察工作的最新指示要求;另一方面重点加强对本地区巡视巡察上下联动的组织领导和统筹谋划,结合实际大胆探索、先行先试,建立健全领导体制和指导督导工作机制,坚持巡视带巡察,统筹区域联动,推动省、区、市巡视工作向纵深发展。三是压实市、县党委巡察主体责任,打通巡视巡察监督"最后一公里"。十九届中央纪委四次全会工作报告提出,压实市、县党委巡察主体责任,推动市、县巡察与纪检监察机关和派驻机构监督相互协同,把监督落实到基层。党的十八大以来,市、县巡察快速发展、整体提升,落实全会部署,各地充分发挥巡视、巡察各自优势,以巡视带动巡察,以巡察拓展巡视,在做好省级巡视工作的同时,积极部署联动市、县巡察工作,积极探索创新"提级巡察""交叉巡察"等方式,做到省、市、县同向发力、同频共振,着力破解力量不够、能力不足、熟人社会监督难问题,发现和推动解决党中央大政方针在基层落实不到位不到底的问题、群众身边的腐败和作风问题,推动全面从严治党向基层延伸。四是针对不同行业和领域的特性,推进巡视工作的分类实施,实现上下联动、条块结合。中共中央办公厅印发《关于中央部委、中央国家机关部门党组(党委)开展巡视工作的指导意见(试行)》,为中央和国家机关内部巡视提供了制度指引,带动了国有企事业单位内部巡视工作更好开展。十九届中央纪委四次全会工作报告提出,督促落实中央部委、中央国家机关部门党组(党委)开展巡视工作指导意见,结合实际需要和行业、领域特点分类推进。已开展内部巡视的中央部委、中央国家机关部门坚决贯彻落实全会部署,结合实际科学组织实施,健全领导体制、工作机制,加强规范化建设,确保监督实效。

(二)重塑职能职责:由"多任务性"向"主业主责"转化

政治巡视是巡视监督的本质属性和战略定位,这是党中央多次明确提出和强调的。从更深层次来看,之所以把巡视定位为政治巡视,强调巡视监督内容的政治性,就是因为政治性是马克思主义执政党的重要属性,是立党执政的核心基础。习近平在关于巡视工作的讲话中,多次就政治监督问题提出明确要求。中央巡视工作领导小组也强调:"巡视是对党组织和党员领导干部的巡视,是政治巡视不是业务巡视。"①基于党的十八大以来政治巡视的实践成果,2017年修订的《中国共产党巡视工作条例》明确规定:"落实中央巡视工作方针,深化政治巡视。"这一规定首次以高位阶的党内法规形式明确了巡视工作的定位,体现了巡视作为政治监督的功能属性和本质特征。党的十九大之后,政治巡视的定位与目标更加凸显,为巡视监督的开展提供了更加精准的方向。

事实上,巡视工作的职责定位由"多任务性"向"主业主责"转化的过程,也是政治巡视"六次深化"的过程。具体来说,第一次深化紧盯"一个中心"和"四个着力",突出发现问题与形成震慑,主要是与党风廉政建设和反腐败工作相结合,其目的是发现问题、形成震慑、减少腐败存量。第二次深化紧扣"六项纪律"和"四个着力",突出纪严于法与纪在法前,主要是与全面从严治党、党风廉政建设和反腐败斗争相结合,其目的是突出纪严于法、纪在法前,抓早抓小,惩前毖后、治病救人。第三次深化是聚焦"三大问题",主要是与净化政治生态相结合,与整治群众反映强烈的问题相结合,与解决日常监督发现的突出问题相结合,增强监督实效。第四次深化紧扣"两个维护"和"六个围绕一个加强",主要是与政治责任和政治监督相结合,其目的是强调把维护党中央集中统一领导作为根本任务。第五次深化紧盯"四个落实"和"三个聚焦",突出职能责任与监督重点,主要是与"四个落实"相结合,推动解决软弱涣散问题,增强基层治理实效。第六次深化紧扣"三个突出"和"两个更加",主要是与发挥利剑作用和标本兼治相结合,其目的强调是充分发挥以巡促改、以巡促建、以巡促治的利器作用。政治巡视六次深化过程,与巡视工作的职责定位由"多任务性"向"主业主责"转化过程相一致,充分彰显党中央对政治巡视的定位把握更为到位,战略目

---

① 陈治治:《巡视,是政治巡视不是业务巡视》,《中国纪检监察报》2015年11月5日。

标更为明确。

(三)重置巡视范围:由"部分覆盖"向"全面覆盖"转化

全面从严治党要靠全党、管全党、治全党,巡视全覆盖是全面从严治党的必然要求,是以习近平同志为核心的党中央向全党全社会作出的庄严承诺,表明党内监督没有例外、不留空白,这本身就是震慑。新时代以来,巡视范围的空间扩展由过去的片状、小范围,逐渐实现全覆盖,呈现出网状和全面扩散特征。2013年11月,党的十八届三中全会通过的《关于全面深化改革若干重大问题的决定》第36条明确指出:"改进中央和省区市巡视工作,做到对地方、部门、企事业单位的全覆盖。"①这是中共中央首次提出"巡视全覆盖"的政治目标,也是首次在党的中央全会上提出。2014年1月14日,在十八届中央纪委第三次全体会议上,习近平再次要求:"巡视监督要对地方、部门、企事业单位全覆盖。"2015年《中国共产党巡视工作条例》又进一步提出"全国一盘棋"的要求。为此,十八届中央从对象范围、完成时限和空间结构三个方面进行了生动探索,逐渐形成了"横向全覆盖、全国一盘棋"的良好格局。

"巡视全覆盖"表现出的特征:一是巡视对象和范围的全覆盖。在党的十八大之前,中央和省级巡视组的目光主要聚焦下级党委及人大常委会、政府、政协党组领导班子和成员,这一布局虽已初具规模,但在党内监督的广度和深度上仍有待拓展。2015年,修订后的《中国共产党巡视工作条例》巩固了对传统"四大班子"主要负责人的监督力度,更将触角延伸至司法机关、企事业单位、人民团体等关键领域,实现了巡视对象在横向层面上的"全覆盖",标志着党内监督不再局限于传统政治框架之内,而是向经济社会发展的各个领域全面渗透。十八届中央还把军事机关和国家机关列为巡视对象,授权军事机关、部分中央和国家机关党组(党委)对各自所管理的党组织开展巡视巡察。2020年,中央军委印发《关于开展巡察工作的意见》,进一步推动巡视工作向基层部队延伸。而中央部委和国家机关党组(党委)巡视工作也在《中国共产党巡视工作条例》(2017年7月1日)、十九大党章(2017年10月24日)和《关于中央部委、中央

---

① 中共中央文献研究室:《十八大以来重要文献选编》(上),中央文献出版社2014年版,第532页。

国家机关部门党组(党委)开展巡视工作的指导意见》(2019年6月)等规章制度指引下得到有力发展。二是一届任期内全覆盖。2016年的《中国共产党党内监督条例》指出:"中央和省区市党委巡视全覆盖"被明确为一届任期内的必达目标。① 为实现这一目标,中央和省级巡视工作展现出了前所未有的力度。一方面,通过加大巡视频次,确保巡视工作的高频率、快节奏;另一方面,创新性地采用"板块轮动"的方式,既保证了巡视的覆盖面,又避免了资源的浪费和重复劳动。十八届中央巡视工作的圆满收官,标志着党的历史上首次实现了一届任期内巡视全覆盖的壮举。② 三是巡视巡察"一盘棋"。党的十八大以来,随着全面从严治党向纵深发展、向基层延伸,党中央提出应着力建设市县巡察制度,治理基层"微腐败"、厚植党的执政基础。《中国共产党党内监督条例》(2016年10月27日)和《中国共产党巡视工作条例》(2017年7月1日)均明确规定"市县党委建立巡察制度,设立巡察机构,对所管理的党组织进行巡察监督"③。之后,中央印发《关于市县党委建立巡察制度的意见》,对全面推进市县巡察提出具体要求。这就将全面从严治党的责任切实传导至党的"神经末梢",不断推动基层党组织的先进性建设。

(四)创新方式方法:由"固化单纯"向"综合灵活"转化

新时代以来,巡视工作在实践中创新机制,在机制创新中完善制度,解决了巡视工作运行中的诸多问题,大大提升了巡视监督效能。十八届中央修订颁布的巡视条例将巡视方式扩充至"12+N",综合灵活运用与系统施治逐渐居于主导地位。

创新方式方法,其目的是为打破巡视与被巡视"固化"容易降低巡视成效等弊端,有效规范巡视权力、提升巡视工作成效。这种新的突破主要体现在以下方面。一是实行"三个不固定"。即实行"巡视地区和范围的不固定""巡视组与巡视对象的关系不固定"和"巡视组组长不固定"。党的十八大之前,中央和省级层面分类设置巡视组和巡视组长固定化,这种设计易使其成为"围猎对

---

① 参见《中国共产党党内监督条例》,《中国纪检监察》2016年第21期,第62—64页。
② 参见姜洁:《十八届中央巡视实现全覆盖》,《人民日报》2017年6月23日。
③ 中共中央文献研究室:《十八大以来重要文献选编》下册,中央文献出版社2018年版,第771页。

象",产生利益共谋、"巡而不视"等负面效应。新时代以来,每轮巡视时,按照"因任务开始而设立、因任务结束而解散"的原则设置巡视组,实行"巡视组组长不固定",并结合具体的巡视任务和巡视对象特点,灵活调整巡视组数量,随机选择巡视对象。二是实行"一次一授权"。党的十八大之前,巡视组组长实行职务制和任期制,易使其沦为一种安排领导职务的政治性岗位,同时加大巡视权异化的风险。新时代,坚持动态化思路,在构建巡视组组长库的同时,实行"一次一授权""一次一任命",严格任职回避、地域回避和公务回避。这种"流动性"选任方式,有效激发巡视组组长竞争意识和工作动力。三是规范省级巡视机构设置。党的十八大之前,一些地方党委对待巡视不够重视、机构设置五花八门,造成巡视工作"各自为战"、开展不平衡等问题。从2014年起,省级层面又设置"五人小组",专门听取巡视工作汇报,进一步强化省级巡视监督效果。2015年的《中国共产党巡视工作条例》把巡视机构定位明确为"专职",并就省级巡视工作领导小组组长、副组长人选,以及巡视办公室部门属性予以明确规定。四是工作方式多元化。坚持问题导向和精准发现问题,采取常规巡视与专项巡视相结合的方式,积极探索"点穴式""回访式""机动式"巡视方法,打破巡视对象"过关"心理。随后,中央巡视工作领导小组在2016年开展"回头看",起到了查漏补缺、督促整改、震慑常在等效果,彰显出巡视监督的韧性和严肃性。习近平强调,必须加大"回头看"的力度。[①] 巡视"回头看"强调了问题的针对性,拓展了巡视内容。机动式巡视是2017年十八届中央第十二轮提出的,更要强调出其不意的特点,不给巡视对象有充分的准备时间,充分体现"游动岗、短平快"的优点,发挥"流动哨"的作用,发现"灯下黑"的问题,成为党内监督的"移动探头"。五是组织形式灵活性。十八届中央从2014年第三轮巡视首次创造性地采用专项巡视,这是十八届中央巡视工作创新的一大亮点。"专项巡视"关键在于"专",以问题为导向,形式更加灵活,具有"快、狠、准"等特点,其意义在于可以汇聚巡视资源,对特定的事项进行快速有效的巡视,最大限度地发挥巡视监督的效力。之后,中央巡视工作领导小组探索实行"一托二""一托三",

---

[①] 参见中共中央纪律检查委员会、中共中央文献研究室:《习近平关于党风廉政建设和反腐败斗争论述摘编》,中国方正出版社2015年版,第115页。

分类别、分领域巡视,更有利于发现共性问题,破除制约改革的难题。

(五)重塑战略格局:由"分散巡视"向"全国一盘棋"转化

党的十八大之前,巡视巡察各自为战,呈现"分散巡视"。新时代以来,"全国一盘棋"战略格局基本形成。这是党中央从完善党和国家监督体系的战略高度作出的重大论断和明确指示,是党中央集中统一领导、分级负责原则的进一步具体化。

这种新的突破呈现出鲜明的阶段性特征,主要体现在以下方面:(1)形成全国"一盘棋"的战略态势。其一,整体战略格局初步形成。在工作机制上强化领导,中央巡视工作领导小组对省、区、市巡视工作行使"领导"职责,发挥"领导"作用,推动省、区、市建立党委常委会定期研究巡视工作,"五人小组"听取巡视情况汇报。在工作部署上实现同步,中央率先规划、示范带动,督促地方及时跟进、认真部署。在工作标准上要求一致,通过示范传导、检查传导、制度传导,推动地方学习中央巡视工作,向中央标准看齐。在工作实效上保持共进,通过直接督促指导,有效推动地方巡视成果转化,同时实现信息共享、成果共用,一起打"老虎"、拍"苍蝇",形成全面震慑,初步做到了"横向全覆盖,纵向全链接,全国'一盘棋',上下联动遏制腐败蔓延势头"。其二,巡视指导体系初步确立。新时代初步确立中央巡视工作方针的指导体系,概括起来主要有10个方面:关于巡视定位,提出聚焦"一个中心",把发现问题、形成震慑作为主要任务;关于巡视内容,提出坚持围绕"四个着力",深化"两责任一纪律"检查,突出重点;关于巡视目标,提出发挥巡视震慑遏制治本作用,促进实现"不敢腐、不能腐、不想腐"的战略目标;关于巡视方式,提出开展常规巡视,巩固深化专项巡视;关于巡视机制,明确"三个汇报机制"和"三个不固定"工作机制;关于巡视责任,明确"三个第一责任人",强调"两职"观念;关于巡视成果运用,强调立行立改、分类处置,做到件件有着落;关于巡视整改,强调整改主体责任具体化;关于巡视格局,提出形成全国"一盘棋"的战略态势;关于巡视工作,强调要依纪依法开展巡视,逐步形成配套完备、有效管用的巡视工作体系。这10个方面概括为贯彻中央巡视工作方针的指导体系,是巡视工作取得的重大理论和实践创新成果,是开展工作的根本依据和重要指导。其三,工作机制初步完善。始终坚持巡视实践向前一步,制度建设就跟进一步;中央巡视工作成熟一项,就带动地方完善一项,体现出了"全、实、新"的特点:全,就是比较系统,涵盖巡视准备、进驻、了解、报告、反馈、移交、整改、督办等各个主要环节;实,就是比较管用;新,就是有突破。初步做到重大行动有法可依,重要事项有章可循,重点环节有规可据,日常工作规范有序。其四,自身建设初步规范。以提高领导力为目标,规范领导小组配置;以提高保障力为目标,规范巡视办配置;以提高战斗力为目标,规范巡视组配置,把巡视组打造成为干部成长成才的平台,力量明显增强、素质普遍提高。(2)推进省、区、市巡视工作深化发展。2014年,中央把省、区、市巡视工作纳入全党巡视工作总体格局,整体谋划、一体推进。习近平每次听取汇报时都对地方巡视工作作出重要指示。2014年,在加强"三个传导"(即示范传导、检查传导、制度传导)、实现"三个联动"(即遏制腐败联动、全覆盖联动、制度建设和执行联动)、做到"三全"(即横向全覆盖、纵向全链接、全国"一盘棋")的基础上,进一步提出省、区、市建立以落实"两个责任"为核心,以明确"三个第一责任人"为重点,以抓好"五责"为支撑的巡视工作责任体系,落实好"两汇报、一报备"制度。"两个责任"即党委主体责任、纪委监督责任;"三个第一责任人"即省、区、市党委书记,巡视工作领导小组组长,巡视组组长;"五责"即定责、履责、督责、尽责、问责;"两汇报、一报备"即建立省、区、市党委常委会听取巡视工作汇报机制,党委"五人小组"听取巡视情况汇报机制,党委书记听取巡视情况汇报的讲话报备制度。(3)推进中央单位内部巡视工作规范发展。加强分类指导,建立情况通报、经验交流平台,促进互学互鉴。指导中央单位巡视机构加强与纪检监察机关派驻机构和中央单位的内设纪检机构以及组织人事、审计、财会等部门的协作配合。(4)推进市、县巡察向基层延伸。对村(社区)巡察是推动乡村振兴战略等党中央重大决策部署在基层落地见效的重要保障,是巡视巡察践行人民立场的具体行动,是促进基层治理、强化基层监督的有效抓手。党的十八大以来,一些省、区、市党委和巡视工作领导小组高度重视巡察工作,把市、县巡察与巡视工作统筹规划、统一安排、统一部署,发现了一批发生在基层群众身边的突出问题,取得较好成效,得到各级党委的肯定和干部群众的拥护。(5)推进巡视监督与其他监督贯通协调。深化巡视监督与纪律监督、监察监督、派驻监督统筹衔接,加强巡视监督与组织监督协作配合,充分运用审计、财政、统计等部门的专业力量和监督成果,增强监督合力。

三、实践创新的价值意蕴

在新时代的浩瀚征途中,巡视工作体系在实践中不断创新,犹如一把锋利的手术刀,精准地剖析着国家治理的每一个角落,其发展历程不仅是对制度优势的生动展现,更是推动国家治理能力现代化不可或缺的强劲动力。

(一)政治巡视实践创新的基本特征

政治巡视实践创新鲜明的时代性、科学性和实践性,成为新时代党的建设新的伟大工程的鲜亮注脚。主要体现在四个方面:一是坚持围绕巩固党的集中统一领导这条主线。巡视的权威来自党中央集中统一领导。巡视工作作为中国共产党管党治党的重要方式,在巩固党的团结、调节中央与地方的关系上发挥了重要作用。作为上级组织对下级组织的一种领导方式,巡视实践创新坚持围绕巩固党的集中统一领导主线而展开,其原因是巡视始终以党的领导原则和党章根本要求为根本遵循,以维护党的集中统一领导为根本任务。巡视实践创新,是在党的领导下推进的,是依据党内"根本大法"——党章实施的,也是立足政治巡视要求开展的,具有强烈的政治性。党内巡视工作坚持党的领导,就是确保巡视的政治方向,确保巡视工作成为党自我净化的武器,以推进党自身的先进性建设,进而再以伟大工程的建设成效助力伟大斗争、伟大事业和伟大梦想。二是遵循强化各级党组织主体责任这个原则。党的十八大以来,党中央高度重视强化管党治党责任意识,实现了从党风廉政建设"两个责任"向全面从严治党责任的发展。新时代的党内监督体系,分为党中央集中统一领导的监督、党委(党组)的监督、党的纪律检查机关的专责监督、党的工作部门的职能监督、基层组织的日常监督、广大党员民主监督6个部分。在这个监督体系中,各级党委(党组)扮演着枢纽的角色。对于巡视的实践创新,各级党委(党组)对巡视工作担负起主体责任,包括派出巡视组的党组织责任、巡视工作领导小组与巡视办的责任、下级党组织的责任。巡视的实践创新,坚持强化各级党组织主体责任这个遵循,就是牵住了问题的"牛鼻子",抓住了关键与根本。三是厘清巡视监督与业务检查这对关系。党的十八大之前,巡视目标过于宽泛,存在"巡视是一个筐,什么都往里面装"的现象,被巡视地区经济发展、推荐选拔干部的职责均有所涉及。新时代提出巡视是政治巡视,不能等同于一般的业务检查。巡视监督,不是对被巡视单位的日常工作、业务工作进行的监督,而要透过这些工作去从政治上看一个地区、一个部门管党治党过程中存在的深层次、结构性问题。巡视监督与业务检查的区别,厘清了巡视监督与其他监督方式的职责定位,从而造就了巡视工作实践创新的实现。四是把握将制度优势转换为治理效能这个目的。习近平在党的十九届中央纪委五次全会上强调"完善党和国家监督体系,使监督融入'十四五'建设之中"[①],一语中的地点明了监督在现代国家治理体系中的重要地位。监督是国家治理运行的"免疫系统",而巡视作为党和国家监督与治理体系的重要组成部分,可以通过巡视发现一个地区、一个系统在管党治党中存在的结构性、深层次问题,推动这些问题得到解决。新时代中央巡视工作方针讲的也是这个道理。政治巡视既是治标之举,更是治本之策。新时代政治巡视的实践创新,始终围绕将制度优势转换为治理效能这个目的,才能沿着正确的政治方向,增强监督治理实效,主动融入国家治理中。

(二)政治巡视实践创新的时代价值

在新时代的浩荡春风中,政治巡视的实践创新不仅为党的建设注入了强劲动力,更以其显著的实效性和广泛的群众基础,彰显出深远的时代价值。主要体现在五个方面:一是维护了党中央权威和集中统一领导。新时代以来,政治巡视实践创新的政治功用最重要一点,就是坚决维护了党中央权威和集中统一领导。2015年与2017年两次修订巡视条例,从制度层面明确了其作为党内监督战略性制度安排的地位,特别是通过确立中央巡视工作领导小组的"准垂直"

[①] 中共中央党史和文献研究院编:《习近平关于全面从严治党论述摘编》,中央文献出版社2021年版,第425页。

领导体制,从根本上强化了巡视工作的政治属性,确保巡视利剑始终指向维护党中央权威和集中统一领导的核心目标,为全党上下牢固树立"四个意识"、做到"两个维护"提供了强有力的监督保障。通过政治巡视,有效掌握了央地关系的主动权,在全党范围内形成了一种强大的震慑效应,使得任何试图挑战中央权威、破坏党内团结统一的行为都无处遁形。这一过程,实则是中央政治权威不断强化的生动体现,也是党的凝聚力、战斗力显著提升的重要标志。① 政治巡视的另一大政治功用,在于其强大的压力传导机制。通过政治巡视,上级党组织对下级党组织的监督实现了常态化、制度化,这种自上而下的监督压力传导,不仅促使各级党组织和党员干部时刻保持警醒,更激发其主动作为、勇于担当的精神状态。政治巡视作为新时代党内监督的重要方式,对于维护党中央权威和集中统一领导的贡献不可估量。二是净化了党内政治生态。政治巡视是净化党内政治生态、优化执政环境的关键一招。自党的十八大以来,中共将政治巡视监督提升至前所未有的高度,将其视为加强党内监督、推动全面从严治党的战略性制度安排,经历了从点到面、由浅入深、由表及里的六次深刻变革。从最初聚焦党风廉政建设和反腐败斗争,紧盯作风、纪律、腐败、选人用人等四大问题,到逐步紧扣"六项纪律"深入查找问题,政治巡视不仅发挥了"发现问题"的"显微镜"作用,更成为"推动改革、促进发展"的催化剂。通过精准发现问题、深刻剖析原因、强力推动整改,政治巡视有效推动了被巡视单位乃至全党范围内的政治生态持续向好,实现了党内监督的常态化、长效化。经过政治巡视的六次深化,党内政治生活更加严肃认真,党内政治文化更加积极健康,党员干部的党性修养和纪律意识显著增强。这一系列积极变化,不仅提升了党的凝聚力和战斗力,也进一步巩固了党执政的政治基础和思想基础。更为重要的是,净化党内政治生态还为社会风气的好转树立了标杆,引领了全社会向善向上的价值追求。三是惩治和预防了腐败现象。新时代政治巡视的实践创新,聚焦党风廉政建设和反腐败斗争,发现了大量领导干部违纪违法问题线索,督促查办了一大批领导干部违纪违法案件,大大减少了腐败存量,有效遏制了腐败增量,

---

① 参见王冠、任建明:《新时代巡视制度的改革绩效、政治功用与政策建议》,《领导科学论坛》2021年第10期,第5页。

推动了反腐败斗争深入开展并取得压倒性胜利。据统计,十八届中央期间,中央纪委立案审查的中管干部案件中,超过60%的问题线索来自巡视①;根据巡视移交的问题线索,各地纪检监察机关立案审查厅局级和县处级干部10283人②;中央巡视组受理信访159万件,与干部群众谈话5.3万人次。③ 这些数据表明,巡视发挥了政治"显微镜"和"探照灯"作用。四是倒逼了体制改革与机制创新。新时代政治巡视的实践创新,着眼于推进国家治理体系和治理能力现代化,在问题导向中发现普遍性的深层次矛盾,从倒逼改革中找到各领域发展突破口,深入推进了司法体制、金融监管体制、教育体制、中央企业领导班子管理体制和行政审批制度等各项改革。同时,也推动解决了地方领导干部"一家两制"、中央单位"红顶中介"、国有企业"靠啥吃啥"、高校校办企业管理混乱等共性问题。政治巡视,作为新时代党的建设新的伟大工程的重要组成部分,其意义远不止于查处几个案件、纠正几起作风问题,更在于通过持续的监督与倒逼,推动整个国家治理体系的不断完善与治理能力的持续提升。五是破解了大量社会矛盾。新时代政治巡视的实践创新,成为破解社会矛盾、维护人民群众切身利益的坚实屏障,彰显了党以人民为中心的不变初心,更在实践中绘就了一幅幅干群和谐、社会安定的生动图景。政治巡视之所以能在解决社会矛盾中发挥如此关键的作用,根本在于其始终坚持以人民为中心的价值取向。市县巡察作为巡视向基层延伸的重要一环,紧密结合基层实际,突出问题导向,着力发现和推动查处侵吞挪用、克扣强占惠民资金特别是扶贫资金等损害群众切身利益问题,不作为、乱作为、妄作为、胡作为等脱离群众问题,以及"雁过拔毛""村霸"等微腐败问题,让人民群众真切感受到公平正义的力量,增强获得感、受益感,密切党同人民群众的血肉联系,筑牢党执政的群众基础。

(三)政治巡视实践创新的基本经验

系统总结和科学分析新时代政治巡视实践创新的基本经验,具有重要的理

---

① 参见《党的十九次全国代表大会上十八届中央纪律检查委员会工作报告》,《人民日报》2017年10月30日。
② 参见志轩:《利剑出鞘,愈显锋芒——十八届中央巡视工作深化发展综述》,《中国纪检监察》2017年第17期,第11—14页。
③ 参见《党的十九次全国代表大会上十八届中央纪律检查委员会工作报告》,《人民日报》2017年10月30日。

论意义和现实意义。一是坚持政治监督本色,加强党中央集中统一领导,牢牢把握中国特色社会主义国家治理的根本优势。我国国家制度和国家治理体系具有多方面的显著优势,其中首要的是坚持党的集中统一领导,保持政治稳定,确保国家始终沿着社会主义方向前进。① 新时代政治巡视的实践创新,担负着维护党的集中统一领导的重任,沿着政治监督的轨道不断深化,功能更加聚焦。其监督重点是发现和推动解决影响党的领导、党的建设、全面从严治党的根本性全局性问题,根本任务是督促全党增强"四个意识"、坚定"四个自信"、做到"两个维护"。通过强有力的政治巡视监督,维护党中央的绝对权威,压实各级管党治党、执政治理的政治责任,确保中央政令畅通、决策落地生根,保持地方与中央步调一致,既是中国特色社会主义制度优势所在,也是推进国家治理体系和治理能力现代化的现实要求。二是坚守政治巡视价值,强化群众纽带功能,以人民为中心推进国家治理体系和治理能力现代化。2017年修订的《中国共产党巡视工作条例》把"坚持群众路线、发扬民主"作为总则条款加以确定,既是对过去党内巡视工作历史经验的总结,也是新时代巡视工作高质量发展的现实要求。要凸显巡视工作在管党治党、治国理政中的特殊作用,就要准确把握以人民为中心的价值取向。人民群众痛恨什么、反对什么,就重点巡视什么、纠正什么,把人民拥护不拥护、赞成不赞成、高兴不高兴作为检验巡视工作的根本标准,把实现最广大人民群众的根本利益作为深化政治巡视、厚植执政基础的主攻方向,把群众幸福感和满意度作为衡量执政能力水平和国家治理水平的重要指标。三是做好政治巡视"后半篇文章",推动巡视监督、整改、治理有机贯通,实现监督治理效能最大化。新时代政治巡视的实践创新,出台多份关于强化巡视整改落实和成果运用的政策规范,习近平也在不同场合多次强调巡视整改和成果运用对于提升国家治理体系和治理能力水平的重要意义。2021年,习近平在听取关于中央和国家机关巡视情况报告时指出,要结合巡视整改,巩固深化党和国家机构改革成果,推动国家治理体系和治理能力现代化。强化巡视整改和成果运用,已经

---

① 参见韩正:《加强党对坚持和完善中国特色社会主义制度、推进国家治理体系和治理能力现代化的领导》,《党建研究》2019年第11期,第7—10页。

成为新时代以来政治巡视不断深化的鲜明特点,它既是全面贯彻巡视工作方针的内在要求,也是实现监督治理效能最大化的必然路径。四是完善巡视巡察工作战略格局,做到上下联动一体推进,打通基层治理"最后一公里"。推进改革发展稳定的大量任务在基层,推动党和国家各项政策落地的责任主体在基层,推进国家治理体系和治理能力现代化的基础性工作也在基层。党的领导体现在各层级、各领域,决定了党的监督也必须跟进到各层级、各领域。新时代以来,调整后的巡视工作很大程度改变了过去被动的监督局面,特别在破解"一把手"监督难题上提供了有效手段。经过这些年的探索实践,中央、省、市、县四级巡视巡察工作体系基本建立,特别对市、县级党委开展政治巡察,重在压实基层党委政治责任,有效弥补了基层党组织监督空白。巡视巡察上下联动的制度设计,契合了"社会治理重心向基层下移"的治理理念,通过发挥自上至下的巡视巡察监督制度优势,为基层治理现代化提供了有效的组织手段。

第十一章
非凡征程:百年巡视工作的伟大成就

在历史的长河中,总有一些力量以其独特的姿态,深刻地影响着时代的走向。正如习近平指出的那样:"中国产生了共产党,这是开天辟地的大事变,深刻改变了近代以后中华民族发展的方向和进程,深刻改变了中国人民和中华民族的前途和命运,深刻改变了世界发展的趋势和格局。"①而在这段辉煌的历史中,中共巡视工作作为党内监督与自我革新的重要机制,承载着厚重的历史使命与时代价值。中共巡视工作的百年历程,是中共百年奋斗发展史、理论创新史的重要组成部分,为世界政党建设提供了宝贵的中国样本。

一、凝聚力量:推进党的集中统一领导

建党以来,党的领导决定着中国革命、建设和改革等伟大实践的根本性质和前进方向,促使中国实现从站起来、富起来到强起来的伟大飞跃,是"中国进步奇迹"的主要因素。在具体实践中,巡视工作在顶层设计上始终坚定党的政治方向,把握历史主动,其核心功能是保证党的集中统一领导。

(一)坚定的政治信仰与党的初心使命一脉相承

坚定的政治信仰是中国共产党立党立国、兴党强国的先决条件。中共是如

---
① 《习近平谈治国理政》第四卷,外文出版社2022年版,第4页。

何战胜千难万险不断走向胜利和辉煌的？邓小平曾解释道："就是因为我们有理想,有马克思主义信念,有共产主义信念。"①历史实践证明,中共始终没有放弃过自己的信仰,"社会主义和共产主义的政治信仰位于该结构的顶层……这赋予了中国共产党强大的凝聚力"②,并支撑其团结带领人民实现了国家独立、开启了改革开放、步入了新时代。正确的政治信仰与党的初心使命一脉相承,决定着中共的领导沿着正确的方向前进与奋斗。从巡视工作历史发展路径来看,其坚定的政治信仰对于中共领导的方向起着重要的作用。

中国共产党高度重视政治信仰对于巡视工作开展的重要意义。早期巡视人员选任设计上很大程度考虑到政治信仰的因素,中共要求巡视员一般是常委或委员轮流充当,要求"要选择政治上组织上健强的同志"③,"巡视员要是各级党部中有能力而积极,政治认识较清楚的分子"④,"必要时可以调动支部中的有能力的分子去充当巡视员"⑤。1931年的《中央巡视条例》又规定了中央巡视员必须具备三个条件,即党龄须在3年以上;忠实刻苦,能正确地了解与传达党的路线,为党的总路线而斗争;曾在地方党部做过负责工作。⑥ 2024年新修订的《中国共产党巡视工作条例》亦明确规定巡视干部应当具备的条件："理想信念坚定,对党忠诚,自觉在思想上政治上行动上同以习近平同志为核心的党中央保持高度一致。"⑦显然,坚定的政治信仰与忠实可靠,是中共强调的巡视员的必要素质和条件。笔者考察梳理新民主主义革命时期80名中央巡视员发现,绝大多数理想崇高、信念坚定,为党的事业和巡视事业作出了巨大奉献和牺牲。其中,有4人是在1949年前病逝的;有43人在1928—1933年殁亡,且年龄集中

---

① 《邓小平文选》第3卷,人民出版社1993年版,第110页。
② Robert Lawrence Kuhn, *How China's Leaders Think*, Singapore: John Wiley and Sons (Asia) Pte. Ltd., 2010, p. 488.
③ 中共中央组织部、中共中央党史研究室、中央档案馆编:《中国共产党组织史资料》第8卷,中共党史出版社2000年版,第423页。
④ 中央档案馆:《中共中央文件选集》第5册,中共中央党校出版社1990年版,第231页。
⑤ 中共中央组织部、中共中央党史研究室、中央档案馆编:《中国共产党组织史资料》第8卷,中共党史出版社2000年版,第420页。
⑥ 中共中央组织部、中共中央党史研究室、中央档案馆编:《中国共产党组织史资料》第8卷,中共党史出版社2000年版,第236页。
⑦ 《中国共产党巡视工作条例》,中国方正出版社2024年版,第28页。

在26—33岁,占比六成左右;有11人因当时就下落不明或与组织失去联系而无法确认,当中应还有在革命年代即已被杀害的。其死因主要是国共分裂后国民党反动派的大屠杀、革命时期战斗中伤亡以及苏区"肃反"等,英年早逝,为中国革命而献出年轻生命,靠的即是共产主义理想信念。

坚定的政治信仰要求巡视工作在政治原则、政治立场、政治观点上同党中央保持高度一致。坚定的政治信仰在实践中转化或固化为工作准则,推动党的集中统一领导成为现实。一是坚定不移地贯彻执行党的基本路线。在政治上与中央保持一致,保证中央政令畅通,这是党对于巡视工作一贯的政治原则和政治纪律。如1933年8月29日,中共珠河县委第五次扩大会议决议:"县委加紧巡视工作,同时尽量的提高同志的政治水平,并尽可能的培养干部并从县委到支部,以及每个同志彻底的认识马克思列宁主义,特别是县委委员与巡视员彻底的明了每个文件,而更加注意,巡视员到每个支部去,给支部同志以短期政治训练,提高支部同志的精神。"[①]进入新时代,巡视是党章赋予的重要职责,是党内监督的战略性制度安排,中央巡视组是党中央派出的,肩负的是党中央的权威和信用,践行的是党的初心使命。二是坚定不移地纠正党内错误思想。1931年的《中央巡视条例》规定:巡视员要"经常研究国际和四中全会以后中央一切决议案,特别是最近的决议案",考究一切决议不能充分执行的原因,找出一切工作中的具体缺点与错误,并及时想出纠正和转变的方法。同时,"遇有当地发生的新事变必须迅速予以解决和布置,报告中央关于处理事变的详情,以便保证国际和中央路线百分之百的执行"[②]。新时代党中央确立巡视工作方针,巡视主要任务是发现问题、形成震慑,落脚点是推动改革、促进发展。巡视工作的基本职能任务就是全面贯彻巡视工作方针,为实现党的初心使命提供有力监督保障。三是坚定不移地维护中央权威。1931年的《中央巡视条例》规定,"巡视员对自己巡视的地方工作,须特别细心,如有前后不符,或因处理不当,致遭损失,须向中央负政治的责任"[③]。即使对中央的决定有不同意见,可以通过党

[①] 中央档案馆、辽宁省档案馆、吉林省档案馆等:《东北地区革命历史文件汇集(1929年5月—1937年9月)》,内部资料,1990年,第32页。
[②] 中央档案馆:《中共中央文件选集》第7册,中共中央党校出版社1991年版,第221页。
[③] 中央档案馆:《中共中央文件选集》第7册,中共中央党校出版社1991年版,第227页。

的组织系统向上级反映直到中央提出,也可以保留,但必须在行动上服从,决不能在巡视工作中自行其是,采取与中央决定、决议相违背的行为。新时代,巡视在"两个维护"上肩负着特殊使命和重大政治责任,本质是政治监督,而不是一般的业务检查、工作督查。

(二)坚守政治定位的核心是维护党中央权威和集中统一领导

在历史的长河中,中共巡视工作的职能定位虽历经变迁,但维护党中央权威和集中统一领导的核心任务却始终如一。新民主主义革命时期,其职能定位以一种独特的领导方式初现端倪,是指导领导组织建设和革命运动的重要方式。新中国成立初期,面对百废待兴的局面,巡视工作的职能定位是领导和指导纠正各项政治运动的重要工具,确保运动方向和效果符合中央意图,还兼具了行政监察的特征。随着改革开放的深入,巡视工作逐渐走向制度化、规范化。1983年和1990年的整党运动巡视工作,是对前期制度定位的一种实践和坚持。1996年,巡视工作作为党内监督体系的制度构成被正式提出。中国特色社会主义进入新时代,习近平明确指出:"巡视是党章赋予的重要职责,是加强党的建设的重要举措,是从严治党、维护党纪的重要手段,是加强党内监督的重要形式。"[①]这一重要论述,更将政治监督放在首位。百年来,中共巡视工作的职能定位历经变迁,但其维护党中央权威和集中统一领导的核心任务和根本目的却始终没有变化。

1. 促进了党的领导核心作用的发挥

"事在四方,要在中央"。新民主主义革命时期,巡视工作肩负着"正确了解与传达党的路线,为党的总路线的执行而斗争"的神圣职责[②],确立组织路线和党内关系秩序,创建改组整顿组织,构建完善党内各级领导体系,凝聚党的队伍力量,密织组织网络,实现并强化党内集中统一领导,为保证党的集中统一、领导人民夺取革命胜利提供了重要保障。中华人民共和国成立后,巡视工作设计上的权力向上集中特征,旨在进一步强化党的全面领导。这种政治凝聚功能,不仅促进了党的领导深度融入治国理政的各个环节,还保证了党和国家各项事

[①] 《习近平总书记关于巡视工作的重要论述》,《中国纪检监察》2015年第7期,第4—6页。
[②] 中央档案馆:《中共中央文件选集》第7册,中共中央党校出版社1991年版,第221页。

业始终沿着正确的政治方向前进。进入中国特色社会主义新时代,巡视工作不仅是党内监督的"利剑",更是推动党的领导核心作用发挥的"引擎"。通过巡视,中共能够总揽全局、协调各方,有效组合国家治理资源,编织起覆盖广泛的政权网络。这种高度集中的领导力和强大的组织协调能力,为实现社会发展与稳定提供了坚强的政治保障,同时促进了党内外的沟通与联系,增强了人民群众对党的信任和支持,进一步巩固了党的执政地位。

2. 强化了党内思想的统一和党内团结

中共巡视工作在强化党内思想统一与团结方面发挥了不可估量的作用。1954 年,中共七届四中全会高瞻远瞩地提出"党的团结是党的生命""党的团结的利益高于一切"①,深刻揭示了党内团结对于党的事业兴衰成败的决定性意义。在中共发展历程中,巡视工作始终是确保全党步调一致、思想统一的重要机制。从社会主义教育运动时期的巡视,到改革开放后整党运动的深入,再到党的十八大以来巡视工作的全面深化,每一次巡视都是对党内存在问题的精准把脉和有力整治——不仅解决了党员干部中的不正之风和蜕变腐败问题,更在深层次上推动了全党对马克思主义信仰的坚定,有效抵御了自由主义、新权威主义、保守主义等思潮的侵蚀,维护了马克思主义在党内意识形态领域的指导地位。进入中国特色社会主义新时代,巡视工作深入揭示了一些地方和领域政治生态恶化等突出问题,精准打击了"七个有之"等违反党的政治纪律和政治规矩的行为,增强了党组织的凝聚力和战斗力。同时,巡视工作还密切关注意识形态领域的阵地管控风险和政治安全隐患,通过深入发现和推动解决问题,确保了马克思主义在意识形态领域的指导地位不动摇,更筑牢了党执政的政治基础和思想基础,为党的团结统一提供了强有力的保障。

3. 提高了党的指导思想的科学性和权威性

巡视利剑是铸就党的指导思想科学性与权威性的坚固基石。巡视工作的精髓,在于强化了上级党组织对下级的有效监督,更在上下级之间搭建起一座信息传递与反馈的桥梁。这种良性的传达—指导—回馈机制,如同一条充满活

---

① 中央档案馆、中共中央文献研究室:《中共中央文件选集》第 1 册,人民出版社 2013 年版,第 253 页。

力的生命线,让上级党组织能够及时了解下级党组织的工作状况、存在的问题及群众的呼声,从而精准施策,给予科学指导。巡视工作的另一大贡献,在于促进了民主决策的科学性与执行的正确性。巡视过程中,发现的问题与不足为中共提供了宝贵的决策依据。通过深入分析这些问题,中共能够因地制宜地运用马列主义革命理论和党的纲领、方针、政策,制定出更加符合实际、更加科学有效的政策措施。同时,巡视还强化了对政策执行情况的监督,确保中央政令畅通无阻,决策落地生根。如土改运动偏差问题,中共中央新疆分局巡视及时提出"稳步前进,宁缓勿乱"方针和系列具体措施①,内蒙古"经常派人下乡巡视指导,交流经验,纠正偏差"②,1951年10月宁夏省巡视团第一分团帮助中宁各区解决工作中的各种问题③,1952年西北军政委员会巡视小组和宁夏4个巡视团推动解决了各县市大量问题④,1953年宁夏省委组织部抽派5位同志巡视先后发现并纠正了9个县的一系列问题。⑤ 党的十八大以来,中共巡视工作成为党内政治生态净化与重塑的重要推手。通过强有力的巡视监督,一批批腐败分子被查处,一批批违纪违法行为得到纠正,党内风气为之一新。新时代政治巡视的实践创新,担负着维护党的集中统一领导的重任,监督重点是发现和推动解决影响党的领导、党的建设、全面从严治党的根本性全局性问题,根本任务是督促全党增强"四个意识"、坚定"四个自信"、做到"两个维护"。通过巡视全覆盖的实践创新和强有力的政治巡视监督,维护党中央的绝对权威,压实各级管党治党、执政治理的政治责任,确保中央政令畅通、决策落地生根,这既是中国特色社会主义制度优势所在,也是推进国家治理体系和治理能力现代化的现实要求。

---

① 参见《新疆通史》编撰委员会:《新疆历史研究论文选编当代卷》(上),新疆人民出版社2008年版,第32页。
② 中共内蒙古自治区委员会党史研究室:《中国共产党与少数民族地区的民主改革和社会主义改造》(上册),中共党史出版社2001年版,第404页。
③ 参见中共中宁县党史县志办公室:《中国共产党中宁历史大事记:1924—2014》,宁夏人民出版社2015年版,第26页。
④ 参见中国人民政治协商会议银川市委员会文史资料委员会:《银川文史资料》第9辑,内部资料,1998年,第84页。
⑤ 参见宋建钢:《修史资政育人研究》(2014年卷),宁夏人民出版社2015年版,第481页。

(三)坚持的政治原则是实现党的全面领导

民主集中制是中共组织之魂与领导之基。通过巡视工作,以科学思想理论和正确政治路线为指引,为全党提供了强大的精神动力和行动指南,在强化集体领导方面发挥了重要作用。

1. 健全完善了党的领导结构系统

组织问题始终是中共生存与发展的重要基石。中共建党初期就认识到"组织问题为吾党生存和发展之一个最重要的问题"①,早期实行的巡视特派,本身就是一种领导方式。大革命失败后,中共组织遭到巨大破坏,被迫做出全面转型——从城市到农村、从文斗到武斗、从公开到地下。从工作场域到斗争方式,中共组织形态和领导方式均进行重大调整,从中央到地方派员层层巡视直到支部,各级党组织均采用派遣巡视员的方式,加强对下一级党组织的领导,促使中共理想的组织体系,即中央—省委—县(市)委—特委—区委—支部成为现实,在纵向上形成了中央—地方—基层三层五级的领导链条。各级党部巡视指导制度的确立,从中央到地方派员层层巡视直到支部,地方党组织得以整顿、恢复和发展,各级党组织之间联系亦得到恢复。与此同时,巡视员在巡视过程中,构建和逐渐完善了党内各级领导体系。一方面指导领导各级党组织的建立健全、整顿改造,提高党组织覆盖面,扩大党的影响力;另一方面又不断指导完善构建各级党组织的内部机构建设,指导督促各级党委、工委、特委成立组织、宣传、军事、民运、统战、职工、青年、妇女等部门,实现职能制与层级制的有机结合,切实推进中央对各基层党组织的领导和指挥,确保中央路线方针政策的贯彻落实。巡视工作的实行,确保了中央在短时间内可以收缩体量并且全面深入并控制地方,以便在紧急状态中实行强有力的集中领导。

2. "大集中小民主"促使党中央组织权威树立

考察巡视工作顶层设计的历史,具有集中向上的特征,即"大集中小民主",树立了中央组织权威,使中共在涣散紊乱之际有了旗帜和灵魂。(1)中央机构加强对地方党组织的控制。巡视员自上而下的渗透使党中央实现了最大限度的集权,达到了中央对地方施行有效控制的目的,同时使上级机关的决议能够

---

① 中央档案馆:《中共中央文件选集》第1册,中共中央党校出版社1989年版,第379页。

迅速传达至下级机关和党员群众中去执行。(2)充分体现中央对地方的主导地位。巡视员带着上级指示精神深入到各地,按上级意图帮助恢复或组建党组织,这本身就决定了中央对地方的主导地位。(3)显示中央对地方的感召力。如在中国革命处于危急存亡的时候,中共中央召开八七会议,号召全党领导人民群众举行武装起义,实行土地革命,从1927年秋到1928年底,中央派巡视员到全国各地先后组织发动了一百余次武装起义,充分体现了中央对地方的这种感召力。

3. 集体领导促使集中与民主平衡

为避免党组织极端民主化,党内早期巡视强调严格实行集体领导和民主集中制,"权力不应集中在一个人身上"①。中央认识到"大集中小民主"问题的严重性,及时提出实行集体领导,适当缩减巡视员的权力。1938年9月,在党的六届六中全会上重申和强调扩大党内民主、认真执行民主集中制和坚持党的集体领导的重大意义。② 同时,通过设立专门巡视员,在组织内部发扬民主,提高上级党委权力等制度性规定,加强垂直领导,在增强党的活力和领导功能的前提下,保持党的适度控制力,并采取措施制约和平衡遏制自由主义和分散主义。可以说,通过巡视工作作用发挥和巡视员的穿针引线,党内上下秩序得以规范,组织原则和组织准则得以确立,党内民主集中制也由"大集中小民主"逐渐实现民主与集中有机统一,党内领导结构系统创建后不断得以健全完善,并发挥重要作用,从而推动了党的集中统一领导。

二、淬炼思想:推动马克思主义中国化时代化

马克思主义是立党立国、兴党兴国的根本指导思想。中共巡视工作历史进程是马克思主义中国化时代化的过程,其实质是以选择马克思主义为逻辑起点,以中共领导的革命、建设和改革的波澜壮阔历史为主线,以民主集中制、群

---

① 任建树:《陈独秀著作选编》第2卷,人民出版社2009年版,第398页。
② 参见中央档案馆:《中共中央文件选集》第11册,中共中央党校出版社1991年版,第760—773页。

众路线、实事求是为维度,在推进马克思主义与中国实际相结合的过程中实现中国化时代化,呈现出鲜明的中国特色和时代特色,为世界提供了政党建设的中国共产党样本。

(一)以高度的组织性纪律性创建党

新民主主义革命时期,中共巡视工作创建和发展理论的主要来源、基本原则与重要要求完全源于和遵循马克思主义,并以高度的组织性纪律性创立与建设党。中共巡视工作的发展历程即是马克思主义建党学说中国化时代化过程。主要体现在以下三个方面。

1. 马克思主义建党学说与中国具体实际有机结合

结合党情、中国革命和中国实情,中共因时制宜建立和实行党内巡视工作,充分运用马克思主义建党学说,研究和解决中国革命实际问题。在党内层面,通过巡视工作,确立马克思主义民主集中制原则为组织路线,规范了党内领导体系和关系秩序,解决了分散主义、自由主义和极端民主主义等党内分歧和矛盾问题,在推进党内集中统一领导等方面发挥了重要作用。在中共革命层面,通过巡视工作,确立马克思主义群众路线为工作路线,相信群众、依靠群众,密切了党群干群关系,解决了中共革命内生动力问题,促使巡视工作成为中共革命走向胜利的重要载体、凝聚深厚伟力的重要路径、动员群众运动的重要方法。在中国国情层面,通过巡视工作,确立了马克思主义实事求是思想为政治路线,注重组织契入、突出群团领导,解决了中国社会革命资源整合问题,推动了武装革命胜利,从而为中国革命走向胜利赢得了民心和厚植了基础。

2. 丰富发展了马克思主义建党理论

建党初期,受俄(联)共(布)领导模式的影响并以其为范本,建立巡行特派员制度和巡视工作方式,其根本任务是加强党对农民运动和工人运动的集中领导与贯彻落实民主集中制,其实质是一种强化上级对下级领导的重要方式,即"密切各级党部关系加强政治指导的主要方法"[1]。土地革命时期,伴随着毛泽东提出的"农村包围城市"战略思维,开辟了马克思主义理论应用于中国革命实践的新思路,巡视工作紧密结合武装斗争实际,纠正党内存在的"左"倾冒险主

---

[1] 中央档案馆:《中共中央文件选集》第5册,中共中央党校出版社1990年版,第231页。

义错误、"左"倾教条主义错误,在集中统一领导、发展组织力量、保障政令畅通等方面发挥了显著作用。全民族抗战以后,巡视工作得到调整,专项巡视应运而生,在党的建设、政府系统以及军事领域都以不同形式的巡视团的方式进行监督和指导。中共制定统一而严格的纪律,坚决维护党纪的权威性和严肃性,加强对权力的监督,在局部执政实践中探索建立廉洁政府,为保证党员对党忠诚、防止信仰动摇和"官僚化"发挥了重要作用。中共不断根据中国革命的具体实践,逐步健全完善巡视工作理论体系和实践体系,丰富和发展了马克思主义党建理论宝库。

3. 提供了中国共产党的政党建设样本

新民主主义革命时期,中共巡视工作始终沿着"政党—国家—社会"逻辑主线发展,展现了一个鲜活的政党建设样本,深刻诠释了马克思主义基本原理在中国大地上的创造性转化与创新性发展。民主集中制,作为中共巡视工作的核心原则,是党的组织路线的集中体现,更是统一全党观念与意志的强有力工具,有效解决了党的集中领导与团结统一问题。群众路线是党的工作路线的集中表达,更是党密切联系群众、实现社会动员与整合的重要途径,其实质上是对马克思主义群众观的生动实践,展现了中国共产党人"以人民为中心"的执政理念。实事求是,作为中共巡视工作的基本方法,体现了党的政治路线的深刻内涵,成功理顺了政党与社会的关系,凝聚了广泛的社会力量。整个新民主主义革命时期,中共巡视工作以其独特的"政党—国家—社会"逻辑主线和民主集中制、群众路线、实事求是三个维度的深刻实践,是马克思主义基本原理的巡视实践阐述,体现了鲜明的中国特色和时代特色,为马克思主义建党学说提供了中国共产党样本,促使中共在探索与成功开辟中国革命新道路的历史进程中推进马克思主义中国化时代化。

(二)以高度的人民性民主性锻造党

社会主义革命和建设时期,中共巡视工作围绕如何站起来和巩固执政地位,坚持马克思主义指导思想,及时调适基本职能定位,以强化党对各种运动和整党整风开展的领导指导为基本定位,以高度的人民性民主性锻造党,全面推进马克思主义中国化时代化进程。主要体现在以下三个方面。

1. 紧密结合中国国情、民情和党情

中华人民共和国成立后,特别是完成新民主主义革命遗留的任务后,毛泽东和中共中央及时调整社会主义革命策略,适时提出了社会主义改造的总路线,形成了独具中国特色的社会主义改造理论,丰富和发展了毛泽东思想。作为执政党的巡视工作被赋予巩固新生政权、建立社会主义制度的政治意义,其主要任务是协助经济恢复重建工作并有效监督和管理各级党组织以及党员干部队伍,破解中国经济社会发展中的问题。社会主义制度确立后,在探索建设社会主义道路上,中共经历了从"照搬照抄"苏联模式到提出"以苏为鉴",把马克思基本原理同中国建设实际"第二次结合"的重大转变。中共八大就是在这一正确理论指导下准确地研判了中国国情及面临的主要矛盾,科学地制定了符合实际需要的路线方针政策。中共沿袭新民主主义革命时期的巡视工作,既坚守了社会主义的方向,又着力把握中国实际,坚决克服一切破坏党的路线、政策的行为或倾向,保证了全党的集中统一,创造人民群众追求的美满幸福生活。

2. 促进马克思主义建党学说与时俱进

社会主义革命和建设时期,中共巡视工作适应时代的呼唤,在总结新鲜经验、推动马克思主义中国化方面发挥了不可替代的作用。新中国成立初期,中共中央巧妙地借鉴了延安整党整风运动中的巡视员制度,使之成为新时代下巩固政权、稳定社会的重要工具。从土地改革的深入实施,到清剿土匪的坚决斗争,再到"三反""五反"运动的全面开展,巡视工作以其专项性、灵活性和高效性,打通党中央政策落地的"最后一公里"。中共八大高瞻远瞩,提出了从制度建设和思想教育两个维度构建反腐倡廉工作新格局的战略构想。巡视工作体系作为这一构想中的重要一环,其架构日益完善,功能逐步拓展。在全面建设社会主义的历史大潮中,巡视员(组、团)的身影活跃在广袤的农村和城市,有效实现了监督检查、指导督导、联系基层等功能的拓展,极大地促进了社会主义建设的顺利进行。"文化大革命"十年内乱时期,社会主义民主法制建设遭遇严重挫折,但巡视工作并未因此而退缩或停滞。相反,在极其困难的条件下,巡视工作依然坚持原则、勇于担当,通过监督检查、纠正偏差、联系群众等方式,为党和人民事业提供了坚强保障。社会主义革命和建设时期的中共巡视工作,不仅适应了时代的需要,更在推动马克思主义中国化、促进党的自我革命、加强党同人民群众的联系等方面发挥了不可替代的作用。

3. 用马克思主义理论创新的最新成果武装群众头脑

中华人民共和国成立后,面对从革命党向执政党的角色转变,中共深刻认识到,权力的集中可能带来脱离群众、腐化变质的危险。巡视工作,作为党内监督的重要抓手,其新主题与任务应运而生——既要强化监督,又要促进发展,确保党的纯洁性和先进性。面对社会主义改造和全面建设的艰巨任务,巡视工作聚焦反对主观主义、官僚主义和宗派主义,坚决维护党同人民群众的血肉联系。通过惩治贪污腐败、加强党内监督、依规合理执纪,巡视工作实现了监督检查与推动发展"两手抓",为社会主义事业的顺利推进提供了坚强保障。随着国内违法乱纪现象频发,巡视工作的重心开始转向安全生产、财政审计等专门领域,聚焦于政党建设的先进性和纯洁性等核心问题。中共在探索中前行,将民主政治与廉洁政治紧密结合,为巡视工作注入了新的活力,更是对马克思主义理论创新成果的实践检验,为下一阶段重构党内巡视工作提供了先决条件和实践场域。总之,用马克思主义理论创新的最新成果武装群众头脑,不仅是理论学习的需要,更是实践探索的必然。

(三)以高度的开放性制度性凝聚党

改革开放和社会主义现代化建设新时期,中共巡视工作始终围绕建设中国特色社会主义主题,以加强党的长期执政能力建设、先进性和纯洁性建设为主线,坚持解放思想、实事求是,不断研究新情况、解决新问题,强化纯洁思想、纯洁组织,确保党始终成为中国特色社会主义事业的坚强领导核心。主要体现在三个方面。

1. 成为党内监督的重要制度安排

在改革开放的浩荡春风中,中共巡视工作这一党内监督的重要制度安排,成为预防腐败、强化党风廉政建设的锋利武器。党的十一届三中全会犹如一声春雷,重新确立了实事求是的思想路线,党内监督的重要性前所未有地凸显出来。从1983年党的十二届二中全会上明确县级以上党委指派巡视员参与整党,到1993年纪检监察合署办公制度的实施,巡视工作经历了从零散到系统、从探索到完善的过程。这一系列制度性的安排,不仅整合了原本相对分散的监督力量,更为巡视工作的深入发展注入了强大的动力。特别是1996年巡视工作被正式提出为党内监督的五项制度之一,标志着巡视工作步入了专业化、规范化的新阶段。在2007年党的十七大上,巡视工作被正式纳入党章,成为党的组织制度的重要组成部分,这标志着巡视工作在党内监督体系中地位的显著提升。从此,巡视工作围绕加强党内监督这一核心主题,不断深化、不断创新,为党的建设和国家发展提供了坚强的制度保障。

2. 转向制度化建设的关键时期

改革开放至党的十八大前夕,是党内监督与巡视工作从重塑到制度化建设的深刻变革阶段,更是马克思主义党内监督理论在中国大地上的生动实践与新飞跃。中共中央的高瞻远瞩,为巡视工作的独立性和专业性奠定了坚实基础——独立的巡视机构应运而生,专兼职结合的巡视队伍迅速壮大,标志着巡视工作从"边缘"走向"中心",成为维护党的肌体健康、巩固执政基础的关键力量。在这一时期,巡视工作的理念也经历了从强调思想教育、法制建设到注重标本兼治、从严治党的深刻转变,不再满足于表面的、暂时的治理成效,而是致力于构建长效机制,从根本上解决党内存在的突出问题。从《中国共产党党内监督条例(试行)》到《中国共产党巡视工作条例(试行)》的出台,再到巡视工作被正式写入党章,这一系列举措标志着巡视工作正式被纳入党的组织制度建设范畴,成为党内监督不可或缺的一部分。在巡视工作的实践中,中共深刻认识到,"关键少数"的作用至关重要。因此,巡视工作逐渐从广泛警示"最大多数"转向精准聚焦"关键少数",通过加强对领导干部特别是高级干部的监督,有效遏制了腐败现象的蔓延。这种监督格局的重新嵌入,进一步强化了党内监督的震慑力和公信力。

3. 推动全面整党的关键举措

改革开放和社会主义现代化建设新时期,中共巡视工作是推动全面整党、维护政治纪律、净化政治生态的关键举措。中共自上而下、分期分批地部署了全面整党工作,旨在从根源上解决党内存在的思想不纯、作风不纯、组织不纯等问题。巡视工作作为其中的重要一环,以其高度的开放性和制度性,精准地切除了党内腐败和不良风气的毒瘤,确保了政治纪律的严肃性和权威性。巡视工作还与党风廉政建设和反腐败斗争有机结合起来,通过巡视发现的腐败问题和线索,坚决查处了一批大案要案,形成了强大的震慑效应。此外,巡视工作还不断推进惩治和预防腐败体系建设,构建起"不敢腐、不能腐、不想腐"的有效机制,为中共长期执政和国家的长治久安提供了坚强的纪律保障。

(四)以高度的引领性革命性重塑党

中共十八大以来,中国特色社会主义进入新时代。在这一时期,中共中央把巡视工作作为加强党内监督的战略性制度安排,纳入全面从严治党总体部署。深入推进巡视工作理论创新、制度创新、实践创新,中共实现了对各级党组织和领导干部的全方位、深层次监督,有效遏制了腐败现象的蔓延,为营造风清气正的政治生态奠定了坚实基础,探索出了一条实现党自我净化的有效路径,彰显了中国特色社会主义民主监督制度优势,丰富了治国理政新理念新思想新战略。主要体现在三个方面。

1. 成为推进党的自我革命、全面从严治党的战略性制度安排

在政治定位上,全面贯彻落实党章要求,坚持"两个确立"、做到"两个维护",聚焦政治责任、强化政治监督。2015年中央第八轮巡视首提"政治巡视",党的十九大提出全面加强党的建设必须深化政治巡视,两次修订的《中国共产党巡视工作条例》将巡视重点定位于巡视对象对政治纪律和政治规矩的执行情况,将政治巡视作为巡视内容的焦点,《中央巡视工作规划(2018—2022)》对政治巡视巡察有着更加具体深入的规定。在工作重点上,准确把握形势任务,确立巡视工作方针,坚持围绕中心、服务大局,真正把巡视工作放在党和国家事业全局、经济社会发展大局中去研究思考谋划,围绕党风廉政建设和反腐败斗争中心,牢记"国之大者",把握"民之关切",加强对中国式现代化、"三新一高"(新发展阶段、新发展观念、新发展格局、高质量发展)等重大决策部署,以及促进共同富裕、乡村振兴、惠民富民等各项政策措施落实情况的监督检查,推动各级党组织和党员干部勘误纠错、忠诚履职。在方法路径上,聚焦全面从严治党,深化政治巡视,主动适应新形势新任务新要求,不断深化规律性、前瞻性认识,找准新时代巡视工作的深化点、着力点、关键点,创新发现问题方法、升级政治

监督打法、提高政治巡视能力,探索运用体检巡、专项巡、靶向巡、贯通巡、开放巡、研究巡等方式,推进政治监督具体化、精准化、常态化。在自我革命上,将巡视工作提升国家治理效能战略高度,强化巡视成果运用,剑指问题倒逼改革,发挥标本兼治战略作用。巡视成为全面从严治党制度利器,是依法治国、依规治党的生动实践,探索了党在长期执政下自我净化的有效路径,充分发挥了党的领导政治优势和组织优势,激发了群众有序参与监督的积极性,彰显了中国特色民主监督制度优势。

2. 与时俱进创新巡视工作理论

在中国特色社会主义新时代的浩瀚征途中,中共巡视工作深刻维护了党的集中统一领导,更以其独特的使命与担当,推动了依规管党治党的深入实践,为全面深化改革铺设了坚实的基石,厚植了党的执政基础,充分彰显了其作为党内监督重要手段的时代品质与战略价值。巡视工作逐步拓展至"六项纪律",强调纪严于法、纪在法前,进一步提升了党内监督的精准度与有效性。而在这一时期,巡视工作已全面聚焦党的领导、党的建设和全面从严治党,深化政治巡视,实现了从治标到治本的深刻转变。这一跨越,彰显了中共中央对巡视工作的高度重视与深远考量。习近平关于巡视工作的一系列重要论述,推动了巡视理论的创新发展,更为巡视实践提供了根本遵循。从提出"巡视是党内监督的战略性制度安排"到强调"巡视是政治巡视不是业务巡视",习近平的每一次重要讲话都深刻揭示了巡视工作的本质要求与使命担当。随着巡视工作的不断深化与拓展,巡视工作通过实践探索与理论创新相结合的方式,逐步构建起了一套科学完备、行之有效的党内监督体系,为新时代管党治党提供了强大思想武器和行动指南。

3. 巡视工作积累了宝贵经验

中国特色社会主义新时代的巡视工作取得的所有成绩,究其根本,得益于以习近平同志为核心的党中央旗帜鲜明、立场坚定、意志品质顽强、领导坚强有力;得益于全党上下团结一心和共同努力;得益于人民群众充分信任和积极参与;得益于广大巡视干部忠诚履职和辛劳智慧。巡视工作在实践的磨砺中,逐渐凝练出"七个必须"宝贵经验:(1)必须强化"四个意识",旗帜鲜明地重视政治建设。(2)必须坚定"四个自信",充分展现制度优势。(3)必须保持战略定力,深化全面从严治党。(4)必须以问题为导向,深化改革促进治理。(5)必须强化政治担当,有效利用巡视成果。(6)必须尊崇党章党规,坚持实事求是的原则。(7)必须打铁还需自身硬,锻造过硬队伍。巡视工作的宝贵经验,是新时代党的建设伟大工程的重要成果,其相互关联、相互促进,共同构成了巡视工作的完整体系。

三、社会动员:密织厚植党的群众基础

群众路线是中共联系群众的重要机制。建党百年来,中共巡视工作坚持把群众路线作为最基本的组织路线和工作方针贯彻始终,突出人民主体地位、作为力量之源,密切联系群众,形成思想共识、互相认同和共同目标,扩大并巩固了党的革命基础和执政基础。

(一)丰富完善了党的群众理论

在长期实践中,中共形成了群众路线理论。其主要内容包括:一切为了群众,坚持全心全意为人民服务的根本宗旨;一切依靠群众,坚持人民群众是推动历史发展的根本力量;从群众中来,到群众中去,把党的正确主张变为群众的自觉行动。建党百年来的历史实践证明,巡视工作进一步丰富完善了党的群众路线理论。

1. 建立人民当家作主政权的重要制度

新民主主义革命时期,群众路线是一种创造性的政治领导方式。党实行巡视工作,通过巡视"考查各地的政治经济状况,仔细地研究各地党的工作环境(如产业工人的分布与痛苦,情绪与要求,农民劳苦群众的痛苦与要求,敌人力量的分配,各种反动派别的活动和影响,等等)"[①],了解民意社情以解读研判社会、决定革命策略;在巡视中传播革命,"正确的(地)了解与传达党的路线"[②],向底层民众阐释党的政治主张和政治意志;在巡视中动员革命,"考查各地党部

---

① 中央档案馆:《中共中央文件选集》第7册,中共中央党校出版社1991年版,第222页。
② 中央档案馆:《中共中央文件选集》第7册,中共中央党校出版社1991年版,第221页。

领导下的青年团、工会、反帝同盟、妇女组织、士兵组织、农民组织、互济会及其他群众与辅助组织的工作",特别注意"工农革命斗争的发展和趋势"与"教育和提拔工农干部"①,发展壮大党组织,厚植党的革命基础。通过巡视的革命传播、社会动员和纽带机制作用,中国共产党得以正确处理党内上下关系秩序、党与群众以及党与社会之间的关系,促使巡视工作成为执行群众路线的重要领导方式和党的组织建设路径,对于人民民主专政政权的形成起到了重要的发动、动员和催生作用。

2. 保障党中央意图与群众诉求紧密结合

中华人民共和国成立后,巡视工作成为党的领导中的辅助方式,行使指导建议、监督检查功能。土地改革时期,党中央通过巡视指导和领导土地改革,有力推动了土地改革运动的稳定健康发展。整党整风运动时期,巡视职能转为监督检查,在"三反""五反"运动中得到充分运用,并作为重要方式领导各地社会主义教育运动等。一直到党的八大前,巡视都较为活跃。这一时期的巡视与各类运动相伴而生,特别注重深入基层、深入群众、倾听群众心声,其生命力在于能够迅速响应时代需求,精准对接群众关切。如毛泽东对福建省委1951年通过巡视来纠正镇压反革命运动偏向问题的做法予以肯定,"福建方面最值得重视的经验是发动最广大群众参加镇反工作和派遣工作组下去巡视镇反工作"②,并指示各省向各分区、县级派出工作组开展巡视,帮助各地纠正偏差、清理积案以正确地开展"镇反"工作。回顾历史,巡视工作以其独特的优势,在保障党中央意图与群众诉求紧密结合方面发挥了不可替代的作用。巡视工作是党联系群众的重要纽带,是保障党中央意图与群众诉求紧密结合的关键环节。

3. 加强党同人民群众联系的重要载体

改革开放和社会主义现代化建设新时期,党中央深刻认识到紧密依靠和密切联系人民群众对于维护国家和社会稳定的重要意义。1983年10月,《中共中央关于整党的决定》要求,县级以上党委应设立包括退出第一线工作的老同志

---

① 中央档案馆:《中共中央文件选集》第7册,中共中央党校出版社1991年版,第222页。
② 中共中央文献研究室:《建国以来毛泽东文稿》第2册,中央文献出版社1988年版,第233页。

在内的巡视员。① 各地党组织均设立整党整风运动巡视员制度,其目的是防止党脱离群众的危险。1990年3月,党的十三届六中全会审议通过的《中共中央关于加强党同人民群众的联系的决定》强调:"人民群众是我们党的力量源泉和胜利之本。能否始终保持和发展同人民群众的血肉联系,直接关系到党和国家的盛衰兴亡。"②该决定要求开展党的巡视工作,其根本目的是发挥巡视加强联系人民群众、更好地对接民主监督的功能作用。1997年,巡视工作被置于党内监督五项制度之首,随后党中央开展了"三讲"教育等多轮巡视,巡视监督呈现出民主渠道畅通、民主方式丰富、民主特性鲜明等特质,成为加强党同人民群众联系的重要载体。

4. 体现出以人民为中心的价值取向

新时代,政治巡视坚守政治定位,始终坚持"以人民为中心"的价值取向,全过程人民民主在巡视场域全方位呈现,蕴含了人民当家作主的民主本质,是对人民至上的生动实践和充分诠释。党的十八大以来,政治巡视先后围绕"一个中心、四个着力""六项纪律""六围绕一加强""四个落实"等重点,不断深化监督内容。虽然监督重心有所转移,但均是针对人民群众最为关切的问题以及危及人民当家作主政权安全的最大风险。脱贫攻坚专项巡视是政治巡视"以人民为中心"价值取向的集中体现。市、县巡察打通全面从严治党"最后一公里",使得政治巡视"以人民为中心"的价值取向更大范围、更近距离地覆盖基层群众,成为市、县党委了解民情、回应民意、解决民困、温暖民心的重要渠道,有力督促基层将党中央"以人民为中心"的各种方针政策落至基层、惠及群众。③

(二)动员凝聚了党的磅礴力量

党的一大党章指出,"本党承认苏维埃管理制度,把工人劳动者和士兵组织起来"④,就已经意识到发动群众和组织群众的重要作用。党的二大指出"我们

---

① 参见中共中央文献研究室:《十一届三中全会以来党的历次全国代表大会中央全会重要文件选编》上册,中央文献出版社1997年版,第334页。
② 中共中央文献研究室:《十三大以来重要文献选编》上册,中央文献出版社2011年版,第345页。
③ 参见刘诗林:《巡视场域中的全过程人民民主》,《探索》2022年第2期,第64—76页。
④ 中央档案馆:《中共中央文件选集》第1册,中共中央党校出版社1989年版,第3页。

便要'到群众中去',要组成一个大的'群众党'"①,动员群众思想初见端倪。此后至党的四大,分别通过职工、农民、青年、妇女运动等的议决案,对革命动员作出规定,均为巡视动员的基本遵循和根本原则,促使巡视逐渐成为动员群众的重要载体和重要方法。

1. 党的思想主张传播扩散的重要途径

革命运动的扩散过程,也是革命观念的实践过程。中共在不同革命时期,通过中央巡视员深入基层群众,解释传播党的思想,及时处理党群关系问题,巡视工作成为革命动员以及密切群众路线的重要途径。如1933年1月,苏区中央局作出《关于巩固党的组织与领导的决议》,要求中央巡视员"要改变一切脱离群众与下级党的官僚主义工作方法,切实深入群众深入支部"②。中央巡视员只有深入群众,才能让群众真切感受中共革命的目的与任务。中共曾要求"巡视工作一定不是巡视机关,而是要到群众里面去"③。历史事实表明,中央巡视员善于与其所巡视的区域社会融为一体,首先赢得社会民众认同,并从中汲取革命资源和力量。正是通过中央巡视员敢于深入、不怕牺牲、灵活多样的革命策略与行为,中共才能够密切群众联系、动员群众力量,扩大并巩固党的群众基础。

2. 党领导指导群众运动的重要方法

遵循中央巡视工作的要求,巡视工作作为党领导指导群众运动的重要方法,不仅承载着监督与检查的重任,更成为推动革命斗争深入发展的强大动力。陈云在江苏的巡视实践,正是这一战略意义的具体体现——深入被巡视地区,了解实际情况,通过直接参与或领导革命运动,将党中央决策部署转化为推动革命深入发展的实际行动。陈云在江苏巡视期间,足迹遍布小蒸、枫泾、金山浦南、青浦、奉贤等地,亲自参与并领导了一系列农民暴动和佃户抗租斗争,点燃了革命的火种。特别是在金山浦南,陈云帮助区委制定了《浦南秋收暴动决议

---

① 中央档案馆:《中共中央文件选集》第1册,中共中央党校出版社1989年版,第90页。
② 中共中央文献研究室、中央档案馆编:《建党以来重要文献选编》第10册,中央文献出版社2011年版,第23页。
③ 中共福建省委党史研究室、中共浙江省委党史研究室、中共安徽省委党史研究室等:《闽浙皖赣革命根据地》上册,中共党史出版社1991年版,第287页。

案》，将浦南区委从和平发展的旧有思维中解放出来，引领其走上了土地革命的正确道路。这一转变，不仅使金山的革命形势焕然一新，更为后续的革命活动奠定了坚实的基础。

3. 督促检查群众主体地位的重要载体

督促检查群众主体地位主要体现在中央巡视员对被巡视党组织开展革命斗争和群众运动的监督检查，促进其大力发展。如1932年5月13日，中央巡视员仲云巡视满洲，指出满洲省委对"五一"工作面临革命斗争对立的严峻形势没有清醒认识，布置工作没有得到很好贯彻落实，"中央所给与[予]各级党的红五月工作任务，虽然很早就送到满洲来了，但是省委本身就没有一个很好的讨论，至于传达到下层去更是说不上。哈尔滨党的两个区委，只区委书记看了这个文件（区委没有讨论支部更不用说）"①。正是有了中央巡视员的督促检查，才促进相关工作和革命斗争的开展。

(三) 密织厚植了党的群众基础

建党百年来，中共始终将密切联系群众作为党的生命线，而巡视工作作为党贯彻群众路线的重要手段，更是密织了这张联系群众的网，让党的根基更加牢固，群众基础更加深厚。

1. 坚持群众路线，密切了党群干群关系

建党百年来，中共巡视工作始终如一地秉持着为人民服务的宗旨，坚持群众路线，密切了党群干群关系，成为群众路线下的党群纽带与胜利之路。巡视实践中，党的各级巡视员坚持做到"三个坚持"。一是坚持群众观点。在革命斗争的烽火岁月中，巡视工作是密切党群关系、践行群众路线的生动实践。如湘赣苏区的巡视员，"深入支部与支部同志生活打成一片，在帮助支部的工作过程中来发现支部工作的优点和缺点，必须在支部中为实现上级党部的决议而斗争"②。而湘鄂赣苏区巡视员则是："对于工人群众应随时随地作亲密的谈话，同时在这个谈话当中，进行调查当地工会工作一切实际的情形，决不可摆巡视

---

① 中央档案馆、辽宁省档案馆、吉林省档案馆等：《东北地区革命历史文件汇集（1932年2月—7月）》，内部资料，1988年，第356页。
② 中共福建省委党史研究室、中共浙江省委党史研究室等：《湘赣革命根据地》上册，中共党史资料出版社1991年版，第436页。

员的架子,表现着骄傲的态度,致脱离工人群众。"①实践表明,群众观点是巡视工作的灵魂所在。只有坚持群众路线,把群众的利益放在首位,巡视工作才能有的放矢,取得实效。二是坚持群众标准。群众满意是检验巡视工作的唯一标准,生动诠释了"以人民为中心"的发展理念,记录了共产党人如何紧密联系群众、服务群众的生动实践。心系群众是巡视工作的灵魂。巡视员不仅参与机关会议,更深入支部、工会、贫农团,乃至群众的家中,这不仅仅是一种工作方法的转变,更是工作理念的飞跃,即将群众的冷暖真正放在心上,将群众满意作为衡量工作的唯一标准。"干部常来我们乡,巡视我乡谈家常;油盐柴米样样问,温暖送到心窝上。"②这不仅仅是苏区歌谣的温馨描绘,更是党群关系和谐共生的真实写照。三是坚持群众方法。巡视工作从来不是高高在上的"空中楼阁",而是需要脚踏实地深入基层,注重实地调查,掌握第一手资料,避免走马观花式的形式主义。如1933年7月,陈云在中央苏区发表《这个巡视员的领导方式好不好?》一文,以实际案例分析总结了该如何提高巡视员的工作能力,养成一种灵巧的工作方法和艺术的领导方式。③ 中共巡视工作始终将群众的意见和建议作为重要参考,将群众的满意度作为检验工作成效的重要标准。通过巡视,中共同群众的联系渠道更加畅通,群众的意见和建议能够直达决策层,为制定更加科学合理的政策提供了重要依据。同时,巡视工作还注重以"巡视为民"作为检验质量的重要标准,着力解决群众反映强烈的问题,让人民群众在巡视工作中看到变化、得到实惠、感到温暖。中华人民共和国成立后的巡视工作,始终赓续和发扬"一切为了群众"的优良传统。无论是公共服务的改善、社会保障的完善,还是司法公正的维护、生态环境的保护,巡视工作都紧盯不放、一抓到底,人民群众反映强烈的突出问题得到有效解决,人民群众对党的工作满意度不断上升。实践证明,巡视工作建设坚持群众路线和将以人民为中心作为价值取向,在密切党群干群关系、厚植党的坚实群众基础方面提供了有力支撑。

2. 突出"一切依靠群众",整合了社会力量资源

毛泽东曾经指出:"真正的铜墙铁壁是什么?是群众,是千百万真心实意地

---

① 《湘鄂赣革命根据地文献资料》第2辑,人民出版社1986年版,第165页。
② 危仁晟主编:《江西革命歌谣选》,江西人民出版社1991年版,第141页。
③ 参见中共中央文献研究室:《陈云年谱》(上),中央文献出版社2000年版,第152页。

拥护革命的群众。这是真正的铜墙铁壁,什么力量也打不破的,完全打不破的。"①中国共产党巡视工作通过践行"一切为了群众,一切依靠群众,从群众中来,到群众中去"的群众路线,体现出党同人民群众的血肉联系,体现出党的根本性质和根本宗旨,也促使巡视工作成为凝聚深厚伟力的重要工作路径。

一切依靠群众,是中共重要的工作方法。大革命失败后,中共被迫以武力来对抗国民党反动派的"清共"行动,这一时期中共一切工作是围绕着革命动员而展开,其实质是一切依靠群众的工作方式方法。正是巡视工作坚持"一切依靠群众"的工作方法,促使以工农和为工农服务的知识分子为主体的广大人民群众,成为中共坚不可摧的群众基础。中共中央多次提出要求:巡视员只有深入群众才能了解党内外实际情形,才能让群众真切感受中国共产党的目的与任务。正是通过扎实地深入群众的巡视,中共才能扩大群众基础,赢得民心。

"从群众中来、到群众中去"是中共根本的思想路线和认识路线,也是基本的工作路线和领导方法。坚持实事求是精神和群众观点,走群众路线,是确保巡视工作取得实效、避免盲从与偏差的关键所在。1931年的《中央巡视条例》要求,"生活必须下层化,经济必须节省,做一般同志的模范"②,不仅是对巡视员个人品德的锤炼,更是对群众路线深刻理解的体现。"要免除走马看花、只凭审阅文件的工作方式"③,这一要求强调巡视工作不是高高在上的审视,必须拒绝浮于表面,坚持深入实际、深入基层、深入群众,通过细致入微的调查研究,掌握第一手资料,确保巡视结论的客观性与准确性。"党委向下级派遣巡视员,必须十分慎重,必须力戒'钦差大臣'的派头"④,中共七大上的这一强调,是对党内命令主义工作方法的深刻反思与彻底摒弃。巡视员不是高高在上的"钦差",而是党的政策的宣传者、执行情况的监督者、群众呼声的传递者。

土地革命战争时期,中共对群团组织的巡视工作,是通过两种方式实现的,一种由中共直接派遣巡视员开展对群团巡视,另一种是群团自身实行内部巡视。无论是哪种巡视方式,中国共产党人均把群众观点转化为领导方法和工作

---

① 《毛泽东选集》第1卷,人民出版社1991年版,第139页。
② 中央档案馆:《中共中央文件选集》第7册,中共中央党校出版社1991年版,第223页。
③ 中央档案馆:《中共中央文件选集》第7册,中共中央党校出版社1991年版,第223页。
④ 中国革命博物馆:《中国共产党党章汇编》,人民出版社1979年版,第132页。

方式,促使中共加强了对群团领导和群团建设,并为中国革命胜利凝聚了最广泛的群众力量、提供了最牢固的群众基础。中共在全国范围内取得执政地位后,面对日新月异的国内外形势与艰巨复杂的任务挑战,中共巡视工作成为党内监督的利剑和激发人民群众积极性和创造力的重要推手,开启了社会主义建设的新篇章。党的十一届三中全会后,中共巡视工作积极响应时代号召,促使党的群众路线的优良传统重新焕发光彩——巡视不再是简单的监督检查,而是成为连接党群关系的桥梁,通过深入基层、贴近群众,引导党员干部将群众工作做深做实。中共巡视工作对群众力量的强调与激发,不仅是党的建设的重要内容,更是推动社会主义事业不断前进的重要力量。

3. 注重组织嵌入,推动了走向胜利辉煌

在新民主主义革命期间,中共逐渐摸索出一套独具特色的革命动员模式,即以阶级斗争、土地革命为手段,围绕着政治动员、筹款、扩红以及肃反等战争准备工作而展开。在这一过程中,巡视工作以政治动员为基础,通过指导领导大规模的群众性运动来推动扩红、筹款等工作的进行。实践证明,在群众运动中,群众支持和参与使党的力量像滚雪球一样壮大。群众运动是内生型动员和外力型动员的复合体,一方面群众运动的兴起需要群众自我觉醒;另一方面,党和巡视力量也需要在群众中予以动员和支持。群众运动的裹挟作用,形成一种政治高压的氛围,变相强制地使对持观望态度的部分群众参加运动,拓展了党的政治影响覆盖面,壮大了革命声势。群众运动中巡视作用主要有:(1)指导武装暴动,推动群众运动、土地革命、武装斗争大力发展,促进土地革命积极发展。(2)有序政治动员,确保党对军队绝对领导。指导领导军队党的工作,发挥堡垒作用;领导建立党的武装力量,充分进行政治动员;提供军队正确行动指南,为战胜艰难险阻提供不竭动力。(3)强化监督检查,推动党的执政建立健全。加强党的执政领导能力,促进执政区域贯彻落实上级政策,推动执政区域工作全面开展。中国特色社会主义进入新时代,巡视工作作为党内监督的重要制度,开创了人民群众有序参与反腐败的新局面。这一创新不仅体现在主动型举报机制的建立上,更在于为人民群众提供了多样化的参与渠道和平台。从座谈会到民主测评,从调查问卷到网络举报,每一种方式都旨在让人民群众的声音被听见,让其力量得以汇聚。巡视工作的这一变革,深刻体现了人民群众在反腐败斗争中的主体地位。它不再是简单的自上而下的监管,而是构建了一个上下互动、内外结合的监督体系。人民群众不仅是反腐败斗争的受益者,更是积极的参与者和推动者。

四、自我革命:推动党的建设强肌健体

巡视工作是中共直面问题的直接体现、勇于自我革命的突出标志和永葆青春活力的强大支撑。党建立百年来,巡视工作深度融合管党治党,把握其内在逻辑与要求,为党的自我革新引领社会巨变提供了坚实的政治支撑。巡视工作持续去芜存菁、扬长避短,确保了党的队伍在思想、组织和作风上的纯净性。

(一)坚持政治自觉,推动了党的自我革命

勇于自我革命,是中国共产党最鲜明的品格,也是最大的优势。对中共巡视工作而言,自我革新精神是推动其不断演进的内在动力。这一精神不仅驱动了党内自我革新,同时也引领了社会革命的浪潮。

1. 以社会革命推动巡视工作自我革命

中共巡视工作百年发展史,首先是一部自我革命史。整体上讲,中共巡视工作根据形势变化,不断完善发展。一是具有顺应时代的历史方位。在中共波澜壮阔的百年征程中,巡视工作始终紧贴时代脉搏,精准地指向党的各项中心任务,成为推动革命事业不断前进的重要力量。建党初期,巡视工作与工农运动同频共振,其核心在于"领导"——不仅是对工农运动的直接引导,更是对基层组织建设的有力推动。土地革命战争时期,巡视工作与武装斗争和土地革命深度融合,成为推动革命斗争进程的关键一环。抗日战争时期,巡视工作勇担民族大义,重心迅速转移到民族革命的各项中心工作上,成为凝聚全民族力量、抗击外侮的重要纽带,为赢得抗日战争的最终胜利厚植了坚实基础。解放战争时期,巡视工作与纯洁组织、加强作风紧密结合,并将其与解放战争、土地改革、接收城市等任务有机结合,为解放战争的胜利和新中国的成立提供了坚强的政

治和组织保障。中华人民共和国成立后,巡视工作坚持围绕政治运动,广泛吸引群众监督国家各项事业、巩固和加强政权建设。改革开放后,为统一思想应对党内出现的突出问题,巡视工作重点聚焦党的组织建设、纯洁干部队伍和净化政治风气。党的十八大后,面对反腐败斗争依然严峻复杂的形势,巡视工作回归到党内监督职责本位,作为全面从严治党重要战略支撑,被纳入整个国家权力运行系统,成为了党之利器、国之利器。二是具有开拓创新的战略视野。建党百年来,中共巡视工作以其开拓创新的战略视野,成为党内监督和国家治理体系中的关键一环。新民主主义革命时期,中共巡视工作初具雏形,其基本定位在于强化党的领导方式和促进党的集中领导与团结统一,为革命党向执政党的顺利转变奠定了坚实基础。进入社会主义革命和建设时期,中共巡视工作的基本定位进一步深化,强化了对各类社会运动开展的领导和指导,特别是针对党内存在的不正之风和蜕变腐败问题,发挥了不可替代的作用。这一时期,巡视工作不仅巩固了集体经济和无产阶级专政,还兼具了行政监察的特征,有效维护了党的纯洁性和纪律性。改革开放至党的十八大,党内监督体系制度化的定位日益凸显,巡视工作作为其中的重要组成部分,得到前所未有的重视和加强。党的十八大以来,作为党内监督和国家监督体系的重要组成部分,巡视工作被纳入国家治理体系之中,充分发挥了其独特作用。从中央到地方,巡视工作全面铺开,形成了上下联动、左右衔接的监督网络。通过聚焦"关键少数"、查找政治偏差、推动整改落实,巡视工作有力促进了全面从严治党的深入发展,为党和国家事业的持续健康发展提供了坚强保障。三是具有自我发展的历史自觉。建党百年来,巡视工作建设始终自觉遵循内在规律,针对不同历史时期的历史方位不断实现继承、发展和创新。在制度功能设计上,由创建时期的领导方式逐步转向党内监督检查;在巡视任务上,由组建发展和整顿改造基层组织、整合社会和社会动员而转向对履职尽责情况的专项检查;在巡视员选拔任用上,由初创时期过分强调工农成分转向注重政治素质和业务能力;在职责权限上,由权力过大和权威过高逐渐转向注重权力上下制衡;在巡视对象上,由监督范围相对宽泛逐渐调整转变为聚焦"关键少数";在巡视内容上,逐步由全方位监督向政治巡视转变;在巡视纪律要求上,逐渐走向规范化和制度化。这些科学合理的结构调整和权力平衡,不仅制约了中央对地方、上级对下级的过分集权,还体现出巡视工作建设正确处理民主与监督内在关系的基本策略。

2. 以党的自我革命推动巡视工作自我革命

从党的建设历史长时段来看,党的自我革命不断推动巡视工作的自我革命,形成了一系列重大的实践成果、理论成果和制度成果。纵观党的发展史,每一个重大事件或转折点,均会促使巡视工作发生重大变化、发挥重要作用。如1927年,八七会议的召开,是党在危急关头的一次深刻自我反省与革命性重塑。会后,中共实行巡视工作,通过派遣巡视员分赴各地,传达党的新的土地革命和武装起义的总方针,深刻检讨党的工作,批判大革命后期右倾机会主义错误,这是对组织力量的重新整合与提升。1935年,在遵义会议精神的指引下,巡视工作确保了党对红军的绝对领导,巩固了党的团结统一,为红军长征的胜利奠定了坚实的政治和组织基础。进入延安时期,整风运动成为党从思想上批判"左"倾教条主义错误、提高全党马克思主义理论水平的重要契机。巡视工作在这场思想解放的浪潮中,促使从思想上系统地彻底清算这种错误,对于全党坚持一切从实际出发,理论联系实际的马克思主义思想路线具有深远意义。中华人民共和国成立之后,党为贯彻"两个务必"思想,发起了整风整党运动,这是党执政全国后的首次自我革新。此阶段,巡视工作在"三反""五反"运动中大显身手,推动了从严治党与清廉国策的风气。党的十一届三中全会以后,中国掀开改革开放新篇章。全面拨乱反正不仅恢复了马克思主义的指导地位,还为巡视工作的重塑提供了难得的机遇。在新的历史时期,巡视工作调整策略,实现了从僵化到开放、从封闭到透明的巨大转变。步入新时代,党中央开启了全面从严治党的新征程。这是一场中国特色社会主义的新自我革命,也是巡视工作迈向新阶段的起点。进入新时代,巡视工作被赋予更高使命和责任,成为解决党和国家事业发展中的全局性、根本性、方向性问题的锐利"利剑"。中共巡视工作在历史的每一次重大转折中,不仅是党的自我革命的重要载体,更是实现自我革命的坚实保障。

3. 以党的自我革命引领社会革命

建党百年以来,中共巡视工作始终秉持政治建设的核心要义,不仅为党的肌体健康提供坚实保障,更为推动社会全面发展注入不竭动力。一方面,中共巡视工作强化了党的政治领导力,在督促各级党组织压实主体责任、强化日常管理和监督方面发挥了不可替代的作用。这一过程,不仅是对党员干部的警醒与鞭策,更是对革命理想信念的坚守与传承,为中国革命、建设和改革事业汇聚了磅礴力量。另一方面,中共巡视工作通过问题倒逼改革,以高度的政治自觉,将即知即改、立行立改的精神转化为推动工作、促进发展的实际行动,激活了党内改革创新的活力,更为社会革命注入强大的内生动力。进入新时代,中共巡视工作更加注重对共性和规律性体制机制问题的挖掘与总结,为深化改革提供精准的决策参考。巡视整改与推进改革的有机结合,不仅推动了国家治理体系的不断完善,更提升了治理能力现代化水平。实践证明,中共巡视工作始终坚持目标导向,以问题为导向,倒逼改革、促进发展,体现出党勇于自我革命、敢于刮骨疗毒的坚定决心,并展示了党在推动社会革命中的领导力和组织力,不断推动新时代巡视工作迈向标本兼治的新境界,为实现党的长期执政和国家长治久安提供有力保障。

(二)坚持问题导向,壮大增强了党的自身力量

历史实践证明,中共作为引领中华民族走向伟大复兴的核心力量,之所以能够历经风雨而不衰,穿越挑战而更强,根源在于其始终保持着一种夕惕若厉的忧患意识。中共深刻认识到,外部环境的挑战固然严峻,但真正能够打倒我们的,唯有我们自己。因此,中共坚持问题导向,勇于直面自身存在的问题和不足,以刮骨疗毒的勇气和决心,不断加强自身建设,有效提升了党的凝聚力和战斗力。

1. 壮大增强了党内自身组织力量

中国共产党组织发展方式基本有两种:一是首先构建中央层级的领导机关,然后以各种方式自上而下向地方渗透,不断壮大扩充直至分布全国。二是地方组织先"遍地开花",而后由下而上整合成全国范围内的组织体系。无论是哪种方式,巡视工作特别是各级巡视员都在其中发挥了重要作用。这种作用主要从三个方面展开:一是积极发展党员。发展党员是各级巡视员最基本的职能。各级巡视员在巡视期间通过建立、整顿、改组被巡党组织直接发展党员。

同时,严格贯彻落实中共中央关于发展党员注重结构的指示精神。二是建立各级组织。建立和健全党的各级组织,是中共创建后党的建设的一项迫切任务。各地党组织从无到有,有不少是通过各级巡视员建立的。如 1924 年 9 月,中共中央派尹宽以中央巡视员的身份到山东负责筹建全省统一的党组织。1927 年八七会议后,中共中央派出许多干部分赴各地,通过巡视恢复、重建和整顿党的各级组织,建立党的秘密机关,组织全国的秘密交通网等,努力将被打散的党组织重新聚集起来。三是构建运行机制。1929 年中央组织部厘清了自己的工作思路,认为中心工作是"加紧对于下级党部的指导与帮助""有计划的建立训练干部工作""党的组织理论之建立""整顿发行工作"以及"调查统计工作"。

　　建党百年来,中共党员队伍的不断壮大、组织体系的日益完善、组织制度的持续巩固,在这背后,巡视工作始终守护着党的纯洁性与战斗力,其重要性不言而喻。新民主主义革命时期,中共巡视工作主要任务——扩大组织、发展党员、壮大党的力量,不仅为党在复杂多变的革命环境中提供了坚实的组织保障,更确保了党在关键时刻能够保持组织的独立性和系统的完整性。大革命失败对党的组织建设造成毁灭性打击,据学者杨奎松研究:"到 1927 年 11 月底,中共中央实际可以掌握的党员人数,已经从五大时的 5.8 万人锐减到 1 万余人,减少了 4/5 还多。"①正是由于各级党部巡视指导制度的确立,整顿和恢复了遭受严重损失的各级党组织,从中央到地方派员层层巡视直到支部,地方党组织得以整顿、恢复和发展,各级党委之间联系亦得到恢复。中华人民共和国成立后,巡视工作及时调整方向,围绕整党整风运动展开,更加注重对党员干部的马克思主义思想教育,通过深入的学习与反思,将先进的思想理论转化为强大的组织力量,净化了党员队伍,提升了党员干部的政治素养和理论水平,为党的事业快速发展积蓄了磅礴的组织力量。进入新时代,中共巡视工作以政治建设为统领,坚持组织路线服务政治路线,严肃政治纪律和政治规矩,成为全面从严治党的重要利器。实践证明,从新民主主义革命时期的筚路蓝缕,到新中国成立初期的思想引领,再到新时期的政治建设新高地,巡视工作以其独特的魅力和强

---

① 杨奎松:《"中间地带"的革命——国际大背景下看中共成功之道》,山西人民出版社 2010 年版,第 179 页。

大的功能,不断推动党逐渐由小到大、由弱到强。

2. 扭转了党内组织涣散和无纪律状态

在中共初创的艰难岁月里,自由主义的蔓延与分散主义的滋生,悄然侵蚀着党组织的根基,尤其体现在地方组织的松散与无序之中。这一时期,中共中央的自我审视显得尤为深刻。党中央曾直言不讳地指出:"自第四次大会以来,党的组织工作并未取得显著进步。"[1]地方党组织的涣散与散漫,不仅仅是组织形式上的松散,更是精神意志的松懈。一些省份的党组织在报告中频繁出现的"缺欠严明的纪律及训练"[2],直接导致了党的声音在基层的弱化,使得党的纲领与策略难以转化为全体党员的统一行动。与此同时,大革命失败后,部分地方党组织非但没有从失败中吸取教训,反而陷入了更深的混乱与纷争之中,无原则的派别斗争此起彼伏,严重削弱了党的内部团结与对外战斗力。面对如此严峻的挑战,1931年5月1日中共中央果断出手,通过《全国组织报告的决议案》与《中央巡视条例》,正式确立了巡视制度作为加强党内监督、重塑组织凝聚力的关键举措,旨在通过"活的领导"方式,直接介入并纠正地方党组织的种种弊病。《中央巡视条例》为巡视员赋予三项核心职责,每一项都直指当时党内存在的顽疾。其中,第二条尤为关键。它要求巡视员"严格检查各地党部的领导成分与领导方式,坚决肃清立三路线的残余",这不仅是对错误路线的清算,更是对党组织领导力的全面重塑。第三条则聚焦干部队伍建设,强调通过"检查各地现有的干部"来发现和培养工农干部[3],为党组织注入新鲜血液,增强基层组织的生机与活力。巡视制度的实施,迅速激活了地方党组织的神经末梢,有效遏制了自由主义与分散主义的蔓延,逐步扭转了地方党组织软弱涣散的局面。更重要的是,巡视工作让党的声音更加直接地传达到基层,增强了党员的归属感和责任感,为党在后续的革命斗争中奠定了坚实的组织基础。

3. 解决了部分党内矛盾分歧问题

建党百年来,中共能够历经风雨、不断壮大,背后离不开一系列行之有效的

---

[1] 中央档案馆:《中共中央文件选集》第1册,中共中央党校出版社1989年版,第494页。
[2] 中央档案馆:《中共中央文件选集》第1册,中共中央党校出版社1989年版,第505页。
[3] 参见中央档案馆:《中共中央文件选集》第7册,中共中央党校出版社1991年版,第221—230页。

党内监督机制,而巡视工作无疑是其自我净化、自我完善、自我革新、自我提高的重要手段,更在关键时刻发挥了纠正错误、凝聚共识、确保全党步调一致的关键作用。这种重要历史作用具体体现在三个层面:一是纠正了各种错误倾向。巡视工作的一个重要贡献在于其强大的纠偏能力,尤其是面对革命低潮或复杂斗争形势时,党内不可避免地会出现各种错误倾向,如软弱涣散、有令不行,乃至保守观念、地方主义、分散主义等,威胁着党的团结与战斗力。通过巡视工作,及时发现并纠正这些偏离党的基本路线的行为,强制推行中央路线和政策,确保了党的集中统一领导,为党的纯洁性筑起了一道坚实的防线。巡视工作的另一个重要贡献在于其强大的凝聚力。在党内出现严重意见分歧和不团结现象时,巡视工作迅速介入,通过深入调查、广泛听取意见、开展思想教育等方式,帮助下级党组织和党员统一思想、凝聚共识,不仅解决了眼前的分歧与矛盾,更为党在复杂多变环境中保持高度一致的政治立场提供了坚实支撑。巡视工作的深远意义还在于其对经验的总结和教训的吸取,促使全党上下不断反思,吸取教训,提高认识,为党的团结统一、事业发展提供了有力保障。二是解决了各种矛盾纠纷。在复杂的革命形势下,面对接连遭受的挫折,或者是革命意见的不一致,往往会出现党内相互抱怨、攻击,发生许多无原则的派别纷争和内部纠纷。在解决这些党内纷争的过程中,巡视工作起到十分重要的作用。其中,顺直问题、江苏问题的处理最为突出。中央通过巡视员解决顺直问题和江苏问题,坚决捍卫了党的纪律,维护了党的统一,在一定程度上遏制了党内分裂倾向,同时也为各级巡视员进一步处理党内思想斗争问题和维护党的统一积累了宝贵经验、奠定了坚实基础。三是纠正了斗争偏差。巡视员在巡视期间,通过监督检查,很容易发现被巡视党组织工作上和斗争上存在的偏差,及时指出并予以纠正。如陈云在中央苏区汀州巡视期间,连续发表《关于苏区工作的经济斗争》《在纠正工人经济斗争"左"的倾向中我们所做的错误》《怎样订立劳动合同》《克服工会工作落后》等一系列巡视体会文章,批评各级工会在领导工人经济斗争中影响极端危险的工团主义倾向和自身存在的官僚主义作风,指出总同盟罢工有害于苏区经济斗争,并要求各级工会正确地领导工人经济斗争。

(三)坚持刀刃向内,丰富自我革命有效途径

巡视工作,作为全面从严治党的一把利剑,其全面而深入的开展,不仅为党

的纪律建设筑起了坚实的防线,更为党内监督体系的完善开辟了新路径,有效破解了长期困扰我们的自我监督难题,让党的自我净化、自我完善、自我革新、自我提高之路愈发明朗。

1. 自我净化加强党内监督

在党的建设伟大工程中,巡视制度直指党内监督的核心,不仅强化了自上而下的垂直监督体系,更在推动党的自我净化、自我完善、自我革新、自我提高上发挥了不可替代的作用。一是自上而下直接监督制约下级权力。建党以来,巡视制度便以其独特的自上而下垂直监督模式,成为解决党内监督难题的一把钥匙,有效打破了"上级监督不到,下级监督不了,同级不敢监督"的困境,为党内监督注入了新的活力。无论是新中国成立初期的反官僚主义斗争,还是改革开放后克服资产阶级自由化倾向的努力[1],巡视制度都以其强大的震慑力和执行力,确保了党的路线方针政策得到不折不扣地执行。党的十八大以来,巡视工作更是被赋予新的使命和内涵。通过构建巡视巡察上下联动格局,实现了对各级党组织和党员领导干部的全方位、深层次监督,真正做到了党内监督无死角、全覆盖,提升了党内治理的效能。二是自上而下层层传导管党治党责任压力。"党要管党,首先是党委要管、党委书记要管"[2]。巡视工作一个重要作用是,压实管党治党主体责任、强化日常管理和日常监督。在社会主义改造过程中,通过巡视督促解决了征粮收税、减租救灾、土改生产等工作脱离群众问题和官僚主义作风。党的十八大以来,中央推动从严治党向基层延伸,有力促进了各级党委管党治党主体责任和监督责任的落实。实践证明,巡视工作在实现自我净化、自我完善、自我革新、自我提高中彰显了利剑作用。

2. 强化作风建设保持党内纯洁

建党百年来,中共巡视工作以其独特的监督效能,有效破解了自我监督的难题,成为党内民主与人民民主深度融合、党内监督与人民监督有机结合的生动实践。新民主主义革命时期,面对复杂的斗争环境和党内潜在的官僚主义、

---

[1] 参见《邓小平文选》第3卷,人民出版社1993年版,第40页。
[2] 中共中央纪律检查委员会、中共中央文献研究室:《习近平关于严明党的纪律和规矩论述摘编》,中央文献出版社、中国方正出版社2016年版,第111页。

形式主义、享乐主义等危险,巡视制度成为党内监督的重要武器。1931年的《中央巡视条例》以铁的纪律向官僚主义宣战,明确要求巡视员"与脱离群众的官僚主义,做最残酷的斗争"①。随后,《红色中华》上刊登的巡视员批评文章,更是直接曝光了地方干部的消极怠工、官僚主义、腐化堕落等问题。② 中华人民共和国成立后,中共巡视工作通过深入群众运动,查处了一批以权谋私、居功自傲、官僚主义和命令主义严重的党员干部,有效遏制了腐败现象的蔓延。在社会主义改造过程中,中共巡视工作"按照党委的中心工作有重点地安排检查工作"③,严肃查处贪污腐化、违法乱纪人员,保障了国家建设的顺利进行。改革开放和现代化建设新时期,面对市场经济条件下利益诱惑的增多,以及马克思主义指导地位可能受到新权威主义、自由主义等思潮冲击的风险,中共通过加强巡视,有效解决了马克思主义在意识形态领域的主导地位问题,确保了改革开放和现代化建设的正确方向。党的十八大以来,巡视工作不仅聚焦党风廉政建设和反腐败斗争,还更加注重发现党的领导、党的建设、全面从严治党等方面存在的问题,推动解决了一大批影响党的先进性和纯洁性的突出问题。同时,巡视工作还积极推动意识形态工作责任制的落实,有效防范和化解了意识形态领域的风险隐患,进一步巩固了党执政的思想基础。

3. 以零容忍态度惩治腐败

中华人民共和国成立初期对群众运动的巡视,开启了保持廉政为民的本色实践,查处了一批党政机关党员干部在私营工商业中以权谋私问题。社会主义改造时期的巡视,严肃查处了贪污腐化和违法乱纪问题。改革开放初期的巡视,发现并纠正了党内贪污腐败问题。党的十八大后,中央创造性地将腐败现象与不讲政治联系起来,巡视利剑作用的充分发挥促使反腐败斗争取得了快速、显著成效,并持续强化了党内反腐的高压态势。通过巡视全覆盖,形成极大震慑和警示,促进政治生态明显好转,提振了全党全社会的反腐信心,凝聚了全面从严治党的强大共识。

---

① 中央档案馆:《中共中央文件选集》第7册,中共中央党校出版社1983年版,第223页。
② 参见《红色中华》第92期,1933年7月8日。
③ 《朱德选集》,人民出版社1983年版,第318页。

五、中国之治:推动完善党和国家监督治理体系

在世界的政治舞台上,中国以其独特的治理模式和发展路径,吸引着全球的目光。有学者不禁感慨:"中国正在创造一种完全不同的治理模式,无法套用已有的任何发展模式来解释它。"①这一深刻洞察,直指中国治理体系的内核——中共巡视工作在构建并优化国家治理体系中扮演了不可或缺的角色,在政党—国家—社会的大框架下,展现出了强大的生命力和独特的价值,为世界提供了一种全新的治理视角和模式,为全球治理贡献了中国智慧和中国方案。

(一)巡视工作首先是"政党之治"

美国学者 Baogang Guo 认为,中国共产党在国家治理方面的经验超越了政治学已有的分析范式。他认为:"中国开启了国家治理制度化、合理化和法治化的进程,这一进程将党的领导嵌入到现代化的国家治理体系之中,既提升了治理效能,也有助于增强中国共产党的执政稳定性和韧性。"②从上述意义上讲,中共巡视工作首先是"政党之治"。

1. 推进党的自我革命、全面从严治党的战略性制度安排

建党百年来,特别是中国特色社会主义进入新时代以来,中共中央高瞻远瞩,将政治巡视赋予新的时代内涵,成为中共加强自我监督、保持先进性和纯洁性的重要法宝和推动中国特色社会主义事业不断向前发展的强大动力。一是以政治巡视为突出特点。政治巡视,是中共巡视工作的鲜明标签和核心要义,精准地指向党的领导、党的建设和党风廉政建设等关键领域,深入剖析被巡视党组织在坚持党的领导、加强党的建设、贯彻执行党的路线方针政策等方面的实际情况。这种巡视方式,不仅是对党组织的一次全面体检,更是对党员干部政治忠诚、政治担当、政治能力的深刻考验。二是以政治问题为监督内容。全

---

① Zheng Yongnian and Lance L. P. Gore, *The Chinese Communist Party in Action-Consolidating Party Rule*, London and New York: Routledge, 2021, p. 2.

② Baogang Guo, *A Partocracy with Chinese Characteristics: Governance Reformunder Xi Jinping*, Journal of Contemporary China, Vol. 29, No. 126, 2020, pp. 809–823.

面从严治党,关键在于解决政治问题。政治问题,是对党危害最大的问题,直接关系到党的生死存亡和事业兴衰成败。中共巡视工作将政治问题作为监督的核心内容,深刻揭示了新时代党的建设的内在要求。通过巡视,及时发现并纠正党内存在的政治偏差、政治风险和政治隐患,确保全党在思想上政治上行动上同党中央保持高度一致。三是以多种途径为指向目标。中共巡视工作与党内政治生活、政治纪律和政治规矩等紧密相连。从解决党内问题的途径来看,通过开展党内政治生活,强化党的政治纪律和政治规矩是主要途径。党的十八届六中全会制定了《新形势下党内政治生活的若干准则》,作出了党内政治生活一系列新规定,并不断强化党内政治生活在管党治党中的重要作用。从管党治党所指向的直接目标来看,党的十八大以来一再强调要营造良好的政治生态,提高各级领导干部的政治能力,从而增强"四个意识"、坚定"四个自信"、做到"两个维护"。

2. 上级党组织对下级党组织履行党的领导职能责任的政治监督

巡视工作是党委履行全面从严治党主体责任最直接有力的抓手。建党百年来,特别是进入中国特色社会主义新时代,中共巡视工作在强化政治领导、聚焦"关键少数"、解决政治问题等方面,展现出了前所未有的政治功能与时代价值。其一,强调政治领导。巡视工作由党中央和各省、区、市党委直接派出,督促被巡视巡察的党组织以实际行动践行"两个维护"。这种自上而下的政治监督,有效强化了党的政治领导,确保了全党在思想上政治上行动上同党中央保持高度一致。其二,重点监督党政"一把手"。党政"一把手"及其班子成员身处重要岗位,手握关键权力,其言行举止直接影响到党的路线方针政策的贯彻落实。巡视工作通过对其履职尽责、廉洁自律等方面的深入检查,有效遏制了权力滥用和腐败现象的发生。这种精准发力,不仅增强了领导干部的责任感和使命感,也提升了整个党组织的凝聚力和战斗力,为营造风清气正的政治生态奠定了坚实基础。其三,聚焦政治问题。重点对是否坚持党的领导、是否执行党的路线方针政策两方面进行检查,把严明党的政治纪律和政治规矩摆在突出位置,聚焦坚持党的领导、加强党的建设、全面从严治党,突出党的领导弱化、党的建设缺失、全面从严治党不力等三大问题,坚决纠正政治偏差,及时消除政治隐患。实践证明，中共巡视工作以其独特的政治优势和制度优势，展现出政治功能与时代价值，为加强党的建设、推进国家治理体系和治理能力现代化提供了有力支撑，进一步推动全党全社会形成更加浓厚的政治氛围和更加坚定的政治信仰。

3. 实现自我净化、自我完善、自我革新、自我提高的重要制度保障

实践探索在先，理论建设、制度建设跟进，符合实践—认识—再实践—再认识这一马克思主义认识论精髓，是党内制度建设的基本规律，也是巡视工作的一个突出亮点。从1928年《巡视条例》和1931年《中央巡视条例》的颁布，到2015年8月颁布实施《中国共产党巡视工作条例》和2017年7月对《中国共产党巡视工作条例》作进一步修改，再到2024年新修订《中国共产党巡视工作条例》并颁布实施，反映了实践与认识相互促进的辩证法。《中国共产党巡视工作条例》的不断修改，充分吸收巡视实践取得的重要经验，对于依规依纪搞好巡视、更好发挥利剑作用具有重要意义。巡视工作的许多重要制度成果，也体现到了《关于新形势下党内政治生活的若干准则》《中国共产党党内监督条例》等重要党内法规制度之中，助推了党内监督制度体系的建设和完善。针对巡视发现的选人用人问题，出台了《关于防止干部"带病提拔"的意见》《党委（党组）讨论决定干部任免事项守则》等制度，修订了《领导干部报告个人有关事项的规定》，整肃了吏治，强化了对干部的从严管理监督；针对党建责任不落实、管党治党宽松软的问题，修订出台了《中国共产党地方委员会工作条例》《中国共产党党组工作条例（试行）》《中国共产党工作机关条例（试行）》等党内法规，对加强国有企业、高等学校、社会组织、非公有制企业等领域党组织建设和党员队伍建设作出进一步规范，强基固本，提升了管党治党的能力和水平。实践证明，巡视工作是坚持标本兼治、在顶层设计上扎紧织密制度笼子的有效路径，为制度治党、依规治党提供了有力保证。

(二) 巡视工作也是"社会之治"

巡视工作是社会治理的重要途径。实践证明，强化巡视工作基层监督的治理作用，推动了巡视监督下沉、监督落地，促进了巡视监督融入基层治理，进一步完善了国家治理体系，提升了国家治理能力。一是有效实现了疏通中央与地

方关系的政治要求。巡视工作有效疏通了中央与地方之间的政策血脉——既是中央政策落地的"催化剂",确保国家大政方针在基层不折不扣地执行,又是地方行为规范的"纠偏器",及时发现并纠正偏离轨道的行政行为,有效遏制了地方利益集团的滋生蔓延,以及"山头主义"等不良政治生态的蔓延。这一过程,不仅强化了党的集中统一领导,更在基层构建了风清气正的政治生态,为党的各项制度在基层生根发芽提供了肥沃土壤。二是开创了党内监督和群众监督紧密结合的有效途径和方式。巡视工作的另一大亮点,在于其巧妙地将党内监督与群众监督融为一体,开辟了一条双向互动、相得益彰的监督新路径。这一过程,不仅彰显了中国特色社会主义民主监督的独特优势,更激发了人民群众参与监督的热情与信心。通过巡视,人民群众的声音被直接传递到决策层,促进了政策的科学性与民主性;同时,巡视成果的公开透明,也让人民群众看到了党和政府反腐肃纪的决心与成效,进一步巩固了党的群众基础,为经济社会发展凝聚了强大正能量。三是在推动解决系统性问题方面具有独特作用。巡视工作还以其独特的视角和方式,在解决系统性、深层次问题上发挥了不可替代的作用——坚持问题导向,以人民为中心,不仅关注个案查处,更注重从制度层面剖析问题根源,推动系统性改革。在全面建成小康社会和决战脱贫攻坚的征程中,巡视工作以其优良的作风和严明的纪律,为基层树立了求真务实、清正廉洁的标杆。同时,对于"老虎""苍蝇"一起打的高压态势,不仅震慑了腐败分子,更提高了治理腐败的效能,增强了人民群众对公平正义的信心。实践证明,强化巡视工作基层监督的治理作用,是完善国家治理体系、提升国家治理能力的关键一招。它不仅关乎党的执政根基稳固,更关乎人民群众的切身利益与福祉。

(三)巡视工作更是"国家之治"

在探讨国家治理现代化的宏大叙事中,巡视工作深刻揭示了党的领导在治国理政中的核心地位,更以其独特的监督力量,推动着国家制度建设和治理体系的协同提升。一是党的领导力的制度化表达。巡视工作作为党内监督的战略性制度安排,其本质是将党的领导全面、深入地贯彻到国家治理的每一个角落。它不仅仅是一种监督手段,更是党的领导力和组织力在制度层面的具体体现。回顾中国共产党在革命、建设和改革开放各个时期的管党治党历程不难发现,依规治党始终是党的宝贵经验之一。这一经验为巡视工作在国家治理现代化中的制度创新提供了坚实的历史依据和制度蓝本。二是与国家治理现代化的深度融合。国家治理现代化是一场深刻而复杂的变革,它要求我们在国家制度建设和治理体系完善上实现质的飞跃。巡视工作作为国家制度体系的重要组成部分,其独特之处在于其能够跨越不同领域、不同层级,形成一套紧密相连、相互协调的制度网络。这种网络效应不仅促进了国家结构要素间的有机整合,更为构建系统完备、科学规范、运行有效的制度体系奠定了坚实基础。三是发挥治理效能的"黏合"作用。在推进国家治理现代化的过程中,巡视工作扮演了至关重要的"黏合"角色——将党的政治优势、组织优势转化为国家治理的制度优势,进而实现治理效能的显著提升。通过巡视,及时发现并纠正国家治理中的偏差和漏洞,确保各项政策措施落地生根、开花结果。同时,巡视工作还促进了党内法规与国家法律的有机衔接,为构建中国特色社会主义法治体系提供了有力支撑。总之,巡视工作是国家治理现代化的关键一环——以其独特的制度设计和监督力量,为构建更加完善、更加高效的国家治理体系提供了有力保障。

第十二章
鉴往知来：百年巡视工作的基本经验

回望百年发展历程，中共巡视工作沿着民主集中制、群众路线、实事求是三个维度徐徐展开历史画卷，随着中国革命、建设和改革的不断深入而逐步走向规范与完善，在马克思主义中国化时代化进程中形成"八个必须"基本经验。这一"八个必须"基本经验，蕴含着中共巡视工作的价值指向、关键所在、重要保障、组织基石、基本要求和根本任务，是一个相辅相成、相互联系的有机整体，共同推动百年发展，并为推动新时代高质量发展提供了宝贵启示。

一、必须具有科学的指导思想和理论基石

实践表明，只有坚持科学的指导思想和理论基石，把准正确政治方向，才能推动巡视工作向纵深发展。巡视工作的指导思想作为巡视工作的"纲"，是指导巡视工作顺利开展和健全完善巡视工作的思想体系。

（一）必须坚持马克思主义和习近平新时代中国特色社会主义思想的理论基石

把马克思主义的普遍真理同我国的具体实际结合起来，走自己的路，建设有中国特色的社会主义，是中国共产党总结长期历史经验得出的基本结论。[①]正如习近平所讲："马克思主义是我们立党立国的根本指导思想。中国共产党

[①] 参见《邓小平文选》第3卷，人民出版社1993年版，第3页。

从诞生之日起,就把马克思主义鲜明地写在自己的旗帜上。我们党一路走来,无论是处于顺境还是逆境,从未动摇对马克思主义的坚定信仰。"①作为马克思主义政党,中国共产党巡视工作从一开始就以马克思主义作为指导思想和方向指南,其创建理论的主要来源、主要原则与要求完全源于和遵循马克思主义,是马克思主义建党学说基本原理同革命时期党的建设实践相结合的产物。马克思主义的理论指导是巡视工作赢得胜利的思想保障。中国特色社会主义进入新时代,巡视工作把马克思主义政党监督理论奉为圭臬,以习近平新时代中国特色社会主义思想为指导,尤其是习近平关于巡视工作重要论述和指示精神作为根本出发点,强调要坚持党的领导和政治巡视定位,聚焦政治责任,突出政治监督,贯通巡视监督与其他党内外监督方式。历史实践证明,马克思主义和习近平新时代中国特色社会主义思想是做好巡视工作的理论基石和思想指导。

深入推进新时代巡视工作,推动巡视工作迈向新高度,具体做到"四个准确把握":(1)准确把握巡视工作的政治定位,强化"两个维护"的政治自觉。巡视是政治巡视,不是业务巡视。在新时代背景下,首先要清醒认识到巡视工作的政治属性,将其置于党和国家事业发展全局中谋划和推进,自觉围绕中心、服务大局,把"两个维护"作为根本政治任务,确保巡视工作始终沿着正确的政治方向前进,确保党的路线方针政策不折不扣地贯彻落实。(2)准确把握巡视工作的使命任务,发挥"利剑"与"催化剂"作用。"发现问题、形成震慑,推动改革、促进发展"是巡视工作的使命所在。巡视工作不能仅满足于发现问题,更要通过问题的整改落实,达到震慑效应,进而推动被巡视单位乃至整个系统的深化改革和持续发展。(3)准确把握巡视工作的价值取向,践行以人民为中心的发展理念。巡视工作必须坚持以人民为中心的发展理念,把维护人民群众利益作为根本出发点和落脚点,聚焦群众反映强烈的突出问题,特别是涉及民生领域的问题,切实做到民有所呼、我有所应。同时,还要注重发挥群众监督的作用,拓宽群众参与巡视的渠道,让巡视工作更加贴近民心、反映民意。(4)准确把握巡视工作的制度优势,构建监督合力新格局。巡视工作作为党内监督的重要方

---

① 习近平:《在"不忘初心、牢记使命"主题教育工作会议上的讲话》,《求知》2019年第8期,第4—8页。

式,具有独特的制度优势。在新时代背景下,要进一步推进巡视与其他监督形式的贯通融合,形成监督合力。这包括加强与纪检监察、组织人事、审计等部门的协作配合,实现信息共享、成果共用;同时,还要注重发挥民主监督、舆论监督等外部监督的作用,形成上下联动、内外结合的监督网络。"四个准确把握"是新时代巡视工作的行动指南和根本遵循。只有深入领会其精神实质,切实将其落实到巡视工作的全过程和各环节中,才能不断推动巡视工作向纵深发展,为全面从严治党提供坚强保障。

(二)必须牢牢把握中国特色社会主义国家治理的根本优势

中国特色社会主义最本质的特征是中国共产党领导,中国特色社会主义制度的最大优势是中国共产党领导。我国国家制度和国家治理体系首要的显著优势是坚持党的集中统一领导,保持政治稳定,确保国家始终沿着社会主义方向前进。[①] 建党百年来,中国共产党巡视工作始终担负着维护党的集中统一领导的重任。无论是新民主主义革命时期,巡视工作旨在发展党的力量、规范整顿组织、传达党的政治主张和政治意志,还是在中华人民共和国成立后与各种政治运动紧密结合,以及改革开放以后有效党内监督,其根本目的均为加强党中央权威和维护党的集中统一领导。新时代以来,巡视工作开始沿着政治监督的轨道不断深化,功能更加聚焦。其工作的重点是发现和推动解决影响党的领导、党的建设、全面从严治党的根本性全局性问题,根本任务是督促全党增强"四个意识"、坚定"四个自信"、做到"两个维护"。历史实践证明,通过政治巡视监督,维护党中央的绝对权威,压实各级管党治党、执政治理的政治责任,确保中央政令畅通、决策落地生根,既是中国特色社会主义制度优势所在,也是推进国家治理体系和治理能力现代化的现实要求。在新的历史起点上,巡视工作必须继续牢牢把握中国特色社会主义国家治理的根本优势,不断创新工作思路和方法手段,以更加坚定的政治自觉、更加昂扬的奋斗姿态、更加扎实的工作作风,为全面建设社会主义现代化国家、全面推进中华民族伟大复兴贡献更大力量。

---

① 参见韩正:《加强党对坚持和完善中国特色社会主义制度、推进国家治理体系和治理能力现代化的领导》,《党建研究》2019年第11期,第7—10页。

(三)必须坚持强化党对巡视工作的领导

在党的建设伟大工程中,中共巡视工作之所以能够成为维护党的纯洁性、推动全面从严治党向纵深发展的重要抓手,关键在于始终坚持并不断强化党的领导。在建党初期,中共中央就高度重视维护巡视主体的权威性,强调党对巡视工作的领导。1928年的《巡视条例》规定:"巡视员在得到派出他之党部之委托和批准得改组巡视区域之最高党部。在巡视区域内,除开最高党部以外,巡视员有权改组以下各级党部,但须得最高党部之同意。"①这一原则,不仅是巡视工作正常运转的前提基础,更是百年巡视历程中最鲜明且具辨识度的本质特征。具体表现在以下三个方面:(1)党章中的分量:从萌芽到独立成章。巡视制度的建立与发展,是党的领导不断深化的生动写照。1922年,党的二大党章首次提出建立特派制度,这一创举虽为巡视工作的萌芽,却已蕴含了党对监督体系构建的初步思考。随着时代的发展,巡视工作在党章中的地位日益凸显。党的十七大,把巡视工作正式写入党章,标志着其在党内监督体系中的正式确立。党的十九大,党章修正案更是将巡视工作单列,并明确提出"全覆盖"的要求,以及中直机关开展巡视和市、县建立巡察制度等具体举措,这不仅是巡视工作制度化的重要里程碑,更是党的领导在巡视领域深度强化的有力证明。(2)中央决策中的高频次:权威与重视的双重奏。进入新时代,特别是党的十八大以来,巡视工作被置于前所未有的高度。党中央不仅明确巡视是党中央的巡视,还通过制定阶段性巡视工作规划、总书记亲自抓巡视工作并作出重要指示等方式,显著提升了巡视工作的地位和作用。这种高频次的政策导向和顶层设计,不仅体现了中共中央对巡视工作权威性和重视程度的空前加强,也激发了全党上下对巡视工作的深刻认识和积极参与。巡视工作不再是简单的监督检查,而是成为了推动全面从严治党向纵深发展的重要抓手。(3)党内监督的"利剑":战略地位的跃升。在新时期,巡视工作已成为党内监督的战略性制度安排,其"利剑"作用日益凸显。巡视工作方针的明确,不仅为巡视工作提供了科学指导,更在党内监督战略体系中赋予了巡视工作根本性的提升。通过巡视,很多违纪违

---

① 中共中央组织部、中共中央党史研究室、中央档案馆编:《中国共产党组织史资料》第8卷,中共党史出版社2000年版,第227页。

法问题被及时发现并严肃处理,政治生态得到净化,巡视工作的成效有目共睹。更重要的是,巡视工作还促进了党内监督的常态化、长效化,为全面从严治党提供了有力支撑。实践证明,巡视工作必须坚持强化党的领导,这是百年巡视历程中最宝贵的经验总结,也是未来巡视工作持续健康发展的根本保证。

二、必须把握内在运作机制基本规律

自觉认识、把握和运用客观规律是中共的理论优势和实践品格。百年巡视工作历程,中共以全新的视野不断深化对巡视工作规律的认识,创造性地形成了关于巡视工作重要论述。历史实践证明,始终尊重规律,巡视工作才能不断推向前进。

(一)必须坚持问题导向

坚持问题导向是做好巡视工作的根本要求,更是其生命力的源泉和价值的体现。巡视工作是发现问题的有效制度安排,发现问题是巡视工作的首要职责和基本职责。如果巡视工作发现不了问题,就会没有生命力,就会失去价值。回望党的百年奋斗历程,巡视工作始终与问题同行,以问题为导向,不断推动党的自我革命和社会革命。从新民主主义革命时期出现的纪律涣散、分散主义,到社会主义改造和建设时期的有些干部贪污腐化、作风问题;从改革开放初期的队伍不纯洁、脱离群众,到新时代党的建设新的伟大工程,巡视工作如同一面镜子,映照出不同历史阶段党的建设中存在的突出问题,并通过强有力的监督执纪,推动问题得到有效解决,为党的健康发展保驾护航。实践表明,巡视工作以问题为舵,方能引领时代航向;以问题为导向,方能开创巡视工作新局面。巡视工作,因问题而生,因问题而兴,更将因问题导向的深入实践而迎来更加广阔的发展前景。在新时代的征程上,要继续发扬党的优良传统和作风,以更加坚定的决心、更加有力的举措、更加扎实的作风,紧扣时代脉搏,聚焦突出问题,真正成为推动党的建设不断向前的重要力量。

(二)必须清晰内在规律

建党百年来,中共巡视工作内在结构与发展机制承载着党的优良传统,深刻体现出民主集中制、群众路线和实事求是原则"三位一体"的基本特征。这些原则在巡视工作中交织共鸣，激发其强大的生命力，共同塑造并推动巡视工作的蓬勃发展。(1)民主集中制：巡视工作的中轴主线。民主集中制，体现的是党的根本组织原则和领导制度，主要解决党的领导和党的建设问题，合理规定党内关系秩序，纠正党内矛盾和党内纠纷，促进党内集中领导和团结统一，在巡视工作中发挥着中流砥柱的作用。(2)群众路线：巡视工作的社会纽带。巡视工作不仅仅是党内事务，更是党同人民群众密切联系的体现。通过巡视深入基层、倾听民意，能够准确把握社会脉搏，及时发现并解决人民群众反映强烈的突出问题。这种以人民为中心的工作导向，不仅保证党的政治主张在社会各层面的广泛传播与深入实践，也增强人民群众对党的信任和支持，为党的领导赢得广泛的社会基础和认同。(3)实事求是：巡视工作的政治灵魂。实事求是体现的是党的政治路线，其核心要义是解决中国革命和建设中的社会问题，凝聚社会力量成为推动革命和建设的坚实动力。历史实践证明，中共巡视工作之所以能够展现出强大的生命力，正是因为深刻把握并遵循了民主集中制、群众路线和实事求是原则的内在规律。在新时代的征程上，要继续深化对巡视工作内在规律的认识，不断创新巡视方式方法，让巡视这把"利剑"更加锋利，为全面从严治党向纵深发展贡献力量。

(三)必须坚守政治巡视属性

中共巡视工作坚守政治巡视属性，不仅是巡视工作的灵魂所在，更是推动全面从严治党向纵深发展的必然要求。在实践中，中共巡视工作通过"三个相统一"的路径，有效融入党和国家监督体系与治理体系之中。即坚持总结历史和面向未来相统一，站在党和国家全局的高度，认识和把握巡视工作的政治属性，全面总结其历史规律，聚焦政治责任、强化政治监督，推动充分发挥监督保障执行、促进完善发展作用；坚持保持定力和探索创新相统一，主动将巡视监督嵌入党和国家监督体系、融入国家治理体系，推进巡视监督独特优势转化为治理效能；坚持问题导向和目标导向相统一，从政治上抓住根本性、全局性、方向性问题，推动解决侵蚀党的执政基础的突出问题。从必须从政治上看待问题的角度，巡视工作百年建设基本规律已经揭示，深化拓展新时期巡视工作必须突出做到七个"必须更加":必须更加坚持聚焦政治巡视,强化政治监督,以党的建设为统领;必须更加坚持突出人民群众监督主体地位,有效实现党内监督和群众监督有机结合;必须更加坚持全覆盖、零容忍,不断把全面从严治党引向深入,促进构建"三不一体"体制机制;必须更加坚持问题导向,强化全面从严治党和改革发展深度融合;必须更加强化整改责任,压实各级党组织主体责任;必须更加坚持实事求是原则,尊崇党章党规,依纪依法开展巡视;必须更加坚持贯通联动,推动巡视监督在党和国家监督体系及国家治理体系中发挥更大作用。

三、必须清醒顺应时代和围绕中心的历史方位

历史方位是党和国家事业发展的时代坐标。正如古语所云"辨方位而正则",建党百年来,中共巡视工作以其独特的三重维度——现实方位、路径方位、目标方位,以高度的历史自觉、坚定的历史自信,深刻诠释了党的历史方位与时代使命的紧密联系,为推动党和国家事业发展贡献了巡视智慧和巡视方案。

(一)现实方位:功能变迁与伟大社会革命背景时代相契合

中共巡视工作的功能变迁与中国革命和建设的进程紧密相连,既是时代的产物,也是推动时代进步的重要力量。新民主主义革命时期,中国社会处于剧烈动荡之中,巡视工作以其独特的灵活性和高效性,成为党联系群众、指导战斗的重要纽带,确保党的方针政策在极端复杂的环境中得以有效执行,为革命的胜利奠定了坚实的组织基础。随着中华人民共和国的成立,巡视工作被赋予新的时代内涵,不再仅仅局限于军事斗争领域,而是广泛参与社会主义改造的各项建设中,成为一种公开的辅助领导方式,为新中国探索适合自身国情的社会主义道路提供了有力支持。改革开放时期,面对日渐严重的贪腐问题和部分党员干部脱离群众的现象,巡视工作被重新提上日程,并赋予了更加明确的监督属性,为中国特色社会主义市场经济的健康发展提供了坚强的监督保障。党的

十八大以来,中国特色社会主义进入新时代,标志着我国发展站在了新的历史方位上。① 党的二十大更是明确了中共团结带领全国各族人民全面建成社会主义现代化强国、实现第二个百年奋斗目标的中心任务。② 在这一新的时代背景下,巡视工作不仅要继续发挥在反腐败斗争中的尖兵作用,还要在推动全面从严治党向纵深发展、促进国家治理体系和治理能力现代化等方面发挥更大作用。

(二)路径方位:巡视内容与党的地位变化相一致

新民主主义革命时期,巡视具有决策权、执行权和监督权高度统一的特点,巡视工作在发展巩固党的组织、传达执行党的决议、解决党的地方管理问题等方面发挥了重要作用。党的六届六中全会后,巡视工作的决策执行功能收缩,作为一种领导方式,在党的各项工作中发挥监督指导作用。改革开放以后,国内市场经济快速发展,社会结构发生深刻转型,随之而来的还有愈演愈烈的腐败问题,加强党风廉政建设和开展反腐败斗争已迫在眉睫。党的十三届六中全会后,巡视工作全面恢复和发展,巡视工作在党内监督的重要地位得以确立,其功能作用集中体现在党风廉政建设和反腐败斗争中。党的十八大后,巡视工作成为加强党内监督的战略性制度安排,落实巡视工作方针,聚焦政治责任,实现监督治理效能不断提升。

(三)目标方位:任务重心始终与党领导的伟大事业紧密结合

建党初期,中共巡视工作主要围绕党领导的工农运动而展开,为党的基层组织建设奠定了坚实的基础。进入土地革命战争时期,巡视工作的重心随之转移,紧密围绕武装暴动和土地革命展开,为武装力量的壮大和土地革命的深入提供了有力支持。抗日战争时期,中共巡视工作毅然决然地转向了民族革命的各项中心工作,为抗日救亡运动提供了坚实后盾。中华人民共和国成立后,巡视工作坚持围绕政治运动,广泛吸引群众监督国家各项事业、巩固和加强政权建设。改革开放后,为统一思想应对党内出现的突出问题,巡视工作重点聚焦党的组织建设、纯洁干部队伍和净化政治风气。党的十八大后,面对反腐败斗

---

① 参见《习近平著作选读》第 2 卷,人民出版社 2023 年版,第 8—9 页。
② 参见《习近平著作选读》第 1 卷,人民出版社 2023 年版,第 18 页。

争依然严峻复杂的形势,巡视工作回归到党内监督职责本位上来,作为全面从严治党重要战略支撑,被纳入整个国家权力运行系统,成为党之利器、国之利器。实践表明,巡视工作的任务重心只有与党领导的伟大事业和党的工作重点结合起来,才能同频共振、相得益彰,实现效能作用最大化。巡视之路,是与党同行、共铸辉煌的历程。

历史实践证明,巡视工作要有生机活力,必须融入党和国家发展大局。深入推进新时代巡视工作,必须紧紧围绕中心、服务大局,具体做到"四个聚焦",即按照党的二十大报告提出的加强政治巡视要求,聚焦贯彻落实党的二十大精神、习近平重要讲话和重要指示批示精神、党中央决策部署;聚焦全面从严治党战略部署、党风廉政建设和反腐败斗争、持续纠治"四风"、选人用人等情况;聚焦群众身边的腐败问题和不正之风;聚焦加强巡视整改和成果运用,持续深化政治巡视、强化政治监督,完善大监督工作格局和联动协同集成整改机制,推进以巡促改、以巡促建、以巡促治,督促各级党组织以实际行动拥护"两个确立",做到"两个维护"。

四、必须拓宽与时俱进和开拓创新的战略视野

建党百年来,中共巡视工作建设是一个一脉相承和永续发展的历史过程,其间,并未曾中断或停滞过,其中一个重要原因就是注重与时俱进。实践表明,巡视工作只有坚持与时俱进和开拓创新的战略视野,根据形势和环境变化不断调适,才能把制度优势转化为效能优势。

(一)必须体现与时俱进的时代特征

中共巡视工作的演进历程,是一部不懈的探索实践史,随着党建环境和时代主题的深刻变化而不断调适与完善,体现出与时俱进、勇于自我革命的时代特征。其一,在顶层设计方面。新民主主义革命时期,两部巡视条例的颁布,不仅为巡视员的工作提供了明确的指导,更标志着巡视工作开始步入规范化、制度化的轨道。进入改革开放新时期,中共审时度势,对巡视工作进行了全面而

深入的改革,从新时期首部试行条例的出台,到一系列规范性文件和相关配套制度的逐步完善,巡视工作的制度化水平得到显著提升,巡视工作不仅成为反腐倡廉的重要抓手,更在维护党的纪律、促进党风廉政建设方面发挥了不可替代的作用。党的十八大以来,中共中央一方面从全面从严治党的高度统筹谋划巡视工作,对巡视主体、巡视内容、巡视方法、纪律要求等方面进行全方位创新,并密集出台了多部指导性文件和巡视法规,顶层设计日益成熟;另一方面着眼于构建党中央统一领导的党内监督体系,明确提出党委在落实党风廉政建设中负有主体责任,强化党委的全面监督和纪委的专责监督,进一步提升党内监督的有效性。其二,在方式方法方面。中共创立以来,始终在积极推进巡视工作的创新与探索。在1928年的《巡视条例》中,巡视主要涉及参与各类会议、集结召集以及审查相关资料等手段。而随着1931年《中央巡视条例》的发布,巡视方式得到进一步丰富和明确,包括个别教育、地方党部工作检查、刊物审查以及政治经济资料的收集等共计17种方式。该条例尤为重视"活的指导"原则,倡导巡视员摒弃机械式、流于表面的巡视,要深入基层,与党员群众深度交流,增强实际效果。巡视员应多写实地报道和通讯文章,甚至可以组织短期培训班,以提升巡视工作的实效性。这些做法均凸显了调查研究和群众路线的结合,成为该时期内的重要创新点。在党的六届四中全会上,更是提出了改变过去仅重视文件内容的倾向,要深入基层,实地调查,并直接派人去地方指导地方党委工作。① 至1932年,中央进一步明确提出,要借助调研、走访和访谈等方式让群众更多地参与到巡视工作中来。② 到了2024年,新修订的《中国共产党巡视工作条例》进一步提出了"两个不固定"原则,增加了专项巡视和强化巡视"回头看"等措施。这些措施的实施使得巡视工作得以更新升级,更加符合时代的需求和发展的趋势。其三,在功能定位方面。即由多元分散向单一聚焦、由广泛覆盖向深入细化的深刻变革。在新民主主义革命时期,党的领导方式被明确为基本定位,旨在强化集中领导与团结统一,推动革命党向执政党的历史性跨越,最终

---

① 参见中央档案馆:《中共中央文件选集》第7册,中共中央党校出版社1991年版,第133页。
② 参见中共中央文献研究室、中央档案馆编:《建党以来中央文献选编》第8册,中央文献出版社2011年版,第378页。

赢得了新民主主义革命与民族解放的伟大胜利。进入社会主义革命与建设阶段,功能定位进一步聚焦于加强党对各类社会运动的领导与指导,旨在纠正不正之风,防止组织蜕变,巩固集体经济基础与无产阶级专政,同时融入行政监察的职能要素。自改革开放至党的十八大,党内监督体系制度的战略地位日益凸显。特别是党的十八大以来,巡视工作被正式确立为党内监督与国家监督体系的关键一环,深度融入国家治理体系之中,发挥着不可替代的重要作用。其四,在巡视任务方面。在新民主主义革命时期,巡视工作承载着上传下达、业务指导、组织改造、调研评估等多重使命,展现出高度的综合性和灵活性。1931年《中央巡视条例》的出台,更是明确了检查领导成分与方式、评估群众组织工作、考察与培养干部等具体任务,进一步细化了巡视工作的职责范围。中华人民共和国成立后,巡视任务因应时代需求,呈现出偶发、局部及临时性的特点。而改革开放则引领巡视工作步入新纪元,党风廉政建设和反腐败斗争成为其核心议题。党的十八大以来,新修订的《中国共产党巡视工作条例》将违反"六项纪律"特别是政治纪律的行为,作为巡视监督的重中之重。2017年修订的条例更是将发现"三大问题"置于巡视工作的前沿阵地,彰显了巡视工作在维护党的纪律、促进国家治理现代化中的关键作用。

(二)必须遵循可持续发展基本原则

历史实践表明,巡视工作建设必须注重可持续发展。一是必须构筑长效机制。党的十八大以来,巡视工作取得了令世人瞩目的成就,但学术界对巡视工作的未来走向还有所讨论,如巡视监督究竟是加强党风廉政建设的一场政治运动,还是一种常态化的工作机制?① 巡视工作能走多远?② 历史实践表明,巡视工作必须坚持"久久为功、稳中求进"的基本原则,摒弃"运动化巡视"思维,采取有效举措和发展策略,进一步发挥巡视工作标本兼治的作用,巡视工作才能展现更强大的生命力。二是必须树立系统观念。实践证明,巡视工作若想充分释放其应有的效能,必须建立科学完备的巡视工作体系,避免"单打独斗",增强巡视工作的整体性和系统性。在推动巡视工作与相关配套制度衔接上,既要保

---

① 参见张书林:《论建立和完善中共党内巡视制度》,《学习论坛》2007年第11期,第23页。
② 参见陈水生:《党内巡视制度能走多远》,《瞭望东方周刊》2014年第9期,第48页。

障相关配套制度创设的可操作性、针对性,也要注意规避上下位制度以及新旧制度之间的矛盾、重复;在推动巡视工作与其他监督制度之间贯通上,既要注重发挥巡视监督的牵引性和主导性作用,也要逐步建立各类监督优势互补的协作机制,进一步推动巡视工作与党的请示报告制度、民主集中制、组织生活制度、诫勉谈话制度、干部考察考核制度、领导干部个人有关事项报告制度等其他制度之间的协调,进一步推动党内巡视法规与国家法律之间的对接,坚决防止"钱穆制度陷阱"。

(三)必须注重路径依赖效应

在探讨中共巡视工作的深化与发展路径时,必须高度重视其固有的路径依赖效应。新民主主义革命时期,巡视工作的诞生与发展,直接响应了中共为领导革命斗争而加强组织建设的迫切需求。彼时,复杂多变的政治生态迫使巡视活动采取隐蔽的形式进行,以强化党内联系,确保党中央的权威与决策能够穿透层层阻碍,直达基层,有效指导各级党组织的工作实践,从而保障了党的路线、方针、政策在革命洪流中的坚定执行。进入社会主义革命和建设阶段,国家发展的重点转移至经济恢复与工业化建设,加之频繁的政治运动对社会结构的深刻影响,巡视工作在面临新挑战的同时,发展步伐相对放缓,未能及时在制度层面实现突破性进展。进入改革开放和社会主义现代化建设新时期,随着市场经济体制的确立与完善、政治体制改革的深入推进,以及全面从严治党与依法治国战略的提出与实施,巡视工作被赋予新的时代内涵与历史使命。互联网治理时代的到来,更是为巡视工作的机制创新与技术应用开辟了广阔空间,促进了巡视效能的显著提升。在此背景下,巡视工作加速向制度化、专业化、信息化方向迈进,成为制度治党不可或缺的一环,其治理效能的发挥被置于更加突出的位置。中共巡视工作的未来发展,需在深刻认识并有效应对路径依赖效应的基础上,持续深化制度改革,创新工作方式方法,以更好地服务于党的建设和国家治理现代化的总体目标。

五、必须涵养自我发展和自我完善的历史自觉

历史自觉,作为一种对人类社会发展脉络与规律的深刻洞察及积极塑造未来历史走向的能力体现,是引领时代前行的关键要素。回顾中共建党百年历程,巡视工作从历史的深远维度出发,屹立于历史实践主体的前沿阵地,精准把握并深刻践行历史赋予的使命,展现出高度的历史自觉与历史主动。历史实践证明,巡视工作之所以能够历久弥新、成效显著,关键在于其坚持道路自信与自我革命的双轮驱动,实现了原则性与灵活性的有机统一。

(一)历史自觉首先在于深刻的历史观照

巡视工作自诞生之初,便镌刻着勇于自我革命的鲜明烙印,这一特质在其百年的发展历程中历久弥坚。发端于革命烽火之中的巡视制度,天然蕴含着革命精神与斗争意志,其每一步发展都是对问题导向的坚持与自我革新精神的传承。从新民主主义革命时期党历经艰难险阻实现凤凰涅槃,到八七会议及时纠偏,确保党在生死存亡关头拨乱反正,巡视工作始终站在历史潮头,勇于担当,通过纠正思想偏差、整顿组织风气、强化地方武装等举措,为党巩固和扩大革命力量提供了坚实保障。进入社会主义革命和建设时期,巡视工作充分发挥民主监督优势,指导整党整风与社会主义教育运动,有效整合社会意识形态,成为凝聚全党全国共识的强大力量。改革开放和社会主义现代化建设新时期,巡视制度在破除旧有束缚中焕发新生,不仅助力一批蒙冤干部重返岗位,更在党风廉政建设领域发挥关键作用,有效抵御了市场经济与多元文化带来的负面影响。特别是党的十八大以来,面对复杂多变的国内外环境,巡视工作从应对重大风险挑战中汲取智慧与力量,不断深化自身改革,为党和国家事业发展提供了坚强纪律保障。中共中央深入阐述了两个"永远在路上"的核心要求,并创新性地提出了全面从严治党的新视角与具体策略,将巡视制度提升至党内监督的战略高度,进行了具有深远意义的革新性重构,巡视工作由此展现出前所未有的全面性、深入性和严厉性,通过精准聚焦权力运行与责任担当的政治巡视,有力促

进了党内政治生态的根本性向好发展。

(二)历史自觉其次在于深邃的历史情怀

回望建党百年的光辉历程,巡视工作始终秉持对内在规律的深刻把握,因应不同历史阶段的特定需求,实现了从继承到发展再到创新的连续跃升。一是始终弘扬自我革命的伟大精神。巡视工作高扬自我革命的光辉旗帜,在制度设计上,从初创时期的领导方式探索,逐步演进为党内监督检查的成熟机制;在任务执行上,从支持组织建设与社会动员,过渡到对职责履行情况的精细化监督检查;在人员配置上,选拔标准由侧重工农成分转变为强调政治素养与业务能力的综合考量;在权力配置上,力求实现权力制衡的优化布局;在监督对象上,更加聚焦于"关键少数";在监督内容上,则聚焦于政治生态的根本性问题。这一系列变革表明,只有坚持自我革命,持续优化结构,平衡权力关系,才能有效深化党内治理,破解自我监督的难题。二是始终保持历史自觉的力量源泉。巡视工作的持续进步,离不开对历史自觉力量的深刻认识和不懈追求。百年来,巡视工作不断突破传统框架,实现了一系列重大结构性转变:在目标定位上,从纠偏束权到重塑组织权威,确保了中央政策意志的畅通无阻;在责任体系上,从单向问责拓展为双向责任约束,强化了巡视主体的权责同构;在覆盖范围上,从片状覆盖到网状扩散,实现了从局部到全面的广泛延伸;在监督手段上,从过程监控向结果复核的深化,确保了监督实效的充分发挥。这一系列变革,充分证明党内巡视制度的变迁,非属权宜之计的替代性举措,而是传统巡视机制与现代监督理念深度融合的产物。其演进历程彰显出渐进性、持久性、广泛性与深刻性的特征。随着2024年《中国共产党巡视工作条例》的新一轮修订与颁布,巡视的政治站位显著提升,成为党内政治监督体系中实现标本兼治目标的战略要地,预示着巡视工作将在新的历史征程中焕发更为蓬勃的生命力与创新力。三是锻造铸就形成巡视精神丰碑。自建党以来,巡视工作实践中孕育并形成了独特的巡视精神,构建起一个跨越时代的群体精神图谱。在新民主主义革命时期,巡视精神的核心要义体现为:革命理想崇高至上,一心向党忠诚不渝,全心全意服务人民,坚持一切从实际出发,勇于自我革命,艰苦奋斗,严明纪律,紧密团结,无私奉献。步入新时代,巡视精神则进一步丰富和发展为:立党为公、执政为民的崇高情怀,依靠群众、团结统一的行动指南,实事求是、开拓创新的实践品格,敢于斗争、勇于胜利的担当精神。巡视精神的百年铸就,是理论探索与实践检验的和谐共生,是典型示范与广泛实践的紧密结合,是党性原则与人民立场的高度统一,是历史传承与现实需求的相互映照。其中,理想信念是巡视精神的灵魂所在,为民情怀是其价值导向,爱党爱国是其核心要义,艰苦斗争是其鲜明主题,实事求是是其根本特质,开拓创新则是其不竭动力。实践证明,巡视精神与党百年奋斗的特质、文化基因紧密相连,是马克思主义中国化的生动体现,为树立社会新风、铸就中国精神扬起了鲜艳旗帜。

(三)历史自觉还在于强烈的历史担当

历史自觉的核心体现于深邃的历史责任感,其深刻内涵可从以下三个维度予以阐述。

1. 根植于政党的历史使命感

中共作为党内巡视制度的开创者与引领者,对于巡视工作演进轨迹的深刻影响,植根于政党自我驱动与自主性的坚实基础之上。1931年5月《中央巡视条例》的庄严颁布与实施,标志着巡视制度的全面确立,这不仅是制度构建的历史性里程碑,更是中共对巡视工作能动作用的首度彰显——缔造之功。此后,党对巡视工作的引领,进一步体现于领导架构的精心构筑与价值导向的精准定位,这一引领力量贯穿制度变迁的每一个关键环节。步入新时代,中国共产党更是将巡视工作提升至引领党的建设与国家治理现代化的战略层面,通过巡视工作的深化,构建起更加严密的权力监督网络,推动全面从严治党向纵深发展,强化党内政治生态,显著提升党的领导效能,巩固执政根基,全面加速国家治理体系与治理能力的现代化进程。

2. 源自于巡视制度自身的动态适应性

就巡视工作创新而言,党和国家主要领导人对制度变迁起着关键作用。巡视工作的顶层设计者、具体实施者等构成了制度建设中人的因素,对巡视工作的创新发展也起到重要作用。以中央巡视组为例,其能动性的基础在于自主性支配下的自我调整和自我优化。巡视组最早由中纪委和中组部牵头,于2003年成立,2009年更名为中央巡视组。巡视组对巡视工作变迁的能动作用主要体现在巡视组数量的增加和巡视范围的扩大、巡视工作透明度的日渐加强以及巡视组组长选拔任命的变革与创新。

3. 不可忽视的是社会力量的积极参与与推动作用

社会力量对于巡视工作变迁的能动作用来源于社会自主性的回归与强化。新中国成立以来,我国国家与社会关系存在全能主义、新权威主义、公民社会以及法团主义等多种分析模式。随着改革开放的深入推进,经济社会的快速发展激发了公众政治参与的热情,网络时代的到来使得政治参与更加便捷。民意表达是反腐倡廉的社会基础,将巡视监督与群众监督、民主监督有机结合,有助于形成环环相扣的监督链。社会自主性的强化要求巡视工作坚持群众路线,突出人民群众主体地位,动员社会力量积极参与到巡视工作中来,以提高党的执政能力,增强政治合法性。

六、必须构建逻辑严密和内涵丰富的制度体系

建党百年来,巡视工作体系的建设深刻体现了对方式创新与制度创新的不懈追求,构筑起一套既科学严谨又系统完备的制度框架。实践表明,只有以科学高效的制度体系作保障,推动巡视工作更加科学化、规范化、有序化,其质量和水平才能够不断得以提高和深化拓展。

(一)必须坚持逻辑严密和内涵丰富的制度建设

历经百年的实践与探索,巡视工作在曲折中前行,历经三个阶段的深刻变革,最终构建起一套集成度高、协同效能显著的制度体系。一是体系化。从制度架构的演进来看,巡视工作实现了从零散、碎片化措施向全方位、立体式制度框架的根本性转变。这一框架既包含了党章、条例、意见、办法等顶层设计的横向广度,也覆盖了中央至省、市、县四级巡视巡察工作的纵向深度,形成了纵横交织、全面覆盖的制度网络。在新民主主义革命时期,巡视工作依托实践中的宝贵经验不断规范、发展。如1928年与1931年中央颁布的巡视条例,以及随后各地各部门出台的多项具体实施意见如《上海巡视工作大纲》等,均标志着巡

视制度的初步形成与逐步完善。进入中国特色社会主义新时代,巡视工作更是坚守制度建党之基,加速推进规范化、系统化与科学化的进程,构建起以党章为核心、巡视条例为主体、辅以各类配套制度的全方位巡视工作制度体系。二是科学化。回顾百年巡视历程中的每一次重大跨越,均紧密关联于党的理论创新与实践需求的深刻变革。特别是党的十八大以来,面对依然复杂严峻的国内外形势,巡视工作积极响应时代号召,不断创新发展。这一过程中,巡视工作的每一次重大进步,都与党的理论创新紧密相连,精准对接实践需求,实现了巡视工作效能的显著提升。通过科学规划与精准施策,巡视工作不仅强化了党内监督的刚性约束,还有效促进了党风廉政建设和反腐败斗争的深入开展,为全面从严治党提供了有力支撑。在新时代的征程上,有效应对党所面临的"四大危险"与"四大考验",不仅是深化"四个全面"战略布局的必然要求,也是亟须从理论与实践双重维度深入探索的重大课题。党中央高瞻远瞩,积极引领巡视工作向理论创新、实践深化及制度完善三大方向迈进,旨在构建全方位、深层次的全面从严治党体系。三是严密化。具体而言,党中央致力于推动巡视制度的理论创新与实践探索同步进行,通过不断修订和完善巡视工作条例,系统阐明了巡视工作的总体指导原则,明确界定了巡视的覆盖范围与核心内容,详细规范了工作方法、权限边界及操作流程,实现了制度设计上的全面性、科学性、精准性与规范性。这一系列细化规定,不仅为巡视工作提供了坚实的制度支撑,更为新时代全面从严治党向纵深发展奠定了坚实的基础。尤为值得注意的是,巡视制度的成熟与完善过程,深刻体现了制度建设的普遍规律——随着实践的深入,制度的具体条款日趋细化,逻辑结构日益严谨,内容表述更加精准,执行要求更为严格。这一过程在巡视工作的发展历程中得到鲜明体现。从抗日战争时期巡视工作的初步探索,其条款相对宽泛、方法较为简单。进入新时代后,巡视工作条例的每一次修订都体现出对细节的关注与强化,确保了巡视工作的每一个环节都有章可循、有据可依,真正实现了巡视工作的制度化、规范化与科学化。

(二)必须加强巡视工作规范化、法治化和程序化建设

鉴于制度在保障工作稳定性、长期性和根本性方面的关键作用,中共巡视工作的持续健康发展离不开一套完善的巡视法规制度体系作为支撑。回顾建

党百年的光辉历程,中共始终高度重视巡视工作的规范化、法治化及程序化构建,及时将丰富的实践经验提炼并固化为制度性成果。总体而言,党内巡视工作在历经复杂多变的发展过程中,逐步构建起了四个层次的巡视法规制度体系。首先,《中国共产党章程》作为党的根本大法,对巡视工作进行了原则性、指导性的规定,在巡视法规体系中居于核心地位,明确指出"巡视是党章赋予的重要职责",为巡视工作的存在与发展提供了根本性依据,并引领着巡视工作向更加规范化、科学化的方向迈进。其次,《中国共产党巡视工作条例》作为基础性法规,是对党章关于巡视工作要求的深入阐释与具体落实,详细规定了巡视工作的机构设置、人员构成、对象范围、内容要点、工作方式、职责权限及纪律要求等关键环节,为巡视工作的具体实施提供了全面指导。再次,一系列关于巡视机构的法规性文件,进一步细化了各参与主体在巡视过程中的角色定位与职责分工,确保了巡视工作能够依纪依规有序开展。最后,针对具体巡视工作而制定的配套制度,则更加注重实用性与可操作性,涵盖工作程序、业务指导、工作协调、人员管理等多个方面,为巡视工作具体实施提供了详尽的"操作指南",确保了巡视工作能够高效、顺畅地推进。① 从党内巡视工作的初创阶段的《巡视条例》到巡视工作发展阶段的《关于加强和改进巡视工作的意见》,从巡视工作规范阶段的《中国共产党巡视工作条例(试行)》到巡视工作成熟阶段的《中国共产党巡视工作条例》,党内巡视工作日益齐全、巡视工作结构日益合理、功能日益完备,已经形成体系化和系统化的党内巡视工作体系。同时,巡视人员配备从临时性设立向专人专岗的固定专职机构发展,巡视主体由临时性机构转变为专门专职的独立机关,巡视工作朝着规范化和制度化方向发展。

(三)必须形成运行发展的良好态势、稳定状态和有序过程

历史实践证明,建党百年来,巡视工作的制度建设已经发展成为一个复杂的系统工程。制度中的各要素相互关联、协同作用,形成了稳定且有序的运行状态。这为党的长远发展提供了有力保障。一是必须要素完备、层次清晰、结构健全。就要素的完备性来说,包括党内巡视实体性规范制度、党内巡视机构程序性及保障性制度、党内巡视工作的配套执行。从实体性规范及健全制度体

---

① 参见干以胜、张纪南:《中国共产党巡视工作教程》,中国方正出版社2012年版,第96—98页。

系的角度而言,党内巡视实体性制度是有关巡视工作及巡视工作内容的运行规定与行动准则,与党内巡视工作紧密相关的重要党内法规、文件互为依托、相互配套、相互衔接、互相呼应,形成制度合力,并积极构建党内巡视工作的制度框架体系,以此使得制度的严肃性及权威性得到有效彰显。就党内巡视机构程序性及保障性制度而言,追求严密性、科学性、操作性及实践性是其必须遵循的重要原则,也是其得以有效落实的重要衡量标准。就党内巡视工作的配套执行而言,需要形成其赖以生存并发挥作用的客观环境,有赖于相关法规制度整体合力的形成,与党内法规和规范性文件一道,共同构成由各领域各层级有关巡视巡察工作党内法规制度组成的有机统一整体,为党内巡视工作实现实体性规范与程序性规范提供了坚实的实践基础。就层次的合理性来说,根本制度、基本制度、重要制度"三位一体",各项制度的建立、发展和完善都可以归结于这三个层次;就结构的科学性来说,各个制度自成体系,各级各类制度带有现实针对性和直接有效性。二是必须开放包容、创新发展。自建党以来,中共巡视工作制度建设历经百年,以中国特色底蕴为基础,不断在时代变迁中汲取经验,开放创新,使制度体系得以有序完善和功能优化。这一具有中国特色的制度,不仅彰显了其强大的自我完善能力,更是巡视工作发展进步的根本保障。这一制度体系的核心价值在于以人民为中心,体现了党的意志与人民意愿的统一,为维护人民根本利益提供了坚实的制度支撑。实践证明,巡视工作的制度体系并非一成不变,它需要以改革创新的精神,统筹规划、整体安排,不断赋予新的目标和策略,使其既体现时代性,又把握规律性,富有创造性。三是必须运转高效、优势转化。制度的根本性、全局性、稳固性和长期性在百年建党历程中得到充分体现。巡视工作的制度体系,如根本制度、基本制度、重要制度,形成了一个紧密联系、相互支撑的逻辑网络。这些制度在理论上相互映衬,历史上沿袭传承,构成了理论、历史和实践的统一体系。实践证明,只有深入细化并坚决执行巡视工作的顶层设计,才能充分释放制度的活力,实现其治理效能。

七、必须培育以人民为中心价值取向的动力之源

中共来自人民、依靠人民、为了人民。建党百年来,巡视工作建设历程实质上也是密切联系群众、坚持巡视为民的实践过程,具有深厚的人民性特征。中国共产党通过巡视工作,不断发展理论指导、不断完善制度保障、不断优化政策导向,落实对人民立场的坚守,并将之体现在实实在在的惠民成果之中,同时用实际行动回答了政党应该为什么人谋利益以及如何为其谋利益的问题。实践表明,巡视工作只有坚持以人民为中心的价值取向和根本宗旨,彰显中国共产党人民性的浓郁特色,才能在深厚的人民性中获得源源不断的动力。

(一)必须坚持人民至上原则

巡视工作始终将"人民至上"作为根本原则,这是中国共产党根本政治立场的集中体现。作为马克思主义政党维护群众利益的重要制度创新,巡视工作在历史的各个时期,无论是烽火连天的革命岁月,还是和平发展的建设时期,都坚定不移地贯彻全心全意为人民服务的宗旨,坚持"从群众中来,到群众中去",将群众的冷暖疾苦放在心头最高位置。在革命根据地,从细微处着手,从解决群众的日常生活困难到改善公共基础设施,巡视工作以实际行动温暖了民心,赢得了人民的支持与信赖。进入新时代,巡视工作更是继承和发扬了这一优良传统,紧密围绕人民群众最关心、最直接、最现实的利益问题,积极回应社会关切,聚焦公共服务、社会保障、司法公正、生态环境等民生领域,精准发力,重拳出击,坚决纠正损害群众利益的行为,确保权力始终用于为人民谋福祉。百年来巡视工作的实践充分证明,只有坚持人民至上的原则,将人民群众的利益放在首位,巡视工作才能保持旺盛的生命力,成为推动党的事业不断前进的强大动力。在深化政治巡视的进程中,必须将维护人民利益与提升人民生活水平作为贯穿始终的鲜明主线,坚定不移地锚定以人民为中心的发展理念,并将其作为巡视工作的根本遵循。

(二)必须坚持人民群众主体地位

坚持"人民战争"是新民主主义革命时期的胜利之源,建立"人民政权"是

社会主义革命和建设时期的兴国之本,践行"以人为本"是改革开放和社会主义现代化建设新时期的富国之道,坚守"以人民为中心"是新时代的强国之基。实践充分证明,巡视工作的生命力在于人民群众的广泛参与和积极支持。在巡视工作的百年演进中,中共始终将依靠群众、服务群众作为不变宗旨。早在革命战争年代,中共就明确要求巡视员必须深入基层,与人民群众同吃同住同劳动,避免形式主义的"蜻蜓点水",确保巡视工作能够真正触及问题实质,赢得群众信任。例如,湘鄂赣苏区就明确指示巡视员要"心系群众,深入交流,杜绝官僚作风"①。进入改革开放新时期,巡视工作更是积极响应民主政治建设的号召,不断创新群众参与机制,拓宽民意表达渠道,确保巡视过程更加公开透明,巡视结果更加贴近民心,让巡视工作成为连接党心民意的桥梁纽带。在每一轮巡视工作的序幕拉开之前,巡视组均充分利用电视荧屏、互联网平台和报纸刊物等多元化媒介,广泛发布信息,主动亮出联系渠道与办公地址,确保民众知情权得到充分尊重与保障。巡视期间,巡视组秉持开放包容的态度,积极向广大人民群众"求谏纳言",通过设立专门的信访接待、开通热线电话、建立网络举报平台等多种渠道,确保每一条来自群众的线索都能被及时接收与处理,从而有效保障了人民群众的参与权和表达权。巡视工作告一段落后,针对收集到的各类问题线索,巡视组会进行严谨细致的梳理、分类与归纳,并依法依规进行移交和妥善处理。同时,巡视组还注重将处理结果及时反馈给群众,并通过社会公示的方式,让整改成效接受社会各界的监督,进一步保障了群众的监督权。进入中国特色社会主义新时代,中共更加深刻地认识到群众满意度对于巡视工作的重要意义,不断创新民意调查方式,通过定期或不定期的调查问卷、电话访谈以及随机走访等形式,广泛听取群众对巡视工作的意见和建议,以此作为检验巡视工作成效的重要标尺,切实让群众在巡视工作中有更多的参与感和获得感,推动了巡视工作向更高质量、更高水平发展。

(三)必须坚持走群众路线

在推进中共巡视工作中,坚定不移地走群众路线是核心要义与根本遵循。回溯历史脉络,无论时代如何变迁,巡视工作的相关规章制度均鲜明地指出,巡

---

① 《湘鄂赣革命根据地文献资料》第2辑,人民出版社1986年版,第167页。

视员需深深扎根基层,紧密贴近群众,致力于实地调研,力求第一手信息的精准把握,严禁浮光掠影、浅尝辄止的工作态度。1931年颁布的《中央巡视条例》已前瞻性地强调:在巡视区委与地方党部时,务必审视其对支部工作的领导方式,彻底纠正官僚化倾向,推动党的力量深入民间;同时,应虚心倾听基层声音,为党的每一项决议的切实执行而不懈努力。[①] 步入中国特色社会主义新时代,2017年修订的《中国共产党巡视工作条例》更是将"坚持群众路线、发扬民主"作为总则的核心条款加以确立。这既是对过往巡视工作宝贵经验的深刻总结,也是适应新时代发展,推动巡视工作高质量发展的迫切需求。在新时代的征程上,深化巡视工作,必须深深植根于人民群众之中,汲取不竭的动力源泉,充分展现中国共产党人民至上的鲜明特质。为此,应坚决贯彻"三个核心原则":一是要始终不渝地坚持立党为公、执政为民的核心理念,将人民满意度作为衡量巡视工作成效的最高标尺,持续促进党群关系的和谐健康发展;二是要全面践行党的群众路线,通过强化社会动员能力,有效整合社会资源,凸显人民群众在监督体系中的主体地位,形成巡视监督与群众监督的强强联合,共同发力;三是要牢固树立人民立场与人民观点,聚焦并着力解决人民群众反映强烈的突出问题,切实保障、增进和发展人民群众的根本利益,从而进一步巩固和扩大党的执政基础,确保党的长期执政能力与领导地位坚如磐石。[②]

八、必须锻造强有力推进的组织保障

构建一支高质量、高能力、严纪律的干部队伍,是巡视工作稳健前行与持续发展的核心基石。建党百年来,巡视工作始终秉持着锻造政治立场坚定、专业素养卓越、工作作风严谨、适应环境变化能力卓越的巡视队伍为目标,高度重视并不断优化巡视队伍的建设与发展。历史实践深刻昭示,唯有以更高标准、更

---

① 凌海金、杨会清:《革命动员、群众路线与巡视制度(1931—1934年之间)》,《贵州社会科学》2014年第10期,第26—29页。
② 凌海金、杨会清:《革命动员、群众路线与巡视制度(1931—1934年之间)》,《贵州社会科学》2014年第10期,第26—29页。

严尺度锤炼出一支忠诚、纯洁、勇于担当的巡视铁军,方能确保巡视工作向纵深发展,保持其强劲动力与深远影响。

回溯新民主主义革命时期的光辉岁月,巡视员作为革命的先锋、组织的中枢与推进的引擎,展现了其政治信仰的坚定不移、党性修养的深厚坚实、文化层次的相对较高以及革命实践的丰富积累,逐步在革命熔炉中锻炼成为领导核心,成为连接中央战略部署与基层实际执行的桥梁与纽带。具体而言,在政治素养的锤炼上,党在不同历史时期均提出了明确要求。如1927年12月发布的中央第20号通告,就强调巡视员需深刻领会八七会议精神,熟悉党的各项决议,并具备改造组织的能力。1928年《巡视条例》的颁布,更是明确规定了巡视人员需具备健全的政治观念;1929年中共六届二中全会,进一步提出"政治认识较清楚"的更高要求。[①] 至1931年,《中央巡视条例》的修订,则进一步细化了巡视员的选拔标准,要求党龄3年以上、忠诚勤勉、为党的总路线不懈奋斗,体现了党对巡视队伍政治素质持续强化的坚定决心。[②] 在工作能力的培育上,1928年的《巡视条例》已明确要求巡视干部在工作中需做到比较准确,并具备一定的实践经验。[③] 至1931年,随着革命形势的发展,《中央巡视条例》进一步强调了巡视干部需"一切工作比较正确且有相当实际工作经历经验"[④]。1933年3月15日,任弼时在湘赣两省组织会议上所作的《目前党的组织上的中心任务》报告中,强调了对特定工作领域拥有独到经验、工作态度积极且政治成分可靠的巡视员,应被赋予专项巡视任务,以发挥其专长,促进工作实效。[⑤] 再如,1929年11月在中共四川省委召开的第二次全体会议上通过的《少共工作决议案》,明确指出巡视人员需具备丰富的实践经验、稳健的工作作风以及深入群众、贴近无产阶级生活的特质。[⑥] 1934年,随着革命形势的发展,对巡视干部的

---

① 参见中央档案馆:《中共中央文件选集》第5册,中共中央党校出版社1990年版,第231页。
② 参见中央档案馆:《中共中央文件选集》第7册,中共中央党校出版社1990年版,第221页。
③ 参见中共中央文献研究室、中央档案馆编:《建党以来重要文献选编》第5册,中央文献出版社2011年版,第652页。
④ 中央档案馆:《中共中央文件选集》第7册,中共中央党校出版社1990年版,第221页。
⑤ 参见中央文献研究室:《任弼时选集》,人民出版社1987年版,第76页。
⑥ 中央档案馆、四川省档案馆:《四川革命历史文件汇集(1929年4月—12月)》,内部资料,1985年,第345页。

要求更加全面而严格。中共东满特委在给延吉县委的信中,除强调巡视员需具备良好的阶级背景、无派系斗争及无反革命嫌疑外,还特别指出应拥有参与群众斗争和游击战争的经历,这无疑是对巡视员在复杂斗争环境中应对能力的高度期待。① 尤为值得一提的是,中共历来重视巡视干部的培养与提升。1930年2月9日,任弼时就前瞻性地指出,要不断提升巡视人员的综合素质与能力水平②,这一理念在后续实践中得到了具体落实。如1934年6月23日,中共中央在致山西工作委员会的信中,不仅明确要求组织巡视工作训练班,还精心设计了课程内容,涵盖党的最新决议的通俗化解读、巡视工作方法、秘密工作技巧以及支部建设与巩固的策略等,全方位提升巡视干部的业务能力与政治素养。③ 在专业化建设方面,随着革命形势的发展,中共逐步认识到巡视工作专业化的重要性。1931年6月6日,中共中央在发布的《党的机关组织与工作方式的转变》中,明确提出设立固定巡视员的要求,标志着巡视工作向专业化、专职化迈出了关键一步。

中华人民共和国成立后,特别是党的十八大以来,党中央始终强调必须坚持打铁还需自身硬,以更高的标准、更严的要求教育管理监督巡视干部,加强作风建设和纪律建设,培养严实深细作风,打造忠诚干净担当的巡视队伍。一是政治忠诚。巡视本身就是一项重要的政治任务,需要巡视干部具有坚定的理想信念,心怀"国之大者"、忠诚于党,自觉在思想上政治上行动上同党中央保持高度一致。二是本领过硬。由于巡视对象特殊、任务繁重、方式有限,要想在规定时间内取得预期效果,巡视干部必须拥有高超的本领,既要熟悉掌握政策法规和经济、法律等方面的知识,也要具备较强的调查研究、发现问题、交流沟通等能力。三是作风优良。干净、担当是每一位巡视干部的职业操守,也是巡视队伍优良作风的具体体现。新时代,随着巡视监督震慑力的彰显,巡视干部成了重点围猎对象,个别因没能经受住诱惑而陷入违法违纪的泥潭。因此,新时代必须以更高标准和更严要求严格管理巡视干部,为实现巡视工作高质量发展夯

---

① 参见中央档案馆、辽宁省档案馆、吉林省档案馆等:《东北地区革命历史文件汇集(1933年10月—1936年12月)》,内部资料,1989年,第94页。
② 参见中央文献研究室编:《任弼时年谱(1904—1950)》,中央文献出版社2004年版,第142页。
③ 参见中央档案馆:《中共中央文件选集》第10册,中共中央党校出版社1990年版,第320页。

实组织基础。实践表明,巡视队伍的认知结构、思想观念和信念体系决定着制度执行程度,是巡视工作深化发展强有力的组织保障。

总而言之,中国共产党巡视工作百年来,始终沿着坚持马克思主义和建设中国革命、建设、改革事业的历史脉络演进,已经形成常态化、制度化。未来的巡视工作只会加强,不会削弱,永远在路上。踏入新征程,只要站在新的历史高度,借鉴过去的经验,坚持制度自信,与人民监督有机结合起来,充分彰显全面从严治党利剑作用,巡视工作就一定能够健全完善具有中国特色的政党自我监督之路,保证党永葆青春,不断走向新的辉煌。

主要参考资料

一、主要著作

1. 中共中央编译局编译:《马克思恩格斯文集》(10卷本),人民出版社2009年版。

2. 中共中央编译局编译:《列宁专题文集》(5卷本),人民出版社2009年版。

3.《毛泽东选集》(4卷本),人民出版社1991年版。

4.《毛泽东选集》第5卷,人民出版社1977年版。

5. 中共中央文献研究室:《建国以来毛泽东文稿》(全13册),中央文献出版社1987—1998年版。

6. 中共中央文献研究室:《毛泽东文集》(8卷本),人民出版社1993—1999年版。

7.《毛泽东农村调查文集》,人民出版社1982年版。

8.《邓小平文选》(3卷本),人民出版社1993年版(第3卷)、1994年第2版(第1—2卷)。

9.《江泽民文选》(3卷本),人民出版社2006年版。

10. 中共中央文献研究室编:《论党的建设》,中央文献出版社2001年版。

11.《习近平关于实现中华民族伟大复兴的中国梦论述摘编》,中央文献出版社2013年版。

12.《习近平关于全面深化改革论述摘编》,中央文献出版社2014年版。

13.《习近平关于全面依法治国论述摘编》,中央文献出版社2015年版。

14.《学习习近平同志关于机关党建重要论述》,党建读物出版社2014年版。

15.《习近平关于党风廉政建设和反腐败斗争论述摘编》,中央文献出版社、中国方正出版社2015年版。

16.《习近平关于国防和军队建设重要论述选编》,解放军出版社2014年版。

17.《习近平总书记系列重要讲话读本》,学习出版社、人民出版社2014年版。

18. 中共中央纪律检查委员会、中共中央文献研究室编:《习近平关于党风廉政建设和反腐败斗争论述摘编》,中央文献出版社、中国方正出版社2015年版。

19. 中央宣传部编:《习近平总书记系列重要讲话读本》,学习出版社、人民出版社2016年版。

20. 中央纪检委、中央文献研究室编:《习近平关于严明党的纪律和规矩论述摘编》,中央文献出版社、中国方正出版社2016年版。

21. 中共中央文献研究室、中央档案馆:《建党以来重要文献选编(1921—1949)》(全26册),中央文献出版社2011年版。

22. 中共中央文献研究室:《建国以来重要文献选编》(全20册),中央文献出版社2011年再版。

23. 中共中央文献研究室:《三中全会以来重要文献选编》(上、下册),人民出版社1982年版。

24. 中共中央文献研究室:《十二大以来重要文献选编》(上、中、下),中央文献出版社2011年再版。

25. 中共中央文献研究室:《十三大以来重要文献选编》(上、中、下),人民出版社1991年版(上册、中册)、1993年版(下册)。

26. 中共中央文献研究室:《十四大以来重要文献选编》(上、中、下),人民出版社1996、1997、1999年版。

27. 中共中央文献研究室:《十五大以来重要文献选编》(上、中、下),人民出版社2000、2001、2003年版。

28. 中共中央文献研究室:《十六大以来重要文献选编》(上、中、下),中央文献出版社 2005、2006、2008 年版。

29. 中共中央文献研究室:《十七大以来重要文献选编》(上、中、下),中央文献出版社 2009、2011、2013 年版。

30. 中央档案馆、中共中央文献研究室:《中共中央文件选集》(1949—1966),人民出版社 2013 年版。

31.《红色档案——延安时期文献档案汇编》(共 60 册),陕西人民出版社 2011 年版。

32. 陕西省档案馆、陕西省社会科学院:《陕甘宁边区政府文件选编》(共 14 册),陕西人民教育出版社 2013 年版。

二、革命历史文件汇集

1. 中央档案馆、广东省档案馆:《广东革命历史文件汇集》,其中甲 63 册、乙 3 册、广东广西文件索引 2 册、目录 1 册,1982—1992 年印发。

2. 中央档案馆、广西壮族自治区档案馆:《广西革命历史文件汇集》,共 2 册,1982 年印发。

3. 中央档案馆、河南省档案馆:《河南革命历史文件汇集》,其中甲 10 册、乙 1 册,1983—1984 年印发。

4. 中央档案馆、福建省档案馆:《福建革命历史文件汇集》,其中甲 20 册、乙 1 册,1983—1986 年印发。

5. 中央档案馆、湖北省档案馆:《湖北革命历史文件汇集》,其中甲 11 册、乙 1 册,1983—1985 年印发。

6. 中央档案馆、湖南省档案馆:《湖南革命历史文件汇集》,其中甲 10 册、乙 1 册,编号甲 1—10、乙 11,1983—2006 年印发。2007 年,湖南省档案馆又单独发行《湖南革命历史文件汇集》增补本 6 册,编号为甲 12—17,内含 1938 年至 1949 年的有关文件。

7. 中央档案馆、江苏省档案馆:《江苏革命历史文件汇集》,其中甲 27 册、乙 1 册,1984—1989 年印发。

8. 中央档案馆、浙江省档案馆:《浙江革命历史文件汇集》,其中甲 8 册、乙 1 册,1996 年增补本 1 册,1985—1996 年印发。

9. 中央档案馆、四川省档案馆:《四川革命历史文件汇集》,共 14 册,1986—1988 年印发。

10. 中央档案馆、江西省档案馆:《江西革命历史文件汇集》,共 7 辑 10 册,1986—1992 年印发。

11. 中央档案馆、上海市档案馆:《上海革命历史文件汇集》,甲 10 册、乙 7 册,1986—1992 年印发。

12. 中央档案馆、安徽省档案馆:《安徽革命历史文件汇集》,5 册,1987—1988 年印发。

13. 中央档案馆、辽宁省档案馆、吉林省档案馆、黑龙江省档案馆:《东北地区革命历史文件汇集》,其中甲 66 册、乙 2 册、目录 2 册,1988—1993 年印发。

14. 中央档案馆、内蒙古自治区档案馆:《内蒙古革命历史文件汇集》,共 1 册,1988 年印发。

15. 中央档案馆、北京市档案馆:《北京革命历史文件汇集》,共 2 册,1991 年印发。

16. 中央档案馆、陕西省档案馆:《陕西革命历史文件汇集》,其中甲 19 册、乙 3 册,1992—1994 年印发。

17. 中央档案馆、山东省档案馆:《山东革命历史文件汇集》,其中甲 7 册、乙 1 册,1994—1996 年印发。

18. 中央档案馆、河北省档案馆:《河北革命历史文件汇集》,其中甲 23 册、乙 1 册,1997—1999 年印发。

19. 中央档案馆:《闽粤赣革命历史文件汇集》,共 3 册,1984 年印发。

20. 中央档案馆、湖北省档案馆、河南省档案馆、安徽省档案馆:《鄂豫皖苏区革命历史文件汇集》,其中甲 5 册、乙 1 册,1985 年印发。

21. 中央档案馆、湖南省档案馆、湖北省档案馆:《湘鄂西苏区革命历史文件汇集》,共 4 册,1985—1987 年印发。

后 记
我在路上仰望

暮色四合时,我曾独自伫立在郑州航空港的办公楼窗前,跑道上飞机起落如星子明灭。那些穿越云层的钢铁之翼,总让我想起百年前从上海石库门启程的红色火种——它们同样需要穿越迷雾,同样需要校准航向。此刻合上这部书稿,窗外的春夜正流淌着中原大地的温厚,而我的思绪却溯流而上,漫至那些如山档案覆盖的巡视岁月。

我与巡视工作有着不解之缘。自2007年3月入职河南省委巡视办以来,长期工作在巡视一线,其间,岗位、任务虽多有变化,但却始终没有间断过对其思考与关注——这项熔铸着巡视实践和理论研究的志业,既是淬炼党性的熔炉,亦是滋养精神的甘泉,让我在百年党史的肌理中触摸生生不息的巡视脉搏。

大知闲闲,小知间间。犹记初涉巡视工作领域时,泛黄的《革命历史文件汇集》在案头曾为我铺展出一幅壮阔画卷:1922年中共二大党章中"中央特派员"的雏形,1928年中央《巡视条例》里"反对官僚主义"的宣言,乃至长征路上巡视团的背影……这些历史碎片如青铜镜般照见巡视长河的粼粼波光,逐渐拼合成中国共产党自我革命的完整叙事。我开始有意识地探索党的巡视工作的历史原点和历史图景,试图以史鉴今,探赜制度演进的内在逻辑。十余年学术跋涉历程中,我执着梳理巡视工作的基因结构:先后发表15篇研究不同时期党的巡视工作的论文;60余万字的独著《中国共产党巡视制度研究(1921—1949)》于2023年顺利出版,该书获2020年国家出版基金项目资助,且编纂有《中国共产党巡视员名录(1921—1949)》《中国共产党巡视工作百年纪略》等百万字文献资料。这些收获,既是对以往求索的肯定,更是对接续远行的激励。党的百年华诞前夕,我曾着手撰写《永远的眼睛》一书,以"巡视是党的眼睛"为喻,拟以新民主主义革命时期100名巡视员的巡视经历、历史贡献为本,史论结合,力求思想性、文献性、可读性于一体,旨在铭记风云激荡年代的巡视往事,传承巡视精神,赓续党的精神谱系和光荣传统,遗憾的是因故未能完成。后来,配合中央巡视办现场跟进督导指导省级巡视工作,我又萌发了撰写巡视工作实务的构想,甚至有过撰写《中国巡视工作发展史》的考量。

2021年年初,因工作变动,我离开省委巡视机构,调任河南工程学院纪委工作。静谧的校园环境,让我更为从容、恬静,以新的观察维度探究巡视问题。学校建有"青年杨靖宇纪念馆"。杨靖宇曾先后担任豫南特委、河南省委、满洲省委巡视员,多次参加巡视工作;作为地区党政、军事领导人,杨靖宇也曾多次接受巡视,其生涯完美诠释了巡视工作的双重角色——既是制度的执行者,亦是制度的守护者。立于其塑像前,我萌生撰写《杨靖宇眼中的巡视员和巡视员眼中的杨靖宇》的想法,思索如何将民主集中制的政治智慧与群众路线的实践品格,转化为新时代巡视工作的创新动能,犹如在历史褶皱中发现新的矿脉。其后,我重温初心、再启梦想,相继在《史学月刊》《中州学刊》等学术期刊发表多篇关涉巡视工作的学术论文。2022年3月,以《中国共产党巡视工作百年历程与基本经验研究》为题申报了国家社会科学基金项目。同年9月,我奉调郑州航空港区纪检监察工委工作。今天想来,那些学校日子的沉淀和思考深化了我对巡视工作的理解,为这本书的写作奠定了基础,也迎来了新的机遇。承蒙全国哲学社会科学工作办公室的厚爱和支持,我以河南工程学院为单位申报的项目获得批准,项目名称修改为"中国共产党巡视工作历程与经验研究"(项目编号:22BDJ031),题目更洗练,意蕴更精准。当时,正值国庆及中国女篮打进了世界杯决赛,如春潮漫卷心堤的双重喜悦下,我亦倍感压力,因为新的工作岗位有新的使命、新的任务,我亦不会有整块时间从事学术研究,课题研究和写作只能利用业余时间完成。万千甘苦皆自渡。几经努力,"中国共产党巡视工作历程与经验研究"顺利通过结项验收和成果鉴定,我也在结项报告的基础上完成此书稿。

我清醒地认识到,此部文稿亦不过是历史长河中的一叶轻舟。但若能助后来者看清制度基因的来路与去向,能让巡视这双"党的眼睛"在新时代看得更远、察得更深,便不负那些在桐油灯与大数据屏前接力守望的目光。毕竟,每个时代的巡视工作者都是星火传递者,而巡视基因的传承永远在路上。

此刻,在本书即将付梓之际,我孤坐窗前,梳理往昔,撰写后记——我虽不应渲染学术之路的崎岖艰难,但其间的五味杂陈始终难以忘却。20年前在复旦大学图书馆抄录1928年《巡视条例》手稿时,老台灯的光晕里浮动着巡视员们穿越封锁线的身影。他们怀揣油印文件,用草鞋丈量苏区的沟壑,在桐油灯下誊写巡视报告,字迹浸着血与火的焦痕。那时的我尚不知,自己会以另一种形式重走他们的路:白天监督执纪,夜晚埋首故纸,让历史逻辑与实践逻辑在方格纸上反复对话。这部书稿的每一页凝聚着两种目光的交会,作为巡视工作者,我深知巡视利剑出鞘时的千钧之力:下沉一级的深挖,政治监督的破局,制度创新的锋芒,皆是为守护政治生态的青山常在。而作为研究者,我更愿做那个在山脚下脚踏实地而又时刻仰望星空的人:从《尚书》"天子巡狩"的典章到列宁党内监督的手稿,从马克思《资本论》中的权力批判到新时代政治巡视的深化,理论逻辑的经纬始终织就着对正义的永恒求索,最终都化作书中的注脚——我分明触摸到了百年巡视工作演进中最真实的温度。

在学术跋涉的路上,我常想起蒲公英,它们在断墙残垣间扎根,于贫瘠处捧出绒球般的花冠,风起时千万颗种子散于万水千山,向下扎根,向上生长。学术之路何尝不是如此?那些在案头上的磨破皮的《革命历史文件汇编》,在深夜键盘上敲碎的月光,皆是思想的种子。它们或许轻如鸿毛,却能在某个清晨悄然萌发,为后来者撑开一片探索的绿荫。这部《巡视工作三重逻辑研究》正是将历史之根、实践之壤与理论之魂熔铸的尝试。书中提出"制度基因"概念,从《周礼》六计弊吏到陕甘宁边区巡视条例,梳理出中国监督文化中"自上而下"与"自下而上"的双螺旋结构;通过分析3000余份巡视报告,提炼出"民主集中制—群众路线—实事求是"的三重逻辑。这些成果或许微不足道,但使我瞬间懂得了蒲公英的意义:思想的轻盈,恰是为了让风带去更远的地方。

复旦大学毕业时,我的博士生导师葛剑雄先生耳提面命教导我:不做伪君子、不当书呆子,要读无字之书,学以致用,读懂弄通社会这门大学问,把学问做在祖国大地上。承蒙韩庆祥先生为本书作序,他以"中国道路的监督密码"为喻,指出巡视工作实为"民主集中制的动态平衡器"——此言如光亮,启发了我埋首巡视档案时未曾触及的哲学高度。这恰与葛论形成呼应和鸣:学术之树若要常青,根系必扎在制度的深层岩层,枝叶须触及百姓的日光月华。我也因此在想,学术研究与写作,终究是灵魂的一场漫长修行。读书是渡口,思考即舟楫——书通远方,思接千载,何惧路途迢遥?只要心底的蒲公英还在飘飞,手中的灯火便不会熄灭。

没有一条河,起始就是一条河。每每在学术研究中遇到困惑、裹足不前之时,我总想起业师葛剑雄先生的话:"治史者要像黄河水,既能裹挟黄土沉淀为陆,亦能在九曲回环中守住东流入海的志业。"学用之间,恍若黄河水漫过河床,带走泥沙,留下沃土。这些年,我似乎一致沉浸在将散落的历史碎片串联成逻辑链条:剖析巡视工作"三重关系互动"理论,揭示民主集中制如何规范党内上下关系、群众路线如何动员凝聚革命和建设的磅礴力量、实事求是如何结合中国实际厚植党的革命基础和执政基础;论证巡视精神与"四个自信"的同构性,指出巡视基因中蕴含的"基质""原型"与"中轴"特性;通过大数据披沙沥金,解构巡视工作从"领导指导""革命动员"到"政治监督"的功能嬗变。这些思考最终汇入本书的撰写——当那些曾被历史尘埃覆盖的名字重新鲜活,当蔡和森等先驱的巡视手记与新时代巡视日志并置,我恍然觉得:学术坚守的本质,正是守护这份跨越时空的使命传承。

世事大抵如此,心底种花,人生便易缤纷。告别在河南工程学院纪委的工作时,我曾对同人言道:"一年半的'河工'光阴,虽如沧海一粟,撒下的蒲公英尚未来得及在春天里飘飞,但执笔落墨、握指成拳、卷书成章,终成此生难忘的伏笔。"写作过程中,我意识到这本书既是对我以往学习与研究的盘点,亦是对一段岁月与生活的审视,其中包含激情、汗水、思考、辛酸和多维世界百感交集的体认。英国小说家福斯特说:"只有在夜间,当窗帘拉下,炉火闪烁,电灯都关上以后,书籍们才显出本来的光彩。"他说的,好像是我的感受。在那些深夜伏案的寂静时刻,恰如福斯特笔下炉火熄灭后的书房——当窗帘垂落,电灯俱暗,思想的微光才从字缝间流淌出来。写作和研究何尝不是这样?在无人可诉的孤寂里,在历史与现实的夹缝中,是学术的微光维系着向上的姿态,教会我以匍匐之姿领悟生长的真谛,以忍耐之心等待种子的破土。

此刻回望来路,最深的感悟莫过于:真正的学术之光,必定生长在实践的土壤里。当我们在商代甲骨文中发现"巡"字的雏形时,不应忘记今日巡视干部背包里的走访日志;当梳理马克思关于巴黎公社监督机制的论述时,需要对照新时代巡视整改"后半篇文章"的创新。这种上下求索的过程,恰似黄河穿越晋陕峡谷时的奔涌——既要保持向海而生的方向,又要接纳沿途支流的馈赠。该书付梓之际,正值新修订《巡视工作条例》颁布周年。那些曾在暗夜中闪烁的思考,终将汇入巡视制度建设的星河。或许正如我在地方巡视时见过的景象:当朝阳跃出地平线时,铁轨两侧的霜花会折射出千万个太阳——每个坚守者都是光的容器,而所有微光终将照亮前行的轨枕。

窗外的玉兰又开了,花瓣坠地时发出春蚕食叶般的轻响。从巡视办到巡视组,从巡视组到高校纪委、港区纪工委,到再回巡视组,十八载光阴如黄河赴海般迂回前进。青丝染霜之际,一纸调令又让我重返巡视一线。这或许就是宿命:那些在学术殿堂里淬炼的思想锋芒,终要回到中原大地的泥土中开刃;而那些在田间地头收集的民生疾苦,亦会化作理论升华的燃料。此刻抚摸书脊,仿佛触摸到岁月最慷慨的馈赠——当我所承担的国家社科基金项目"中国共产党巡视工作历程与经验研究"(结项编号:20250203)结项报告被鉴定为良好时,我突然明白:所谓学术坚守,不过是把血汗熬成墨,把脚印刻成字,让历史与未来在某个深夜,隔着纸页轻轻握手。

感谢看不见的心境的支撑,感谢可视的风景的映衬;感谢韩庆祥先生、葛剑雄先生拨冗作序,为本书增辉添彩;感谢河南人民出版社的支持。必须强调的是,书中一些观点尚不成熟,一些问题有待进一步深入挖掘,不妥不当之处敬请批评指正。本书的局限与欠缺,我努力在随后的学术研究中弥补纠正。

联系邮箱:Sjwhysh@126.com。

胡云生

2025 年 4 月 20 日于玉兰如雪时